C000101212

UNIVERSITÉ DE PARIS. — FACULTÉ DE DROIT

ÉTUDE JURIDIQUE
DE L'ARBITRAIRE
ADMINISTRATIF

THÈSE POUR LE DOCTORAT

L'ACTE PUBLIC SUR LES MATIÈRES CI-APRÈS
Sera soutenu le jeudi 14 juin 1906, à 2 heures 1/2

PAR

Jean CRUET

LICENCIÉ ÈS LETTRES
ANCIEN ÉLÈVE DIPLOMÉ DE L'ÉCOLE LIBRE DES SCIENCES POLITIQUES
AVOCAT A LA COUR D'APPEL

Président : M. BERTHÉLEMY.
Suffragants : MM. SAUZET, JACQUELIN, *professeurs.*

PARIS

LIBRAIRIE NOUVELLE DE DROIT ET DE JURISPRUDENCE
ARTHUR ROUSSEAU
ÉDITEUR
14, RUE SOUFFLOT ET RUE TOULLIER, 13

—

1906

In the interest of creating a more extensive selection of rare historical book reprints, we have chosen to reproduce this title even though it may possibly have occasional imperfections such as missing and blurred pages, missing text, poor pictures, markings, dark backgrounds and other reproduction issues beyond our control. Because this work is culturally important, we have made it available as a part of our commitment to protecting, preserving and promoting the world's literature. Thank you for your understanding.

THÈSE
POUR LE DOCTORAT

La Faculté n'entend donner aucune approbation ni improbation aux opinions émises dans les thèses ; ces opinions doivent être considérées comme propres à leurs auteurs.

INTRODUCTION

L'ADMINISTRATION ET LE RÈGNE DE LA LOI

INTRODUCTION

L'ADMINISTRATION ET LE RÈGNE DE LA LOI

> « L'arbitraire sous toutes les for-
> mes a toujours été dans les habitudes,
> les mœurs et les lois de la France ».
>
> Mme de STAËL.

Je définis la Révolution : *l'avènement de la loi*, a écrit Michelet.

Si la Révolution a été l'avènement de la loi, c'est parce qu'elle a été l'avènement de la démocratie.

La démocratie consiste dans la souveraineté de la nation, c'est-à-dire d'une collectivité ou de ses représentants : or, la volonté d'une collectivite, par la nature même des choses, ne peut s'exprimer que par des règles générales, c'est-à-dire *par des lois*.

« Ce qui fait la vertu protectrice de la loi, dit M. Esmein, c'est sa conception même » (1).

S'il est facile à un gouvernement de commettre dés injustices particulières et individuelles, il est difficile, sinon impossible, à un Parlement de mettre l'injustice en textes de loi, en formules juridiques.

De la généralité des règles légales dérive nécessairement l'égalité devant la loi, et il tombe sous le sens que

---

(1) Esmein, *Éléments de droit constitutionnel*, 2ᵉ édit., p. 10.

l'égalité devant la loi est en raison directe et proportionnelle de la généralité des lois.

Étant égale pour tous, la loi est nécessairement libérale : car si quelqu'un a intérêt à limiter la liberté de
plusieurs, ou plusieurs la liberté de quelqu'un, tout le
monde ne peut avoir intérêt à limiter la liberté de tout le
monde.

La démocratie, en un mot, est un régime libéral, et un
régime égalitaire, parce qu'elle est un régime de légalité
et seulement dans la mesure où elle est un régime de
légalité : il est également vrai de dire qu'il n'est de légalité véritable que dans les démocraties, et qu'il n'est de
démocratie véritable que par la légalité.

Je définis la Révolution : l'avènement de la loi, a dit
Michelet. Il est certain que la Révolution a proclamé le
règne de la loi, mais elle n'a pas eu le temps de l'organiser.

I

Entre la Révolution et nous, il y a eu le Césarisme. De
la Révolution, il nous est resté la Déclaration des Droits
de 1789, charte des libertés humaines, mais texte sans valeur obligatoire au point de vue juridique. Du Césarisme,
nous avons reçu l'ensemble des lois et des traditions qui
ont longtemps régi, et régissent encore dans une certaine
mesure, les rapports entre l'administration et les administrés, entre le gouvernement et les gouvernés.

Or le Césarisme a restauré, sous des formes nouvelles,
sinon les principes, du moins les pratiques de l'Ancien régime.

Sous l'Ancien régime, l'arbitraire gouvernemental et

administratif était le principe suprême du droit public :
pouvoir arbitraire et pouvoir absolu, disait Voltaire, se
ressemblent comme deux frères jumeaux. Sous l'Ancien
régime, il y avait des lois et des juges, mais toutes les lois
pouvaient être légalement violées, puisque le Roi qui les
avait faites, avait le droit de les défaire, même par mesure
individuelle, et tous les juges pouvaient être juridiquement
dessaisis, puisque le Roi était le juge souverain. La confusion dans les mêmes mains de la fonction de légiférer, de
la fonction de gouverner, et de la fonction de juger, aboutis-
sait à l'absence de règles effectivement obligatoires, c'est-
à-dire au règne de l'administration, maîtresse de prendre
chaque décision particulière, en elle-même, selon l'heure,
selon le lieu, selon l'individu.

Le Césarisme, en apparence, maintint les conquêtes libérales de la Révolution, mais conservant la façade de l'édifice démocratique, en modifia profondément les amé-
nagements intérieurs. L'arbitraire gouvernemental et
administratif n'est plus, sous le premier, ni sous le second
Empire, un principe avoué de droit public : les Constitutions de l'an VIII et de 1852, non seulement affirment les
droits individuels, mais encore, — seules de toutes nos
Constitutions, — se donnent l'apparence d'en assurer la
garantie effective, en confiant au Sénat la mission d'annuler
les actes inconstitutionnels. Mais l'arbitraire, nié comme
principe, s'épanouit comme méthode de gouvernement.
« En France, écrivait Napoléon dans une lettre à Fouché,
le 15 janvier 1805, tout ce qui n'est pas défendu est permis,
et rien ne peut être défendu que par les lois, par les tribunaux ou par des *mesures de haute police*, lorsqu'il s'agit
des mœurs et de l'ordre public... »

Nous ne saurions dans cette introduction retracer d'une

manière précise et détaillée l'histoire de l'arbitraire administratif en France : ce serait résumer l'histoire même de
notre droit public et de nos institutions administratives.

Mais, en étudiant, au cours de ce travail, les cas trop
nombreux d'arbitraire qui subsistent à l'heure actuelle,
nous ne manquerons pas d'indiquer, pour ainsi parler,
leur racine historique. Et nous aurons ainsi l'occasion de
constater que les pouvoirs arbitraires de l'autorité administrative, comme le prouve la date des textes qui constituent leur base légale, sont presque sans exception des
survivances du Césarisme.

La plupart des textes qui seront cités dans cette étude
rayonnent en effet autour de ces deux dates : 1810, 1852.

II

Ni les lois révolutionnaires, ni les lois postérieures n'ont
déterminé avec une rigoureuse précision les limites du
droit individuel, de l'activité privée à l'égard de l'autorité
gouvernementale, et souvent même la loi n'est intervenue
que pour consacrer le pouvoir discrétionnaire de l'admi-.
nistration.

En d'autres termes, malgré le progrès rapide accompli
depuis l'établissement définitif du régime démocratique en
France, le législateur n'a pas transformé en véritables
droits, juridiquement reconnus, juridictionnellement garantis, et par conséquent opposables à l'administration, les
libertés essentielles de l'individu.

Certes, la loi ne peut tout prévoir et tout dire, et si elle
parvenait à supprimer d'une manière absolue l'arbitraire
dans les rapports de l'administration et des administrés,

elle réduirait la fonction administrative à l'application automatique de textes rigides, s'adaptant mal aux circonstances de temps et de fait. L'arbitraire, dans une certaine
mesure, c'est la liberté de l'administration.

Mais il ne convient pas que la liberté de l'administration
puisse porter atteinte aux libertés des administrés.

L'État, investi de la puissance coercitive, procède naturellement, non par des contrats préalablement discutés,
mais par des actes spontanés, unilatéraux, immédiatement
exécutoires ; s'il impose le respect des traditions qui consacrent ses prérogatives, il a tendance à s'opposer à la formation de coutumes qui pourraient les limiter : laisser les
rapports de l'État et des particuliers hors la loi, c'est donc
les laisser en dehors du droit.

D'où une première forme de l'arbitraire des autorités
administratives, que nous pouvons appeler : l'*arbitraire
par manque de détermination légale.*

III

.. Il en est une seconde, non moins grave au point de vue
pratique, et plus grave encore au point de vue théorique :
c'est *l'arbitraire par manque de sanction juridictionnelle.*

Nous la définissons de la manière suivante : la loi ayant
par hypothèse posé les limites de l'action administrative,
les intéressés, si ces limites viennent à être violées, n'ont
aucun recours, soit pour obtenir l'annulation de l'acte
illégal, soit pour obtenir la réparation du préjudice qu'ils
ont subi.

La loi apparaît alors comme ces monarques constitutionnels, dont la majesté souveraine dissimule assez mal l'ab-

sence de tout pouvoir effectif : elle règne, mais ne gouverne pas.

L'arbitraire par manque de sanction juridictionnelle, qui est devenu l'exception, était, avant la loi du 24 mai 1872, la règle.

Les hommes de la Révolution, hantés par le souvenir des empiètements commis par les corps judiciaires de l'Ancien régime sur le domaine de l'administration active, se refusèrent à attribuer à l'autorité judiciaire reconstituée la connaissance des litiges relatifs aux actes de l'administration. C'était proclamer, sous prétexte d'assurer une exacte séparation des pouvoirs, l'indépendance de l'administration à l'égard de toute justice, et, indirectement. à l'égard de toute légalité.

Les conséquences de cette erreur initiale, que l'histoire explique, et qu'elle a peut-être imposée, ont été réparées par la formation progressive, au sein de l'administration même, d'une juridiction spéciale, compétente pour statuer sur les litiges échappant à l'autorité judiciaire.

Mais, jusqu'à la loi du 24 mai 1872, le Chef de l'État avait conservé le pouvoir légal de modifier ou de rejeter les décisions contentieuses, prises ou plus exactement préparées par la Cour suprême administrative : le Conseil d'État. Bien plus, par la procédure du conflit, l'autorité administrative pouvait dessaisir l'autorité judiciaire des litiges portés devant elle, et délimiter à son gré le champ de sa propre compétence. C'est dire que, juridiquement, jusqu'à la Troisième République, les particuliers victimes d'une mesure illégale de l'administration ne pouvaient obtenir justice que de leur partie adverse.

La loi du 24 mai 1872, en attribuant au Conseil d'État, statuant au contentieux, un pouvoir de décision propre, en instituant un tribunal des conflits, étranger à la hiérarchie administrative, a consacré la séparation nécessaire de l'administration active, et de la juridiction administrative. Le juge administratif est devenu indépendant, et la subordination des actes administratifs à la légalité se trouve désormais assurée par des sanctions véritablement juridictionnelles.

Mais c'est un principe qui comporte un certain nombre d'exceptions, dont l'importance pratique est fort loin d'être négligeable.

Cependant, s'il est naturel que la loi confère à l'administration, mandataire de l'intérêt général, des droits qu'elle mesure plus parcimonieusement ou même refuse aux particuliers, il semble assez peu rationnel, là où la loi a statué, de laisser l'administration maîtresse de la violer : les particuliers et l'administration ne doivent-ils pas avoir un droit égal à défendre leurs droits inégaux ? Qui oserait soutenir que l'administration soit, en certains cas, impossible, si elle est tenue de se conformer aux lois (1) ? N'est-il pas clair que plus les pouvoirs de l'administration sont larges, plus il est grave qu'elle les dépasse ? Nous verrons, en examinant dans leur détail les survivances de l'arbitraire par manque de sanction juridictionnelle que ces considérations ne paraissent pas avoir exercé sur la jurisprudence une influence décisive.

IV

L'arbitraire par manque de sanction juridictionnelle résulte de ce qu'aucun juge n'a le droit de faire à l'autorité

(1) Jacquelin, *Les principes dominants du contentieux administratif*, Paris, 1899, p. 275.

administrative l'application de dispositions légales existantes.

L'*arbitraire du juge administratif* naît de la situation exactement inverse : il résulte de ce qu'il n'existe pas de dispositions légales dont le juge, compétent pour statuer sur un litige entre l'État et les particuliers, et obligé de statuer sous peine de déni de justice, puisse faire application à l'autorité administrative.

Dans le premier cas, il y a une loi, mais pas de juge ; dans le second, il y a un juge, mais pas de loi.

Au point de vue du droit individuel, l'arbitraire du juge présente un moindre danger. Car le juge, à défaut de loi, statue en équité, et n'ayant pas de textes à appliquer, applique les principes généraux du droit : ne pouvant se contenter de *dire* le droit, il le *fait*.

« Nos lois administratives, dit Laferrière, sont des lois d'organisation et d'action qui se préoccupent plus d'assurer la marche des services publics que de prévoir et de résoudre des difficultés juridiques (1) ».

En d'autres termes, les lois administratives ont été faites pour armer l'autorité exécutive, non pour protéger le droit individuel.

La jurisprudence du Conseil d'État, cette haute conscience morale de l'administration française, suivant la très belle expression de M. Hauriou, s'est efforcé d'accomplir l'œuvre négligée par le législateur : elle a forgé presque de toutes pièces les instruments de défense des particuliers contre l'arbitraire gouvernemental et administratif.

Mais, s'il est heureux que le juge administratif ait tracé, « à coups d'arrêts » (2), les règles de droit dont la pratique

(1) Laferrière, *Traité de la juridiction administrative*, 2ᵉ édit., t. I, Introd., p. XII.
(2) Picot, *La réforme judiciaire*,

lui révélait la nécessité, ne serait-il pas aujourd'hui possible et désirable d'inscrire ces règles dans la loi même? La jurisprudence est une source de droit, mais c'est une source de droit inférieure à la loi. Sous le régime de la séparation des pouvoirs et des fonctions, il n'est pas normal que le juge légifère.

Une société ne peut vivre sans un minimum de règles obligatoires et sanctionnées : si le Parlement ne les détermine pas dans ses lois, le Gouvernement les détermine par ses décrets, ou le Juge par ses arrêts. Car il faut que, — bien ou mal, — toutes les fonctions de l'État soient remplies, et il est naturel que les divers organes de l'État se suppléent les uns les autres.

Mais, autant que possible, il convient de restituer toute fonction usurpée à son organe régulier, et surtout la fonction législative à l'organe législatif.

V

Le centre de perspective de notre régime constitutionnel, par l'avénement et le progrès du suffrage universel, s'est déplacé de l'Exécutif au Législatif.

« Toute notre organisation intérieure de l'an VIII avait pour principe fondamental la prééminence du pouvoir exécutif. Dans le but de procurer à cette prééminence une entière soumission, les législateurs du Consulat et du Premier Empire avaient écarté tout tempérament et l'avaient voulue unitaire et absolue(1) ».

Dès que le suffrage universel a pris nettement conscience

(1) J. Ferrand, *Césarisme et démocratie. L'incompatibilité entre notre régime administratif et notre régime politique*, Paris, Plon-Nourrit, 1904.

de sa propre force, il s'est produit dans cette organisation un déplacement de la souveraineté effective. Sous le régime du Césarisme, c'était l'Exécutif qui opérait le recrutement du Législatif, par le moyen de la candidature officielle, ou de la nomination directe.

Aujourd'hui, la situation réciproque du Législatif et de l'Exécutif est, — très exactement, — inverse.

L'étude de l'arbitraire gouvernemental et administratif a-t-elle par là même perdu son intérêt théorique et pratique? En aucune manière.

Car l'instrument forgé en l'an VIII existe encore; il n'a fait que changer de mains. Plus précisément, le mécanisme autrefois actionné exclusivement par l'autorité gouvernementale, l'est maintenant *en outre* par l'autorité parlementaire, par chacune des deux Chambres, et par les représentants du peuple individuellement considérés.

Certaines portions du pouvoir arbitraire de l'administration ont même été expressément transférées au Parlement: droit de déclarer l'utilité publique des grands travaux de l'État, droit d'autoriser les congrégations religieuses.

Et cette substitution de compétence n'a pas été un gain pour le droit, car les actes particuliers et individuels votés par les Chambres sont protégés par leur forme même contre tout recours contentieux.

Ainsi la prépondérance de l'organe légiférant, bien loin d'atténuer les inconvénients de l'arbitraire administratif, lui a donné des effets plus riches et plus complexes : car à l'arbitraire administratif de l'administration est venu se superposer l'arbitraire administratif des Chambres ou du Parlement.

Selon l'expression de M. Joseph Ferrand, il y a *incompatibilité* entre le Césarisme qui survit dans nos institutions administratives, et la démocratie, fondement de nos institutions politiques.

Ceci doit tuer cela : la démocratie doit éliminer l'arbitraire.

Un de nos plus vifs soucis, au cours de cette étude, sera de donner l'indication critique des réformes proposées pour restreindre ou supprimer les pouvoirs discrétionnaires de l'administration.

Aussi bien verrons-nous que, dès maintenant, de nombreuses lois, pour la plupart votées sous la Troisième République, ont commencé, sinon achevé, l'élimination nécessaire des survivances du Césarisme, et que l'autorité exécutive est de plus en plus soumise dans son action à des règles obligatoires et sanctionnées, c'est-à-dire au règne du droit, puisqu'il n'est pas de droit sans règles clairement édictées, ni de règles effectivement obligatoires sans un juge impartial pour en assurer la sanction.

Nous diviserons cette Étude juridique de l'arbitraire administratif en deux parties.

Dans la *première partie* nous examinerons l'*arbitraire des autorités administratives*, soit dans ses rapports avec les droits individuels : ce sera l'objet d'une *première section*, sur l'*arbitraire par manque de détermination légale*, soit dans ses rapports avec la légalité : ce sera l'objet d'une *seconde section* sur l'*arbitraire par manque de sanction juridictionnelle*.

Dans la *seconde partie* nous examinerons l'*arbitraire du juge administratif*.

PREMIÈRE PARTIE

L'ARBITRAIRE DES AUTORITÉS ADMINISTRATIVES.

SECTION I

L'arbitraire des autorités administratives et les droits individuels : l'arbitraire par manque de détermination légale.

Théoriquement, les droits individuels sont des pouvoirs propres de l'individu, et non des concessions sociales : l'homme naît libre et use de cette liberté sous la seule réserve des limitations édictées par la loi. On connaît la vigoureuse formule de Bentham : toutes les lois sont établies *aux dépens de la liberté.*

Mais, en réalité, le despotisme est la forme naturelle des sociétés : c'est la loi qui libère l'individu, et tout se passe, dans la pratique, comme si les droits individuels étaient des concessions sociales.

Lorsque la loi n'a pas substitué une relative égalité juridique à la formidable inégalité de fait qui existe entre l'individu et l'État, l'État a tous les droits et l'individu n'en a aucun; dans le silence de la loi, la liberté a pour mesure le libéralisme du gouvernement; or, comme on l'a très bien dit, il n'y a pas de gouvernement libéral, il n'y a que des gouvernements auxquels les citoyens ne permettent pas d'être autoritaires (1).

La première, et la dernière condition d'un régime libéral est que le gouvernement ne soit pas maître de déterminer à son gré la sphère juridique dans laquelle l'indi-

(1) Faguet, *Le libéralisme*, Paris, 1903.

vidu doit se mouvoir, c'est-à-dire de mesurer à chacun la liberté.

Notre législation positive ne répond pas entièrement à ce vœu théorique : car elle ne délimite pas avec précision les frontières du droit individuel à l'égard de l'autorité gouvernementale.

Il est des cas où, — légalement, — le gouvernement légifère, c'est-à-dire trace le cercle de l'activité juridique privée, et l'on discute même la question de savoir s'il n'a pas le droit de légiférer sur toutes les matières dont le Parlement ne s'est pas expressément emparé.

Il est des cas où, — légalement, — le gouvernement exerce des attributions de justice pénale ou répressive, et dispose du droit de priver sans jugement certains individus de leur liberté corporelle, qui est, peut-on dire, la liberté des libertés.

Il est des cas où, — légalement, — les manifestations de la pensée et de l'activité individuelle restent subordonnées à l'autorisation discrétionnaire de l'administration, ou peuvent être discrétionnairement interdites par elle.

Il est des cas où, — légalement, — l'autorité administrative, dans l'exercice de ses attributions propres, a la possibilité de méconnaître l'esprit même de nos institutions :

Contrairement au principe égalitaire, elle peut transformer en pures faveurs les autorisations, les allocations, les distinctions honorifiques, qu'elle a reçu mission d'accorder par mesure discrétionnaire ;

Armée à l'égard de ses agents du pouvoir hiérarchique et disciplinaire, elle peut limiter, dans l'intérêt supérieur de la fonction, leurs droits individuels ;

Chargée par la Constitution ou la loi de mettre en mouvement le mécanisme électoral et parlementaire, elle pos-

sède une action sur les manifestations du droit de suffrage.

Enfin, pour assurer l'exécution même de la loi, elle est
en principe libre du choix des moyens.

Tels sont, en résumé, les cas essentiels où l'autorité
administrative n'est pas tenue, sous des précisions juridiques suffisantes, de respecter les droits individuels; tels
sont, en d'autres termes, les cas où les « droits de l'homme
et du citoyen », à raison du *manque de détermination légale*, n'ont d'autre garantie que le libéralisme des ministres qui gouvernent, et du Parlement qui les contrôle.

CHAPITRE PREMIER

LE GOUVERNEMENT LÉGISLATEUR

> « Là où le pouvoir exécutif peut
> légiférer sous forme de décrets, en
> dehors des représentants du pays, le
> pays n'est plus maître de lui-même ».
> BEUDANT, *Cours*, Introd., n° 42.

D'après l'article 1er de la loi constitutionnelle du 25 févr.
1875 « le pouvoir législatif s'exerce par deux assemblées :
la Chambre des députés et le Sénat ».

D'après quelques auteurs —, et parmi les plus récents,
il convient de citer MM. F. Moreau et G. Cahen —, il
s'exercerait en outre par le Gouvernement.

Si l'on admet avec ces auteurs que le règlement administratif et la loi ont même nature juridique, et ne diffèrent
que par la forme, ou par l'organe dont ils émanent, comment définir le pouvoir réglementaire, sinon en disant qu'il
est le pouvoir législatif du Gouvernement?

La théorie du Gouvernement législateur est-elle conforme à la lettre de nos lois constitutionnelles, et à l'esprit
du régime démocratique et parlementaire? La France
métropolitaine est-elle, comme ses colonies, placée sous le
régime des décrets gouvernementaux? La question n'est
dépourvue ni d'intérêt doctrinal, ni d'intérêt pratique.

Après avoir essayé de résumer le débat, et d'en tirer la
conclusion à notre avis négative, il nous restera à examiner

dans quels cas l'autorité gouvernementale est appelée à
titre exceptionnel, par les textes positifs, à participer à l'exercice du pouvoir législatif, et dans quelle mesure cette participation exceptionnelle se justifie, en fait et en droit.

§ 1. — *La France métropolitaine est-elle soumise
au régime des décrets?*

I

Dans les pays qui ne connaissent pas la séparation des
pouvoirs, la distinction de la loi et du règlement, en admettant qu'elle soit rationnellement possible, n'est pas un
problème d'un grand intérêt pratique, car la même autorité fait la loi et les règlements et peut, dans un même
acte, introduire les dispositions les plus diverses.

Sans doute, sous le régime de l'unité absolue du pouvoir
politique, ou de l'autocratie pure, il se produit toujours,
en fait, une certaine différenciation des organes et des
fonctions de l'État, et si tous les actes de la Puissance publique, émanent théoriquement de la même autorité, ils
peuvent n'être pas pris dans les mêmes formes, avec les
mêmes garanties.

Mais cette différenciation, d'ailleurs incomplète, est toute
spontanée, toute empirique, et ces formes ou ces garanties,
d'ailleurs fort insuffisantes pour limiter efficacement l'arbitraire gouvernemental, ne sont pas en général respectées,
faute de sanction (1).

(1) Le Comité des ministres de Russie, appelé l'année dernière à préparer un ensemble de mesures contre l'arbitraire de la bureaucratie, demanda qu'il fut désormais expressément et rigoureusement interdit aux

Dans une thèse fort intéressante, Mme Balachowski-Petit(1)
a essayé de montrer que la séparation de la fonction réglementaire et de la fonction législative avait préexisté à la séparation du pouvoir législatif et du pouvoir exécutif : parmi
les actes émanant du Roi, sous l'Ancien régime, on arrive en
effet à distinguer, — par une analyse subtile portant sur la
forme et sur le fond —, certains actes qui se rapprochent de
nos lois (ordonnances, édits...) et d'autres qui ressemblent
plutôt à nos règlements (déclarations, arrêts du Conseil, lettres patentes...). Mais combien la séparation de la fonction
législative et de la fonction réglementaire était alors incomplète et précaire ! Que de dispositions nettement législatives, édictant par exemple des pénalités, dans les textes prétendus réglementaires !

De la démonstration de Mme Balachowski-Petit, il
résulte, mais il résulte seulement, que dans les pays qui
ne connaissent pas la séparation des pouvoirs, il s'établit
cependant entre les diverses catégories d'actes gouvernementaux édictant des règles obligatoires pour les
particuliers une sorte de hiérarchie dont on ne peut dire
d'une manière précise, si elle tient à des différences de
fond ou à des différences de forme.

La question de savoir si le pouvoir de faire des règlements est séparable du pouvoir de faire la loi se posa avec

ministres de faire changer le texte des *lois* par des *arrêtés impériaux* de
circoństance, demandés et obtenus en dehors des formes prévues pour la
confection des lois. Ainsi, malgré le caractère absolu du principe autocra-
tique, la différenciation de la loi et du décret s'était faite en Russie, mais
elle n'était pas scrupuleusement observée. V. *Revue pénitentiaire*, 1905,
p. 301.

(1) Mme Balachowski-Petit, *La loi et l'ordonnance dans les pays qui
ne connaissent pas la séparation des pouvoirs législatif et exécutif*. Thèse,
Paris, 1901.

force devant l'Assemblée constituante. Convenait-il d'attribuer ou de laisser au pouvoir exécutif le droit d'édicter des règles obligatoires pour les particuliers ? N'y avait-il pas à craindre de lui conférer par là même le droit de légiférer sur toutes les matières dont la loi proprement dite, œuvre de l'Assemblée élue par la nation, ne se serait pas formellement emparé ? Problème très grave, qui fut sérieusement discuté, mais ne fut pas résolu (1).

L'Assemblée constituante vota, en fin de compte, la formule suivante, dont on a donné des interprétations contradictoires : « Le pouvoir exécutif ne peut faire *aucune loi*, même provisoire, mais seulement des *proclamations*, conformes aux lois, pour en ordonner ou en rappeler l'exécution » (art. 6, tit. III, chap. IV, Constit. de 1791).

L'Assemblée constituante, par cette formule, entendait certainement refuser d'une manière absolue à l'autorité exécutive le droit de légiférer. Mais elle commit la faute d'inscrire dans le même texte l'énumération d'une série de matières réservées au pouvoir législatif, risquant ainsi d'inspirer à l'autorité exécutive la tentation de statuer sur les matières échappant à cette énumération, et, en tout cas, avouant l'inexistence d'une frontière *naturelle* entre le domaine réglementaire et le domaine législatif.

D'ailleurs, le pouvoir exécutif n'eut pour ainsi dire pas l'occasion ou la possibilité d'empiéter par ses règlements sur la puissance législative (2) : car celle-ci élaborait des textes si complets, si détaillés, si touffus, qu'ils étaient

---

(1) Moreau, *Le règlement administratif*, chap. II, *Le règlement depuis 1789*, n° 48, p. 63. *Contrà*, Esmein, *Élém. de dr. constit.*, 2ᵉ édit., p. 471.

(2) V. cep. des *proclamations* créant des tarifs obligatoires, des peines, des primes en argent (10 avr. 1791, 24 avr. 1791, 5 nov. 1789, 3 nov. 1789, etc.).

presque, en même temps que des lois, de véritables règlements. On sait même que la Constituante, pour assurer
l'exécution des grandes lois votées par elle, fit des *instructions* auxquelles le Gouvernement n'avait rien à ajouter :
on peut dire que dans la crainte de voir le Gouvernement
légiférer, la Constituante gouverna...

La Convention, plus jalouse encore des prérogatives du
pouvoir législatif, semble bien être allée jusqu'à retirer au
Gouvernement tout pouvoir réglementaire. « Il est expressément défendu à toute autorité... de faire des proclamations, ou de prendre des arrêtés extensifs, limitatifs, ou
contraires au sens *littéral* de la loi, sous prétexte de l'interpréter ou d'y suppléer » (Décr. 14 frim. an II, sect. II,
art. 11).

La Constitution de 1793 affirma de nouveau le principe
que l'autorité gouvernementale ne peut agir qu'en exécution des lois ou décrets du Corps législatif. Mais elle ajouta
à cette affirmation de principe l'énumération concrète des
matières réservées à la loi.

Ainsi, dans toute la période révolutionnaire, caractérisée
par la prédominance, non seulement théorique, mais effective, des assemblées élues sur le Gouvernement, la loi
absorbe le règlement : l'activité réglementaire du pouvoir exécutif, sans être absolument suspendue, est singulièrement réduite.

A partir de la Constitution de l'an III, qui annonce « dis-
crètement » une réaction, il se produit un mouvement
inverse, qui atteint son apogée sous le Premier Empire (1).

La Constitution de l'an VIII consacre nettement le pouvoir réglementaire du Gouvernement : « Le Gouvernement,

(1) Moreau, *op. cit.*, n° 53, p. 76. V. art. 144, C. an III.

dit l'article 44, fait les règlements pour l'exécution des lois ». Il n'est plus question de simples « proclamations », suivant l'expression empruntée par la Constituante à la terminologie anglaise.

Devenu prépondérant, par l'affaiblissement systématique des assemblées, le Gouvernement ne tarda pas à dépasser les limites du pouvoir réglementaire, tel qu'il était défini par la Constitution, et dans des textes nombreux édicta des dispositions visiblement étrangères à l'exécution de la loi, et même en certains cas contraires à la loi.

La confusion du pouvoir réglementaire et du pouvoir législatif se perpétuait donc, sous une forme nouvelle : si les assemblées révolutionnaires avaient « réglementé » par des lois, l'Empereur « légiféra » par des décrets. La frontière du domaine législatif à l'égard de l'autorité gouvernementale restait indécise.

La Constitution de 1814 ne fit rien pour la préciser. Maintenant au Chef de l'État le droit de faire des règlements « pour l'exécution des lois », elle ajouta qu'il pouvait faire des ordonnances « pour la sûreté de l'État ». C'était donner, sinon d'une manière expresse, du moins par l'équivoque même du texte, une sorte d'autonomie, de spontanéité, au pouvoir réglementaire. Or un règlement spontané, contenant limitation de la sphère juridique des particuliers, est une loi véritable. Lorsqu'on recherche si le règlement est autre chose qu'un instrument d'exécution de la loi, « il ne s'agit de rien moins que de savoir si la dictature existe dans le gouvernement qui nous régit, et si cette dictature est permanente » (1).

Charles X fut renversé pour avoir tenté, dans les ordon-

(1) Isambert, *Du pouvoir réglementaire*, Paris, 1821.

nances célèbres de 1830, l'application de la théorie du Gouvernement législateur, telle qu'elle paraissait résulter de la Charte de 1814.

Tous les textes constitutionnels postérieurs à la Révolution de 1830 (1), l'ont nettement condamnée, en indiquant formellement que le pouvoir réglementaire a pour but exclusif d' « assurer l'exécution des lois ».

L'article 3 de la loi constitutionnelle du 25 février 1875, seul texte positif qui existe actuellement en la matière, ne confère pas directement et expressément le pouvoir réglementaire au Chef de l'État : il se contente de dire que le Président de la République « surveille et assure l'exécution des lois ».

Dès lors, comment soutenir que le règlement peut modifier la sphère juridique des particuliers, créer à leur encontre des charges ou des obligations nouvelles, à la seule condition de ne pas violer la loi ?

Est-ce qu'il ne résulte pas au contraire des termes de la Constitution de 1875 que les règlements, pour être doués de validité, doivent satisfaire à cette condition *positive* d'être l'exécution d'un texte de loi, d'assurer l'exécution des charges et obligations édictées par la loi à l'égard des particuliers, et non seulement à cette condition *négative* de ne pas être contraires à un texte de loi? Il est évident qu'au point de vue de la liberté individuelle, les deux conditions n'ont pas du tout la même valeur.

(1) Art. 13, Charte de 1830; art. 49, Const. de 1848; art. 2, L. 31 août 1871 ; art. 3, L. const. du 25 février 1875.

II

La théorie du Gouvernement législateur n'est pas conforme à l'esprit du régime démocratique et parlementaire. Nulle obligation ne peut être imposée aux citoyens qu'ils n'aient eux-mêmes consentie ou que la majorité d'entre eux n'ait consentie : or les assemblées élues ont seules qualité pour exprimer la volonté de la nation souveraine (1). Il y a déjà quelque chose de fictif à reconnaître un Parlement comme l'organe de la souveraineté nationale. Mais c'est une fiction nécessaire. Ce serait une fiction dangereuse d'attribuer la même qualité à l'autorité gouvernementale, dont les décrets, pris sans la garantie d'une discussion publique et contradictoire, sont en fait l'œuvre de bureaux anonymes, et irresponsables, sans contact périodique avec le corps électoral.

Or admettre que le règlement est par sa nature identique à la loi, qu'il peut être comme elle limitatif de la liberté individuelle, c'est confier au pouvoir exécutif, parallèlement à l'autorité parlementaire, l'exercice de la souveraineté.

Supposons qu'il n'existe dans notre législation aucune disposition implicite ou explicite accordant ou refusant aux particuliers le droit de former des associations. Est-il possible d'admettre, dans cette hypothèse, ou dans toute autre hypothèse semblable, que l'administration possède le

(1) La nécessité d'une loi est expressément consacrée en ce qui concerne l'établissement des peines (art. 4, C. p.), des taxes ou impôts (article final de la loi du budget, depuis 1817), la modification de l'ordre des juridictions (L. 16-24 août 1790, art. 17). — V. Berthélemy, *Le pouv. régl. du Prés. de la République.*

droit de retirer à l'individu une liberté naturelle, une
liberté de fait, dont aucun texte législatif ne lui interdit la
jouissance?

La loi positive ignore aujourd'hui l'enseignement privé
des jeunes filles : le gouvernement pourrait-il en conclure
qu'il a le droit d'établir par décret le monopole de cet enseignement?

Avant la loi du 15 février 1902, le Parlement n'avait
pas édicté certaines mesures essentielles pour la sauvegarde de la santé publique, telles que l'obligation de la
vaccine, l'obligation de déclarer les maladies contagieuses..., etc. : le gouvernement aurait-il pu édicter par un
décret cette double obligation? Un tel décret n'eût été contraire à aucun texte de loi : mais n'eût-il pas été *illégal*,
simplement parce qu'il eût été *alégal* ou *extralegal* (1).

Il arrive souvent qu'un règlement administratif établisse
à la charge des particuliers des obligations multiples dont
on ne trouve pas trace dans la loi. Mais, par une recherche attentive, on parvient toujours à discerner la racine
légale de ces obligations en apparence purement réglementaires. Les bureaux de placement, les bureaux de
nourrice sont soumis à une réglementation étroite, qui
constitue une dérogation au principe de la liberté du commerce. Mais cette réglementation a sa racine légale dans
les textes qui subordonnent l'ouverture de ces bureaux à
l'autorisation discrétionnaire de l'administration : les charges et obligations imposées à leurs tenanciers par voie

_____

(1) Parmi les auteurs refusant au Gouvernement le droit de statuer sur
une matière non légiférée : Esmein, *Élém. de dr. constit.*, 2ᵉ éd., 1899,
p. 341 et 471; Ducrocq, *Cours de dr. adm.*, 7ᵉ éd., 1897, t. I, nᵒ 65, p. 82,
nᵒ 66, p. 84; Berthélemy, *Le pouvoir réglementaire du Président de la
République, Rev. pol. et parl.* 1898.

administrative ne sont au point de vue juridique que les
conditions mises par l'administration à la délivrance ou au
maintien de cette autorisation ; elles étaient donc virtuel-
lement contenues dans le texte législatif même.

Le lien entre tel règlement et le texte de loi dont il prétend assurer l'application est quelquefois « si léger, si
ténu, si lointain, fait observer M. Moreau, qu'il est imperceptible; en réalité, il n'existe pas » (1). Il est possible, en effet, qu'il n'existe pas, mais alors, le règlement
est sans valeur juridique : tel est le principe.

III

Est-il —, en fait —, des cas où l'autorité gouvernementale ait réellement délimité le « cadre juridique » de
l' « activité privée »? Est-il vrai que les autorités règle-
mentaires agissent, et qu'elles aient toujours agi *comme si*
elles possédaient le droit de régir, dans le silence de la
loi, le vaste domaine des relations juridiques?

A l'appui de cette thèse que l'histoire nous permet d'appeler césarienne ou monarchique, on a pu invoquer un
certain nombre de règlements dans lesquels aucun texte
législatif n'est en effet visé : décrets du 2 octobre 1888,
sur les étrangers résidant en France, du 10 mai et du
23 mai 1896 sur les ordres coloniaux, du 10 mars 1899
sur la circulation des voitures automobiles....., etc. (2).
N'est-il pas alors impossible de définir le règlement *en*
fonction de la loi, puisque l'absence de visa prouve qu'il
ne s'agit pas d'exécuter une loi? Ces règlements ne sont

(1) Moreau, *op. cit.*, n° 106, p. 167.
(2) V. Moreau, *op. cit.*, n° 106, p. 166, note 2.

pas la mise en œuvre, par des prescriptions détaillées, d'un principe de droit préexistant ; ils semblent bien poser par eux-mêmes des principes nouveaux..... Cependant, leur légalité n'a jamais été contestée.

Parmi les règlements pris sans point d'appui législatif, il convient de faire deux parts.

a) Les uns sont des *règlements d'organisation*, qui ont pour but, non de limiter l'activité des particuliers, mais de tracer les règles de l'activité administrative. Un décret instituant un ministère nouveau, ou un nouveau service administratif, n'est pas limitatif de l'activité juridique des particuliers, ne crée à leur encontre aucune charge nouvelle : ou du moins, si un tel décret doit entraîner une dépense, cette dépense devra être autorisée par la *loi* de finances.

« L'exercice spontané du pouvoir réglementaire, dit M. Moreau, est un véritable bienfait public, et *même dans le sens de la liberté* (1) ». Il a pour effet d'éliminer « l'arbitraire de l'administration, les faveurs, ... ». Mais ces formules ne sont exactes qu'à l'égard des règlements d'organisation, de procédure. Or, personne n'a jamais contesté à l'administration le droit de se limiter elle-même, de créer contre elle-même des charges et des obligations à l'égard des particuliers.

Comme le dit fort bien M. Moreau, l'État est un organisme, qui a le droit d'agir, de se développer librement dans les limites fixées par la loi : dans cet ordre d'idées, « il n'a pas à exécuter la loi, il n'a qu'à la respecter » (2).

Si donc la légalité d'un règlement d'organisation, d'un règlement « constructif », suivant une expression de

(1) Moreau, *op. cit.*, n° 110, p. 173.
(2) Moreau, p. 172, n° 109.

M. Duguit, est l'objet d'une contestation devant une autorité juridictionnelle, celle-ci n'a pas à rechercher s'il a été pris en vertu d'un texte de loi : il suffit, en effet, pour qu'un tel règlement soit légal, qu'il ne soit pas contraire à la loi. Les décrets du 17 septembre 1900 et du 2 janvier 1901 créant les Conseils du Travail avaient un caractère *extralégal*. Mais ils étaient des règlements d'organisation : c'est pourquoi le Conseil d'État, considérant qu'ils ne violaient aucune disposition législative, a refusé de les annuler (1).

Le décret du 10 août 1899, sur les conditions du travail dans les marchés passés au nom de l'État, impose aux entrepreneurs des charges et obligations nouvelles : ils doivent accorder à leurs ouvriers le repos hebdomadaire, n'employer d'ouvriers étrangers que dans une proportion déterminée par l'Administration, etc. Mais juridiquement comment ces charges et obligations nouvelles ont-elles été édictées? « Les cahiers des charges des marchés passés au nom de l'État, dit l'article premier, devront contenir des clauses par lesquelles l'entrepreneur s'engagera à observer les conditions suivantes... 1°... ». Le décret du 10 août 1899 est donc un règlement d'organisation : il ne crée d'obligation nouvelle qu'à l'égard de l'État même, il ne contient de limitation qu'à l'égard de l'administration contractante.

M. G. Cahen(2) considère comme ayant un contenu législatif la délibération d'un conseil général portant organisation d'une caisse de retraites, ou le décret instituant un concours à l'entrée d'une carrière administrative. Car, dit-

(1) C. E. arrêt du 19 février 1904.
(2) G. Cahen, *Le Gouvernement législateur; La loi et le règlement*. A. Rousseau, 1903, p. 197-200.

il, ces textes réglementaires édictent des « principes de droit », imposent « des obligations très précises, non seulement aux fonctionnaires, mais encore aux citoyens intéressés ».

Mais, en réalité, la réglementation dont il s'agit ne limite en rien la sphère juridique de ces citoyens : elle pose les conditions auxquelles l'Administration entend leur accorder le bénéfice d'une mesure discrétionnaire ; ce que l'Administration limite, c'est, en somme, son propre arbitraire.

b) Il faut avouer que les *règlements de police*, et par exemple le décret du 10 mars 1899 sur la circulation des automobiles, ne sont pas sans présenter avec les textes législatifs une singulière analogie.

Le décret du 10 mars 1899 exige des conducteurs d'automobiles un certificat de capacité, il impose aux constructeurs et fabricants certaines mesures de sureté : n'y a-t-il pas là une atteinte à la liberté du travail et de l'industrie? Le Gouvernement n'a-t-il pas fait œuvre législative en édictant des obligations nouvelles à la charge de ces catégories de citoyens, sans y être habilité par une loi?

Les arrêtés de police des maires ont été souvent définis : de *petites lois*. « Un arrêté de police, dit Faustin Hélie, lorsqu'il est légalement pris dans le cercle du pouvoir réglementaire, est une véritable *loi* locale(1) ». Par exemple, un arrêté interdisant les processions sur la voie publique, ou prescrivant l'établissement de fosses d'aisances dans les maisons, n'est-il pas limitatif de la liberté privée?

Il est vrai. Cependant les « règlements de police » ne doivent pas être considérés comme la manifestation d'un

_____

(1) Faustin Hélie, *Théorie du dr. pénal*, t. VII, p. 2802. Cf. Cahen, *Le Gouvernement législateur. — La loi et le règlement*, Arthur Rousseau, 1903.

pouvoir autonome de législation, reconnu à l'autorité gouvernementale : ils constituent simplement un *mode d'exercice de la fonction de police*, dont l'Administration est naturellement et légalement investie. Ce n'est pas parce qu'elle possède le droit de statuer sur les situations nouvelles dont la loi ne s'est pas emparé que l'autorité réglementaire peut limiter l'activité privée dans un intérêt de police, c'est parce qu'elle possède des pouvoirs de police, et dans la mesure où elle les possède, qu'il lui est permis d'édicter, à titre exceptionnel, des règles de droit.

Dès lors, il y a lieu, non pas d'examiner la question de savoir si, comme le dit M. Moreau, « tant que la loi ne s'est pas emparé d'une situation nouvelle, celle-ci appartient au réglement », mais de rechercher si les pouvoirs de police appartenant à l'Administration contiennent le droit d'édicter des obligations, des interdictions, des limitations du droit privé, en dehors d'un texte de loi (1).

Il est certain qu'un règlement de police légalement pris, c'est-à-dire pris dans des formes régulières par l'autorité compétente, a la vertu de déterminer le caractère *licite* ou *illicite* d'un acte. Et cette détermination n'est pas illusoire, car elle est sanctionnée par les pénalités de l'article 471 du Code pénal. En d'autres termes, les autorités de police ont

---

(1) En dehors de l'exercice des pouvoirs de police, le Gouvernement ne se considère plus aujourd'hui comme autorisé à édicter, dans le silence de la loi, des règles obligatoires pour les particuliers. Par une loi du 30 juillet 1900, le Gouvernement a obtenu du Parlement, par une extension du sénatus-consulte de 1854, le droit de *légiférer* par décret pour les « îles et terres de l'Océan pacifique, ne faisant pas partie du domaine colonial de la France et n'appartenant à aucune autre puissance civilisée ». Les matières de droit civil, de droit commercial, échappant à la compétence de la police administrative n'ont pas donné lieu à des règlements spontanés.

le droit de définir les cas où l'activité privée sera considérée comme portant atteinte à la sécurité, à la tranquillité, à la salubrité publiques : tels sont en effet les éléments de l'ordre public dont l'autorité administrative a mission d'assurer le respect (art. 97, 98, loi du 5 avr. 1884, lois spéciales). D'une manière générale, les particuliers ont l'obligation de ne pas troubler l'ordre public : c'est à l'autorité chargée de la police qu'il appartient de déterminer les obligations multiples et détaillées contenues dans cette obligation générale, suivant la matière, suivant le lieu, suivant l'époque.

Mais l'autorité administrative ne peut imposer aux particuliers les modes de réalisation des obligations qu'elle a inscrites dans ses règlements. Comme on l'a dit, compétente pour la détermination des buts ou des fins, elle est incompétente pour la détermination des moyens (1). Elle peut, en quelque sorte, poser les barrières destinées à protéger l'ordre public et défendre de les franchir sous peine d'amende : mais elle ne saurait obliger les particuliers à suivre une route particulière pour les éviter. Les limitations de l'activité privée résultant des règlements de police sont indirectes et négatives : ces règlements ne sont pas faits pour restreindre la liberté des administrés, mais pour assurer cette chose : l'*ordre public* (2).

Les pouvoirs de police, tels que nous venons de les définir, sont à la fois trop larges et trop restreints, suivant le point de vue auxquels on se place pour les examiner.

Ils sont trop restreints, en ce sens que l'Administration, ne pouvant fixer les *voies* et *moyens*, est souvent impuis-

---

(1) C. E., 3 déc. 1897, Ville de Dax, S. 98. 3. 145; 4 févr. 1898, T...; 18 mars 1898, Noualhier, S. 99. 1. 1. — V. égal. note de M. Hauriou, s. C. E., 9 mars 1900, Boucher d'Argis, S. 1901. 3. 1.

(2) V. Hauriou, *Préc.*, p. 20.

sante pour assurer effectivement le respect de la sécurité, de la salubrité publique, etc. (1). Avant les lois du 21 juillet 1881, du 15 février 1902, l'Administration n'était pas armée pour défendre la santé publique.

Ils sont trop larges, en ce sens que la notion d'ordre public, sous ses divers aspects de sécurité publique, de salubrité publique, etc., est assez vague pour autoriser l'Administration à limiter abusivement la liberté d'action des citoyens, en tant que celle-ci n'est pas protégée par un texte de loi (2). Dans certaines communes, il y a interdiction des cortèges processionnels : il est évident que dans ces communes, il y a entrave à la liberté d'aller et venir. Par un arrêt du 23 février 1906 (*Gaz. du Palais des 6-7 mai*), la Cour de cassation a reconnu à l'autorité municipale le droit de soumettre au régime de *l'autorisation préalable* les divertissements publics, même donnés dans des propriétés *privées et closes*.

En un mot, il est impossible de nier la nature législative ou quasi-législative des règlements de police.

Contre l'arbitraire de la police, il faut donc des lois pour préserver le droit individuel. Le pouvoir de maintenir l'ordre public, mission essentielle, attribut nécessaire de l'autorité gouvernementale, recèle des dangers pour la liberté, lorsqu'il reste à l'état brut, c'est-à-dire n'est pas réglementé dans son but, dans ses formes et dans ses effets par le législateur (3).

---

(1) Par exemple, il a fallu une loi pour instituer le tout-à-l'égout à Paris.

(2) Exemple, le décret de 1899 sur la circulation des automobiles.

(3) Le seul droit réellement et complètement soustrait à l'arbitraire de la police, c'est le *droit de propriété*. Avant le décret de 1810, l'autorité administrative ne se reconnaissait pas le droit d'interdire ou fermer un éta-

IV

Ainsi nous reconnaissons aux règlements une triple source juridique : les règlements d'exécution tirent leur validité du texte de loi dont ils ont pour fin, et ne peuvent avoir pour fin que d'assurer l'application ; les règlements d'organisation sont la manifestation du droit qui appartient à l'administration de fixer les règles de sa propre activité, de son propre développement, et on pourrait les appeler des règlements de gestion des services publics ; enfin les réglements de police constituent, comme nous l'avons dit, un mode d'exercice de la fonction gouvernementale par excellence, celle de maintenir l'ordre public.

En dehors de ces cas, qui doivent être restrictivement interprétés, le Gouvernement n'a pas à notre sens la faculté de prescrire des règles obligatoires pour les particuliers. On dit en général que l'Administration possède *le* pouvoir réglementaire : nous préférons dire qu'elle possède *des* pouvoirs réglementaires, s'exerçant dans des domaines séparés, et, ce qui est important au point de vue de la liberté, dans des domaines limités.

En un mot, la France métropolitaine n'est pas constitutionnellement soumise au régime des décrets gouvernementaux.

Convient-il de le regretter ? Nous ne le croyons pas. Mais l'opinion des auteurs n'est pas unanime sur ce point (1) : le

blissement insalubre ; avant la loi du 16 juillet 1856, elle ne se reconnaissait pas le droit d'interdire des fouilles nuisibles aux sources d'eau miné rale.

(1) V. Cahen, *op. cit.*, p. 310-320.

régime des décrets ne compte pas que des détracteurs, même parmi les esprits les plus libéraux.

Le décret est, dit-on, un instrument législatif d'un maniement facile. Sans doute : et il est entendu que Napoléon Ier a rédigé tel décret-loi en vingt-quatre heures —, entre deux batailles —, et que le Parlement républicain a mis vingt ans et plus à faire —, en pleine paix —, la loi sur les accidents du travail. Mais les délais, les lourdeurs, les lenteurs de la procédure parlementaire sont une garantie pour le droit et la liberté(1).

Le décret, d'autre part, permet de tenter des expériences législatives, « des réglementations expérimentales ». En effet. Mais convient-il de laisser au Gouvernement le droit d'engager subitement, sans que les intéressés soient mis en demeure de protester, des expériences, qui peuvent être dangereuses et irréparables?

Certes le Parlement par la mise en jeu de la responsabilité ministérielle, peut obtenir l'abrogation d'un décret, ou imposer les modifications nécessaires : c'est à la suite d'un ordre du jour parlementaire que les décrets sur les tribunaux répressifs algériens des 29 mars et 29 mai 1902 ont été mis en accord avec les principes de notre droit criminel. Mais l'expérience démontre que le Parlement n'exerce pas sur les décrets un contrôle régulier systématique

_____

(1) Il y a une dizaine d'années, une campagne fut menée pour la création de grandes Compagnies de colonisation, investies de droits de puissance publique (droit de lever des impôts, et d'édicter des règlements de police, etc.). Les partisans de ce système proposèrent de l'instituer par *décret*, pour aller vite, et échapper à l'obstruction parlementaire (V. *J. O.*, 7 nov. 1891, p. 5379 et suiv.). Mais l'argument, prouvant trop, ne prouve rien : le régime des décrets est plus expéditif, mais il est moins libéral. C'est toute la question. Était-il conforme à l'esprit libéral de livrer les indigènes en nos colonies à l'arbitraire d'entreprises commerciales?

Supposons que la théorie du Gouvernement législateur devienne une pratique constitutionnelle normale, le Parlement ne serait-il pas continuellement occupé à reconquérir le domaine juridique dont le Gouvernement se serait emparé « par une irruption brusque et instantanée (1)? La force d'inertie du Parlement, qui s'exerce aujourd'hui dans le sens des intérêts privés, deviendrait un encouragement aux empiètements gouvernementaux : un peu de réglementation profite à la liberté, en déterminant les droits de chacun, beaucoup de réglementation pourrait la tuer, en restreignant les droits de tout le monde.

Aussi bien dans une démocratie la loi véritable est-elle seule à posséder une autorité souveraine et indiscutée. Les décrets sur la création des conseils du travail n'avaient rien de législatif par leur contenu. Mais ils avaient l'apparence d'une usurpation sur le domaine parlementaire, ils pouvaient avoir une répercussion indirecte sur les rapports juridiques des patrons et des ouvriers : aussi ont-ils soulevé de vives protestations. *A fortiori*, un décret-loi proprement dit serait inapplicable.

En réalité, le procédé du décret ne saurait être qu'un expédient pour parer aux vices de l'élaboration parlementaire des lois. De même l'usage de l'édit du préteur à Rome s'était développé à raison de « la difficulté de faire aboutir les projets de lois dans les comices » (2).

Mais le meilleur remède à l'exercice défectueux de la fonction législative par le Parlement est-il d'appeler à légiférer le pouvoir exécutif, par définition inapte à cette

(1) Fr. Charmes, Rapp. sur les décrets des 17 sept. 1900, et 2 janv. 1901.

(2) Graux, *Les lois et les règlements d'adm. publique. Revue polit. et parl.*, 1899, t. XX, p. 460-484.

mission? Si la méthode expérimentale consiste à faire l'essai d'un principe à l'aide d'un texte applicable à un petit nombre d'intéressés, n'est-ce pas au Parlement lui-même qu'il convient d'en recommander l'emploi? Les lois anglaises, dont « le grand avantage... est de n'être pas logiques », suivant le mot de M. Chamberlain (1), sont souvent des lois d'essai...

D'ailleurs il ne serait pas impossible, sans substituer le Gouvernement au Parlement, dans l'élaboration du droit nouveau, d'établir entre le Gouvernement et le Parlement une collaboration plus étroite dans la confection des lois. « Il n'y a pas de réforme sérieuse du régime parlementaire, sans une réforme préalable du Conseil d'État, a dit Jules Simon, parce que le premier point de la réforme parlementaire est l'introduction du Conseil d'État dans le travail législatif » (2).

Si le Parlement français, malgré la réforme de la méthode législative, ne pouvait, faute de temps, ou de compétence technique, élaborer des lois se suffisant à elles-mêmes, le procédé du règlement d'administration publique resterait le moyen d'amener à son point d'achèvement l'œuvre parlementaire.

§ 2. — *La nature législative des règlements d'administration publique.*

La jurisprudence du Conseil d'État et de la Cour de cassation reconnaît très nettement le caractère législatif aux

---

(1) Graux, *op. cit.*

(2) J. Simon, *Rev. polit. et parl.*, 1894, t. I, p. 13. Cf. Varagnac, *Rev. des Deux-Mondes*, 1892, t. CXII, p. 771, t. CXIII, p. 288. Ch. Benoist, *La méthode législative, id.*, 1906.

règlements d'administration publique. Sous cette appellation « baroque et traditionnelle » (1), on désigne les règlements que le législateur invite spécialement le Chef de
l'État à élaborer, sur l'avis de l'Assemblée générale du
Conseil d'État, pour compléter les dispositions d'une loi.
En vertu du mandat qui lui est donné par le législateur, le
Chef de l'État a le droit d'édicter des prescriptions excédant les limites du pouvoir réglementaire, tel que nous
avons précédemment essayé de le définir : les règlements
d'administration publique, en un mot, constituent de véritables *lois gouvernementales*.

En doctrine, on conteste vivement à l'autorité parlementaire le droit d'opérer au profit de l'autorité exécutive une
délégation du pouvoir législatif (2). En effet, il est généralement admis qu'en dehors des cas prévus par la Constitution, aucun organe de l'État ne peut déléguer à un autre
organe de l'État la totalité, ni même une partie de sa fonction. Une délégation du pouvoir législatif, c'est une dérogation à la Constitution : or, chez nous, la Constitution
est au-dessus de la loi et ne saurait être modifiée par elle.

Par cela seul, dit M. Esmein, que « la Constitution a établi des pouvoirs divers et distincts, et réparti entre diverses
autorités les attributs de la souveraineté, elle interdit implicitement, mais nécessairement, que l'un des pouvoirs
puisse se décharger sur un autre de sa tâche et de sa fonction ; de même qu'un pouvoir ne saurait empiéter sur un
autre, il ne saurait même momentanément abdiquer en

(1) Félix Moreau, *op. cit,,* n° 87, p. 132.
(2) Esmein, *De la délégation du pouvoir législatif, à l'occasion du
projet dit « des pleins pouvoirs »*, présenté par M. Crispi au Parlement
italien. *Revue polit. et parlem.*, 1894, n° 2. Cf. dans le même sens. Berthélemy, article précité.

faveur d'un autre. *Ce serait substituer, momentanément, pour la durée de la délégation, une Constitution nouvelle à la Constitution existante. Ce serait contraire, en même temps, au principe de la souveraineté nationale, tel qu'il se traduit dans nos Constitutions écrites, et au principe de la séparation des pouvoirs. Ce serait sortir de la Constitution et par suite entrer dans la Révolution* ».

Ainsi, le principe de l'« indélégabilité » du pouvoir législatif découle naturellement du système des constitutions écrites : il n'est expressément proclamé que par une seule de nos constitutions, celles du 5 fructidor, an III : « En aucun cas, dit l'article 46 de la Constitution de l'an III, le Corps législatif ne peut déléguer à un ou plusieurs de ses membres, ni à qui que ce soit, aucune des fonctions qui lui sont attribuées par la présente Constitution ». Mais, au lendemain de la Convention, qui avait prodigué à ses comités et à ses commissaires les délégations législatives, cette vérité constitutionnelle était utile à rappeler en termes formels.

La Constitution de 1875 ne contient aucune formule analogue à celle de la Constitution de l'an III. Mais elle remet au Parlement l'exercice du pouvoir législatif, sans réserve. Dès lors, si nous acceptons la théorie précédemment exposée — et nous l'acceptons dans son intégrité —, nous devons, semble-t-il, soit refuser aux règlements d'administration publique le caractère législatif, soit les considérer comme inconstitutionnels, s'ils ont réellement un « contenu » législatif.

D'après M. Esmein, le Parlement, en décidant qu'une loi sera complétée par un règlement d'administration publique n'entend pas opérer une délégation de la puissance législative : il invite simplement le Chef de l'État à user, dans un cas déterminé de son pouvoir réglementaire, en lui imposant l'obligation de prendre l'avis préalable du Conseil d'État. Dans ce système, non seulement l'autorité législative ne confie au Gouvernement aucun pouvoir nouveau, mais encore elle subordonne à une condition restrictive l'exercice d'un pouvoir que le Gouvernement tient directement de la Constitution.

Cette interprétation de la volonté du législateur est contraire à la tradition, — et à la pratique actuelle. Le Conseil d'État a toujours estimé qu'il avait le droit d'introduire dans les règlements d'administration publique des prescriptions de nature législative, notamment des dispositions d'ordre pénal (1).

La notion de règlement d'administration, il est vrai, fut tout d'abord assez vague. Il est question pour la première fois de règlements d'administration publique, pris sur l'avis nécessaire du Conseil d'État, dans la constitution de l'an VIII (art. 52 et 54). Or, comme il n'existait pas alors de texte attribuant au Gouvernement un pouvoir réglementaire propre, on discuta sur le point de savoir si tous les règlements ne devaient pas être pris avec la collaboration du Conseil d'État : en fait, le Conseil d'État était consulté sur la plupart des règlements, — faits ou non sur l'invitation du législateur, — contenant ou non des dispositions de nature législative. Sous la Restauration, le règlement d'administration publique prend une acception plus nettement déterminée, celle de règlement sur délégation : à l'égard des règlements sur délégation, le Gouvernement

(1) Foucart, *Droit administratif*, 1855, t. I, n° 99; Batbie, *Droit public et administratif*, t. III, p. 69 et suiv.; Aucoc, *Conférences*, t. I, p. 124; Laferrière, *op. cit.*, p. 11; Ducrocq, *Cours*, 7ᵉ édit., t. I, p. 85; Hauriou, *Précis*, 5ᵉ édit., 1903, p. 37; Moreau, *op. cit.*, nᵒˢ 119 et 120.

continua à prendre l'avis du Conseil d'État, par une sorte d'application « posthume » de l'article 52 de la Constitution de l'an VIII (1). La loi du 19 juillet 1845, dans son article 12, établit une distinction entre les règlements d'administration publique proprement dits et les décrets dans la *forme* des règlements d'administration publique, c'est-à-dire les décrets purement réglementaires, pris sur l'avis de l'assemblée générale du Conseil d'État.

La Constitution de 1848 vint donner la consécration la plus nette à l'idée de la délégation législative : elle investit le Conseil d'État de la mission de faire *seul* les règlements « à l'égard desquels l'Assemblée nationale lui a donné une *délégation spéciale* ». Cette disposition est éclairée par le commentaire de Vivien : « Les règlements qui sont faits en vertu d'une délégation de l'Assemblée nationale, dit cet auteur éminent, n'engagent pas la responsabilité ministérielle. Ils sont faits par le Conseil d'État, *comme substitué au législateur*, qui lui aura donné à cet effet un mandat spécial. L'Assemblée sera toujours maîtresse de déterminer l'étendue et la portée de ce mandat ». En retirant au Conseil d'État son pouvoir propre de réglementation, la Constitution de 1852 et le décret du 25 janvier 1852 n'enlevèrent pas aux règlements d'administration publique leur originalité juridique : en faisant retour au Chef de l'État, dit M. Laferrière, la délégation législative qui provoque un règlement d'administration publique n'a pas changé de nature. Enfin l'article 8 de la loi du 24 mai 1872 a maintenu la distinction traditionnelle entre les règlements d'administration publique et les décrets *dans la forme* des règlements d'administration publique (2), qui n'aurait aucune

(1) Moreau, *op. cit.*, n° 87, p. 134.
(2) Quelquefois il semble bien que le Parlement ait opéré de véritables

raison d'être ni aucune signification, s'il n'y avait entre
ces deux catégories de règlements identiques dans la forme,
une différence de fond, c'est-à-dire de nature juridique.

L'Assemblée nationale a-t-elle voulu, en 1875, exclure
de la pratique parlementaire le procédé utile du « règlement d'administration publique », qu'elle avait elle-même
consacré en 1872? Nous nous refusons à l'admettre : la
Constitution de 1875 nous paraît devoir être interprétée
comme contenant le minimum d'innovations.

En résumé, nous croyons que par dérogation au principe d'après lequel la délégation des pouvoirs est juridiquement impossible, une tradition constante, expressément
confirmée par l'article 8 de la loi du 24 mai 1872, tacitement maintenue par la Constitution de 1875, autorise les
Chambres à opérer au profit du Gouvernement statuant sur
l'avis de l'assemblée générale du Conseil d'État, une véritable délégation limitée et précise du pouvoir législatif.
Cette exception au principe, comme toute exception, doit
être entendue *stricto sensu*. De même que la jurisprudence
contentieuse du Conseil d'État reconnaît aux Conseils généraux, par application de l'article 77 de la loi du 10 août
1871, le droit de donner à la Commission départementale
le mandat spécial de régler certaines espèces administratives déterminées, mais non le mandat général de statuer
sur tout un ordre d'affaires administratives, de même nous
devons reconnaître au Parlement la faculté de donner au
Gouvernement statuant sur l'avis du Conseil d'État, le

déléqations législatives au profit du Gouvernement statuant, soit par décret
simple, soit par décret dans la forme des règlements d'administration publique. Dans le premier cas, les particuliers sont privés de la garantie assurée par l'intervention du Conseil d'État. Dans le second cas, il y a eu de
la part du législateur une simple erreur de terminologie. — V. Moreau,
op. cit., n° 125, p. 200, note 5, n° 206, notes 1 et 2.

mandat spécial de régler certaines espèces législatives déterminées, mais non le mandat général de régler tout un ordre de questions législatives. Par exemple, serait évidemment inconstitutionnelle une loi par laquelle le Parlement remettrait au Gouvernement la mission de légiférer en toute indépendance sur le divorce ou sur le mariage : la délégation de pouvoirs ne saurait aller jusqu'à une véritable abdication ; la législation gouvernementale ne saurait être que complémentaire, secondaire, dérivée : elle n'est nécessaire et inoffensive qu'à cette condition.

§ 3. — *Le Gouvernement législateur colonial.*

I

Le Gouvernement métropolitain est le législateur ordinaire de nos colonies(1).

Cette mission lui appartient en vertu des sénatus-consultes du 3 mai 1854 et du 4 juillet 1866. Si ces textes n'étaient plus en vigueur, il conviendrait de l'attribuer au Parlement. Nous avons en effet repoussé énergiquement la théorie d'après laquelle l'autorité gouvernementale serait de plein droit maîtresse de réglementer toute matière juridique sur laquelle la loi n'aurait pas statué. A notre sens, dans le silence des textes, c'est le pouvoir législatif qui légifère...

Les sénatus-consultes de 1854 et de 1866, actes de valeur constitutionnelle ou plus exactement quasi constitu-

(1) Cs. Girault, *Principes de colonisation et de législation coloniale*, 2º édit.

tionnelle (1), ont été pris par application de l'article 27 de
la Constitution du 14 janvier 1852 : l'abrogation de celle-ci
a-t-elle entraîné par voie de conséquence l'abrogation de
ceux-là? La question est litigeuse.

Il est communément admis que si une révolution triom-
phante fait tomber *de plano* la Constitution existante, elle
laisse subsister les lois ordinaires, et même, en les *décon-
stitutionnalisant*, les dispositions de *nature* simplement
législative inscrites dans les textes *constitutionnels*. C'est
dire que les sénatus-consultes de 1854 et 1866, dans la
mesure où leur objet est législatif, sont encore en vigueur:
l'abrogation de la Constitution de 1852 n'a eu d'autre effet
que de les ramener à la qualité de lois ordinaires.

Mais il reste à savoir si les dispositions du sénatus de
1854, conférant au Gouvernement le droit de régir les
colonies par décrets, c'est-à-dire opérant en sa faveur une
véritable délégation du pouvoir législatif, ne sont pas, par
leur objet même, constitutionnelles, et si, en admettant
qu'elles le soient, elles doivent être ou non considérées
comme caduques.

Comme nous avons précédemment essayé de le démontrer la répartition des fonctions entre les divers organes de
l'État est au premier chef constitutionnelle et ne saurait
être par conséquent modifiée que par la Constitution. C'est
un point acquis. Il en résulte que le sénatus de 1854, pris
par application directe d'un article de la Constitution, et
en outre quasi constitutionnel par sa forme, a pu régulièrement conférer au Gouvernement la qualité de législateur
colonial.

(1) La force des sénatus-consultes était supérieure à celle des lois ordinaires, mais inférieure en principe à celle de la Constitution. V. art. 25 à
31 de la Constitution de 1852.

Mais, de l'avis de tous, s'il a survécu au second Empire, il n'a survécu qu'à titre de loi ordinaire. De ce fait, la délégation législative, valablement opérée à l'origine, n'est-elle pas aujourd'hui frappée de caducité (1)? Il faudrait l'avouer, s'il n'était certain que les constituants de 1875 n'ont en rien voulu retirer au Gouvernement les droits qu'il tenait du sénatus de 1854 : une mesure aussi grave n'est pas assurément de celles qui se prennent par prétérition.

II

. Parmi les colonies placées sous le régime des décrets en vertu des sénatus de 1854 et 1866, il faut distinguer deux groupes.

Les unes sont soumises au régime *pur* du décret, c'est-à-dire que toute matière juridique dont le législateur ne s'est pas spécialement et expressément emparé, peut y être réglementée par décret simple du Chef de l'État (2). La liberté n'y est en aucune manière garantie à l'égard du Gouvernement.

Les autres (Antilles et Réunion) bénéficient d'un régime moins despotique. La source de leur législation est en principe gouvernementale, mais pour certaines matières particulièrement importantes du droit public ou privé, l'intervention du Parlement est obligatoire (3). Il est à noter

---

(1) Esmein, *Éléments de droit constitutionnel*, 2ᵉ édit., p. 385, note 4.

(2) S.-C. de 1854, art. 18.

(3) S.-C. de 1854, art. 23 et suiv. Dans les cas où le S.-C. de 1854 prévoyait des sénatus-consultes, des lois suffisent aujourd'hui.

que d'après l'article 6 du sénatus-consulte de 1854, le
Gouvernement est tenu quelquefois de prendre pour ses
décrets l'avis du Conseil d'État.

En fait, les décrets sont la source la plus abondante de
la législation coloniale : les Chambres françaises interviennent très rarement, trop rarement.

Lorsque le Parlement a statué, le Gouvernement est
tenu naturellement de promulguer la loi dans les conditions prévues par la Constitution. Mais cette promulgation
ordinaire ne vaut que pour la métropole.

La loi ne devient applicable à la colonie qu'en vertu
d'une promulgation *spéciale* faite par le Gouverneur, et
qu'il peut indéfiniment retarder sauf injonction du ministre des Colonies. L'arrêté de promulgation du Gouverneur
doit être publié dans le *Journal officiel* de la colonie.
Comme d'après la Cour de cassation, la publication préalable de la loi au *Journal officiel* de la métropole n'est pas
indispensable à la validité de la promulgation spéciale, et
comme d'autre part le Gouverneur n'est pas tenu d'insérer
dans le *Journal de la colonie*, en même temps que le texte
de l'arrêté de promulgation, celui de l'acte promulgué, on
voit que les habitants des colonies se trouvent parfois, dans
l'impossibilité matérielle de connaître officiellement les
dispositions législatives qui leur sont applicables.

Les protectorats, comme les colonies, sont soumis au
régime des décrets. On fait résulter cette situation de l'article 18 du S.-C. de 1854. La question de savoir si l'art. 18
du S.-C. de 1854 peut être ou non légitimement étendue
aux protectorats n'a qu'un intérêt théorique, car il est
certain que le Chef de l'État tient de la Constitution le
droit de passer les traités de protectorat et de *les faire exécuter.*

III

L'article 27 de la Constitution de 1852 avait conféré au Sénat le soin de régler la constitution algérienne, comme celle des colonies proprement dites. Aucun sénatus-consulte n'est venu cependant déterminer le régime législatif de l'Algérie(1). Pour le connaître, il faut se reporter à l'article 4 de l'ordonnance du 22 juillet 1834, pris en exécution de l'article 25 de la loi du 24 avril 1833.

C'est en vertu de ces textes que l'Algérie est encore soumise au régime *pur* du décret, malgré sa proximité de la métropole, et les relations étroites qu'elle entretient avec elle. Toutefois, le Parlement, usant d'une sorte de « droit d'évocation » que la pratique seule a consacré, a édicté sur la plupart des matières importantes du droit des lois spéciales à l'Algérie, ou a étendu expressément à l'Algérie le bénéfice de nombreuses lois métropolitaines(2).

La législation algérienne a été pendant les premiers temps de la conquête alimentée par des sources aujourd'hui taries : arrêtés du général en chef, jusqu'à la fin de la période d'occupation militaire ; arrêtés pris par l'intendant civil, qui s'était sans aucun texte attribué le pouvoir de légiférer, et dont les tribunaux, pour des motifs d'ordre pratique, se virent obligés de consacrer les prétentions ; arrêtés du Gouverneur, rendant provisoirement exécutoires,

(1) Sur des points particuliers, V. S.-C. du 22 avril 1863 et du 14 juillet 1865.
(2) La promulgation *ordinaire* des lois votées par les Chambres, et leur publication au *J. O.* de la métropole suffisent à les rendre applicables en Algérie.

en cas d'urgence, les projets d'ordonnance dont on lui
avait confié la préparation ; arrêtés du ministre de la
Guerre, agissant par délégation, sans aucun doute irrégulière, du Chef de l'État.

A ces actes, il faut ajouter les *lois métropolitaines d'intérêt général antérieures à l'ordonnance de 1834*. D'après
une jurisprudence constante, ces lois se sont trouvées *de
plano* applicables à l'Algérie, en vertu du principe d'après
lequel la législation du pays conquérant s'étend *ipso facto*
au pays conquis, dans la mesure où cette extension est pratiquement possible. En remettant au Gouvernement la qualité de législateur algérien ordinaire, l'ordonnance de 1834
a mis un terme à l'application automatique en Algérie des
lois métropolitaines, exception faite, d'après la jurisprudence, pour celles qui *modifient* ou *abrogent* les lois antérieures à 1834, et sont considérées comme faisant corps avec
elles (arrêt du Conseil d'État, 4 mai 1904).

Il est à noter que le Gouvernement a le droit de modifier
ou d'abroger, pour les colonies, les lois métropolitaines
antérieures à 1834 : le législateur colonial ordinaire
d'aujourd'hui a, en bonne logique, la même puissance que
le législateur colonial ordinaire qui l'a précédé.

En résumé, *toutes* les possessions françaises sont placées
sous le régime de l'arbitraire gouvernemental, c'est-à-dire,
en fait, de l'arbitraire *ministériel*.

L'Algérie, les Antilles, la Réunion possèdent, sans doute,
sur les parties essentielles du droit, des lois émanant des
Chambres françaises; il n'en est pas moins vrai que,
même dans ces colonies favorisées, l'arbitraire est la règle,
la légalité l'exception.

Les droits individuels sont-ils garantis dans une colonie
où le Gouvernement peut instituer, sous le nom de tribu-

naux répressifs, de véritables commissions administratives (1)?

IV

Comment donner à nos colonies une *législation* véritable
dominant l'Administration comme les particuliers?

Il serait évidemment très simple et très classique de
transférer du Gouvernement au Parlement la qualité de
législateur colonial ordinaire. Mais on s'accorde, en général, à penser que le remède, théoriquement souverain, serait, en pratique, pire que le mal. En effet, d'une part les
Chambres françaises ne pourraient se borner à déclarer *de
plano* applicable à l'ensemble de nos colonies toute loi *métropolitaine*(2), d'autre part, elles n'auraient ni le temps, ni
la compétence nécessaires pour faire de bonnes lois *coloniales*, c'est-à-dire, en somme, pour élaborer, sur chaque matière juridique, à peu près autant de lois qu'il y a sous notre domination de peuples différents par leurs coutumes et
par leurs besoins(3).

Mais de ce qu'il est pratiquement impossible de confier
au « pouvoir » législatif métropolitain la mission de légiférer pour les colonies, faut-il conclure que les colonies doivent rester privées de *lois?*

(1) Décrets des 29 mars et 29 mai 1902 relatifs à la justice répressive indigène en Algérie. A la suite d'un débat à la Chambre, l'organisation première des tribunaux répressifs algériens a été modifiée, V. Décret
du 21 août 1903. Mais la *validité* des décrets de 1902 était en soi défen-
dable.

(2) L'expérience de l'assimilation législative absolue des colonies à la
métropole a été faite sous le Directoire, et a échoué.

(3) L'expérience de l'assimilation législative tempérée a été faite plusieurs fois et a toujours échoué.

Ce serait raisonner comme l'Assemblée constituante qui, ne voulant pas attribuer au « pouvoir » judiciaire la connaissance des litiges entre les particuliers et l'Administration, laissa les particuliers privés de juges : cependant elle pouvait créer la juridiction administrative.

Maintenir les colonies sous le régime des décrets pour cet unique motif que le Parlement métropolitain n'est pas apte à faire les lois coloniales, c'est oublier qu'il est possible de créer des *organes législatifs coloniaux*, suivant l'exemple donné par quelques pays étrangers(1).

Toutes les questions contentieuses ne sont pas tranchées par une seule catégorie de tribunaux, tous les actes administratifs ne sont pas accomplis par le Chef de l'État : pourquoi toutes les lois seraient-elles, en vertu d'une règle absolue, l'œuvre du Parlement? Le préjugé *unitaire*, en matière législative, comme en matière juridictionnelle ou administrative, doit céder devant cette considération que la séparation des fonctions importe seule au droit et à la liberté, et qu'il n'est pas nécessaire pour l'assurer de réaliser la conception théorique des trois pouvoirs *uns* et *indivisibles* de l'État.

Instituer des organes législatifs coloniaux ne veut pas dire, dans notre esprit, donner aux colonies une complète autonomie législative. Il convient certainement de ne pas pousser la décentralisation coloniale jusqu'au démembrement. Une place importante serait naturellement réservée à l'élément métropolitain au sein des organes législatifs coloniaux. Le Parlement devrait inscrire dans des textes

_____

(1) V. Chailley-Bert, *De la meilleure manière de légiférer pour les colonies*, Recueil de législation, de doctrine, et de jurisprudence coloniales, 1905, Janvier et février, 2ᵉ partie, p. 1 et 9.

organiques les principes essentiels dont les lois faites dans et par les colonies ne pourraient s'écarter.

Le système proposé aurait pour effet :

1° De soustraire nos colonies à l'arbitraire du Gouvernement législateur.

2° De leur donner une législation *spéciale*, élaborée par des organes *spéciaux*.

Ni le régime des décrets, ni le régime de l'assimilation législative, même combinés l'un avec l'autre, ne sauraient assurer simultanément ce *double* bienfait aux colonies.

§ 4. — *Le pouvoir législatif des Gouvernements de Révolution et de coup d'État.*

Les Gouvernements de fait, issus d'une Révolution ou d'un coup d'État, cumulent le plus souvent, jusqu'à l'établissement d'une constitution régulière, le pouvoir législatif et le pouvoir exécutif.

Une Révolution, un coup d'État, par leur triomphe même, font *de plano* tomber la constitution existante. Mais la continuité nécessaire de l'État n'est pas rompue, le pouvoir souverain ne chôme pas : car on admet que le Gouvernement nouveau, par ce motif qu'il est le seul organe possible de l'État, en est de plein droit investi. Pour attribuer à ce Gouvernement de fait une existence juridique, et à ses actes une valeur pleinement obligatoire, il faut reconnaître que la volonté nationale, en acceptant sans résistance la Révolution accomplie, donne à la transmission des pouvoirs une ratification valable.

« C'est du *droit révolutionnaire*, dit M. Esmein, mais il traduit exactement les faits (1) ».

(1) Esmein, *Élém. de dr. const.*, 2ᵉ édit., p. 384.

Le Gouvernement provisoire, de février à mai 1848, le président de la République, de décembre 1851 à mars 1852, le Gouvernement de la défense nationale, de septembre 1870 à février 1871, ont fait, sous le nom de décrets, des lois véritables, dont la jurisprudence a reconnu d'une manière constante la force obligatoire.

Bien plus, le Gouvernement de la défense nationale *délégua* l'exercice du pouvoir législatif à ceux de ses membres qui furent envoyés en province pendant le siège de Paris (Décret du 12 septembre 1870 pour M. Crémieux,... etc.). Une délégation de pouvoirs n'est, sans doute, régulière que si elle est consentie par le pouvoir constituant. Mais, après la Révolution de septembre, qui avait fait *table rase* au point de vue politique, le Gouvernement de la défense nationale pouvait se considérer comme investi de la souveraineté *totale*, comprenant par conséquent le pouvoir constituant et législatif.

Pour assurer la validité de ses décrets-lois, le Prince-Président fit insérer dans la Constitution de 1852 un article ainsi conçu : « La présente constitution sera en vigueur à dater du jour où les grands corps de l'État seront constitués. Les décrets rendus par le Président de la République, *à partir du 2 décembre* jusqu'à cette époque auront force de loi ». Par cette disposition, le Prince-Président entendait se faire déléguer le pouvoir législatif, avec rétroactivité jusqu'à la date du 2 décembre. Subtilité juridique inutile : car les décrets de la période dictatoriale possédaient déjà la valeur législative, qu'ils tenaient du succès même du coup d'État, conformément à la théorie précédemment exposée.

Pour que la théorie du Gouvernement de fait soit applicable, il faut que le régime constitutionnel antérieur ait été réellement et pour ainsi dire matériellement supprimé par une commotion politique. Si l'autorité exécutive, sous l'empire d'une constitution consacrant la séparation des pouvoirs, empiète sur le domaine législatif, ses prétendus décrets-lois ne sont que des décrets illégaux. Si les décrets du premier Empire, quoique manifestement inconstitutionnels, ont conservé force et vigueur, c'est exclusivement parce qu'ils n'ont pas été déférés au Sénat conservateur, juge de la constitutionnalité des lois et décrets : ainsi un jugement illégal acquiert force de chose jugée, si aucun recours n'a été formé contre lui.

En un mot, les gouvernements ne peuvent valablement légiférer que s'ils ont préalablement renversé la constitution. C'est la confirmation de la théorie de M. Duguit, d'après laquelle la base juridique de la souveraineté réside dans la force (1). Le Gouvernement qui dérobe aux organes réguliers le pouvoir législatif fait des actes sans valeur juridique; mais, s'il supprime ces organes mêmes, les principes du droit successoral politique le font héritier légitime de ses attributions.

§ 5. — *Des dispenses et de l'inexécution des lois.*

L'autorité gouvernementale ne possède pas à l'égard des lois votées par les deux Chambres le droit de veto, ni le droit de sanction.

Mais on peut considérer comme une survivance du droit de veto le droit de demander aux Chambres une nouvelle délibération, qui ne peut être refusée, et, comme une sur-

(1) V. Duguit, *l'État.*

vivance du droit de sanction, le droit d'opérer la promulgation de la loi (1).

Le droit de demander une nouvelle délibération est resté
lettre morte, et devait rester lettre morte, parce qu'il est
contraire aux principes du Gouvernement parlementaire.
Si le ministère au pouvoir a combattu une loi, le vote de
cette loi doit entraîner sa démission. S'il ne l'a pas com-
battue, pourquoi s'associerait-il à une mesure tendant à en
retarder l'application?

Le droit de promulgation présente une utilité pratique :
le Gouvernement jouit en effet d'un délai pour procéder à
la promulgation, et peut ainsi choisir le moment le plus
opportun pour mettre en vigueur une loi nouvelle. Mais la
loi ne devrait-elle pas devenir exécutoire par l'expiration
même du délai fixé? Une loi est complète, définitive par le
vote même des deux assemblées : pourquoi donner à l'autorité exécutive, sinon le droit, du moins l'occasion d'en
différer la mise en vigueur? Il n'était pas question de « promulgation » dans la Constitution de 1793 et la Constitution
de 1848 édictait que, si le chef de l'État n'avait pas procédé
à la promulgation dans les délais, il y serait pourvu par le
président de l'Assemblée nationale. Le Gouvernement a
l'obligation constitutionnelle d'exécuter les lois : est-ce bien
à lui qu'il appartient de les déclarer exécutoires?

D'ailleurs, ni le droit de demander une nouvelle délibération, ni le droit de promulgation ne présentent en fait un
véritable danger.

Nous croyons plus intéressant d'insister sur les cas où
le Gouvernement a la possibilité de mettre *effectivement*
obstacle à l'application d'une loi régulièrement votée et
promulguée.

(1) Esmein, *Élém. de dr. constit.*, 2ᵉ édit., t. 464 et suiv.

I

Sous l'Ancien régime, on reconnaissait au souverain le *droit de dispense*, c'est-à-dire le droit de soustraire une personne déterminée à l'application de la loi, sans enlever à celle-ci sa force et sa portée générales.

C'était, en somme, exiger en théorie juridique un vice nécessaire de la confusion des pouvoirs ; il est bien évident que si le législateur est en même temps l'exécuteur de la loi, ou le juge des litiges que soulève son application, il n'y a plus de loi fixe (1).

Aujourd'hui, la loi nous apparaît comme une règle uniforme, s'imposant également à tous, et dont le législateur, ni *a fortiori* le Gouvernement ne sauraient, en droit, suspendre les effets par mesure particulière.

A titre exceptionnel, cependant, et dans les cas expressément prévus par la Constitution ou par la loi, l'autorité législative, et l'autorité gouvernementale peuvent accorder des dispenses plus ou moins larges : les amnisties, les grâces et commutations de peine, les remises gracieuses d'impôt..., etc... présentent le caractère de véritables dispenses.

Certes, les dispenses individuelles constituent parfois un correctif utile à la rigidité des règles générales édictées par la loi. Il en est ainsi, par exemple, des dispenses levant l'interdiction du mariage entre parents et alliés : encore pourrait-on se demander s'il ne serait pas possible de supprimer purement et simplement cette interdiction, au moins à l'égard des alliés.

(1) Esmein, *Élém. de dr. constitut.*, 2ᵉ édit., p. 275, 487, 488, 682. Du même, *Cours élém. de dr. français*, 3ᵉ édit., p. 434.

Mais, dans son principe, le système est de nature à compromettre la fixité de la loi, et l'égalité de tous devant elle : les dispenses s'appelaient à Rome des *privilegia*. Il serait excellent d'individualiser l'application de la loi, si individualiser ne voulait dire nécessairement inégaliser.....

Dans les textes relatifs à la réglementation du travail, le législateur a peut-être, à ce point de vue, donné à l'autorité administrative de trop fréquentes occasions de déroger par des mesures particulières, d'une portée parfois assez large, aux principes posés par lui.

Que si les dispenses sont accordées indistinctement à tout le monde, que deviennent les interdictions ou les limitations édictées par les textes législatifs? La loi du 2 novembre 1892, dans son article 8, défend d'employer les enfants de moins de treize ans, comme acteurs, figurants, etc..., dans les représentations théâtrales ; mais l'autorité administrative a le droit —, exceptionnellement, dit le texte —, d'accorder des dispenses. Or, il résulte des rapports des inspecteurs du travail que les dispenses sont consenties avec une libéralité qui annule tout l'effet utile de la loi. Bien plus, l'Administration, contrairement à la lettre de l'article 8, s'est laissé entraîner à délivrer des dispenses, même pour les représentations dans les cafés. N'ayant pas l'obligation légale de motiver les dispenses, l'Administration ne trouve dans les textes aucun point d'appui ferme pour résister aux sollicitations. Dans une démocratie, il est difficile de refuser à l'un la faveur accordée à l'autre. Quand le régime démocratique ne supprime pas un privilège, il tend à le généraliser...

La notion de « dispense » est, d'une manière générale, incompatible avec la notion de « règle ». Un maire ne saurait, par faveur spéciale, dispenser *a posteriori* certains individus de l'application d'un arrêté de police (1). Mais les textes mêmes consacrent parfois le droit de dispense, et dans telles hypothèses où l'utilité n'en apparaît pas clairement. Un exemple : le ministre de l'Instruction publique peut autoriser à se présenter à la licence en droit un jeune homme qui a été indéfiniment refusé au baccalauréat, et renonce à persévérer... (2).

En fait, le droit de dispense, semble-t-il, s'est maintenu d'une manière générale, pour les décrets et arrêtés ministériels (3). C'est une pratique évidemment illégale. Mais elle s'explique par la confusion des organes réglementaires, et des organes actifs de l'administration. Qui a fait la règle, et fait les actes d'exécution, ne se croit pas rigoureusement tenu de conformer ceux-ci à celle-là. Bien plus, qui a fait la règle, peut la changer en vue d'un cas individuel. C'est pourquoi il serait bon de séparer autant que possible la fonction réglementaire, aussi bien que la fonction législative, de la fonction purement exécutive (4).

« Chaque solliciteur, a dit M. de Tocqueville, demande qu'on sorte en sa faveur de la règle établie, avec autant d'insistance et d'autorité que s'il demandait qu'on y rentrât, et on ne la lui oppose jamais que quand on a envie de l'éconduire... ». Si la règle émanait toujours d'une

---

(1) Cs. Ch. Tranchant — Article *Dispense* dans le *Dictionnaire de Block* — et les arrêts cités.

(2) *Revue polit. et littéraire*. N° du 30 décembre 1905. Article de M. G. Lanson.

(3) Esmein, *op. cit.*, p. 488, note 5.

(4) Le meilleur procédé pour assurer cette séparation serait de généraliser la participation obligatoire d'assemblées ou de conseils à la confection des règlements : l'avis conforme du Conseil d'État pourrait être plus fréquemment exigé pour les décrets.

autorité distincte de celle qui l'applique, de telles sollicitations seraient moins facilement accueillies.

Le besoin auquel répondent les dispenses pourrait être
satisfait, sans compromettre le principe d'égalité, par le
système des *exemptions* légales; les exemptions sont établies *a priori*, d'une manière générale, non eu faveur de
certaines personnes déterminées, mais en vue de certaines
situations de fait, que l'administration doit constater, et
n'a pas à apprécier (possession d'un certain diplôme.
infirmité, âge....., etc.). La combinaison juridique de
l' « exemption » permet, à la différence du système des
dispenses, d'individualiser, sans l'inégaliser, l'application
de la loi ; elle est seule en harmonie avec le régime de la
légalité sanctionnée.

II

Toutes les fois que l'intervention *active* de l'autorité est
nécessaire pour faire exécuter la loi, on peut dire que l'application de celle-ci est subordonnée à la bonne volonté
des agents d'exécution, bonne volonté qui fait parfois
défaut.

La célèbre loi Chapelier des 14-17 juin 1791, prohibant
les associations professionnelles, ne fut pour ainsi dire jamais invoquée contre les patrons : aussi a-t-on pu dire
que la faculté de former des associations était restée jusqu'à la loi du 21 mars 1884 « une faveur administrative
au profit d'une classe (1) ».

Guizot fit voter la loi du 10 avril 1834, modifiant l'ar-

---

(1) Jean Cruet, *De la capacité civile et de la responsabilité des Syndicats professionnels*, Paris, 1903. Mémoire pour l'école des Sciences politiques.

ticle 291 du Code pénal, en promettant de l'appliquer, non pas aux « associations » en général, pour lesquelles elle paraissait faite, mais seulement aux « clubs » ou sociétés politiques.

En 1894, le Gouvernement, s'appuyant sur le vote d'une commission du Sénat, sans aucune valeur constitutionnelle, envoya des instructions aux inspecteurs du travail pour leur recommander de ne pas exiger des industriels la stricte observation de la durée légale de la journée de travail des femmes et des enfants. Et le ministre du Commerce, en 1899, fit insérer au *Journal officiel* un avis annonçant aux intéressés que la loi de *1892* serait appliquée... à partir du 1ᵉʳ janvier *1900!* Ce retour à la simple correction constitutionnelle souleva des protestations, au nom des « droits acquis ».

Ces quelques exemples, — et nous pourrions en citer beaucoup d'autres —, suffisent à montrer que le Gouvernement, par le seul fait qu'il est chargé d'exécuter la loi et a la possibilité de ne pas l'exécuter toujours, partout, et à l'égard de tous, se trouve par la nature même des choses, investi d'un pouvoir général de dispense, ou d'inexécution de la loi, dont il n'a, au cours de notre histoire, que trop fréquemment usé.

A ce point de vue, il est intéressant d'examiner si le Gouvernement peut retarder ou empêcher l'application d'une loi, en publiant tardivement, ou en ne publiant pas les règlements d'administration publique qui doivent la compléter(1).

Une loi promulguée — et la Constitution fixe les délais

(1) Sur cette question, V. G. Graux, *Les lois et les règlements d'administration publique*, Revue politique et parlementaire, 1899, t. XX, p. 460, 484.

de cette promulgation — est en principe exécutoire. Il n'en
est autrement que si le législateur même a subordonné
expressément l'application de la loi à la publication du ou
des règlements d'administration publique dont il a prescrit
la rédaction. D'après l'article 33, la loi de 1898 sur les accidents du travail ne devait être applicable que trois mois
après la publication des règlements d'administration publique.

Dans un cas semblable, il est clair que la mise en vigueur
effective d'une loi est juridiquement subordonnée à l'arbitraire du Gouvernement. Le législateur s'est parfois efforcé
de remédier à cet inconvénient, en prescrivant un délai
maximum pour la publication des règlements d'administration (art. 11, loi du 14 mars 1887).

En fait, il arrive qu'une loi, constitutionnellement exécutoire à raison de sa promulgation, légalement obligatoire, à raison de sa publication, soit cependant *inapplicable* avant la publication des règlements d'administration
publique. Telle fut la loi du 2 mai 1855, qui avait renvoyé
à un règlement d'administration le soin de fixer la *quotité*
de la taxe des chiens; telle fut la loi du 17 décembre 1897,
qui avait renvoyé à un règlement d'administration le soin
de déterminer le *mode de perception* de l'impôt sur les
alcools dénaturés... etc. Légalement exécutoires, ces textes
étaient évidemment inexécutables au point de vue pratique : il fallut renoncer à la perception des taxes. Lorsqu'il y a conflit entre le droit et le fait, c'est le droit qui
capitule : c'est pourquoi il convient de prévenir le conflit.

Le législateur ne devrait jamais prescrire la rédaction
d'un règlement d'administration publique sans indiquer le
délai maximum de sa publication, et sans subordonner à
cette publication la mise en vigueur de la loi ou tout au

moins des parties de la loi dont le règlement d'administration est, en fait, le complément indispensable. Car s'il est
dangereux de donner au Gouvernement le moyen de retarder indéfiniment l'application d'une loi, il est absurde
d'exiger l'application immédiate de cette loi avant que le
Gouvernement n'ait eu le temps de prendre les « mesures
effectives de contrôle et d'exécution réellement indispen-
sables pour son application rationnelle ».

La loi du 14 mars 1887 a sagement disposé que le règlement prévu par son article 11 serait fait dans les *trois mois*,
et qu'il ne serait procédé à l'exécution immédiate de la
loi, que dans les cas où ledit règlement ne serait pas « nécessaire ».

Lorsque le législateur néglige de prendre ces précautions spéciales, le Gouvernement est maître de retarder
indéfiniment la mise en vigueur effective de la loi. C'est
ainsi que la plupart des dispositions de la loi du 22 mars
1841 sur le travail des enfants dans les manufactures sont
restées lettre morte.....

En général, l'inexécution des lois paraît ne pas léser le
droit individuel, parce que, suivant la vigoureuse formule
de Bentham, toutes les lois sont établies « aux dépens de
la liberté ». Mais il est rare que la limitation de la liberté
des uns ne soit pas profitable aux autres : établie aux dépens de la liberté des patrons, la loi de 1841 conférait à
l'enfant des droits nouveaux. Ce sont ces droits que le Gouvernement avait annulés par un refus tacite d'exécution,
portant ainsi une atteinte détournée, mais non moins
grave, au règne de la légalité.

CHAPITRE II

Les attributions judiciaires et quasi-judiciaires de l'Administration.

« Il y avait sous l'Ancien régime, dit M. Faguet, dans un ouvrage récent sur le Libéralisme, deux administrations coercitives et pénales : la justice et la police, ce qui est proprement monstrueux. Selon ses besoins et ses désirs, le pouvoir central s'adressait à l'une ou à l'autre. Il déférait aux tribunaux le coupable qu'il lui était indifférent de voir condamner ou acquitter. Il déférait à la police, c'est-à-dire à lui-même l'homme qu'il voulait voir condamner. La raison de cette dualité d'administration pénale était très simple. Comme la magistrature était indépendante, le Gouvernement ne pouvait se fier à elle pour condamner les gens qu'il n'aimait pas. Or, il importe dans une société bien réglée, que le Gouvernement puisse enfermer ceux qui lui déplaisent... (1) ».

Mais M. Faguet commet une double inexactitude, en ajoutant que « cette dualité a cessé après 1789, la magistrature étant devenue dépendante du Gouvernement, subordonnée à lui, et s'étant à cet égard confondue avec la police ». A aucune époque de notre histoire, la magistrature n'est tout à fait devenue une « variété de la police »,

(1) E. Faguet, *Le libéralisme*, Paris, 1903, p. 52.

et c'est pourquoi, sans doute, à aucune époque de notre histoire, le Gouvernement n'a renoncé d'une manière absolue à enfermer, — par mesure administrative —, les personnes qui lui déplaisaient.

La Révolution, pour briser l'assaut des forces coalisées du passé, fut obligée de recourir à des procédés de violence et d'arbitraire empruntés au passé lui-même.

Le Premier Empire, par le décret du 3 mars 1810 sur les prisons d'État, restaura, sous une forme nouvelle, le système des lettres de cachet. Avant même le décret de 1810, l'emprisonnement par mesure de police était de pratique courante : «... il est, dit l'Exposé des motifs, un certain nombre de nos sujets détenus dans les prisons de l'État, sans qu'il soit convenable, ni de les faire traduire devant les tribunaux, ni de les faire mettre en liberté ;... plusieurs ont, à différentes reprises, attenté à la sûreté de l'État ;... ils seraient condamnés à des peines capitales, mais des considérations supérieures s'opposent à ce qu'ils soient mis en jugement ». Le décret sur les prisons d'État fut l'aveu officiel par l'Empereur de la méthode de Gouvernement inaugurée par le Premier Consul.

La Restauration, ne trouvant d'inacceptable dans le décret de 1810 que la signature, en fit passer la substance dans les lois du 29 octobre 1815 et du 26 mars 1820, qui accordèrent largement à l'autorité gouvernementale le droit d'arrêter et de détenir, sans les déférer à la justice, les individus prévenus de crime ou de délit contre la personne ou l'autorité du roi, contre les membres de la famille royale ou contre la sûreté de l'État.

Par le décret du 17 février 1852 organisant les « commissions mixtes », et par la loi du 2 mars 1858, dite loi de sûreté générale, le Gouvernement impérial s'attribua les pouvoirs « d'interner, expulser, ou transporter », sans jugement ou avèc une ombre de jugement, les citoyens dangereux pour l'ordre public.

Et la pratique légale des arrestations, des internements, des expulsions par la voie administrative n'a pas pris fin avec le césarisme : elle conserve sous le régime démocratique des applications nombreuses et importantes. Comme sous l'Ancien régime, nous avons encore deux administrations pénales ou coercitives : la justice et la police, « ce qui est proprement monstrueux ».

Dans quels cas l'autorité gouvernementale a-t-elle aujourd'hui le droit légalement incontestable d'arrêter, interner ou expulser sans jugement les personnes dangereuses pour l'ordre public, ou qu'elle estime dangereuses pour l'ordre public ?

D'une manière plus générale, dans quels cas se manifeste l'action du Gouvernement en matière de justice pénale ou répressive ?

Tel sera l'objet du présent chapitre.

§ 1. — *Le préfet ministère public et juge d'instruction : examen critique de l'article 10 du Code d'instruction criminelle* (1).

Le ministère public recherche les crimes et les délits, reçoit les plaintes et les dénonciations; mais sauf le cas de flagrant délit, il ne peut, ni arrêter l'inculpé, ni perquisi-

---

(1) R. Rougier, *La liberté individuellle et les pouvoirs judiciaires de l'Administration*, Revue critique de législation et de jurisprudence, 1903, p. 552 et 610, et 1904, p. 271 et 410. V. aussi Picot, *Les garanties de nos libertés. La liberté individuelle*, R. des Deux-Mondes, 1903, et Régnier, *La séparation des pouvoirs administratif et judiciaire et l'article 10 du Code civil*, Revue d'administration, 1904.

tionner à son domicile, ni même entendre les témoins. Il
n'a qu'un droit : engager l'action publique, en saisissant
du fait délictueux le juge d'instruction. Indépendant à
l'égard de la juridiction auprès de laquelle il est institué,
il dépend étroitement du ministre de la Justice, c'est-à-dire
du Gouvernement : révocables *ad nutum*, les membres du
ministère public sont légalement tenus d'obéir aux injonctions du garde des Sceaux, leur ordonnant d'engager ou
ne pas engager l'action publique. En d'autres termes, ils
sont les agents du pouvoir exécutif plutôt que du pouvoir
judiciaire. N'a-t-on pas sérieusement proposé de rattacher
les parquets au ministère de l'Intérieur (1)?.

Le juge d'instruction, en principe, n'agit pas d'office : il
n'instruit que sur les faits dont il est saisi par le ministère
public (2). S'il reconnaît à l'acte qui lui a été déféré le
caractère délictueux, et seulement dans ce cas, il prend
une ordonnance de soit informé. Le juge d'instruction a le
droit d'ordonner la saisie des objets se rattachant à quelque titre que ce soit au délit, d'opérer toutes perquisitions
nécessaires à la découverte de la vérité : perquisitions et
saisies peuvent avoir lieu chez les tiers comme chez l'inculpé. Le juge d'instruction s'assure de la personne de
l'inculpé par le mandat d'amener, puis le constitue en état
de détention préventive par les mandats de dépôt ou d'arrêt. La durée de la détention préventive est laissée à l'arbitraire du juge. L'instruction se termine par une ordonnance de non-lieu ou une ordonnance de renvoi devant la
juridiction compétente. Suivant les propres expressions

(1) Paul Lapie, *La justice par l'État*, Paris, Alcan, 1899.
(2) Il peut instruire d'office sur les *crimes flagrants ;* en pratique, et
sauf controverse doctrinale, on le considère comme saisi par une plainte
avec *constitution de partie civile*, sans réquisitions du ministère public.

d'un juge d'instruction parisien, M. Albanel, le juge
d'instruction possède des pouvoirs « effrayants », « formidables » (1). C'est pourquoi on demande à l'homme les
garanties que refuse le système : le juge d'instruction jouit
de l'inamovibilité, qui assure son indépendance à l'égard
du Gouvernement. Toutefois, il est sous la menace du
retrait de l'instruction.

Ainsi, en règle générale, l'accord du ministère public,
qui requiert l'ouverture d'une information, et du juge
d'instruction, qui décerne le mandat d'amener, est nécessaire pour l'arrestation d'un individu. Quant aux saisies et
aux perquisitions, mesures qui portent gravement atteinte
aux droits individuels, elles sont ordonnées par le juge
d'instruction, magistrat inamovible, et non par le procureur, magistrat révocable. En cas de crime ou de délit
flagrant, le procureur de la République, ainsi que les officiers de police judiciaire auxiliaires (commissaires de police, etc.) peuvent faire certains actes d'instruction : mais
leurs pouvoirs sont étroitement limités.

Quoique la mission de l'officier de police judiciaire ne
présente pas un caractère spécifiquement juridictionnel,
puisqu'elle consiste, non à statuer sur un litige, mais seulement à en préparer les éléments, on ne peut pas dire
qu'elle soit strictement administrative, car, en préparant
l'œuvre de la justice répressive, dans une certaine mesure,
elle la détermine. La police judiciaire est en réalité un des
« points de pénétration » de l'autorité administrative, et de
l'autorité judiciaire, ou, comme on l'a dit, plus exactement,
un terrain contesté, qu'il est rationnellement impossible
d'attribuer exclusivement, soit à l'une, soit à l'autre, et

(1) Albanel, *Devant le Juge d'instruction*, Grande Revue, n° du
1ᵉʳ avril 1901.

pour lequel le meilleur régime paraît être celui du *condo-minium*. Que le droit de capturer l'auteur d'un flagrant délit pour l'empêcher de s'enfuir, soit largement accordé aux agents révocables de l'autorité exécutive, on le con-çoit : aussi bien est-il accordé aux simples particuliers. Mais toutes les mesures autres que la capture : constitution de l'inculpé en état de détention préventive, saisies, etc., portent trop gravement atteinte aux droits et aux intérêts de l'individu, soulèvent l'examen de questions de droit et de légalité trop délicates, pour être abandonnées à l'ar-bitraire d'un agent de l'autorité gouvernementale : elles doivent être prises par un juge, homme « barbouillé de science juridique » et animé de « l'esprit de dubitation » suivant une définition de Danton, et aussi homme impartial et indépendant (1).

Le juge d'instruction répond exactement à cette défi-nition. Le ministère public même, malgré son caractère d'agent révocable, est un magistrat, juge d'hier ou juge de demain. Mais s'il est dans toute la hiérarchie adminis-trative un agent, qui soit en quelque sorte professionnelle-ment dépourvu des qualités nécessaires pour faire un bon officier de police judiciaire, c'est assurément le préfet. Non qu'il soit permis de contester *a priori* l'esprit de de-voir et d'équité des préfets : c'est la fonction même du pré-fet, qui est rationnellement incompatible avec la fonction d'officier de police judiciaire.

Cependant, d'après l'article 10 du Code d'instruction criminelle, le préfet, sans en avoir d'ailleurs nommément

_____

(1) V. *Revue pénitentiaire*, 1901. Discussion de la société générale des prisons sur les garanties de la liberté individuelle. Prirent part à cette discussion, MM. Larnaude, Garçon, Berthélemy, Puybaraud, Jolly, c'est-à-dire des théoriciens et des praticiens.

le titre, est officier de police judiciaire, et de tous les officiers de police judiciaire, celui qui est investi des pouvoirs
les plus « formidables », les plus « effrayants ».

L'article 10 est ainsi conçu : « Les préfets des départements et le préfet de police à Paris pourront *faire personnellement* ou requérir les officiers de police judiciaire,
chacun en ce qui le concerne, de faire tous actes nécessaires à l'effet de constater les crimes, délits et contraventions, et d'en livrer les auteurs aux tribunaux chargés de
les punir ».

L'interprétation de l'article 10 est controversée. Suivant
l'opinion commune, le préfet cumule les pouvoirs du ministère public et du juge d'instruction, considérés comme
officiers de police judiciaire. Comme le ministère public,
le préfet peut toujours agir *d'office ;* comme le juge d'instruction —, et que le crime ou le délit soient ou non
flagrants —, il a le droit d'arrêter l'inculpé, de le détenir
sans limitation de durée, de procéder à des interrogatoires,
d'ordonner des perquisitions domiciliaires, des saisies (1).
Il peut tout faire, sauf prononcer la condamnation.

L'article 10 du Code d'instruction criminelle est l'œuvre
propre de Napoléon. Le Conseil d'État ne l'adopta qu'avec
la plus manifeste répugnance, sur l'intervention personnelle, on pourrait presque dire, sur l'ordre de l'Empereur. La pensée primitive de Napoléon avait été de
subordonner expressément le ministère public au préfet,
son représentant personnel et direct dans le département :
si cette organisation avait prévalu, « il est probable...
qu'il se trouverait encore des gens de bonne foi pour

(1) V. pour la saisie des lettres missives, les décisions célèbres de 1853
S. 53. 1. 774.

soutenir qu'on ne saurait briser cette hiérarchie sans ébranler l'ordre social (1) ».

Couronnement naturel d'un régime de despotisme et d'arbitraire, l'article 10 semblait devoir disparaître avec lui. On raconte que Napoléon lui-même, — à son retour de l'île d'Elbe, — avait reconnu la nécessité de le reviser dans un sens libéral. Cependant l'article 10 a survécu à l'avènement du régime démocratique.

Il est vrai qu'il ne donne plus aujourd'hui tout son *rendement* en arbitraire. L'autorité administrative fait un usage modéré des pouvoirs exorbitants qui lui sont attribués par la loi. Sans en avoir l'obligation, elle transmet à la justice ordinaire les résultats de ses opérations, quels qu'ils soient : elle se place ainsi volontairement sous le contrôle de l'autorité judiciaire. Elle s'interdit d'opérer le triage des procès-verbaux des commissaires de police, comme elle le faisait autrefois à Paris, arrêtant par ce procédé les affaires ne lui paraissant comporter aucune suite, contrairement au principe d'après lequel le ministère public est maître de l'action publique. De son côté, depuis 1870, la jurisprudence, animée de l'esprit libéral, tend à restreindre l'arbitraire préfectoral : elle considère les actes du préfet, accomplis en vertu de l'article 10, comme des actes judiciaires, relevant de la compétence judiciaire (2); elle les soumet aux règles du Code, aux règles de l'équité et du bon sens.

L'époque est aujourd'hui passée où un acte était dit administratif, par le seul fait qu'il était arbitraire, et

(1) Garçon, *Rev. pénit.*, 1901, p. 443.
(2) V. Laferrière, t. I, p. 488, et les arrêts de Conf. cités. Comme décision récente, V. Trib. civil de la Seine, 2 mai 1900. Maillard contre Waldeck-Rousseau, Lépine et Chapel, *Gaz. des Trib.*, 1900, t. I, p. 671.

échappait à peu près à tout recours par le seul fait qu'il était administratif.

Malgré ces atténuations *de pur fait*, le système de l'article 10 n'en continue pas moins à présenter des inconvénients réels : il est, suivant une heureuse formule de M. Jolly, dangereux, quand il n'est pas inutile, inutile quand il n'est pas dangereux (1).

Il y a deux polices judiciaires : celle des préfets, celle des procureurs et des juges d'instruction, parallèles et indépendantes. Deux organes exercent une même fonction : le mieux adapté à sa tâche doit être fortifié, l'autre supprimé.

L'article 10 met les droits essentiels de l'individu à la discrétion de l'autorité gouvernementale. C'est une arme dangereuse : l'histoire le démontre. Est-elle nécessaire pour la défense des pouvoirs établis? Non, car le Gouvernement, par l'intermédiaire des procureurs, est maître de l'action publique.

En matière de droit commun, l'article 10 est-il utilisé? A Paris, quotidiennement, dans les départements, d'une manière tout à fait exceptionnelle, mais à Paris, en cas de flagrant délit, les pouvoirs du préfet de police font double emploi avec ceux des procureurs ou des juges d'instruction, et hors le cas de flagrant délit, l'intervention d'un juge est une garantie indispensable de la liberté individuelle.

L'autorité administrative agit-elle plus rapidement? Non, si l'agent d'exécution procède en vertu d'un man-

_____

(1) Il est à noter que les perquisitions peuvent être faites pour la cause la plus insignifiante (infraction au monopole de l'État sur les allumettes..., etc.) et que les formalités protectrices du droit individuel (présence de l'inculpé, etc.) ne sont pas prescrites *à peine de nullité*.

dat régulier du préfet. Oui, s'il procède sans mandat, sauf à obtenir *a posteriori* la régularisation des mesures prises. Mais alors, c'est le régime de l'arbitraire absolu, et la subordination des libertés de chacun au bon vouloir et au flair d'un agent (1). L'article 10 est pour la police un passe-partout; le jour où l'article 10 serait rayé de nos codes, a dit un haut fonctionnaire de la préfecture de police, la préfecture de police n'aurait plus qu'à déménager. Qu'importe, si le déménagement doit être profitable à la liberté individuelle. Mais serait-il nécessaire?

S'exerçant sur un même terrain, les pouvoirs du préfet et les pouvoirs du procureur ou des juges d'instruction peuvent se heurter. En province, les préfets ne se sont servis de l'article 10 que pour substituer leur action à celle de la magistrature, dans des affaires touchant à la politique.

Même dans les matières de droit commun, le point de vue de l'administration diffère du point de vue de la justice : celle-là songe surtout à assurer l'ordre public, même aux dépens de la liberté individuelle, celle-ci, respectueuse de la liberté individuelle, et interprétant strictement la loi pénale, n'agit que sur une présomption sérieuse de crime ou de délit. Les effets de cette double tendance se constatent, en matière de vagabondage : le Parquet ne retient qu'une faible partie des vagabonds arrêtés par la préfecture.

D'autre part, il est tout autant à redouter que l'autorité judiciaire ne s'en remette trop complètement à l'autorité administrative, dont les procédés sont plus simples et plus expéditifs, du soin d'informer sur les crimes et délits et d'ordonner l'arrestation des coupables. Limiter les pou-

(1) V. Rougier, *op. cit.*, p. 285.

voirs « effrayants » du juge d'instruction restera, dans une
certaine mesure, illusoire, aussi longtemps que l'article 10
ne sera pas abrogé : la police judiciaire du préfet a, en effet,
une tendance naturelle à s'emparer de tout le terrain perdu
par la police judiciaire de droit commun. La loi du
8 décembre 1897 a posé le principe de l'instruction contradictoire, mais, comme la loi de 1897 *n'est pas applicable aux
préfets*, l'autorité administrative peut instruire contre l'inculpé, sans aucune des garanties nouvelles instituées à son
profit par la loi de 1897, de sorte que l'instruction est presque achevée quand le juge d'instruction commence l'interrogatoire de l'inculpé, en présence de son défenseur.

En 1878, la commission de revision du Code d'instruction criminelle, instituée par Dufaure, avait adopté l'abrogation de l'article 10. Le Gouvernement, estimant qu'il
était nécessaire de maintenir au préfet de police ses attributions actuelles, sous peine d'énerver l'action publique à
Paris ne demanda au Parlement la suppression de l'article 10 que pour la province, là précisément où le Gouvernement pensait n'avoir jamais à s'en servir dans un but
politique. Le Sénat accepta cette cote mal taillée, mais la
Chambre des députés, saisie à son tour du projet, en 1884,
n'hésita pas à voter l'abrogation pure et simple (1).

« Maintenir l'article 10, s'écria M. le député Ribot, c'est
garder une place pour l'arbitraire ».

Le Sénat n'a pas été appelé à ratifier le vote de la Chambre (2). Et la liberté individuelle reste exposée à la menace
de l'article 10.

(1) Séance du 4 novembre 1884. *J. O.*, Déb. parl., Ch. des député.,
p. 2201 et suiv. Rapport de M. Goblet.
(2) V. la proposition de loi sur les garanties de la liberté individuelle
présentée par M. G. Clémenceau. *J. O.*, Déb. parl., 1905, sess. extr.,
annexe, n° 334, p. 57.

§ 2. — *Le régime des mœurs.*

« J'irai jusqu'à dire qu'ici le droit
est, en une certaine mesure, dans l'arbitraire. Le Gouvernement ne croit pas
devoir préférer la légalité aux arrêtés
de police ».

(Disc. de M. G. TRARIEUX, garde des
Sceaux, au Sénat, en 1894).

Au point de vué de l'hygiène sociale, on peut essayer
une défense, sinon une apologie du régime actuel des
mœurs.

Au point de vue du droit, il est purement et simplement
une monstruosité (1).

Sous l'Ancien régime, les prostituées étaient, comme
aujourd'hui, livrées à l'arbitraire de la police. Mais l'arbitraire était alors dans la logique de nos institutions : il constituait le principe le plus respecté de notre droit public ;
aussi les pouvoirs exorbitants de la police étaient-ils clairement et expressément consacrés par les textes. Orientée
d'abord dans le sens de la prohibition totale de la prostitution, la législation prévoyait entre les « filles et femmes de
débauche » des peines affectant un caractère particulièrement infamant : on leur coupait le nez, on les fustigeait,
on les exposait sur un cheval de bois, on les mettait au car-
can. Puis la prohibition ayant échoué, la législation, par
un changement complet de méthode, s'efforça seulement
de faire des filles publiques une classe spéciale de la société,
en les obligeant à habiter certaines rues ou certains quar-
tiers, à porter des vêtements particuliers..., etc. La *sanction*
des règlements était confiée à la *police* elle-même.

(1) A cons. Dolléans, *La police des mœurs*, Paris, Larose, 1903.

A Paris, l'ordonnance du lieutenant-général de police du 6 novembre 1778 faisait « très expresses inhibitions et défenses à toutes femmes et filles de débauche de raccrocher dans les rues, sur les quais... et même par les fenêtres », interdisait aux propriétaires et principaux locataires de leur fournir le logement, prescrivait aux hôteliers de ne recevoir les *couples* que *sur présentation de leur acte de mariage*, en due forme, ou au moins d'un certificat émanant de gens « notables et dignes de foi ». Les prostituées ne pouvaient, en un mot, exercer leur « art impie », comme disent les vieilles ordonnances, sans l'assentiment de la police et sous les conditions édictées par elle. Les infractions aux règlements étaient jugées en dernier ressort par le lieutenant de police : les coupables étaient emprisonnées et astreintes à des travaux pénibles. A la lecture de l'ordonnance de 1713 déterminant les formes de procédure à suivre par les officiers de police à l'égard des prostituées, on sent très nettement que des abus graves avaient dû se produire.

Dans ses traits caractéristiques, la police des mœurs, telle qu'elle était conçue, sous l'Ancien régime, n'a jamais cessé d'exister en France.

A Paris, l'ordonnance de 1778 est encore en vigueur : son maintien résulte de l'article 484 du Code civil d'après lequel toutes les matières qui n'ont pas été réglées par le Code, continuent à être régies par les textes anciens. D'ailleurs, l'arrêté du 12 messidor an VIII a fait du préfet de police, *en bloc*, l'héritier des attributions du lieutenant de police.

D'une manière générale, la loi des 19-22 juillet 1791 a donné à l'autorité municipale le droit de surveillance le plus étendu sur la prostitution, et autorisé les officiers de police à pénétrer *à toute heure* dans les lieux notoirement livrés à la débauche. Les maires peuvent en outre invoquer, en matière de prostitution, les pouvoirs généraux de police dont ils tiennent l'exercice de la loi du 5 avril 1884.

La réglementation de la prostitution est donc sans aucun doute, sinon conforme au droit, du moins conforme à la légalité actuelle.

Mais à cette réglementation légale, l'autorité administrative a toujours persisté à donner une sanction illégale. Quel est, *en droit*, la sanction des règlements de police municipale ? Une amende de un à cinq francs, inclusivement, prononcée par le tribunal de police ; en cas de récidive, un emprisonnement de trois jours au maximum (1). La répression judiciaire, que l'autorité municipale, en certaines communes, estime suffisante, offre aux intéressées des garanties sérieuses. Le tribunal de police peut apprécier la légalité des règlements, et rechercher si la délinquante possède réellement la qualité de fille publique et a été par conséquent valablement inscrite sur les registres du service des mœurs (2). Mais le plus souvent, *en fait,* la sanction des arrêtés de police visant la prostitution consiste dans une détention qui peut durer plusieurs jours ou plusieurs mois, prononcée par mesure administrative, à huis clos, sans débat contradictoire, sur le rapport ou le témoignage des agents chargés du service des mœurs. L'autorité administrative ne saurait naturellement accepter la discussion ni sur la légalité des règlements, qui émanent d'elle, ni sur la validité d'une inscription qu'elle a elle-même opérée. La police exerce ainsi à l'égard des prosti-

---

(1) Article 471 et 474 du Code pénal.
(2) Cass. crim., 31 oct. 1903, *Gaz. Trib.*, 7 nov. 1903; Cf. Cass., 5 juin 1902, *Gaz. Trib.*, 6 juin 1902, et arrêté du tribunal de simple police de Fougères, 27 déc. 1900, *Gazette du Palais*, 9 mars 1901.

tuées une véritable juridiction pénale, contrairement aux
principes essentiels de notre droit public. C'est de l'Ancien
régime tout pur, a dit M. Larnaude de l'article 10 du Code
d'instruction criminelle : appliqué à la police des mœurs,
le mot serait, historiquement, plus exact encore.

A Paris, l'autorité administrative a senti la nécessité d'accorder aux prostituées, inculpées d'une infraction aux règlements, des garanties quasi juridictionnelles. La condamnation en premier ressort est prononcée par le préfet sur le
procès-verbal du commissaire de police qui a procédé à
l'interrogatoire de la fille arrêtée; mais celle-ci peut recourir contre la décision qui la frappe devant une commission
composée du préfet ou de son délégué et de deux commissaires de police. Ce pseudo-tribunal entend la contreve-
nante, et s'il y a lieu, les agents du service des mœurs qui
l'ont arrêtée.

En province, la répression administrative des infractions
aux règlements sur la prostitution s'exerce en quelque
sorte parallèlement à la répression judiciaire. Une affaire
M..., terminée par un arrêt de cassation du 28 novembre
1902, est intéressante à rappeler, à ce sujet. La demoiselle
M..., inscrite sur les registres de la police lyonnaise refusa
de se soumettre à la visite sanitaire. Elle fut poursuivie
devant le tribunal de simple police, qui renvoya la cause
pour supplément d'enquête. Le jour même, le service des
mœurs, sans invoquer aucun mandat régulier, la fit arrêter et incarcérer à la prison départementale. Le préfet du
Rhône, saisi de l'affaire, fut obligé de donner *deux* fois
l'ordre de la relaxer. Le service des mœurs, voulant au
moins obtenir une condamnation judiciaire, communiqua
au juge de paix des *pièces secrètes*. Le défenseur, averti,
en demanda communication : le juge de paix manifesta le

désir d'en **référer auparavant** *au préfet.* La demoiselle
M..., **condamnée**, forma devant la Cour de cassation un
pourvoi, qui fut naturellement accueilli.

Un incident récemment survenu à Marseille montre que
la répression administrative des infractions aux règlements
sur la prostitution est, au moins dans les grandes villes,
la règle et non l'exception : mis en demeure par le substi-
tut du procureur de la République de relaxer vingt-cinq
filles publiques arrêtées et détenues par mesure administrative, un commissaire arguant d'un arrêté municipal du
30 octobre 1878, opposa à cette demande une fin de non
recevoir absolue (1).

L'illégalité de la répression administrative exercée contre
les prostituées ne fait plus doute aujourd'hui en jurisprudence. Dans un arrêt du 28 janvier 1904, la Cour de Lyon
refuse nettement aux agents du service des mœurs le droit
d'arrêter les filles publiques pour infraction aux règlements
de police (2). En effet, d'une part, la loi ne prévoit pas la
détention préventive à l'égard des femmes, inculpées d'une
simple contravention, lorsqu'elles ont un domicile, d'autre
part, « on ne voit pas pourquoi lorsqu'on est obligé de reconnaître que la plupart des peines édictées par les vieilles
ordonnances (contemporaines de la chiourme et des galères,
comme dit M. Clémenceau) sont aujourd'hui inapplicables,
on retiendrait le droit d'arrestation et le droit de détention ».

En arrêtant ou en détenant sans mandat une fille

(1) *Bull. de la Ligue des dr. de l'h.*, 1905.
(2) Ce n'est pas contre l'Etat ni devant la juridiction administrative
que doit être porté le recours contre une arrestation arbitraire. Arrêt du
C. d'Et., 5 février 1904. La prostitution est une matière de police *municipale.*

publique, les agents du service des mœurs, tombent, par conséquent, sous le coup de l'article 114 du Code pénal, réprimant les attentats à la liberté individuelle, et de l'article 117, prévoyant l'allocation de dommages-intérêts aux victimes de ces attentats (1).

Institution illégale, la police actuelle des mœurs n'en est pas moins une institution pleine de vitalité : aussi bien répond-elle à une nécessité sociale.

Mais, comme l'a très bien dit un médecin éminent, si la répression de la provocation publique à la débauche est imposée sur le double souci de la morale et de la santé publiques, elle ne saurait être abandonnée à l'arbitraire de l'Administration. « Pour être conforme à la justice et à l'esprit moderne, elle doit avoir une *base légale*. Que si des mesures portant atteinte à la liberté individuelle (telles que l'arrestation des filles reconnues coupables du délit de provocation publique et l'internement des filles affectées de maladies contagieuses) sont imposées par des nécessités sociales, il est non moins indispensable que ces mesures soient précisées, formulées, édictées par une loi... Le délit de provocation ne saurait être légalement poursuivi et jugé qu'à l'instar de tous les autres délits, c'est-à-dire suivant la procédure de droit commun (2) ».

« C'est la première fois, disait M. Vallé à la tribune du Sénat, au cours de la discussion de la loi de 1903 sur la traite des blanches, que le législateur s'avise de pénétrer dans un domaine qui jusqu'alors avait été réservé à la police » (3). La loi de 1903 est la première pierre d'un édifice

(1) V. *Gaz. des Trib.*, 12 juillet et 2 août 1903.

(2) Prof. A. Fournier, *Défense de la santé et de la morale publiques*, 1904.

(3) V. loi du 3 avril 1903, *Bullet. annoté des lois et décrets*, de P. Dupré et C. Lyon, 1903, avec les notes.

que l'intérêt du droit, et de la liberté individuelle,
commande d'achever.

§ 3. — *De l'expulsion et de l'extradition des étrangers.*

1

Un étranger, même établi en France depuis de longues
années, peut être, par arrêté du ministre de l'Intérieur,
mis en demeure de quitter notre territoire, et reconduit
à la frontière, sans être obligatoirement appelé, ni admis
à présenter aucune explication.

Dans les départements frontières, un étranger non résident peut être expulsé dans les mêmes conditions par le
préfet, à la charge d'en référer immédiatement au ministre.

Le droit d'expulsion existe même à l'égard des étrangers
autorisés par acte spécial du Gouvernement à fixer leur
domicile en France en vue d'obtenir plus rapidement
la naturalisation. Seulement la mesure prise contre eux
cesse d'avoir effet, après un délai de deux mois, si l'autorisation de domicile n'a pas été révoquée par décret en
Conseil d'État.

On sait que certains étrangers sont admis par le Code
civil à réclamer la qualité de français sous la double
condition de faire leur soumission d'établir leur domicile
en France, et de l'y établir effectivement dans l'année de
la soumission. Dès qu'ils ont fait cette soumission, le
Gouvernement perd le droit de les expulser : cette solution controversée a été consacrée par arrêt des Chambres

réunies de la Cour de cassation (1). Légalement investis du *droit* de devenir français par un acte de leur seule volonté, ces étrangers ne sont plus exposés, dans l'état actuel de la jurisprudence à en être dépouillés par une mesure de police (2).

L'arrêté préfectoral ou ministériel d'expulsion peut être l'objet du recours pour excès de pouvoir devant le Conseil d'État. Mais ce recours n'est pas suspensif; de plus, il n'a que de faibles chances d'aboutir à une annulation, les motifs de l'arrêté étant inattaquables, et les conditions de forme imposées à l'action gouvernementale trop peu gênantes pour être fréquemment violées.

En second lieu, l'étranger, poursuivi devant le Tribunal correctionnel pour infraction à un arrêté d'expulsion est admis à invoquer l'*exception d'illégalité*. Comme le recours pour excès de pouvoir, et pour les mêmes raisons, elle est rarement couronnée de succès.

Enfin aucune indemnité n'est due par l'État aux victimes d'expulsions injustifiées ou illégales. Car la puissance publique est irresponsable(3). Un recours en indemnité peut être formé contre l'auteur même de l'arrêté, pour *faute personnelle*, devant les tribunaux judiciaires. Malheureusement les éléments constitutifs de la faute personnelle sont rarement réunis.

Ainsi le droit d'expulser les étrangers par mesure de police, exorbitant dans son principe, n'est soumis dans son

(1) Arrêt du 9 décembre 1896, S. 97. 1. 297 et la note.

(2) V. cep. arrêt Cass. Ch. crim., 31 janvier 1896, mais antérieur à l'arrêt des Chambres réunies.

(3) La jurisprudence s'efforce de plus en plus d'atténuer les conséquences iniques de la théorie de l'irresponsabilité de la puissance publique. V. *Section II, notre chapitre sur l'irresponsabilité de la Puissance publique.*

application à aucune réglementation législative, en dehors
des quelques conditions de forme prévues par la loi de
1849; partant, son exercice échappe à tout contrôle de légalité, à toute appréciation d'opportunité, de la part du
juge, soit administratif, soit judiciaire : il y a des recours,
mais inefficaces.

Le Gouvernement a fréquemment reconnu le bien-fondé
de réclamations contre des arrêtés d'expulsion, pris sans
enquête sérieuse(1). Tantôt il les a suspendus jusqu'à plus
ample informé, tantôt il les a purement et simplement
rapportés.

Telle est, en bref, la situation faite aux étrangers par les
articles 7 et 8 de la loi du 3 décembre 1849(2).

L'exercice du droit d'expulsion est facilité par l'obligation imposée aux étrangers de faire une déclaration de
résidence, à leur arrivée en France, et une déclaration
nouvelle, toutes les fois qu'ils transportent leur domicile
dans une autre commune (Décret du 2 octobre 1888, loi
du 8 août 1893). Les lois des 1er février-28 mars 1792 et
du 28 vendémiaire an VI sur l'obligation du passeport sont
tombées en désuétude : mais désuétude n'est pas abrogation.

En résumé, les étrangers ont la *faculté* de séjourner en

(1) V. *Bulletin de la Ligue des droits de l'homme*, 1903, n° 3, p. 145
et 1904, n° 8, p. 560.

(2) La loi du 28 vendémiaire an VI conférait déjà au Gouvernement
le droit d'expulser les étrangers, mais elle était dépourvue de sanctions
pénales. On ne retrouve pas la même lacune dans la loi de 1849 (voir
le texte). L'article 272 du Code pénal, visant les individus déclarés vagabonds par jugement a perdu son utilité depuis la loi de 1849, qui a généralisé ses dispositions. Il est encore en vigueur. La loi du 14 mars 1872
a été expressément abrogée par la loi du 1er juillet 1901 : elle accordait
au Gouvernement le droit d'expulser — pour 10 ans au plus, — les affi-
liés, *même français*, de l'internationale ouvrière !

France, sous la surveillance, et avec la tolérance du Gouvernement; ils n'ont pas un *droit de séjour* légalement
consacré et judiciairement garanti.

Qu'il soit en temps de guerre procédé par mesure collective à l'expulsion des étrangers appartenant à la nation
ennemie, c'est une mesure de salut public ou de défense
nationale qui échappe par son caractère à toute procédure
juridictionnelle : encore pourrait-elle être prise par l'autorité législative. Mais l'expulsion d'un étranger par un acte
particulier appartient certainement comme toutes les atteintes portées à la liberté individuelle dans un intérêt de défense sociale au cercle normal des attributions de l'autorité
judiciaire (1). Il serait conforme aux principes essentiels
de notre droit public que l'expulsion des étrangers fût un
acte de justice et non un acte de police. Toutefois, on peut
faire valoir en faveur de la compétence gouvernementale
des arguments d'ordre pratique : l'expulsion des étrangers
comporte surtout l'examen de questions de fait et d'opportunité, les décisions administratives sont plus rapidement
prises que les décisions judiciaires, enfin il serait difficile,
sinon impossible d'enfermer dans le cadre rigide d'un texte,
les causes les plus légitimes d'expulsion (2). Rien n'empêche, en tout cas, d'instituer une procédure légale de l'expulsion *administrative* des étrangers, ayant pour base le
respect absolu des droits de la défense (3). S'il n'y a pas

(1) V. Weiss, *Traité théorique et pratique de droit international privé*,
t. II, p. 89 et suiv.

(2) V. Projet de règlement de l'Institut de droit international. *Annales de l'Inst.*, 1892-1894, t. XII, p. 184 et suiv.

(3) Cette idée d'une réglementation légale de la *procédure* d'expulsion
ne se trouve ni dans le projet de réforme Goblet-Humbert, 4 mars 1882,
V. *J. O.*, 1882, Doc. parl., Ch. des députés, p. 485, ni dans la proposition Naquet, 13 février 1882, *J. O.*, 1882, Doc. parl., Ch. des députés,

lieu de placer sous la sauvegarde de l'autorité judiciaire le droit des étrangers à l'hospitalité française, pourquoi ne pas essayer au moins de transformer en une manière de *prétoire* un des *bureaux* de la Direction de la sûreté générale, en substituant à la procédure administrative actuellement suivie une procédure *juridictionnelle?*

Ce ne serait pas satisfaire au principe de la séparation des pouvoirs. Mais ce serait appliquer la règle de l'adaptation de l'organe à sa fonction; l'expulsion des étrangers tient à la fois à la police et à la justice : comment serait-elle mieux exercée que par un organe à la fois administratif et juridictionnel?

II

A la différence de l'expulsion, l'extradition (1) des étrangers soulève moins des questions de fait et d'opportunité, que des questions de droit, — il ne faut pas dire : de légalité, car il n'y a pas de loi sur la matière. C'est le Gouvernement, qui accorde ou refuse souverainement l'extradition: il n'est lié que par des traités internationaux, dont la violation à l'encontre de l'État requérant constituerait un *casus belli* ou entraînerait un procès international devant une

p. 372, annexe n° 419. Le projet Goblet-Humbert contenait les innovations suivantes : 1° remise du droit *arbitraire* d'expulsion au Chef de l'État, statuant en conseil des ministres; 2° maintien d'un droit d'expulsion limité au ministre de l'Intérieur (à l'égard des condamnés criminels ou correctionnels); 3° limitation à *deux mois* des effets des arrêtés d'expulsion pris contre les étrangers domiciliés en France depuis plus de trois années.

La proposition Naquet avait pour objet de supprimer le droit d'expulsion en temps *normal*, c'est-à-dire d'en restreindre l'exercice au cas de guerre déclarée ou d'insurrection.

(1) Garraud, *Traité théorique et pratique du droit pénal français.* 2ᵉ édit., t. I, n° 187, p. 352 et suiv.

Cour d'arbitrage, mais dont la violation au détriment du fugitif ne saurait justifier aucun recours à l'autorité judiciaire(1). A l'égard des pays avec lesquels nous n'avons pas de traités d'extradition, celle-ci est un acte facultatif de courtoisie internationale.

La demande d'extradition est adressée au Gouvernement français par la voie diplomatique. Le ministre des Affaires étrangères la transmet au ministre de la Justice, chargé de préparer le décret présidentiel. Avant 1875, le Gouvernement statuait sans avoir appelé l'intéressé à fournir des explications, et même avant toute vérification d'identité? Depuis la *circulaire* du 12 octobre 1875, après examen de la régularité de la demande, le ministre de la Justice transmet à son collègue de l'Intérieur le mandat d'arrêt ou le jugement de condamnation, afin qu'il soit procédé à l'arrestation de l'étranger recherché. L'étranger arrêté est conduit devant le procureur de la République et admis à faire valoir ses fins de non recevoir contre la demande d'extradition. Le procès-verbal de l'interrogatoire est transmis, avec les renseignements recueillis, au procureur général, puis au ministère de la Justice. La procédure est couronnée par le décret présidentiel.

En Angleterre, aux États-Unis, en Italie, l'extradition est un acte purement *judiciaire*.

En Angleterre et aux États-Unis, l'autorité judiciaire examine non seulement si la demande est régulière en la forme, *mais encore si elle est justifiée au fond*, et n'ordonne l'arrestation et la remise de l'*étranger* poursuivi, que dans

(1) Si un Français ou un étranger sont livrés pour être jugés à l'État *français*, l'autorité judiciaire française doit surseoir à statuer si le *fait même de l'extradition* est contesté ou si le sens et la portée des traités ne sont pas clairs et sans ambiguité.

le cas où un *national*, inculpé d'un fait identique, pourrait être légalement condamné dans son propre pays.

En Italie, l'examen de l'autorité judiciaire ne porte que sur la recevabilité de la demande.

En Belgique, la procédure d'extradition comprend une phase judiciaire : l'examen de l'affaire donne lieu à un débat *contradictoire et public*, devant la Chambre des mises en accusation. Mais la justice ne donne qu'un *avis*. Obligé de le prendre, le Gouvernement n'est pas obligé de le suivre.

Le projet de loi sur l'extradition, voté en 1879 par le Sénat, et abandonné depuis, s'inspirait du système belge. Celui-ci serait acceptable à titre de transition. Mais il est, théoriquement et pratiquement, préférable de confier à la justice le droit de décision définitif.

Quelles questions se posent en effet devant l'autorité compétente pour ordonner l'extradition ? En voici quelques exemples : le délit commis par le fugitif est-il ou non un délit *politique ?* est-il ou non un délit *militaire ?* La prescription est-elle acquise, et d'abord, suivant quelle loi s'apprécie la prescription ?

Statuer sur ces questions c'est juger, non administrer (1).

L'acte d'extradition, judiciaire par nature, doit être judiciaire dans sa forme. Et il n'y a pas lieu de créer, pour statuer sur les extraditions, un organe spécialisé de jugement : la Chambre des mises en accusation n'est-elle pas désignée pour prononcer sur la remise des étrangers coupables d'une infraction à la loi pénale de leur pays, comme elle prononce sur le renvoi des prévenus français, devant la Cour d'assises ?

(1) Garraud, *loc. cit.*, p. 355.

Le droit individuel de l'étranger serait ainsi garanti par une procédure et par une juridiction.

L'importance de ces garanties judiciaires ne saurait être exagérée : chez les peuples qui ont le mieux compris et défendu la liberté de l'individu « la procédure est mêlée au droit, et même prime le droit », et il semble que « la grande difficulté et la première préoccupation du législateur ait été d'amener le coupable devant le juge (1) ».

Mais aujourd'hui, le législateur tend à limiter l'arbitraire du juge, en posant des règles juridiques précises et étroites, de manière à enfermer, s'il est possible, tout le *droit* dans la *loi*. Et la véritable raison pour laquelle il a jusqu'ici négligé de donner un juge au fugitif dont un État étranger réclame la remise, c'est qu'il n'a pu inscrire d'une manière suffisamment claire et détaillée dans un texte législatif les règles juridiques de l'extradition (2). Dans une matière qui touche à la politique extérieure, l'arbitraire du Gouvernement lui a paru présenter un moindre danger que l'arbitraire du juge.

L'exemple des Etats-Unis, de l'Angleterre, de l'Italie, prouve suffisamment, à notre gré, que l'extradition peut recevoir une réglementation légale ; dès lors tombe l'objection qui vient d'être présentée.

Pour conclure, nous exprimons avec l'unanimité des auteurs le vœu que la liberté individuelle de l'étranger soit

(1) Garraud, *op. cit.*, t. I, n° 22, p. 45, et la note. Il en fut ainsi à Rome, il en est ainsi en Angleterre.

(2) V. cep. le projet de 1878, voté en 1879 par le *Sénat*, et abandonné depuis — et les discussions auxquelles il a donné lieu — *J. off.* Débats parlementaires, 16 mai 1878 ; 16 et 17 janvier 1879 ; 19, 23 et 28 mars 1879 ; 4 et 5 août 1879. La Constituante avait chargé son Comité de constitution, réuni en comité diplomatique de préparer un projet de loi sur l'extradition : la mission ne fut pas exécutée.

soustraite à la double menace de l'expulsion par mesure de police et de l'extradition par voie diplomatique — et placée sous la protection de la loi et de la justice administrative ou judiciaire — comme les droits individuels des citoyens français.

« *Il m'a semblé que l'air de ce pays-ci ne vous convenait point* » écrivait Savary à Mme de Staël, frappée par un ordre d'exil. Il faut songer que si Mme de Staël était notre contemporaine, le ministre de l'Intérieur, par un arrêté motivé comme l'ordre de Savary pourrait encore, — *très légalement*, — l'expulser.

§ 4. — *L'internement des mendiants.*

Avant le Code pénal (1), la mendicité était réprimée presque aussi sévèrement que les crimes : le décret du 15 octobre 1793 allait jusqu'à prévoir contre les mendiants en état de récidive, la peine de la *transportation!*

A l'égard de l'autorité administrative, la liberté individuelle des mendiants n'était pas garantie comme celle des criminels : leur « internement » dans un dépôt de mendicité, on pourrait dire leur « incarcération » se faisait sans jugement, par simple mesure de police.

D'après le Code pénal (2) « toute personne qui aura été trouvée mendiant dans un lieu pour lequel il existera un établissement public organisé afin d'obvier à la mendicité sera punie de trois à six mois d'emprisonnement et sera, après l'expiration de sa peine, conduite au dépôt de men-

(1) Décrets des 15 octobre 1793 et 5 juillet 1808.
(2) Code pénal, art. 274.

dicité ». En d'autres termes, le droit d'internement administratif ne peut plus être exercé qu'à l'égard des mendiants préalablement condamnés par les tribunaux judiciaires. Mais si l'incarcération administrative est devenue aujourd'hui accessoire à l'incarcération judiciaire — au lieu d'être ordonnée à titre principal, elle n'en constitue pas moins encore — contrairement aux principes — une *privation de liberté discrétionnairement prononcée par l'autorité administrative — et qui peut être indéfiniment prolongée par elle*. Pourquoi ne pas donner au mendiant, comme à l'aliéné, la garantie d'un recours à l'autorité judiciaire contre la prolongation arbitraire de sa détention, si toutefois des considérations d'ordre pratique, et qui paraissent assez fortes, ne s'opposent pas à une telle réforme?

§ 5. — *L'internement des aliénés par mesure de police.*

L'internement d'un aliéné est, au point de vue de la liberté individuelle, une mesure aussi grave que l'incarcération d'un criminel: c'est pourquoi il convient, en bonne logique, d'accorder à l'individu « prévenu » d'aliénation mentale des garanties équivalentes à celles dont bénéficie, en règle générale, l'individu prévenu d'un crime ou d'un délit.

Avant la loi du 30 juin 1838 l'autorité administrative n'avait pas le droit d'ordonner *de plano*, par mesure de police, l'internement d'un aliéné : l'interdiction civile, prononcée sur la demande de la famille ou du ministère public par l'autorité judiciaire, était *légalement* la préface nécessaire de tout internement.

Mais *en fait*, l'autorité administrative, avec la complai-

sance du ministère public, s'était attribué les pouvoirs que
lui refusait la loi : en 1837, on put constater qu'à Bicêtre
sur *six cents* internés, il y avait à peine une *vingtaine* d'interdits. La police, il est vrai, invoquait un texte, la loi des
16-24 août 1790 prescrivant aux municipalités de prendre
les mesures nécessaires pour mettre hors d'état de nuire
les « insanes et furieux », mais elle négligeait d'en combi-
ner les dispositions avec celles du Code civil : elle aurait
dû, au moins, demander à l'autorité judiciaire de régulariser par un jugement d'interdiction tout internement opéré
par la voie administrative.

La loi du 30 juin 1838 donna la consécration légale à la pratique irrégulière suivie par l'Administration : en un mot,
elle légalisa l'arbitraire. En vain Odilon-Barrot et Isambert
avaient proposé que nul ne pût être désormais détenu
dans un asile sans une décision de l'autorité judiciaire.

D'après l'article 18 de la loi de 1838, l'autorité préfectorale a le droit d'ordonner le placement d'office dans un
asile, de toute personne, interdite ou *non interdite*, dont
l'état d'aliénation mentale compromettrait l'ordre public
et la sûreté des personnes. La décision préfectorale doit
être motivée, mais la loi n'impose pas à l'Administration
l'obligation de prendre l'avis préalable d'un médecin.
D'après l'article 19, les commissaires de police, à Paris, et
les maires, dans les autres communes, peuvent ordonner,
en cas de danger imminent, attesté par un certificat médical ou par la notoriété publique, toutes les mesures provisoires nécessaires pour mettre l'aliéné hors d'état de nuire :
dans les vingt-quatre heures, ils en réfèrent au préfet, qui
statue définitivement(1).

(1) Sur les prescriptions inexécutées ou méconnues de la loi de 1838,
cons. Ducrocq, *Cours de dr. crim.*, 7e éd., 1898, t. III, n° 1129.

Enfin, l'autorité préfectorale peut convertir un placement volontaire, opéré par la famille en un placement d'office, afin d'empêcher la sortie d'un d'aliéné, dont l'état lui paraît encore une menace ou un danger pour la société (1). Cette conversion, ou comme le disent les circulaires ministérielles, cette *recommandation* est faite par le préfet, soit de sa propre initiative, soit sur la demande du maire qui peut, sur l'avis du médecin, empêcher pendant quinze jours la sortie de l'aliéné, lorsqu'elle est requise par la famille (art. 14). Toutes les mesures prises sont notifiées administrativement à l'autorité judiciaire, et à la famille.

Les décisions préfectorales sont sans appel (2). Ni la déclaration de guérison des médecins, ni *a fortiori*, les réquisitions de la famille ne peuvent légalement ouvrir à un individu interné d'office les portes de l'asile. Seule, l'autorité judiciaire, sur la demande de l'intéressé, d'un parent, d'un ami, ou du ministère public, agissant spontanément, est compétente pour ordonner la *sortie*, malgré le préfet, mais elle n'a pas à examiner la légalité ou l'opportunité de l'acte de placement. « Le tribunal, disait Vivien, rapporteur de la loi de 1838 au Sénat, sera seulement appelé à examiner si, à l'instant de sa décision, et, *sans retour vers le passé*, il y a lieu de déclarer que les causes du placement ont cessé d'exister ». L'arrêté de placement, ce brevet d'aliénation mentale, subsiste dans son effet moral, si le préfet ne le rapporte pas. Bien plus après une mise en liberté prononcée par la voie judiciaire, le préfet

---

(1) Art. 21, L. 30 juin 1838.

(2) La décision du préfet est naturellement attaquable par la voie de l'excès de pouvoir. V. cep. l'arrêt du Cons. d'Ét. du 20 décembre 1855, rendu à une époque où la théorie de l'acte de pure administration avait encore des défenseurs.

pourrait ordonner de nouveau l'internement, en préten-
dant que, depuis le jugement, l'état mental de l'intéressé
s'est modifié.

Le régime actuel des placements d'office contient certainement une menace à l'égard de la liberté individuelle,
comme l'article 10 du Code d'instruction criminelle. En
fait, les adversaires de la loi de 1838 n'ont jamais relevé
à la charge de l'autorité administrative un seul cas rigoureusement établi de séquestration arbitraire : ils n'ont
apporté que des affirmations sans preuves. Un journal
du Second Empire, l'*Avenir national* demandait la libération immédiate de 9.000 internés sur 10.000 ! « Qui sait,
lit-on dans l'Exposé des motifs d'une proposition de loi
présentée en 1870 par MM. Magnin et Gambetta si l'on
ne craint pas, en ébranlant l'édifice de la loi de 1838, d'y
trouver un crime sous chaque pierre ? Ces formules excessives, qui visaient aussi bien les abus du placement volontaire, que les abus de placement d'office prêtent aujour-
d'hui au sourire.

Mais on conçoit que l'intervention même du préfet,
auquel il paraît difficile de reconnaître, soit la compétence scientifique d'un médecin, soit l'impartialité d'un
juge de profession, éveille dans une certaine mesure le
soupçon. C'est un fou furieux, disait Thiers de Gambetta :
diagnostic d'homme politique. Que si le préfet se borne,
en fait, à entériner l'avis d'un médecin, c'est au médecin
que la loi doit remettre le pouvoir de décision, ainsi que
l'avait proposé M. Émile Combes, au Sénat, en 1886 (1).
Que si la décision d'un médecin aliéniste ne peut à elle
seule constituer une garantie suffisante pour la liberté

(1) *J. O.*, 1886, Déb. parl., Sénat, p. 1380 et suiv.

individuelle, en quoi la décision d'un préfet forme-t-elle
une garantie supérieure ? Et le législateur de 1838 n'a-t-il
pas simplement sacrifié à cette idée, vigoureusement mise
en œuvre sous le Premier Empire, que le préfet, dans
l'ordre administratif, doit avoir toutes les attributions,
toutes les compétences, tous les pouvoirs, ne serait-ce que
par la fiction d'une signature ?

D'après le rapporteur de la loi de 1838, Vivien, l'intervention de l'autorité administrative est imposée surtout par
la nécessité d'agir rapidement à l'égard de l'aliéné, aussitôt
que son état mental devient un danger pour la sécurité
publique. Mais pour sauvegarder la sécurité publique, il
suffisait d'accorder à l'autorité administrative le droit d'ordonner le placement *provisoire* de l'aliéné, c'est-à-dire en
quelque sorte, son internement *préventif*. Dans le cas de
folie « flagrante » comme dans le cas de délit « flagrant »,
il faut que la police ait les mains libres, afin de prendre
*toutes les mesures d'urgence, mais seulement les mesures
d'urgence.*

L'individu arrêté et provisoirement détenu, est-il ou non
un aliéné ? Il y a lieu, sur ce point, à une expertise, qui
doit être confiée comme toutes les expertises à un homme
de l'art, en l'espèce un médecin. Si l'expertise donne des
résultats négatifs, la détention de l'aliéné prétendu n'a
plus de raison d'être : la logique commande de donner au
diagnostic du médecin la prépondérance sur le diagnostic
du préfet. Il est probable qu'en fait l'autorité administrative s'incline toujours devant l'avis médical : mais alors
pourquoi ne pas mettre le droit d'accord avec le fait ?

Si l'expertise médicale donne des résultats positifs, convient-il d'attribuer à l'avis médical la valeur d'une décision souveraine, entraînant *de plano* l'internement défi-

nitif? Ce serait substituer à l'arbitraire du préfet l'arbitraire
du directeur d'asile. Un juge d'instruction a le droit de
rendre un non-lieu en faveur d'un prévenu, mais il n'a
pas le droit de prononcer contre lui une condamnation
définitive : et souvent, le tribunal ou le jury innocentent
le prévenu dans lequel le juge d'instruction, par esprit
professionnel, avait vu un coupable. Le médecin aliéniste,
par esprit professionnel, peut être entraîné à rendre trop
facilement, après un examen trop rapide, un verdict d'a-
liénation mentale : ce serait donc une garantie précieuse
pour la liberté que de donner à un jury ou à un tribunal
le pouvoir de statuer, contrairement à l'avis du médecin,
sur l'internement *définitif* de l'aliéné. L'intervention
automatique du tribunal ou du jury pour la confirmation
du placement provisoire inspirerait une crainte salutaire
à ceux qui seraient tentés de machiner une séquestration
arbitraire. Actuellement, en vertu de la loi de 1838, l'autorité judiciaire a, comme nous l'avons dit, le droit d'ordonner la sortie d'un aliéné prétendu, *après son internement définitif* : mais c'est un système de façade. Car il est
difficile de combattre la présomption d'aliénation qui résulte d'un internement définitif, immédiatement après
cet internement, autant que d'obtenir, la révision
d'un procès, au lendemain même de la condamnation.

En 1887, le Sénat, sur le rapport de Théophile Roussel,
accepta le principe de l'intervention judiciaire, en ce qui
touche la maintenue des placements *volontaires*. Il n'y a
pas de bonne raison pour refuser d'étendre ce régime libéral aux placements d'*office*.

Aussi bien la controverse porte-t-elle moins sur le principe même de l'intervention judiciaire que sur les modali-

tés de cette intervention (1). Un système fort ingénieux récemment défendu devant la Société d'études législatives paraît de nature à conquérir les suffrages des théoriciens comme des praticiens, c'est-à-dire des juristes, comme des médecins : il constituerait pour le Parlement une base excellente de discussion. Dans ce système, une double intervention judiciaire est prévue.

1° l'intervention du juge de paix ou du président du tribunal civil, dans les vingt-quatre heures, pour vérifier la *régularité* du placement provisoire, et, en cas d'inobservation des formalités administratives, ordonner la libération.

2° l'intervention d'un juge spécial, dit *juge des aliénés*, dont la mission serait de convertir, par une décision de maintenue, prise sur l'avis d'une commission des aliénés, le placement provisoire en placement définitif.

Le trait original du système est l'institution de ce juge spécial, dont l'intervention ne soulève aucune des objections, qui ont été présentées contre l'intervention du tribunal de première instance.

Au cours des discussions parlementaires sur la réforme du régime des aliénés, on a fait justement observer que le tribunal de première instance, ne pouvant se consacrer exclusivement aux affaires d'aliénation, les examinerait rapidement et superficiellement; que, dépourvu de toute compétence au point de vue scientifique, il s'en rapporterait aux certificats médicaux; que l'appareil judiciaire risque-

(1) V. le rapport de M. Larnaude, *Bull. de la Soc. d'ét. législ.*, 1904, 1re part., p. 25 et 83; 1905, 1re part., p. 105 et 185. V. aussi Bernard, *Bull. de la Soc. d'ét. législ.*, 1903, 2e partie, p. 446-447. — De Crisenoy, *La loi et les aliénés.* — Projet voté par le Sénat en 1886-1887, *Bull. de la Soc. d'ét. législ.*, 1903, n° 5, p. 445 et suiv. — Projet de la commission de la Chambre des députés, *Bull.*, 1903, n° 5, p. 393 et suiv. — Propositions Dubief, 1903, *J. O.* Chambre annexes, n° 871.

rait d'effrayer les aliénés, et de leur enlever les dernières lueurs de raison, — enfin, que le jugement du tribunal civil aurait un caractère trop définitif. L'intervention d'un jury, même composé d'une manière spéciale, présenterait des inconvénients analogues, portés à leur maximum.

Aucune de ces critiques ne serait au contraire recevable contre l'intervention du juge des aliénés.

Après la décision du juge des aliénés, confirmant l'arrêté du préfet, et le diagnostic des médecins, la légitimité d'un internement serait difficilement contestable. Aussi bien, comme garantie suprême de la liberté individuelle subsisterait le recours au tribunal pour obtenir la sortie.

Selon que l'internement de l'aliéné est envisagé au point de vue de l'ordre public, ou au point de vue de la liberté individuelle, on est porté à attribuer compétence *exclusive*, soit à l'autorité administrative, soit à l'autorité judiciaire. La vérité est que les deux points de vue sont inséparables, et qu'il s'agit de coordonner l'intervention de l'autorité administrative et l'intervention de l'autorité judiciaire, plutôt que de choisir entre elles. La conception géométrique et la séparation des pouvoirs ne trouve donc pas ici son application.

§ 6. — *Le droit de grâce.*

Le droit de grâce traditionnellement attribué au Chef de l'État et actuellement exercé par le Président de la République en vertu de l'article 3 de la loi constitutionnelle du 25 février 1875 est-il conforme à une rigoureuse séparation des fonctions? Ne compromet-il pas l'inviola-

bilité de la loi ou des décisions de la justice au regard de
l'autorité gouvernementale.

I

Le droit de grâce est né sous l'Ancien régime, de la confusion des pouvoirs : il était alors une manifestation, et il
est maintenant une survivance de ce *droit de dispense* en
vertu duquel le souverain suspendait dans un cas donné
au profit d'une personne déterminée l'application de la loi,
soit pour l'avenir, soit même pour le passé, avec effet rétro-
actif(1).

Les « lettres de grâce », d'après l'ordonnance de 1670,
se divisaient, suivant leur but et suivant leurs effets, en plusieurs catégories profondément différentes.

Les unes, comme nos modernes décrets de grâce, conte-
naient remise ou commutation de peine : elles n'effaçaient
pas la condamnation elle-même, ni les incapacités qui pouvaient en résulter. Telles étaient les lettres de rappel de
ban, les lettres de rappel de galères..., etc.

Les autres faisaient tomber les incapacités produites par
la peine principale : on les appelait lettres de réhabilitation.

Enfin, une troisième catégorie comprenait les lettres d'a-
bolition ou de pardon : elles avaient pour conséquence de

(1) Garraud, *Traité théor. et prat. du droit pénal français*, 2ᵉ édit., t. II,
nᵒˢ 550, 574, p. 444-486; R. de la Grasserie, *Le droit de grâce* (extrait
de la *Scuola positivo*, anno VIII, 1898, V. 1 et 2); G. d'Avenel, *La
réforme administrative,* II, le ministère de la Justice, Revue des Deux-
Mondes, 1889, livraison du 1ᵉʳ juin, p. 579; A. Esmein, *Histoire du
droit français*, 3ᵉ édit., p 435, 436 et 589; Du même, *Éléments de droit
constitutionnel,* 2ᵉ édit., p. 315 et 486, 494.

supprimer rétroactivement jusqu'au délit lui-même. L'abolition était tantôt individuelle, tantôt générale; dans ce dernier cas, elle visait une classe de délits, commis dans certaines circonstances ou dans un laps de temps déterminé, sans en désigner nommément les auteurs.

L'institution des « lettres de grâce » disparut avec l'Ancien régime (1), comme celle des lettres de cachet, spirituellement et exactement définies « lettres de disgrâce ». Le droit de dispense et la justice retenue, considérés comme également contraires au principe de la séparation des pouvoirs, ne furent maintenus dans aucune de leurs manifestations.

La Constituante et la Convention décrétèrent plusieurs « amnisties » correspondant aux anciennes abolitions générales (L. 14 sept. 1791...) : enlevé à l'autorité gouvernementale, le droit d'amnistie se trouvait de plein droit transféré à l'autorité *législative*.

A la même époque, la réhabilitation reparut avec le caractère d'une *mesure judiciaire*. Dans le Code pénal de 1791, nous lui trouvons déjà les traits d'une institution systématisée : considérée jusqu'alors comme une faveur gouvernementale, elle devient un droit véritable. Malheureusement la reconnaissance de ce droit ne pouvait être obtenue qu'à la suite d'une procédure par trop théâtrale (avis favorable du Conseil général de la commune, attestation de cet avis favorable devant le tribunal criminel par deux officiers municipaux, déclaration solennelle de réhabilitation prononcée par le président du tribunal). L'auto-

---

(1) Code pénal du 25 septembre 1791, Première partie, Titre 7, art. 13 : « L'usage de tous les actes tendant à empêcher ou à suspendre l'exercice de la justice criminelle, l'usage des *lettres de grâce...* sont abolis pour *tous les crimes poursuivis par la voie des jurés* ».

rité judiciaire n'intervenait en somme que pour entériner la délibération du Conseil général de la commune.

Après la Convention commença dans toutes les branches de la législation un véritable retour de plus en plus accéléré à l'Ancien régime : amnistie et réhabilitation ne tardèrent pas à redevenir des mesures gouvernementales.

Sous le Directoire et le Consulat, on peut citer plusieurs amnisties accordées illégalement par l'exécutif. A partir du sénatus-consulte du 16 thermidor an X, l'autorité exécutive n'hésita pas à considérer le droit d'amnistie comme implicitement compris dans le droit de grâce, restauré à son profit par l'article 86 du sénatus : de ce chef, les amnisties gouvernementales prirent une apparence de légalité.

D'autre part, le Code de 1808 remit au Gouvernement le droit de statuer définitivement sur les demandes en *réhabilitation* : l'autorité judiciaire devait être simplement appelée à donner un avis préalable.

Le droit de grâce, tel qu'on l'entendait sous l'Ancien régime se trouvait ainsi reconstitué. Et de nouveau, nous allons assister à son démembrement ou à sa décomposition.

Le droit d'amnistie se détacha le premier du droit de grâce gouvernemental, en 1848, et revint à l'autorité législative. La Constitution de 1852, expressément, le « gouvernementalisa ». Enfin, la loi du 17 juin 1871, reprit et cette fois, semble-t-il, d'une manière durable, le système de la Constituante et de la Seconde République : « *les amnisties ne peuvent être accordées que par une loi* ». On retrouve cette formule dans la loi du 25 février 1875.

Le droit d'amnistie est certainement *par nature* une attribution législative : car il implique le droit de suspendre l'application de la loi. Il n'est pas une attribution proprement judiciaire, quoique l'un de ses effets soit d'effacer les décisions de la justice : car amnistier n'est pas infirmer un plus ou moins grand nombre de *sentences pénales*, c'est rendre la *loi pénale* elle-même rétroactivement inapplicable à une certaine catégorie d'infractions, et si les jugements tombent, c'est seulement parce qu'ils ont perdu leur point d'appui légal. Cependant l'amnistie aurait le caractère d'un véritable empiétement sur le domaine judiciaire si elle s'appliquait à des personnes déterminées, et non à une situation pénale : mais on sait que de nos jours l'amnistie n'est jamais individuelle. L'arbitraire du Parlement n'est d'ailleurs limité en la matière que par l'autorité de traditions qui peuvent toujours être rompues.

Après le droit d'amnistie, le droit de réhabilitation a été retiré à l'autorité gouvernementale : tel est du moins, à notre sens le résultat de la loi du 14 août 1885, dont le titre III modifie ou abroge la plupart des dispositions du Code d'Instruction criminelle relatives à la réhabilitation.

La réhabilitation est prononcée, d'après la loi de 1885, par la Chambre des mises en accusation, contradictoirement et à huis-clos. Les auteurs parlent d'une phase *administrative* de la procédure de réhabilitation : ils veulent faire allusion à certaines formalités préparatoires (avis et attestations du maire, du sous-préfet,... etc.), qui n'enlèvent en rien à la réhabilitation de la loi de 1885 son caractère d'acte judiciaire. Éclairée, mais nullement liée par ces avis ou attestations, l'autorité judiciaire statue en toute indépendance.

A cette première forme de la réhabilitation s'oppose la réhabilitation *de droit*, instituée par la loi du 5 août 1899 (1).

(1)V. Le Poittevin, *La réhabilitation de droit*, 1901, A. Rousseau. La loi du 5 août 1899 a été modifiée par celle du 11 juillet 1900. Pour la

La réhabilitation de droit est acquise à l'intéressé par le seul fait qu'il n'a pas encouru de condamnations nouvelles pendant un temps d'épreuve fixé par la loi suivant la gravité de la faute commise et de la peine prononcée. C'est à proprement parler la réhabilitation *automatique*.

Après les lois de 1885 et de 1899 la réhabilitation peut-elle être encore accordée par mesure gouvernementale? En d'autres termes, le droit de grâce, conféré au Chef de l'État par l'article 3 de la loi constitutionnelle du 25 février 1875 contient-il le droit de faire tomber les déchéances et incapacités produites par une condamnation criminelle ou correctionnelle (1)? Nous ne le croyons pas.

Dès l'ancien régime, la réhabilitation, quoique accordée par le roi, se distingue déjà nettement des autres modalités de la grâce. Elle se définit par son but, qui est, suivant les expressions de l'Ordonnance de 1670, d'effacer la *note d'infamie* résultant d'une condamnation, après l'exécution de celle-ci. En changeant de forme, la réhabilitation a toujours conservé ce but primitif. Le Code pénal de 1791, le Code pénal de 1808, en lui donnant une procédure, n'ont fait qu'accentuer sa physionomie propre. Le droit de réhabilitation même à l'époque où il était exclusivement exercé par le Chef de l'État, se trouvait donc par sa fin et par sa forme complètement « dissocié » du droit de grâce *stricto sensu*. C'est dire que la Constitution de 1875, en accordant au Président de la République le « droit de grâce »

réhabilitation des faillis, voir articles 604 et suivants du Code de commerce, modifiés en 1903.

(1) En tout cas, il ne contient pas le droit de *faire tomber la condamnation elle-même*. On sait que d'après la loi de 1885, la réhabilitation judiciaire efface la condamnation *pour l'avenir :* la réhabilitation du Code de 1808 ne produisait pas cet effet énergique.

sans en préciser l'étendue n'a évidemment entendu lui conférer que le droit de grâce *stricto sensu*, selon l'acception courante de l'expression. Par conséquent, le droit de réhabilitation, conféré à l'exécutif par une loi ordinaire, en 1808, a pu lui être régulièrement retiré par la loi ordinaire en 1885, et nous ne saurions reconnaître à côté de la réhabilitation judiciaire, et de la réhabilitation de droit, une réhabilitation par mesure gracieuse(1), en l'absence d'une disposition spéciale des textes(2).

Expropriée du droit d'amnistie et du droit de réhabilitation, l'autorité gouvernementale semblait devoir conserver l'exercice *exclusif* du droit de grâce proprement dit. A raison de son caractère constitutionnel, ne se trouvait-il pas en effet placé au-dessus des atteintes de la loi ordinaire?

Un double mouvement tend cependant à restreindre le droit exclusif du Chef de l'État : mouvement de *déconcentration* et mouvement de *juridictionnalisation* des mesures gracieuses.

Le ministre de l'Intérieur, chef de l'administration pénitentiaire peut accorder à tous condamnés, sous certaines exceptions, leur libération conditionnelle, c'est-à-dire leur mise en liberté provisoire, sous menace de réintégration discrétionnaire en prison(3).

(1) Elle existe cependant dans la pratique de la Chancellerie avec certaines distinctions. V. Garraud, *op. cit.*, n° 563, note 15.

(2) L'administration pénitentiaire aux colonies peut relever les condamnés de certaines déchéances et incapacités, mais en principe pour la colonie seulement : c'est à notre connaissance, le seul cas de réhabilitation administrative qui subsiste aujourdhui légalement (art. 12, loi du 30 mai 1850; art. 4, loi du 31 mai 1854). V. Garraud, ;*op. cit.*, n° 434-436, p. 214-218.

(3) Loi du 14 août 1885. Garraud, *op. cit.*, n° 364-365, p. 77.

C'est encore le ministre de l'Intérieur qui admet les relégables au bénéfice de la relégation individuelle, c'est-à-dire de la *vie en liberté* sur le territoire de la colonie (1). Les relégués peuvent être autorisés par l'administration pénitentiaire à quitter momentanément le territoire de relégation, même pour rentrer en France (2). L'isolement des prisonniers à la prison, qui entraîne *réduction* de la durée de la peine est encore une faveur administrative (3). Ces mesures gracieuses ne sont pas tout à fait des grâces : mais, dans la pratique, ne produisent-elles pas le même effet que les grâces présidentielles, nous voulons dire : la dispense partielle ou totale de l'exécution des peines ?

La *juridictionnalisation* du droit de grâce a été commencée par la loi du 27 mai 1885, dans un cas particulier. D'après l'article 16 de cette loi, la peine de la relégation, sur la demande du condamné, peut être levée, au bout de la sixième année par le tribunal de la résidence : il est impossible de ne pas voir dans cette disposition l'attribution d'un véritable droit de grâce à l'autorité judiciaire.

La loi du 26 mars 1891, connue sous le nom de loi Bérenger, a donné aux juges correctionnels le droit d'ordonner qu'il sera sursis à l'exécution de la peine prononcée : ce sursis, qui entraîne l'extinction de la peine par l'expiration d'un délai de 5 ans, si le bénéficiaire n'a pas encouru de condamnations nouvelles, n'est-il pas, de son vrai nom, une *grâce conditionnelle ?*

Si les propositions de loi tendant à investir le juge du

(1) V. Garraud, *op. cit.*, n° 388, p. 123.
(2) V. loi du 27 mai 1885.
(3) V. loi du 5 juin 1875.

droit de *pardon* (1), c'est-à-dire du droit de soustraire à l'application de la loi pénale l'individu reconnu coupable d'une première infraction, venaient à être votées, l'autorité judiciaire exercerait plus qu'un droit de grâce : un véritable droit d'amnistie individuelle. Ce serait presque la restauration au profit des tribunaux répressifs de l'institution du « droit de grâce » selon l'ordonnance de 1670.

II

Ainsi la grâce proprement dite tend de plus en plus à prendre la forme d'un *acte judiciaire*, comme la réhabilitation. Nous avons vu cependant que l'une et l'autre dérivaient du *droit de dispense*, dont l'exercice ne peut théoriquement appartenir qu'au pouvoir *législatif*. L'évolution historique du droit de grâce ne se ferait-elle donc pas dans le sens indiqué par la logique de la séparation des fonctions ?

Cette contradiction entre l'histoire et la logique est purement apparente ; elle s'évanouit, en effet, si l'on observe que les mesures gracieuses, par le moyen de dérogations individuelles à l'application de la loi, d'ailleurs autorisées dans leur principe par le législateur même, ont pour but d'assurer une meilleure *justice pénale* et rentrent par conséquent dans la compétence naturelle des tribunaux répressifs.

Il y a deux justices pénales, la justice objective et la justice subjective. L'une consiste dans l'application mécanique à une infraction déterminée de la peine inscrite dans

(1) Propositions Morlot, à la Chambre, et Bérenger, au Sénat. V. *Revue pénitentiaire*, 1902.

la loi, sans tenir compte de l'individualité du criminel.
Elle a pour avantage d'assurer l'égalité de tous devant la
loi pénale, mais elle a pour inconvénient de ne pas établir
une exacte proportion entre l'importance de la peine et la
culpabilité vraie de l'individu incriminé.

Le but de la justice subjective est précisément d' « individualiser » la peine, c'est-à-dire de la graduer d'après la
moralité du prévenu, considérée en dehors de la matérialité
de l'infraction.

Sous l'Ancien régime, les tribunaux répressifs distri-
buaient une justice, qui pouvait être à leur gré subjective, parce qu'elle était absolument arbitraire ; et le souverain, armé du droit de grâce, intervenait après eux,
pour effacer ou retoucher, selon l'équité, ou selon son caprice, les condamnations qu'ils avaient prononcées.

La Révolution, en posant le double principe de la détermination légale des infractions, et de la fixité des peines, organisa la justice pénale objective. Nous savons que
le droit de grâce disparut, par un excès de logique.

Dès son rétablissement, il devint l'instrument de la *justice subjective.*

Aujourd'hui, le système des circonstances atténuantes et
du sursis assure dans une large mesure la pénétration
mutuelle de la justice *objective* et de la justice *subjective.*
Mais cette pénétration ne va pas jusqu'à une complète
fusion, et si le droit de grâce du Chef de l'État n'est plus
l'instrument unique de la justice subjective, il en est
encore l'instrument normal : par exemple, lorsque le Chef
de l'État commue, en une peine inférieure, la peine qui
résulte du verdict d'un jury, au lendemain de ce verdict, et
quelquefois sur la demande du jury lui-même, il fait
acte de justice subjective, il « individualise la peine » ; en

la ramenant à la mesure de la culpabilité « vraie » du condamné, qui n'est pas toujours la culpabilité « légale ».

Ce premier usage du droit de grâce perdrait toute raison d'être, si l'on remettait aux juges répressifs un moyen de justice subjective, d'individualisation de la peine, plus souple et plus large que les circonstances atténuantes ou le droit de sursis.

Le droit de grâce a une seconde et fréquente application : la réparation des erreurs judiciaires dans les cas où le recours en revision est irrecevable. Cela prouve simplement que la voie de la revision n'est pas encore assez largement ouverte.

Enfin la grâce permet de « rendre plus sûrement moralisatrices les peines prononcées, lorsqu'elle est accordée, d'une façon méthodique et intelligente, aux condamnés qui auront mérité par leur travail et leur conduite une abréviation de leur peine » (1).

Cet emploi de la grâce rentre encore dans la notion de justice subjective ; nous avons vu, par un exemple tiré de la loi de 1885 sur la relégation (art. 16), que les tribunaux pouvaient fort bien en être chargé.

L'utilité du droit de grâce, en résumé, va décroissant avec les progrès de la législation pénale : la fusion de la justice objective et de la justice subjective a pour effet de concentrer peu à peu toute la justice pénale aux mains des tribunaux répressifs. Mais la concentration n'est pas achevée et le droit de grâce gouvernemental subsiste avec tous ses dangers.

1. Le droit de grâce met le chef de l'État au-dessus de la loi pénale. Par le moyen du droit de grâce, le Chef de

(1) Esmein, *Droit constitutionnel*, p. 489.

l'État, avec le contreseing et sous la responsabilité du ministre de la Justice, a la possibilité de remanier implicitement le Code pénal en en paralysant les effets : par exemple, n'est-il pas libre d'abroger — en fait — la peine de mort, en grâciant tous les individus qui viennent à en être frappés? Ne peut-il encore « inégaliser » les peines selon le rang social? ou selon le lieu?

2. Le droit de grâce met le Chef de l'État au-dessus de la justice criminelle.

Cinq espèces de gens, dit M. d'Avenel, rendent la justice en France : des juges inamovibles, des juges amovibles (conseillers d'État...., etc.), des juges élus (membres des tribunaux de commerce....., etc.), des juges désignés par le hasard (jurés), enfin, un magistrat élu pour sept ans par le Congrès : le Président de la République. Cette boutade contient une large part de vérité.

En fait, le recours en grâce fonctionne comme un véritable recours contre les jugements, comme un appel de la justice régulière à la juridiction d'équité ou de pitié sociale du Chef de l'État. Peu importe, dès lors, qu'en théorie pure la grâce laisse intégralement subsister la sentence de condamnation; elle n'est pas moins un échec au pouvoir judiciaire, et l'on comprend pourquoi sous l'Ancien régime on rattachait les lettres de grâce à la justice retenue du souverain.

3. Actuellement, dans l'exercice du droit de grâce, le Chef de l'État n'est pas légalement assujetti à des conditions étroites de fond ou de forme. Il n'est pas *obligé* de prendre l'avis préalable de certains fonctionnaires ou de certains corps; il peut gracier un condamné, le lendemain même du jugement; la Constitution de 1875 ne lui interdit pas même de faire bénéficier d'une mesure de grâce un minis-

tre ou un ancien Président de la République, condamnés par le Sénat sur la mise en accusation de la Chambre des députés ; les décrets de grâce ne sont pas obligatoirement motivés ; un condamné n'a pas le droit de refuser une commutation de peine, qu'il considère comme dommageable ; aucun recours n'est ouvert à qui que ce soit contre une grâce illégale (1).

En un mot, la grâce n'est pas une institution légalement systématisée. Ce serait un progrès que de la systématiser, sans enlever compétence au chef de l'État, comme ce serait un progrès, sans la systématiser, de la faire rentrer dans le cadre des attributions de l'autorité judiciaire.

Le mieux serait d'accomplir simultanément le double progrès de faire de la grâce une institution judiciaire et une institution systématisée. Une institution judiciaire : car « celui qui a été condamné par jugement ne doit être acquitté que par jugement (2) », le prétoire seul doit être maître de modifier les décisions du prétoire (3). Une institution systématisée : car la grâce, réduite par le perfectionnement de la législation pénale, à devenir simplement un moyen de récompenser la bonne conduite et le travail des condamnés, peut et doit être l'objet d'une réglementation précise dans son fond et dans sa forme, et perdre ainsi

(1) Le Conseil d'État a déclaré irrecevable un recours pour excès de pouvoir formé contre un décret de grâce (Arrêt du 30 juin 1893). Or dans l'état actuel de la législation et de la jurisprudence, aucun autre recours ne paraît possible. V. Brémond, *Revue critique de législation*, 1896, p. 341. Il est à remarquer que le Conseil d'État n'a pas indiqué le motif juridique de l'irrecevabilité. A notre sens, les décrets de grâce ne sont, ni des actes de gouvernement, ni des actes judiciaires et comme tous les actes administratifs doivent relever du contrôle de légalité exercé par le Conseil d'État.

(2) De la Grasserie, *op. cit.*, p. 20.

(3) D'Avenel, *op. cit.*, p. 580.

complètement son caractère primitif de dérogation arbitraire à la loi commune, pour se transformer en un mode
normal de dispensation de la justice pénale.

§ 7. — *Le régime pénitentiaire.*

La loi organise les peines, le juge les applique, l'Administration les fait exécuter.

On conçoit que la loi laisse à l'arbitraire du juge un
certain champ dans l'application des peines : c'est la condition nécessaire d'une bonne justice pénale, celle qui
mesure le châtiment à la gravité réelle de la faute.

Mais on ne conçoit pas que la loi abandonne l'exécution
des peines à l'arbitraire de l'autorité administrative : car
il n'est pas admissible que le régime pénitentiaire offre à
l'Administration le moyen indirect de retoucher, en ne
les traduisant pas exactement dans les faits, les lois pénales
ou les décisions de la justice répressive (1).

Cependant, en France, il n'y a pas de loi générale sur
l'exécution des peines, et le Code pénal, ni les textes
complémentaires ne prescrivent d'une manière détaillée
le mode d'exécution de celles qu'ils édictent.

« Il en résulte, assure un des maîtres de la science
pénale, qu'entre le *fait* et le *droit*, il existe un profond
désaccord, et que l'organisation des peines privatives de
la liberté dans la loi, et leur exécution dans la pratique
sont deux choses bien différentes » (2).

De plus en plus, par une véritable abdication, le Par-

---

(1) V. *suprà*, l'indication des cas où le législateur a expressément attribué à l'administration pénitentiaire un véritable *droit de grâce*.

(2) Garraud, *op. cit.*, t. I, p. 86.

lement tend à renvoyer à l'autorité administrative la détermination des règles de l'organisation pénale : il se contente de poser les problèmes et se décharge sur l'administration pénitentiaire du soin de les résoudre (1). La loi du 27 mai 1885 sur la relégation des condamnés aux colonies est une application de cette méthode : aussi peu s'en faut que la relégation ne soit une peine *extrajudiciaire*, librement aggravée, atténuée ou suspendue par voie administrative.

Serait-il impossible de limiter l'arbitraire de l'administration pénitentiaire, sans désarmer la société à l'égard de ses éléments dangereux ? Il n'en est rien ; et l'histoire de la « surveillance de la haute police » en est la preuve.

D'après le Code de 1810, les condamnés frappés de cette peine était, à leur libération, mis à la disposition de l'autorité administrative. Une résidence obligatoire leur était fixée, et s'ils se rendaient coupables de « rupture de ban », ils étaient administrativement emprisonnés. En un mot, quoique rentrés dans la vie civile, ils restaient hors la loi commune.

En 1832, le droit de l'administration fut limité à l'interdiction de certains séjours aux condamnés, et la répression des infractions remise à l'autorité judiciaire.

Le décret du 8 décembre 1851 rétablit le régime du Code de 1810 : il laissa cependant aux tribunaux correctionnels la répression des infractions, mais en donnant à l'Administration le droit de substituer, par mesure de sû-

---

(1) Les inconvénients du système sont accrus par la dualité de l'administration pénitentiaire, partagée, on le sait, entre le ministère de l'Intérieur, et le ministère des Colonies — et qui devrait être, de l'avis de beaucoup — 1° unifiée, 2° rattachée au ministère de la justice.

reté générale, la transportation à l'emprisonnement prononcé par la justice.

Le système dura jusqu'au décret de 1870, qui abrogea le texte de 1851. La surveillance de la haute police, suivant le type de 1832, se trouva restaurée. Elle subit en 1874 quelques retouches.

La loi du 27 mai 1885 l'a remplacée par la peine de l'*interdiction de séjour.*

Qu'est-ce que l'interdiction de séjour? C'est en somme la surveillance de la haute police, dépouillée de son caractère arbitraire, par une réglementation précise des droits et des obligations de l'autorité administrative, dont le pouvoir discrétionnaire se trouve réduit au strict minimum.

Il semble qu'un progrès analogue s'impose à l'égard de la peine de la relégation. Car l'administration possède à l'égard du condamné relégable des droits aussi exorbitants et aussi mal délimités que ceux qu'elle tenait du Code de 1810 à l'égard du condamné soumis à la surveillance de la haute police. Il y a, — d'*après les règlements* (car la loi ne distingue pas), deux sortes de relégation; la relégation collective, qui se rapproche singulièrement de la peine des travaux forcés, et la relégation individuelle, qui serait parfaitement définie : la vie en liberté dans une colonie pénale sous la surveillance de l'Administration. Le fait que l'autorité administrative a pu édicter pour une seule peine légalement déterminée deux modes d'exécution aussi profondément différents ne démontre-t-il pas assez l'insuffisance de la loi de 1885(1)?

(1) La question de la suppression de la relégation *des femmes* est actuellement à l'étude, au ministère des Colonies. Un projet de loi sera déposé prochainement. Pour la suppression générale de la relégation, V. rapport sur le budget des colonies, de M. Dubief, 1903.

Si notre but était d'examiner en lui-même le régime
pénitentiaire, il nous serait facile d'énumérer des cas nombreux où une limitation du pouvoir discrétionnaire de l'Administration est également désirable et possible (1).

Théoriquement, l'administration pénitentiaire a une mission strictement limitée : faire exécuter dans sa nature exacte,
dans sa durée précise, la peine légalement prononcée par
le juge, toute cette peine, rien que cette peine. La pratique
ne répondra à la théorie que dans la mesure où le Parlement s'astreindra à déterminer avec rigueur le mode
d'exécution des peines, dont il s'est borné, le plus souvent, jusqu'ici, à inscrire le *nom* dans la loi.

Il n'est pas conforme à la séparation des fonctions, que
les effets de la loi et des décisions de justice soient aggravés,
atténués ou suspendus par mesure administrative, alors
surtout qu'il s'agit de la liberté individuelle.

La meilleure loi est celle qui laisse le moins au juge, a
dit Bacon. Nous serions ici tenté de dire : la meilleure loi
sur l'exécution des peines serait celle qui laisserait le moins
à l'Administration.

§ 8. — *La juridiction du ministre de la Justice en matière de révision.*

Sous l'Ancien régime, la révision des procès criminels
était discrétionnairement ordonnée ou refusée par le roi

---

(1) La détermination exacte des droits de l'administration pénitentiaire
à l'égard des *détenus préventifs* est, *a fortiori*, nécessaire. Le but de la
détention préventive est d'empêcher le prévenu de prendre la fuite. Dès
lors l'Administration peut-elle lui refuser le droit d'exercer son métier,
par exemple d'écrire des articles de journaux... et d'une manière générale lui retirer l'exercice d'autres libertés que celle d'aller et venir ?

statuant en son Conseil, c'est-à-dire, en fait, par le Conseil statuant au nom du roi (1). Les requêtes en révision étaient affranchies de tout délai, et les cas d'ouverture à révision n'étaient pas comme aujourd'hui, déterminés par un texte précis et limitatif : c'est dire que si l'on n'avait jamais le droit ferme d'exiger la révision, on pouvait toujours espérer l'obtenir de la faveur royale. C'était, en un mot, le régime du bon plaisir (2).

L'institution de la révision était, malgré tout, bienfaisante. L'Assemblée constituante commit la grande faute de ne pas l'introduire, en la soumettant à des règles légales, dans le système judiciaire qu'elle édifia de toutes pièces. Dans l'esprit des constituants, la création du jury criminel et la transformation profonde de la procédure devaient avoir pour effet certain d'écarter la possibilité de condamnations injustifiées. D'autre part, la révision était historiquement

(1) Ordonnance criminelle de 1670, règlement de 1738 concernant la procédure du conseil.

(2) En droit romain, tout condamné pouvait recourir à l'autorité du prince pour obtenir la permission de faire réviser son procès. C'est ce recours au souverain qui fut transporté à l'époque de saint Louis dans notre droit, sous le nom de « supplication » emprunté à la terminologie juridique romaine. L'institution des « lettres de grâce de dire contre les arrêts du Parlement », puis celle de la « proposition d'erreur » procédèrent de la même conception. Ce dernier recours permettait d'attaquer devant le conseil du roi toutes les décisions judiciaires en dernier ressort, civiles ou criminelles, soit pour erreur de fait, en principe, soit même, dans la pratique, pour erreur de droit; en règle générale, le Conseil devait statuer seulement sur la recevabilité du recours, mais il se saisissait souvent du fond. Peu à peu les diverses voies de recours contre les jugements, appel, cassation... etc..., se dissocièrent. La proposition d'erreur fut supprimée par l'ordonnance de 1667. La révision fut instituée avec sa physionomie propre : celle d'un recours pour erreur de fait contre les jugements criminels en dernier ressort par l'ordonnance de 1790. Sous l'Ancien régime, la révision était opérée par le tribunal même dont la sentence avait été attaquée.

liée à la justice retenue du roi, dont la Constituante entendait ne laisser subsister aucun vestige dans l'organisation
nouvelle. Ce double motif explique pourquoi le principe de
la chose jugée fut consacré sans le tempérament nécessaire
de la révision.

Cette belle confiance du pouvoir législatif dans l'infaillibilité du pouvoir judiciaire ne tarda pas à être déçue. A
la suite d'une erreur judiciaire retentissante (il s'agissait
de deux condamnations inconciliables pour vol d'un mouchoir), la Convention fut obligée de réparer l'imprévoyance
de l'Assemblée constituante : elle vota le décret du 15 mai
1793 « relatif aux accusés condamnés comme auteurs du
même délit, et dont les condamnations ne peuvent se concilier et font la preuve de l'innocence de l'une ou l'autre
partie ». Dans ce cas, la révision pouvait être demandée,
concurremment par les parties privées et par le ministère
public. Si les jugements inconciliables avaient été rendus
par le même tribunal, c'était lui qui ordonnait la révision
et renvoyait l'affaire au fond devant le tribunal le plus voisin. Si les jugements avaient été rendus par des tribunaux
différents, le ministre de la Justice, sur la demande des
parties ou de l'accusateur public, dénonçait le fait au tribunal de cassation qui statuait sur la recevabilité du recours
et renvoyait l'affaire au tribunal le plus voisin du lieu du
délit.

Le Code des délits et peines du 3 brumaire an IV ne
contenait absolument aucune disposition sur la révision.
Malgré l'article 594 du Code, la jurisprudence crut pouvoir
maintenir en vigueur le texte de 1793, voté malheureusement en vue d'une situation très particulière et très rare.

Le Code d'instruction criminelle de 1808 créa deux cas
nouveaux de révision : celui où des indices suffisants vien-

nent à naître sur l'existence de la prétendue victime d'un
homicide, celui où des témoins à charge sont, postérieurement à la condamnation, poursuivis et frappés pour faux
témoignage.

La révision d'après le Code de 1808, devait toujours être
provoquée par le ministre de la Justice, qui devenait ainsi
le gardien de l'autorité de la chose jugée.

La voie de la révision était encore singulièrement étroite.
Pour l'élargir, sans faire appel au législateur, le Gouvernement invoqua une théorie, — celle de la révision *gracieuse* (1), — d'après laquelle le droit de grâce, attribut
constitutionnel de l'exécutif impliquait le droit d'ordonner
la révision, ainsi placé au-dessus de la loi ordinaire. Dans
cette conception la détermination légale des cas de révision
avait simplement pour effet d'imposer au Gouvernement
l'*obligation juridique* de provoquer la révision, si l'un de
ces cas venait à se présenter et non de limiter son droit
d'accorder aux condamnés, par mesure de faveur, la révision de leurs procès, comme il pouvait leur accorder la
remise de leur peine. Usant de cette latitude, le ministre
de la Justice ou « grand-juge », quelques années après la
promulgation du Code d'instruction criminelle, rédigea, sur
l'ordre de Napoléon, des « lettres de révision *gracieuse* »
afin de saisir la Cour de cassation dans une hypothèse
échappant au domaine de la révision *légale*. Mais la théorie de la révision gracieuse était une théorie de circonstance,
elle ne survécut pas à l'Empire.

La loi du 29 juin 1867, inspirée comme les textes antérieurs par une affaire particulière, étendit le bénéfice de

_____

. (1) V. A. Sevestre, *De la révision des procès criminels et correctionnels
et des indemnités à accorder aux victimes d'erreurs judiciaires.* Thèse, Paris,
1899, 1ʳᵉ partie, chap. VI, en entier.

la révision aux condamnés correctionnels, sous certaines restrictions, et institua la révision posthume. D'après la loi du 29 juin 1867, dans tous les cas de révision alors prévus par l'article 443 du Code d'instruction criminelle, le droit de demander la révision appartenait *concurremment* au ministre de la Justice et aux condamnés (1).

Il était bien dit dans la loi que la chambre criminelle de la Cour de cassation serait saisie par le procureur général « en vertu de l'ordre exprès » du ministre de la Justice. Mais, il semble que, s'il y avait réclamation des parties, fondée sur un cas légal de révision, le ministre ne jouait que le rôle d'organe de transmission : il avait, en d'autres termes, l'obligation légale (2) de donner l'ordre exprès visé par l'article 444.

La loi du 8 juin 1895 (3), maintenant les trois cas anciens de révision, n'avaient aucune raison de ne pas maintenir, en ce qui les concerne, le système de l'initiative concurrente du ministre et des parties privées. La formule légale de ces cas de révision est en effet assez étroite et assez précise pour ne pas prêter à une interprétation arbitraire de la part des intéressés, et pour ne pas exposer par conséquent la chose jugée à des assauts trop multipliés.

Le même système pouvait-il être sans danger étendu au quatrième cas de révision, ajouté par la loi de 1895 et dont

(1) Avaient encore qualité pour demander la révision, mais seulement après la mort du condamné : le conjoint, les enfants, les parents, les légataires universels ou à titre universel, toute personne ayant reçu du condamné une mission expresse (art. 444, C. intr. crim., modifié par la loi du 29 juin 1867).

(2) V. Sirey, *Lois annotées*, 1867, p. 154. — Quelques auteurs contestaient cette interprétation de l'article 444 et reconnaissaient au ministre la faculté d'apprécier la recevabilité de la demande.

(3) V. Sirey, *Lois annotées*, 1895, p. 1089.

la formule très générale embrasse la plupart des éventua-
lités de nature à faire présumer l'erreur judiciaire? Nous
le croyons, et la question est au moins discutable ; la loi de
1895 l'a résolue par la négative.

« Lorsque, après une condamnation, un fait viendra à se
produire ou à se révéler, ou lorsque des pièces inconnues
lors des débats seront représentées, de nature à établir
l'innocence du condamné (1) », « le droit de demander la
révision appartiendra ...au ministre de la Justice *seul*, qui
statuera après avoir pris l'avis d'une commission composée
des directeurs de son ministère et de trois magistrats à la
Cour de cassation annuellement désignés par elle et pris en
dehors de la Chambre criminelle (2) ».

Ainsi, dans le cas de révision pour « fait nouveau », le
ministre apprécie souverainement s'il doit ou non saisir
l'autorité judiciaire : éclairé, mais non lié par l'avis d'une
commission mixte de magistrats et de fonctionnaires administratifs, il prononce sur l'admissibilité des demandes en
révision, comme la Chambre des requêtes de la Cour de
cassation sur l'admissibilité des pourvois en matière civile.

Dans l'exercice d'une telle mission, le ministre doit être
considéré comme pris en qualité de juge unique : on ne saurait en effet, à notre sens, contester le caractère *judiciaire*
de cette sélection préalable des requêtes en révision, qui
comporte l'examen de questions de droit et nous apparaît
comme exclusive de toute considération de pure opportunité.

Convenait-il d'attribuer ce rôle judiciaire à un ministre

(1) Art. 443 du C. d'Instr. crim., modifié par la loi du 8 juin 1895.
(2) Art. 444 du C. d'Instr. crim , modifié par la loi du 8 juin 1895. Il
résulte clairement de la nouvelle rédaction de l'article 444 que dans les
trois premiers cas de révision, le ministre *doit* transmettre à l'autorité judiciaire *toutes* les demandes.

politiquement responsable devant les Chambres? Il est permis de le contester. Un tribunal offrirait des garanties plus sûres de science et d'impartialité.

D'autre part, il serait désirable que les demandes en révision fussent examinées suivant les formes juridictionnelles (audition du condamné ou de son conseil..., enquête, ...etc.), ayant pour terme une décision *motivée*. Comment songerait-on à confier au ministre une semblable mission ? Et si elle était attribuée à d'autres, pourquoi lui laisser le droit de décision définitive?

Statuer sur l'admissibilité d'une demande en révision est un acte juridictionnel; il doit être accompli par un organe juridictionnel, suivant des formes juridictionnelles. C'est l'application pure et simple de la règle de la séparation des organes et des fonctions.

L'admissibilité des demandes en révision pour fait nouveau, qui revêt actuellement toutes les apparences d'une faveur accordée par l'autorité exécutive, prendrait dans ce système, le caractère d'un droit reconnu à tout condamné pouvant invoquer certains motifs déterminés par la loi.

Transformer en droit ferme une faveur équitable, si la transformation est pratiquement possible, est un progrès juridique qu'il ne faut jamais hésiter à accomplir.

Le système actuel est une étape de la révision arbitraire ou gracieuse à la revision pleinement juridictionelle.

§ 9. — *Les pouvoirs judiciaires de l'Administration aux colonies.*

Le régime judiciaire de nos colonies est caractérisé par la confusion des autorités juridictionnelles et des autorités administratives.

Aucun magistrat colonial n'est inamovible : c'est dire qu'il n'y a pas aux colonies de « pouvoir judiciaire », au sens exact de l'expression. Les peines disciplinaires, qui peuvent être prises contre les magistrats coloniaux, relèvent du ministre des Colonies, statuant d'accord avec le garde des Sceaux, et non de la Cour de cassation, constituée en conseil supérieur de la magistrature. Il a été jugé (C. E., 8 août 1896, *Tribune des colonies*, 1896, p. 419), qu'un magistrat colonial pouvait être révoqué discrétionnairement, *sans être appelé à présenter des explications, sans recevoir même un simple avis préalable.* « Les magistrats coloniaux, qui plus que tous les autres fonctionnaires, auraient besoin de garanties, sont précisément *ceux qui en ont le moins* (1) ».

La justice à l'égard des indigènes présente un caractère gouvernemental encore plus accentué. Les mesures les plus graves peuvent être prises par voie purement administrative : internement, séquestre des biens meubles et immeubles, amende, ... etc. Les administrateurs coloniaux ont, à l'égard des indigènes, non seulement des pouvoirs disciplinaires, mais encore tous les pouvoirs d'un juge de simple police. La procédure, lorsqu'elle existe, est réduite au minimum.

Nous ne pouvons insister sur l'organisation judiciaire aux colonies : elle comprend des types très divers de tribunaux, suivant les colonies, et d'autre part, comme elle est, en principe, soumise au régime des décrets, elle se trouve en perpétuelle évolution (2).

---

(1) Girault, *Précis de colonisat. et de législ. colon.*, Larose, 2e édit., 1904.

(2) Parmi les textes récents, V. les décrets du 5 novembre 1904 sur la justice à Mayotte, du 21 novembre 1904 sur le régime de l'indigénat en Afrique occidentale française, du 22 mai 1905 sur la justice musulmane

Nous devons seulement constater ici qu'il n'y a pas, dans nos colonies, de véritable pouvoir judiciaire, et que l'autorité gouvernementale, directement ou indirectement est maîtresse de la justice répressive.

§ 10. — *Les pénalités disciplinaires.*

Ni par leur nature, ni par leur objet, les sanctions disciplinaires ne sont à proprement parler des « peines » (1), mais elles présentent certainement avec les « peines » la plus grande analogie. Il est des sanctions disciplinaires dont la gravité, au point de vue moral, sinon au point de vue matériel, atteint ou dépasse celle des sanctions prévues par le Code pénal ; quelquefois même les sanctions disciplinaires, comme les sanctions pénales, sont pécuniaires ou privatives de liberté (2).

C'est pourquoi l'arbitraire administratif, en matière disciplinaire, offre pour les droits individuels les mêmes dangers —, et presque au même degré —, que l'arbitraire administratif en matière pénale.

Cependant, alors que l'arbitraire est devenu en matière pénale, l'exception, il est demeuré, en matière disciplinaire, la règle... (3).

en Afrique occidentale, du 24 mai 1905 sur la justice à Madagascar. V. aussi, loi du 24 décembre 1904 sur les pouvoirs disciplinaires des administrateurs de communes mixtes en Algérie.

(1) Avis du Conseil d'État du 4 août 1892.

(2) V. Aucoc, *La discipline de la Légion d'honneur*, Revue politique et parlementaire, 1895, 2ᵉ année, t. V, p. 201 et suiv.

(3) Cs. Drouille, *Le pouvoir disciplinaire sur les fonctionnaires publics*, Toulouse, 1900, et surtout Nézard, *Les principes généraux du droit disciplinaire*, Paris, 1903.

I

L'État possède sur l'ensemble des services publics un droit supérieur de direction et de surveillance qui dérive de sa souveraineté. D'après la jurisprudence du Conseil d'État, ce droit de direction et de surveillance entraîne tout naturellement, sans qu'il soit besoin d'un texte spécial, le droit de prendre des mesures disciplinaires à l'égard des divers agents et auxiliaires de l'Administration (1). Le pouvoir disciplinaire, comme le pouvoir hiérarchique, est un attribut normal et traditionnel de la puissance publique.

Sans doute le droit de discipline de l'État sur ses agents ne paraît différer, ni par sa nature, ni par son objet, ni même par ses modalités pratiques du droit de discipline du patron sur ses ouvriers, de certains groupements privés sur leurs membres ; or, juridiquement, le droit de discipline exercé par des particuliers sur d'autres particuliers ne saurait avoir d'autre origine, ni d'autre fondement qu'un contrat exprès ou tacite. Mais si l'on analyse d'une manière concrète la situation respective de la partie privée qui exerce le droit de discipline et de la partie privée qui en subit l'exercice, on s'aperçoit qu'il existe toujours entre elles une *inégalité* de fait, — que la discipline est imposée plutôt que consentie —, qu'en d'autres termes les rapports des prétendues « parties » sont des rapports d'*autorité* plutôt que des rapports contractuels —, et que, par conséquent, la discipline privée, comme la discipline publique a pour fondement un pouvoir unilatéral de contrainte, quelquefois constaté par un contrat, mais non créé par lui. Il est

---

(1) Avis du Conseil d'État du 25 avril 1883. *J. off.*, du 29 avril 1883.

vrai que la discipline privée évolue de la conception autoritaire vers la conception purement contractuelle : mais
l'évolution n'est pas entièrement achevée (1). En ce qui concerne la discipline publique, elle n'est pas commencée.

Aussi n'est-il pas excessif de dire, lorsque la situation
d'un fonctionnaire, au point de vue de la discipline, n'est
pas déterminée par un texte spécial, que ce fonctionnaire
est à la discrétion absolue de ses supérieurs hiérarchiques.
Ceux-ci statuent en toute liberté et en dehors de tout contrôle sur le point de savoir si le fonctionnaire incriminé a
réellement commis une faute disciplinaire, et quelle sanction, — du simple blâme jusqu'à la révocation brutale,
— il convient d'appliquer à cette faute. Ils peuvent frapper une faute minime d'une pénalité disproportionnée ; ils
ne sont astreints à aucune procédure destinée à garantir
les droits de la défense ; le fonctionnaire ne peut en appeler devant aucun tribunal de la décision prise contre lui. Et
le temps n'est pas encore très éloigné où la jurisprudence
considérait les mesures disciplinaires comme « n'étant pas
de nature à être déférées au Conseil d'État par la voie contentieuse ». Aujourd'hui le recours au Conseil d'État est
ouvert aux intéressés contre les mesures disciplinaires
entachées d'incompétence, de vice de forme, ou de détournement de pouvoir (2) : mais, n'ayant pas de « droits

(1) V. P. Pic, *Traité de législation industrielle*. Les règles concernant
la discipline dans les établissements industriels sont en général inscrites dans le *règlement d'atelier,* dont le nom même semble écarter l'idée
de contrat. Cependant la jurisprudence reconnaît au règlement d'atelier
le caractère contractuel. V. par exemple. Cass., 16 mars 1903, S. 1903.
1. 407.

(2) V. arrêts du Conseil d'Etat du 16 novembre 1900, Maugras, et 9
juin 1899, Toutain. Cf. 8 décembre 1899, Grenet, S. 1900. 3. 41, et la
note.

acquis », les fonctionnaires dépourvus d' « état » ne sauraient invoquer la violation de la loi.

L'arbitraire du supérieur hiérarchique, tempéré par le
recours pour excès de pouvoir *stricto sensu;* tel est donc,
en France, le *droit commun disciplinaire.....* De nombreuses
et importantes catégories de fonctionnaires, associés ou non
à l'exercice de la puissance publique, y sont encore soumis : agents de l'administration centrale, de l'administration départementale, de l'administration communale, membres des parquets,.... etc.

Mais le champ d'application de ce « droit commun »
diminue progressivement. Par une évolution constante,
les mesures disciplinaires tendent à perdre leur caractère
d'acte de police pure pour devenir des décisions juridictionnelles ou, au moins, quasi juridictionnelles. Un droit disciplinaire nouveau se constitue lentement, et d'une manière fragmentaire, en empruntant au droit pénal moderne
ses principes dominants.

Certes nous n'avons pas encore, comme les Allemands,
une législation disciplinaire complète et homogène ; et nos
fonctionnaires ne sont pas toujours assurés de trouver des
juges et de vrais juges ; car les infractions disciplinaires ne
relèvent pas chez nous, comme en Suède ou en Finlande,
des tribunaux de droit commun. Mais l'effort combiné du
Parlement, du Gouvernement, et de la jurisprudence pour
donner aux intéressés des garanties efficaces contre l'arbitraire du supérieur hiérarchique n'est pas resté sans résultats. Notre droit disciplinaire est aujourd'hui presque entièrement dégagé de la tradition du césarisme, qui était d'établir la domination absolue de l'État sur ses agents afin
d'assurer plus étroitement la domination de l'État sur les
citoyens.

II

Le droit disciplinaire positif, en France, présente un double caractère : c'est un droit autonome, et c'est un droit complexe.

C'est un droit autonome : les règles de fond ou de forme édictées en matière pénale ne sont pas *de plano* applicables en matière disciplinaire. Sans doute, comme le dit M. Duguit, « la répression disciplinaire est une répression pénale, au point de vue de son fondement, en ce sens qu'elle s'explique par une même conception de l'État... ; le pouvoir légitime pour les plus forts à certaines époques et dans certains pays d'assurer l'observation de certaines normes par la menace d'une pénalité ». Mais la répression disciplinaire a un but purement professionnel ou fonctionnel qui lui imprime une irréductible originalité au regard de la répression pénale. Les règles du droit disciplinaire peuvent se rapprocher des règles du droit pénal, le droit pénal peut évoluer vers le droit disciplinaire : il est certain cependant que ces deux droits répressifs n'iront jamais jusqu'à se fondre ou à se confondre parce qu'ils n'ont ni la même fin, ni les mêmes moyens. En Allemagne, le droit disciplinaire n'est plus un droit autonome, mais il est encore un droit spécial. On comprend donc l'indépendance réciproque des poursuites d'ordre pénal et des poursuites d'ordre disciplinaire : elle est expliquée et justifiée par cela seul qu'un même fait peut être envisagé sous l'angle de l'intérêt social et sous l'angle de l'intérêt professionnel ou fonctionnel.

Le droit disciplinaire français est, en second lieu, un droit complexe : on pourrait presque dire que nous possédons, non un droit disciplinaire, mais des droits disciplinaires. Il y a une discipline de l'armée, une discipline de la Légion d'honneur, une discipline de l'Université, une discipline de l'Administration des postes, télégraphes et téléphones..... Seulement, il faut reconnaître que ces disciplines particulières s'inspirent des principes dominants qu'il est possible, sinon facile, d'extraire du chaos des textes spéciaux.

Sur quels points s'est manifesté l'effort de notre droit disciplinaire positif?

Les formules employées par les textes pour déterminer les faits disciplinairement punissables sont en général assez vagues; c'est ainsi que, d'après la loi du 20 avril 1810 sur l'organisation judiciaire, les pénalités disciplinaires peuvent atteindre « tout juge qui compromettra la dignité de son caractère » (art. 49); Mais dès qu'il y a un texte, la liberté de l'« incrimination disciplinaire », si large soit-elle, n'est plus absolue : car le juge disciplinaire est lié par le texte, comme le juge pénal (1).

D'autre part, l'autorité disciplinaire n'est pas maîtresse de choisir arbitrairement les sanctions applicables. La loi détermine l'échelle des pénalités, comme l'échelle des infractions, et dans la mesure du possible s'efforce d'établir entre elles une étroite corrélation. Par exemple le décret du 21 juillet 1897 sur la discipline universitaire spécifie les peines applicables au prêt de la carte d'étudiant, à la prise simultanée d'inscriptions dans deux établissements différents, etc.

---

(1) V. arrêts du Conseil supérieur de l'Instruction publique, du 16 janvier 1897. — Schmit, *Les arrêts du Conseil supérieur de l'Instruction publique*, 1899, Paris, p. 143, faisant application du principe, *nulla poena sine lege* — et arrêt du Conseil d'Etat du 23 mai 1881, S. 1882. 3. 41, sur la non-rétroactivité des règles disciplinaires.

Mais, d'une manière générale, il est certain que l'arbi-traire du juge disciplinaire, quant à l'incrimination ou quant à l'application des peines, ne saurait être aussi rigoureusement limité que l'arbitraire du juge pénal. Il est difficile de dresser *a priori* la liste complète et limita-tive des « infractions » disciplinaires et surtout d'indiquer pour chaque infraction la gamme des pénalités applicables : la notion de faute professionnelle est trop fuyante pour qu'il soit possible de la saisir dans les mailles serrées d'un texte législatif ou réglementaire. C'est pourquoi les garanties de *procédure* présentent en matière disciplinaire une importance capitale, que le législateur n'a heureusement pas méconnue.

La compétence *exclusive* du supérieur hiérarchique, qui est la compétence de droit commun, en matière dis-ciplinaire, comme nous l'avons précédemment indiqué, n'a été maintenue par les textes spéciaux qu'à l'égard des pénalités légères ne portant pas une atteinte définitive à la situation matérielle ou morale de l'agent incriminé : avertissement, blâme, privation temporaire d'emploi..., etc... Redoutant la partialité ou les abus d'autorité du supérieur immédiat, le législateur a réservé aux agents les plus élevés de la hiérarchie administrative : ministres ou même président de la République le droit de prononcer la plupart de ces pénalités.

Quant aux sanctions disciplinaires graves, elles ont été, — d'une manière plus ou moins complète, — soustraites à l'arbitraire pur du pouvoir politique.

En imposant au supérieur hiérarchique l'obligation de prendre, — sans lui imposer celle de suivre, — l'avis d'un conseil disciplinaire, les textes ont donné à un grand nombre de nos fonctionnaires une garantie théoriquement assez faible, mais pratiquement assez efficace contre les abus d'autorité : l'avis du Conseil de discipline est en effet presque toujours suivi. De même avant la loi du 24 mai 1872, les projets de décret du Conseil d'État statuant au contentieux étaient presque toujours signés sans modifications par le Chef de l'État. Ce type d'organisation disciplinaire est en vigueur notamment dans les administrations centrales des ministères (1).

En soumettant le supérieur hiérarchique à l'obligation de prendre l'*avis conforme* d'un conseil disciplinaire, le législateur a franchi l'avant-dernière étape vers la « juridictionnalisation » de la discipline publique : l'*avis conforme*, dit très bien M. H. Nézard, c'est presque un jugement. Les officiers bénéficient de ce système à l'égard de la mise en réforme par mesure disciplinaire; l'avis du Conseil d'enquête ne peut être modifié par le Chef de l'État que dans un sens favorable à l'officier incriminé.

Enfin certains conseils disciplinaires, tels que les Conseils de l'Instruction publique prononcent des sentences définitives, qui sont de véritables jugements : les décisions du Conseil supérieur de l'Instruction publique s'appellent des « arrêts ».

Les membres des Conseils de discipline sont ou des membres de droit, désignés législativement ou réglementairement (Ex : chefs de service, directeurs des ministères), ou des membres élus, désignés par le suffrage de leurs collègues, ou enfin des membres nommés. Lorsqu'un Conseil

---

(1) Cs. la série des décrets en Conseil d'État, souvent modifiés, pris par application de l'article 16 de la loi de finances de 1882. Les employés des postes ont demandé et obtenu la création d'un Conseil de discipline au sous-secrétariat des postes et télégraphes. V. Décret du 16 novembre 1901.

de discipline est tout entier à la nomination directe du supérieur hiérarchique, on peut dire qu'il constitue une simple façade derrière laquelle se dissimule l'arbitraire du pouvoir politique. En général, la composition des Conseils est mixte : le Conseil supérieur de l'Instruction publique comprend des membres de droit, des membres élus, et des membres nommés(1). L'autorité hiérarchique est toujours largement représentée au sein des tribunaux disciplinaires : et il est nécessaire qu'elle le soit pour faire contre-poids à l'indulgence des *pairs* de l'agent incriminé. La présidence des Conseils est quelquefois réservée au chef du service intéressé : le Conseil supérieur de l'Instruction publique est présidé par le ministre. En fait, lorsque le Conseil supérieur de l'Instruction publique siège en matière contentieuse, le ministre s'abstient d'assister à la séance. Le ministre de la Justice ne préside jamais le Conseil supérieur de la magistrature.

La *procédure* devant les Conseils disciplinaires affecte des formes juridictionnelles : elle est dominée par le souci d'assurer le respect des droits de la défense. Les textes ou la jurisprudence font application, en matière disciplinaire, de ce principe de notre droit pénal d'après lequel « nul ne doit être jugé ou puni qu'après avoir été entendu ou légalement appelé(2) ». La détermination préalable de l'autorité compétente, la notification à l'intéressé des faits qui lui sont reprochés, la fixation d'un délai minimum pour la

---

(1) Le ministre de l'Instruction publique a récemment déposé sur le bureau de la Chambre des députés un projet de loi tendant à instituer au sein du Conseil supérieur un *comité du contentieux*. V. le texte dans la *Revue de l'enseignement supérieur*, 1905.

(2) Art. 11. Déclaration des droits de l'an III. — Cf. art. 14, déclar. des droits de 1793.

préparation de la défense, le droit de comparution personnelle de l'inculpé,..... constituent la mise en œuvre ou la
conséquence du principe(1).

Pour les pénalités les plus graves, le législateur a exceptionnellement institué un double degré de juridiction.

Les décisions des Conseils disciplinaires peuvent être
attaquées devant le Conseil d'État statuant au contentieux.
Les unes, présentant le caractère d'actes administratifs
plutôt que de véritables jugements, sont soumises au recours
pour excès de pouvoir *lato sensu*. Les autres, dont le caractère juridictionnel n'est pas contestable, tels les arrêts des
conseils de l'instruction publique, sont soumis au recours
en cassation : les moyens tirés de la violation de la loi et de
la fausse application de la loi ne sont recevables contre elles
qu'en vertu d'une disposition spéciale de la loi (2).

D'après l'opinion dominante, les personnes frappées des
pénalités disciplinaires ne sauraient bénéficier d'une grâce,
d'une réhabilitation (3) ou d'une amnistie (4). Ces mesures
gracieuses ne peuvent être prises qu'à l'égard de peines
proprement dites : or les sanctions disciplinaires ne sont
pas des peines. Pour les assimiler à des peines, il faudrait
un texte spécial.

(1) V. le décret du 4 décembre 1886 sur la procédure à suivre devant
le Conseil départemental, statuant en matière disciplinaire.

(2) Laferrière, *op. cit.*, t. II, p. 675 et suiv.

(3) V. le projet du Conseil d'État sur la réhabilitation des professeurs
par le Conseil supérieur de l'Instruction publique, 29 décembre 1892, cité
par Vézard, *op. cit.*, p. 208, note 1.

(4) Cependant une loi d'amnistie récemment votée s'étend à des mesures d'ordre purement disciplinaires.

III

Ainsi la justice disciplinaire d'abord *retenue* par le supérieur hiérarchique est aujourd'hui, dans un certain nombre de cas, *déléguée* à des juridictions spéciales (1).

Rationnellement, ces juridictions spéciales n'apparaissent pas comme le terme du progrès juridique, en matière de discipline.

Nées au sein de l'administration active, elles prouvent par leur existence même que la répression disciplinaire est une mission d'ordre juridictionnel échappant à la compétence naturelle de l'autorité exécutive : elles sont, pour ainsi dire, le fruit d'un effort pour adapter l'organisme administratif à une fonction qui lui convient mal.

Dès lors, la question se pose de savoir si la répression disciplinaire ne doit pas être purement et simplement confiée au pouvoir judiciaire, apte par définition à bien remplir une mission juridictionnelle. « Au pouvoir judiciaire, toute la justice... » (2), comme le dit M. Jacquelin.

Ce serait méconnaître profondément le caractère original de la répression disciplinaire. La répression disciplinaire n'est par nature ni proprement administrative, ni proprement juridictionnelle : c'est pourquoi il convient de lui donner des organes spéciaux; elle est plutôt administrative que juridictionnelle; c'est pourquoi il est naturel

(1) Le supérieur hiérarchique doutant de l'autorité morale de ses décisions, défère parfois à la juridiction disciplinaire des faits à raison desquels il aurait pu sévir lui-même. V. par ex. l'arrêt du C. S. de l'I. P., du 12 février 1898 (affaire Heim).

(2) R. Jacquelin, *Les principes dominants du contentieux administratif*, Paris, 1899, p. 21.

que ces organes spéciaux soient institués au sein de l'Administration. Le pouvoir disciplinaire n'est pas complètement
et absolument séparable du pouvoir hiérarchique : le jour
où le supérieur ne disposerait d'aucune sanction contre
ses subordonnés, que resterait-il du pouvoir hiérarchique?
Mais le pouvoir disciplinaire ne saurait rester entièrement
confondu avec le pouvoir hiérarchique : il n'est pas conforme à l'esprit de nos institutions libérales, que la vie
matérielle des citoyens —, même fonctionnaires —, soit à
la discrétion absolue de l'autorité gouvernementale.

La conciliation des intérêts en présence ne peut être
obtenue que par le développement des juridictions disciplinaires spéciales : telle sera notre conclusion. Ici encore
c'est la séparation des organes et des fonctions et non la
séparation des pouvoirs, qui nous fournit contre l'arbitraire le remède topique, le seul acceptable au point de
vue pratique.

CHAPITRE TROISIÈME

LES SURVIVANCES DU RÉGIME DES AUTORISATIONS ET DES INTERDICTIONS ADMINISTRATIVES.

> « Le droit individuel limité par le pouvoir administratif, ce n'est plus la liberté, ce n'est plus le droit : c'est de la concession, c'est de la tolérance, c'est-à-dire de l'arbitraire : car ce qui a été accordé hier peut être refusé demain... Presque en toute chose, sous prétexte de police et de bon ordre, sous couleur de réglementation et de surveillance, l'arbitraire administratif restreint, paralyse, anéantit les droits individuels ».
>
> Poitou, *La liberté civile et le pouvoir administratif*, Paris 1869.

Deux systèmes opposés sont possibles pour réaliser la conciliation de la liberté individuelle et de l'ordre public, ou, suivant une formule plus rigoureusement exacte, pour assurer la limitation nécessaire de l'intérêt privé par l'intérêt social.

Le premier consiste à subordonner les citoyens à l'administration, en chargeant celle-ci d'autoriser ou d'interdire discrétionnairement l'exercice des droits privés théoriquement reconnus : les particuliers ne peuvent alors faire aucun acte, ouvrir aucun établissement, publier aucun ouvrage, ... sans l'assentiment gracieux de l'autorité publique, ou, en termes concrets de la police. C'est le système préventif : l'individu suspect devant l'Administration toute

puissante. Comme application caractéristique de ce système, on peut citer la loi du 21 octobre 1814, dite *loi relative à la liberté de la presse* dont le but unique est de déterminer les règles de la *censure*.

Le second système est plus libéral : c'est le système
répressif. Les obligations des particuliers sont inscrites
d'avance et sous une forme objective, dans les textes
législatifs ou réglementaires, et l'observation en est assurée par des sanctions pénales ou autres, juridictionnellement appliquées. L'individu reste limité par l'État : mais
cette limitation est indépendante du caprice des agents
de l'autorité. Or, comme le dit Poitou, « le droit individuel limité par la loi, c'est toujours le droit, c'est toujours
la liberté, c'est même la seule liberté légitime : *sub lege
libertas* ».

Par une évolution d'année en année plus rapide, le
champ de la police préventive, exercée par l'Administration se restreint au profit de la police répressive, exercée
par l'autorité juridictionnelle ; c'est un des aspects de l'é-
volution générale du régime de l'arbitraire vers le régime
de la légalité sanctionnée. Mais sur ce point, comme sur les
points précédemment examinés, l'évolution reste inachevée :
il s'en faut qu'il y ait toujours entre l'Administration et l'administré un *texte de loi* et un *juge*, double et nécessaire
garantie du droit et de la liberté. Aussi bien est-il des hypothèses où la police préventive semble bien un mal nécessaire.

§ 1. — *Le régime des autorisations et des interdictions administratives et la liberté des manifestations publiques de la pensée.*

Brutalement niée par le décret du 25 mars 1852 dont la loi du 6 juin 1868, sous l'Empire « libéral », vint à peine atténuer les rigueurs, la liberté de réunion, c'est-à-dire la liberté de la parole n'a été pleinement réalisée que par la loi du 30 juin 1881, dont les dispositions sont trop connues pour qu'il soit nécessaire de les rappeler dans une étude générale.

L' « écriture » est le second mode de manifestation publique de la pensée. C'est pourquoi l'écriture, comme la parole a été soumise, sous tous les régimes autoritaires, au système de l'autorisation préalable (arrêté du 27 nivôse an VIII, sous le Consulat —, décrets du 5 février 1810, et du 9 avril 1811 sous le Premier Empire —, loi du 21 octobre 1814 sous la Restauration, et, sous le Second Empire, décret du 17 février 1852 dont on a dit qu'il avait institué à l'égard de la Presse « le régime le plus complet de servitude qui ait existé »).

Toutes les entraves à la manifestation publique de la pensée par le livre, par le journal, par l'affiche ont aujourd'hui disparu : la loi du 29 juillet 1881, — un mois après la proclamation de la liberté de parole, a consacré sans restriction la liberté de l'écriture, sous toutes ses formes.

La *censure de la presse* a survécu cependant à l'égard des journaux étrangers. La circulation des écrits périodiques étrangers en France est libre en principe, mais elle peut être suspendue par voie administrative : le ministre de l'Intérieur peut interdire la vente d'un numéro ; pour l'interdiction d'un journal, il faut une décision délibérée en Conseil des ministres. La loi du 22 juillet 1895 a étendu le régime de l'interdiction administrative aux journaux *publiés en France*, en *langue étrangère*.

La *censure théâtrale*, organisée par les décrets du 10 décembre 1852, et du 6 janvier 1864, était la dernière survivance du régime des autorisations administratives, en matière intellectuelle à l'égard des Français : elle vient de disparaître (loi de fin. de 1906) et la liberté des auteurs dramatiques, comme celle des orateurs, des littérateurs ou des journalistes, a cessé d'avoir pour mesure le libéralisme variable de l'autorité gouvernementale.

§ 2. — *Les passeports à l'intérieur et la liberté d'aller et venir.*

Légalement, les citoyens français n'ont pas le droit de voyager en France sans la permission de l'autorité administrative, donnée sous la forme d'« un passeport à l'intérieur » (1).

En fait, le système archaïque du passeport à l'intérieur est tombé en désuétude; mais les textes qui l'ont institué n'ont jamais été l'objet d'une abrogation régulière, et s'il prenait quelque jour fantaisie à l'autorité administrative d'en faire revivre les dispositions rigoureuses, les particuliers seraient tenus de s'incliner sous peine d'encourir l'application des sanctions légalement prévues.

L'autorité administrative a même émis —, et réalisé —, la prétention de détenir, sans jugement, toute personne

(1) V. décrets des 1er février, 28 mars 1792, loi du 6 février 1793, décret du 10 vendémiaire an IV, et décret du 18 septembre 1807.

privée de passeport, pendant vingt jours, passés lesquels cette personne, à moins d'avoir justifié de son inscription sur les registres d'une commune, pouvait être poursuivie pour vagabondage (1). Et cette prétention a été —, une fois —, consacrée par le Conseil d'État au contentieux : il est vrai qu'un autre arrêt l'a condamnée, mais il en faut conclure seulement qu'il y a doute sur l'interprétation des textes, et ce doute même, si faible soit-il, est un danger (2).

En résumé, la plus élémentaire des libertés publiques, celle d'aller et venir, ou de circuler n'est pas légalement proclamée : ce que la loi proclame, c'est le droit pour l'autorité administrative de la limiter, et ce droit est à la fois si exorbitant, et si inutile que l'Administration, dont le libéralisme dépasse heureusement aujourd'hui le libéralisme des textes, a d'elle-même cessé d'en user (3).

La limitation administrative de la liberté d'aller et venir ne se justifie et n'est effectivement mise en pratique que dans un but sanitaire : la législation de la police sanitaire internationale permet à l'autorité publique d'imposer aux voyageurs des quarantaines, dans des lazarets.

(1) V. Garraud, *Traité de dr. pén.*, t. III, p. 28.
(2) V. Clémenceau, Exposé des motifs de la proposition de loi sur les garanties de la liberté individuelle, *Journ. off.*, 1905, Doc. parl., Sénat, annexe, n° 334, p. 63.
(3) Les passeports gratuits délivrés aux libérés à leur sortie de prison et les passeports avec secours de route délivrés aux indigents sont pour les intéressés moins une gêne qu'une garantie : ils sont d'un usage quotidien. Le *livret*, qui tenait lieu de passeport aux ouvriers et avait pour effet de les soumettre à la surveillance de la police, a été supprimé par la loi du 2 juillet 1890.

§ 3. — *Le régime des autorisations administratives et les groupements de personnes et de biens.*

Les groupements de personnes et de biens se divisent en deux catégories ; les uns sont formés dans un but lucratif ; les autres dans un but désintéressé, ou, plus exactement, dans un but d'intérêt collectif, étranger à toute idée d'un gain pécuniaire direct.

a) Les premiers, c'est-à-dire les sociétés, civiles ou commerciales, échappent entièrement —, depuis 1905 —, au régime des autorisations gouvernementales. L'article 21 de la loi du 24 juillet 1867 portait : « *A l'avenir*, les sociétés anonymes pourront se former sans l'autorisation du Gouvernement ». Mais l'article 66 de la loi disposait que ce régime de liberté ne serait pas étendu aux tontines et sociétés d'assurances sur la vie. Cette survivance de la police gouvernementale des sociétés vient de disparaître : la loi du 17 mars 1905 a édicté qu'à l'avenir le système de l'autorisation serait remplacé à l'égard des sociétés d'assurances par le système véritablement juridique de l'*enregistrement*. Le refus d'enregistrement ne peut être motivé que par une infraction aux lois et décrets : le recours pour excès de pouvoir est la garantie de cette disposition libérale, et pour éviter tout retard, la loi oblige le Conseil d'État à statuer dans les trois mois. Contre les décrets de suspension, le recours pour excès de pouvoir est également ouvert, et contrairement au principe, la loi décide qu'il est *suspensif ;* le Conseil d'État doit statuer dans le mois.

b) La Troisième République a trouvé les associations entièrement soumises au régime de l'arbitraire, et elle a réalisé, en trois étapes successives, la liberté d'association.

La loi du 21 mars 1884 est venue la première affranchir les associations ou syndicats professionnels, en leur permettant d'acquérir par une simple *déclaration* l'existence légale et la personnalité civile. La loi du 1er avril 1898 a non-seulement permis aux sociétés de secours mutuels, placées par le décret du 26 mars 1852 sous la tutelle du Gouvernement, de se constituer désormais librement, sur *déclaration,* mais encore elle leur a conféré le *droit ferme*, sanctionné par un recours gratuit au Conseil d'État d'obtenir par une approbation ministérielle certains avantages refusés aux sociétés libres (droit d'acquérir des immeubles même non nécessaires au fonctionnement de leur service..., etc.): le refus de cette approbation, qui serait mieux qualifiée « enregistrement », ne peut être motivé que sur une infraction des statuts à la loi ou sur la disproportion des ressources aux dépenses prévues (1). Enfin la loi du 1er juillet 1901, dont on a dit qu'il ne pouvait en être de plus libérale, a permis aux citoyens de constituer, même sans déclaration des associations dépourvues de personnalité civile, et sur simple déclaration, des associations douées d'une personnalité civile, sinon illimitée, du moins assez large.

Mais le principe de liberté en matière d'association comporte encore certaines exceptions.

1. Les associations composées en majeure partie d'étrangers, ou ayant des administrateurs étrangers, ou leur siège à l'étranger, et dont les agissements seraient de nature soit à fausser les conditions normales du marché, soit à menacer la sûreté intérieure ou extérieure de l'État,

---

(1) V. un exemple d'annulation d'un refus d'approbation dans C. E., 10 juillet 1905, Union centrale mutualiste.

dans les conditions prévues par les articles 75 à 101 du
Code pénal, pourront être dissoutes par décret en Conseil
des ministres. Cette dérogation au principe se justifie
d'elle-même. Aussi bien le décret de dissolution n'a-t-il
qu'une sanction judiciaire, et la légalité peut-elle en être
discutée devant l'autorité judiciaire (1).

2. Si les associations veulent acquérir la grande personnalité civile, comprenant le droit d'être institué à titre gratuit, elles doivent demander la reconnaissance d'utilité
publique, qui est un acte administratif discrétionnaire. Le
législateur a craint, à juste titre, en proclamant la liberté
absolue de la personnalité morale, de désarmer l'État contre l'extension de la main-morte. Mais ne conviendrait-il
pas, par des lois spéciales d'étendre à des catégories nouvelles d'associations la combinaison juridique très ingé-
nieuse inaugurée par la loi du 1ᵉʳ avril 1898 à l'égard des
sociétés mutuelles, c'est-à-dire le *droit* à l'approbation ou
à autorisation, sauf contravention aux lois et règlements ?
La reconnaissance d'utilité publique cesserait ainsi d'être
un acte arbitraire, une sorte de faveur gouvernementale.

3. Une seule catégorie de groupements reste entièrement soumise au régime de l'arbitraire : les congrégations religieuses. Nous pouvons dire qu'à leur égard, c'est
le régime traditionnel : l'ordonnance de 1666, l'édit de
1749, sous l'Ancien régime, le décret du 3 messidor an XII,
sous le Césarisme, la loi du 2 janvier 1817 sous la monar-

---

(1) Les sociétés mutuelles étrangères sont soumises au régime de
l'autorisation par arrêté ministériel, sans aucune garantie. Depuis la loi
du 1ᵉʳ juillet 1901, cette disposition ne répond plus à l'esprit général du
régime des associations. Il en est ainsi à plus forte raison depuis la loi du
9 décembre 1905 qui n'interdit pas aux étrangers de former des associations cultuelles déclarées.

chie catholique, le décret du 31 janvier 1852, au lendemain du coup d'État, enfin, la loi du 1er juillet 1901, sous
la Troisième République, ont formellement édicté ou maintenu qu'aucune congrégation ne pouvait se constituer sans
l'autorisation expresse, toujours révocable *ad nutum*, de
la Puissance publique, autorisation donnée ou retirée,
soit par une loi, soit par un décret. Ce régime n'a été suspendu qu'une seule fois au cours de notre histoire, et
il l'a été par les lois révolutionnaires de 1791 et 1792, qui
avaient décrété la *suppression de toutes les congrégations*,
comme conséquence de l'abolition des vœux monastiques.

§ 4. — *Le régime des autorisations et des interdictions admi-*
nistratives en matière de cultes et la loi du 9 décembre
1905 sur la séparation des Églises et de l'État.

La liberté de conscience sans la liberté du culte, écrivait
en 1880 Eugène Pelletan, rapporteur au Sénat d'une proposition de loi tendant à substituer pour les réunions de
culte une simple *déclaration* à l'*autorisation* préalable,
« n'est que l'hypocrisie d'un libéralisme qui refuse en
réalité ce qu'il a l'air d'accorder ».

Or la liberté de culte, théoriquement proclamée par
l'article 10 de la déclaration des droits de l'homme et du
citoyen, théoriquement maintenue par la série de nos
Constitutions, n'a été effectivement réalisée que par la loi
du 9 décembre 1905 sur la séparation des Églises et de
l'État (1).

_____

(1) Cs. R. Allier, *La séparation des Églises et de l'État, et la sépara-*
tion au Sénat —, et surtout le commentaire remarquable de la loi de 1905
donné par M. Grunebaum-Ballive.

Un rapide parallèle entre le régime des cultes, à la veille de la loi de 1905, et le régime actuellement en vigueur, suffira à montrer clairement que le législateur républicain a entendu faire tomber toutes les entraves, ou, au moins, la plupart des entraves par lesquelles le Premier et le Second Empire, s'inquiétant fort peu de gêner le libre exercice des cultes, s'étaient efforcés de soumettre les diverses Églises, nées ou à naître, à la tutelle du pouvoir central.

La loi du 1er juillet 1901 avait donné aux fidèles, comme à tous les autres citoyens, la liberté de s'associer, sans l'autorisation du Gouvernement. Cette liberté de l'association religieuse, qui était presque une nouveauté chez nous, constituait une première étape vers la liberté du culte. La Restauration n'était-elle pas arrivée à briser l'élan de propagande de certains cultes dissidents ou schismatiques, simplement en usant, à propos, des dispositions du Code pénal, prohibant les associations de plus de vingt personnes? Car un mouvement religieux est toujours un mouvement collectif, et ne se développe que par une propagande collective.

Mais la liberté de l'association religieuse n'est pour ainsi dire qu'une moitié de la liberté de culte : elle doit être complétée par la liberté d'ouvrir des lieux privés ou publics consacrés d'une manière permanente aux pratiques religieuses. Or la loi de 1901 n'avait pas fait tomber les dispositions des textes relatifs à la police des cultes (art. 44 et 62 de la loi du 18 germ. an X; Décr. du 22 déc. 1812; Décr. du 19 mars 1859), d'après lesquelles aucun lieu de culte, ni même les oratoires particuliers et les chapelles domestiques, ne pouvaient être ouverts sans l'autorisation préalable de l'Administration.

Ces dispositions avaient pour sanction, soit des pénalités contre les contrevenants, soit même en l'absence de pénalités, la fermeture administrative, par l'apposition de scellés du lieu de culte non autorisé (1). Sous la Restauration, le Gouvernement usa de ses pouvoirs de police non seulement pour empêcher les mouvements schismatiques, mais encore pour défendre le catholicisme, religion officielle, contre la concurrence des autres cultes reconnus et salariés par l'État ! Et le Second Empire crut faire un suprême effort de libéralisme en substituant pour les réunions du culte l'autorisation discrétionnaire par décret en Conseil d'État à l'autorisation discrétionnaire par arrêté préfectoral. C'est ainsi que, sous la Troisième République, le ministère public avait conservé légalement le droit d'engager des poursuites pour « délit de *prières non autorisées* ». C'est ainsi qu'en 1877, à une époque où le Gouvernement de la République n'était pas encore républicain, le père Hyacinthe Loyson se vit refuser par M. de Marcère l'autorisation de faire des conférences hérétiques ou schismatiques sur des sujets de doctrine chrétienne (2).

Au régime de l'autorisation, la loi du 9 décembre 1905 est venue substituer le régime de la déclaration : d'après l'article 18 de la loi nouvelle, les associations formées pour l'exercice du culte sont soumises, en principe, aux dispositions des articles 5 et suivants de la loi du 1er juillet 1901 ; quant aux réunions de culte, tenues dans les locaux d'une association déclarée et ouverte au public, elles peuvent avoir

---

(1) V. *infrà*, notre chapitre sur l'*Arbitraire dans l'exécution des lois.*
(2) Cs. Raoul Allier, *La séparation des Églises et de l'État,* chap. 19; *Police des cultes,* p. 146 et suiv. et 20; *La liberté de culte,* p. 153 et suiv. Cf. du même, *La séparation au Sénat,* chap. 14, p. 101 et 17, *Une obscurité,* p. 119.

lieu d'une manière permanente, périodique ou acciden-
telle, en vertu d'une déclaration *unique*, valable *pour une
année*. En conséquence, les articles organiques de germinal
an X, les décrets de 1812 et de 1859, l'article 294 du Code
pénal sont abrogés.

La distinction des cultes reconnus et des cultes non reconnus, qui assurait en fait à certains cultes privilégiés
« le monopole de la liberté religieuse (1) » disparaît par la
séparation complète des Églises et de l'État. Il est à remarquer que si le Concordat ou les lois avaient assuré une fois
pour toutes l'exercice public des cultes reconnus, sous la
réserve de l'autorisation spéciale de l'Administration pour
l'ouverture de chaque lieu de culte nouveau, c'était, pour
les cultes nouveaux ou dissidents, *l'exercice même du culte*
qui devait être administrativement autorisé : il y avait là
une nuance, révélatrice de l'esprit du régime concordataire.

Les associations cultuelles, et les réunions pour la célé-
bration du culte, échappant au régime de l'autorisation,
n'échappent pas, par là même, à toute réglementation.

Elles sont réglementées dans leur but, qui doit être exclusivement l'exercice du culte. Mais cette réglementation
ne porte en rien atteinte à la liberté des fidèles, qui tiennent de la loi du 1ᵉʳ juillet 1901 le droit de former, sans
autorisation, d'autres associations, ou de tenir, en d'autres
locaux, des réunions publiques, même dans un but purement politique.

Elles sont réglementées dans leurs ressources financières.
Mais ces ressources ne dépendent en rien de l'arbitraire
de l'autorité administrative. Le Parlement a rejeté toutes

(1) J.-J. Thonissen, *La Constitution belge annotée*.

les dispositions de nature à maintenir la tutelle de l'État sur les Églises théoriquement libérées. Ne pouvant conférer d'avance à toute association cultuelle le caractère d'utilité publique, sans créer au profit des seuls groupements confessionnels un privilège injustifiable, il n'a pas voulu autoriser le Gouvernement à compromettre l'égalité des cultes, condition de leur liberté, en accordant à certaines associations, par pure faveur, la reconnaissance d'utilité publique. Ne pouvant accorder aux associations cultuelles la faculté illimitée d'acquérir à titre gratuit et onéreux, il a voulu leur donner des droits, restreints sans doute, mais légalement déterminés : elles recueillent librement les ressources légales (1), elles en disposent librement, et notamment elles peuvent construire de nouveaux édifices consacrés au culte, *sans l'autorisation gouvernementale.* En résumé, les Églises sont pécuniairement indépendantes de l'État : et cette indépendance pécuniaire est la condition et la garantie de leur indépendance morale. Si l'autorité administrative ne peut plus rien *en faveur* des Églises, elle ne peut plus rien *sur* ou *contre* elles.

Mais, dira-t-on, il y a encore une police des cultes (titre V de la loi de 1905) : or, la police, c'est l'arbitraire. En réalité, nous pouvons presque dire qu'il n'y a plus de police des cultes... : si les textes contiennent encore le mot, la chose a disparu. L'autorité administrative est désarmée à l'égard des ministres du culte : elle ne peut plus suspendre leur traitement, puisqu'ils n'ont plus de traitement, elle ne peut plus annuler ou censurer leurs actes, puisque le régime de la séparation a entraîné la

(1) Tels les dons et legs pour fondation de messes. Il est à noter que les associations déclarées de la loi de 1901 ne peuvent recevoir aucune libéralité, même mobilière.

suppression du recours pour abus au Chef de l'État en son Conseil. La police des cultes est devenue exclusivement judiciaire (1) : et devenant judiciaire, elle a cessé d'être arbitraire.

Que contiennent les articles 25 à 36 de la loi de 1905, relatifs à la police des cultes? Des dispositions tendant à assurer, par des sanctions pénales, soit le respect dû à la loi, et à la liberté d'autrui, soit le libre exercice du culte lui-même. Le législateur s'est préoccupé, également, de défen-

---

(1) On pourrait soutenir que toute police administrative des cultes n'a pas disparu, en alléguant : a) la disposition de l'article 8 d'après laquelle la dévolution des biens d'un établissement public du culte à une association cultuelle peut être contestée à toute époque par une autre association cultuelle devant le Conseil d'État statuant au contentieux, « lequel prononcera en tenant compte *de toutes les circonstances de fait* », b) la disposition de l'article 13 d'après laquelle un décret en Conseil d'État peut retirer aux fidèles la jouissance d'un lieu de culte appartenant à l'État, aux départements ou aux communes, dans un certain nombre de cas limitativement énumérés par la loi (dissolution judiciaire de l'association pour infraction à la loi, insuffisance d'entretien de l'édifice, etc.).

Mais il faut remarquer : a) que la mutation de biens prévue par l'article 8 est, de sa nature même, une *opération administrative*, et que la loi de 1905 a fait preuve de libéralisme en la confiant à une autorité *juridictionnelle;* b) que l'article 13 vise les édifices appartenant à l'État, et que, la désaffectation des édifices appartenant à l'État étant en principe purement discrétionnaire, la loi du 9 décembre 1905 a fait preuve de libéralisme en limitant par des prescriptions étroites l'arbitraire du Gouvernement. Aussi bien ces dispositions de la loi de 1905 étaient-elles imposées par la nécessité d'assurer la transition entre le régime concordataire et le régime de la séparation : faire des associations cultuelles constituées au lendemain de la loi les héritières définitives des biens des établissements publics du culte, et les usufruitières indéfinies des lieux actuels de culte eût été continuer aux religions reconnues le privilège concordataire; d'autre part, conserver à l'État la propriété et la jouissance des biens affectés aux cultes eût été méconnaître, sans profit pour l'État même, des droits ou des *faits* acquis. L'arbitraire administratif a servi, comme il arrive souvent, de conciliation entre deux solutions fermes également contestables. Les articles 8 et 13, en somme, réservent l'avenir.

dre la liberté des pratiquants contre les non-pratiquants et la liberté des non-pratiquants contre les pratiquants. Et il est à noter que les pénalités prévues à l'égard des ministres du culte sont beaucoup moins élevées que celles des articles 201 à 208, 260 à 264..., etc. du Code pénal, abrogés par la loi de 1905. En un mot, la police des cultes, dans le régime nouveau, a perdu sa signification traditionnelle. Le titre V de la loi du 9 décembre 1905, suivant l'observation très juste de M. R. Allier, pourrait être légitimement intitulé : Police des cultes, et *garantie de leur libre exercice*. Hier préventive et administrative, selon la formule du césarisme, la justice des cultes est aujourd'hui répressive et judiciaire, selon la formule libérale.

Sur d'autres points encore, la loi de 1905 a substitué le régime de la liberté au régime de l'autorisation.

Elle n'a pas reproduit la règle d'après laquelle aucun acte de la cour de Rome, des synodes étrangers, ou des conciles généraux ne pouvait être reçu, publié, imprimé ou mis à exécution sans une autorisation donnée par décret en Conseil d'État (art. 1 et 3 de la loi du 18 germinal an X, décret du 7 janvier 1808).

Elle n'a pas maintenu l'interdiction faite au clergé de tenir « aucun concile national, ou métropolitain, aucun synode diocésain, aucune assemblée délibérante », « sans la permission expresse du Gouvernement (art. 4, L. an X).

Enfin elle a tacitement abrogé le décret du 7 germinal an XIII, défendant d'imprimer « les livres d'églises, heures et prières » sans la permission de l'évêque diocésain « textuellement rapportée en tête de chaque exemplaire » : la « censure » épiscopale a vécu.

A un double point de vue cependant, la loi de 1905 a laissé survivre le régime de la police préventive.

1. Elle n'a pas consacré et organisé la liberté des manifestations extérieures du culte, hors des édifices religieux : ces manifestations restent soumises à l'arbitraire municipal (L. 5 avr. 1884). Telles sont les messes en plein air, les processions, etc... (1). Mais, l'article 45 de la loi de l'an X étant abrogé, le maire peut autoriser ces manifestations, même dans les villes où il y a « des temples destinés à différents cultes ». D'autre part, la juridiction civile n'étant plus limitée par la juridiction du Chef de l'État en matière d'abus, pourra désormais apprécier la légalité des règlements de police, même au point de vue de l'atteinte à la liberté du culte. Et il faut noter que la suppression du recours pour abus ouvre aussi aux particuliers dans cette hypothèse la voie du recours pour excès de pouvoir, qui leur était jusqu'ici fermée par application de la théorie du recours parallèle (2).

2. La loi de 1905 ne reconnaît qu'une seule catégorie d'associations cultuelles : les associations *déclarées*. Or ces associations doivent comprendre un *minimum* de membres (7, 15, ou 25, suivant la population de la commune) : ainsi il pourra arriver que 6, 14, ou 24 citoyens se trouvent dans l'impossibilité légale de s'associer pour l'exercice d'un culte, par exemple d'un culte nouveau, ou d'un culte dissident, ou même simplement du culte protestant ou israélite, dans les communes où les fidèles de ces religions sont en infime minorité. Théoriquement, c'est un échec évident au principe de

---

(1) Pour les sonneries de cloches, si le maire est en discussion avec le président de l'association cultuelle, le préfet statuera (art. 27, L. 1905).

(2) Avant 1888, la jurisprudence de la Cour de cassation décidait même qu'un acte d'abus, constituant une infraction à la loi pénale, ne pouvait donner lieu à poursuites qu'après une déclaration d'abus. C'était en somme subordonner l'action publique à une autorisation administrative.

la liberté du culte. Il paraît, pratiquement, sans gravité
d'ailleurs, car, selon une déclaration très nette du rapporteur à la Chambre, les 6, les 14 ou les 24 citoyens, dont nous
parlons seront libres de pratiquer leur culte *entre eux*. Cependant il peut se présenter telle hypothèse où ces citoyens
désirent ouvrir un lieu de culte au public : il n'y aurait alors
aucune bonne raison de leur en refuser le droit. « Avant
l'abrogation de l'article 291 du Code pénal, les associations
de moins de vingt personnes étaient libres, sous la réserve
de l'article 294. Sous le régime de la séparation, la liberté
serait-elle ôtée aux associations de moins de 15 ou de 7 personnes selon les communes? Ce recul est impossible (1).

Par une inadvertance du Parlement il a été cependant
accompli, et si cette inadvertance n'est pas réparée il nous
sera certainement donné de voir dans certaines régions de
petites associations cultuelles vivre en marge de la loi sous
le régime précaire de la tolérance administrative...

Sous la double réserve qui vient d'être faite, nous pouvons dire que la loi de 1905 a soustrait de la manière la
plus complète l'exercice des cultes à l'arbitraire de l'autorité gouvernementale, et qu'elle a ainsi réalisé la belle formule de son article 1er : « La République assure la liberté
de conscience. Elle garantit le libre exercice des cultes
sous les seules restrictions édictées dans l'intérêt de l'ordre
public (2) ».

Ce sera l'originalité de la France du vingtième siècle
d'avoir consacré le double principe de la liberté religieuse

(1) R. Allier, *La séparation au Sénat*, p. 125.
(2) Notons que les *étrangers*, non seulement peuvent entrer dans les
associations cultuelles composées de Français, ou exercer en France le
ministère du culte, mais encore peuvent former des associations cultuelles
entre eux, en vue de pratiquer une religion quelconque.

et de l'égalité des cultes : de la liberté religieuse, qui
n'existe que par l'égalité de tous les cultes, nés ou à naître, devant la loi, et de l'égalité des cultes, qui n'est possible que dans un régime de liberté.

§ 5. — *Le régime des autorisations et des interdictions administratives et la liberté d'enseignement.*

L'enseignement primaire, depuis 1833, l'enseignement
secondaire, depuis 1850 (1), l'enseignement supérieur
depuis 1875 jouissent d'une pleine liberté. Mais la garantie de cette liberté n'est pas la même pour l'enseignement
primaire et secondaire d'une part, et pour l'enseignement
supérieur d'autre part.

Les déclarations, qui constituent la seule formalité pour
l'ouverture d'un établissement d'enseignement, peuvent
être l'objet d'une opposition de la part de la Puissance
publique.

Or : 1° en ce qui concerne les établissements d'enseignement supérieur, cette opposition, fondée sur ce que le ou
les professeurs sont légalement incapables d'enseigner ou
sur ce que l'objet du ou des cours est contraire à l'ordre
public, peut être formée *par le ministère public seul*, et
elle est portée *devant l'autorité judiciaire.*

2° En ce qui concerne les établissements d'enseignement
primaire et secondaire, l'opposition peut être formée *par le
maire*, au sujet du local, et par l'*Inspecteur d'académie*,

---

(1) L'enseignement secondaire privé des *jeunes filles* n'a pas de statut
légal. Les déclarations d'ouverture des écoles secondaires de jeunes filles
sont faites comme déclarations d'ouverture d'écoles *primaires*. La liberté
de l'enseignement secondaire des jeunes filles existe, non parce que la
loi la consacre, mais seulement parce qu'elle ne la nie pas expressément.

pour motif tiré des bonnes mœurs et de l'hygiène, et elle est portée devant le *Conseil départemental*, sauf appel au Conseil supérieur de l'Instruction publique.

Ainsi l'autorité administrative est compétente pour former opposition à l'ouverture d'une école privée de l'ordre primaire ou secondaire, et il est statué sur cette opposition par des Conseils universitaires qui sont composés en majorité de membres de l'enseignement public, et se trouvent par conséquent juges et parties dans les affaires qui leur sont soumises. Il est certain que le droit d'opposition pourrait se transformer, dans ces conditions, en un droit d'obstruction, n'étaient le libéralisme et l'indépendance du corps universitaire. A un sénateur, qui se plaignait des retards trop fréquents dans le jugement des oppositions à l'ouverture des écoles privées, le ministre répondit : « Pouvez-vous admettre qu'on donne l'*autorisation* sans contrôle? » Or les Conseils universitaires n'ont pas à *autoriser* l'ouverture des écoles privées, mais seulement à examiner la légalité d'une *déclaration*(1).

Les écoles congréganistes vivent aujourd'hui sous un régime précaire. La loi du 7 juillet 1904 interdisant l'enseignement aux congrégations *même autorisées*, a décidé qu'il ne serait plus ouvert d'écoles de ce genre, et que les écoles existantes seraient supprimées dans un délai maximum de 10 ans par le Gouvernement. C'est dire que l'enseignement congréganiste restera soumis au régime de l'arbitraire administratif pur jusqu'à sa disparition complète (2).

(1) V. *J. off.*, Déb. parl. Sénat, séance du 23 mars 1906. Discussion d'une interpellation sur l'ouverture des écoles libres.

(2) Les craintes inspirées par le développement de l'enseignement congréganiste ont failli compromettre la liberté de l'enseignement secondaire. Le Sénat avait voté en 1904 un projet conférant au Gouvernement le droit de fermer par décret en Conseil des ministres, sur l'avis *facultatif* du

§ 6. — *Le régime des autorisations et des interdictions admi-*
nistratives et la liberté du travail, du commerce et de
l'industrie.

De nombreuses et importantes catégories d'entreprises
commerciales et industrielles ont successivement échappé
au régime des autorisations administratives : les bouche-
ries, en 1858, les boulangeries, en 1863 (1), les théâtres, en
1864, les cafés, les imprimeries, les librairies, le colpor-
tage, en 1880, le commerce et la fabrication des armes, en
1885..., etc...

Ainsi, d'une manière générale, le régime des autorisations a suivi, en ce qui concerne la liberté économique,
c'est à-dire la liberté de l'activité matérielle, la courbe des-
cendante que nous avons pu signaler dans les précédents
paragraphes : mais il l'a suivie certainement avec une
moindre rapidité.

Les entreprises industrielles et commerciales à l'égard
desquelles survit à l'heure actuelle le système de l'autorisation discrétionnaire, sont encore innombrables : établissements dangereux, incommodes et insalubres, compagnies
et entreprises d'émigration, culture du tabac, commerce
du tabac, des allumettes, fabrication et commerce des pou-

Conseil supérieur de l'Instruction publique, les écoles libres dont *l'ensei-*
gnement ne serait pas conforme à la Constitution et aux lois. La loi du 7
juillet 1904 a eu pour effet bienfaisant de séparer la question de la liberté
de l'enseignement, et la question de l'enseignement congréganiste, de
même que la loi du 1er juillet 1901 a séparé la question de la liberté
d'association et la question des congrégations.

(1) L'autorité administrative a conservé le droit de taxer le pain et la
viande. c'est à-dire d'en déterminer le prix maximum. C. E. 2 arrêts du
31 juillet 1903, Dalloz, 1905, III. 9, conclus. de M. Romieu.

dres, fabrication de la dynamite et de la nitroglycérine, établissements d'eaux minérales naturelles, et fabriques d'eaux minérales artificielles, fabrication des cartes à jouer, du papier timbré, des médailles, jeux publics, spectacles et représentations des forains, saltimbanques, etc. (1), bals publics, bureaux de nourrice, maisons de tolérance (2), bureaux de placement (3), mines, chemins de fer et tramways..., etc... Et nous n'avons pas mentionné les entraves à la libre activité qui résultent de la législation sur les machines à vapeur, sur le défrichement des bois, le reboisement et le gazonnement des montagnes, le desséchement des marais, et le défrichement des terres incultes, sur la chasse et la pêche, sur la police des cours d'eau, sur la fabrication des métaux précieux, sur les poids et mesures, sur l'hygiène et la sécurité des travailleurs, sur la durée du travail des femmes, des enfants et des adultes, sur le travail des enfants dans les professions ambulantes et théâtrales, sur le ban de vendanges, etc...

En matière industrielle et commerciale, le législateur a certainement abusé du système de l'autorisation discrétionnaire, et il serait possible de substituer à ce régime arbitraire, dans des cas nombreux, le régime plus libéral de la *déclaration sous des conditions légalement ou réglementairement déterminées*. Cette substitution a été récemment

(1) V. Cass. 23 février 1906, Bertaud, *Gaz. du Pal.*, n° du 6-7 mai 1906.

(2) Cass., 27 avril 1861, Dalloz, 65. 5. 334. — Alger, 22 février 1898, S. 99. 2. 107.

(3) La loi du 14 mars 1904 confère aux conseils municipaux le droit de supprimer les bureaux de placement moyennant une indemnité ; cette indemnité, qui peut être *non préalable*, est fixée par le *conseils de préfecture*. De nouveaux bureaux pourront être autorisés (D. 25 mars 1852) mais ils pourront être supprimés sans indemnité.

proposée, en ce qui concerne les maisons de tolérance (1).
Elle pourrait l'être *à fortiori* à l'égard des établissements
plus honorables dont nous avons donné l'énumération et
une énumération probablement incomplète (2).

§ 7. — *Les dérogations au principe de l'inviolabilité des correspondances : la censure télégraphique.*

Depuis la Révolution, il n'y a plus *légalement* en France
de Cabinet noir : le secret des correspondances postales est
en principe inviolable (3). A ce principe, il n'est qu'une
exception, dont la légitimité paraît indiscutable : les lettres
peuvent être saisies au cours d'une information ouverte sur
un crime ou un délit. Malheureusement, le droit d'ordonner la saisie des lettres n'appartient pas seulement au juge
d'instruction, magistrat inamovible, mais aussi au *préfet*,
agissant comme officier de police judiciaire, en vertu de cet
article 10 du Code d'instruction criminelle, dont nous
avons fait, dans un précédent chapitre, l'examen critique.

La loi du 29 novembre 1850 interdit sous des sanctions
sévères la divulgation des *correspondances télégraphiques*.
Les agents du service prêtent, à ce sujet, un serment professionnel.

(1) *Revue pénitentiaire* (Bulletin général des prisons), 1905, p. 155.
(2) On a proposé de soumettre les asiles privés d'aliénés au régime de
l'autorisation, mais cette idée a soulevé de justes critiques. — V. *Bullet.
de la Société d'études législatives*, 1903, 2ᵉ partie, p. 446-447.
(3) L. 26-29 août 1789, L. 10 juillet 1791. De nombreux témoignages
démontrent qu'*en fait*, le cabinet noir a survécu d'une manière plus ou
moins occulte, sous tous les régimes antérieurs à la troisième République.
V. Block, *Dictionnaire général de la politique*, vᵒ, *Cabinet noir*.

Mais, en vertu de cette même loi de 1850, une véritable surveillance administrative, on pourrait presque dire : une *censure*, s'exerce sur les correspondances télégraphiques. Les agents des télégraphes ont le droit de refuser la transmission des dépêches, dans l'intérêt de l'ordre public et des bonnes mœurs ; en cas de contestation, il en est référé au ministre de l'Intérieur ou à ses délégués. Le directeur du bureau d'arrivée peut, dans l'intérêt de la sécurité publique, retarder ou interdire la remise du télégramme à son destinataire.

En pratique, à Paris, les télégrammes *suspects* sont adressés à un service spécial, dit service officiel, sorte de cabinet noir de la correspondance télégraphique, et de là envoyés, après triage, soit au ministère de l'Intérieur, soit à la préfecture de police, selon leur nature ; en province, les receveurs des postes communiquent directement avec les préfets (1). Quant aux télégrammes en langage secret, ils sont déchiffrés.

Le moins qu'on puisse dire de la surveillance exercée sur les correspondances télégraphiques, c'est qu'elle est « naïvement inutile » suivant les expressions d'un rapporteur du budget des postes, télégraphes et téléphones, à la Chambre des députés.

Avant 1850, on pensait qu'il y aurait un grave danger pour l'ordre public à mettre le télégraphe à la disposition des particuliers : la télégraphie était alors un mode de correspondance strictement réservé au Gouvernement, et à ses agents.

En 1850, on se décida, mais avec une sorte de timidité, à reconnaître aux particuliers le droit d'user du télégraphe,

_____

(1) V. Rapport sur le budget du service des postes, télégraphes, téléphones, pour 1905, *Doc. parl.*, 1904.

sous la surveillance de l'autorité. Cette surveillance inspirée par des craintes que l'expérience a démontrées sans
objet, a-t-elle encore une raison d'être(1).

§ 8. — *De la suspension des libertés publiques sous le
régime d'état de siège.*

Sous le régime d'état de siège, non seulement les pouvoirs de police appartenant en période normale à l'autorité civile sont transférés à l'autorité militaire, mais encore
ces pouvoirs sont considérablement fortifiés et élargis : le
régime d'état de siège consiste, en somme, dans l'attribution à l'autorité militaire d'une véritable *dictature* temporaire.

La déclaration d'état de siège a le double effet :

1° De rompre la subordination de la force publique, en
principe « obéissante et passive », à l'autorité civile :
celle-ci ne conserve que les pouvoirs dont l'autorité militaire juge convenable de ne pas la dessaisir.

2° De mettre les libertés essentielles de l'individu à la
discrétion pure et simple de l'autorité militaire.

L'inviolabilité du domicile est suspendue : l'autorité
militaire a le droit de faire des perquisitions de jour et *de
nuit* au domicile des citoyens.

La liberté de la presse est suspendue, l'autorité mili-

(1) Voir la proposition de loi, déposée sur le Bureau de la Chambre,
le 23 janvier 1906, par M. Isoard, et tendant à abroger l'article 3 de la
loi de 1850. M. Maurice Faure avait antérieurement déposé une proposition semblable. Les faits de violation de la correspondance télégraphique,
sont chaque année portés à la tribune du Sénat et de la Chambre au cours
de la discussion du budget de l'intérieur ou du budget des postes, télégraphes et téléphones. V. également *J. off.* du 24 janvier 1906. Ch. des
dép. Compte rendu *in extenso*, p. 132.

taire a le droit d'interdire discrétionnairement toute publication jugée dangereuse pour l'ordre public.

La liberté de réunion est suspendue : l'autorité militaire
a le droit d'interdire les réunions qu'elle estime « de nature
à exciter ou à entretenir le désordre ».

La liberté de circulation est suspendue : l'autorité militaire a le droit d' « éloigner » les repris de justice et les
individus n'ayant pas leur domicile dans les lieux soumis
à l'état de siège.

Enfin c'est l'autorité militaire —, juge et partie —, qui
assure la répression pénale des faits portant atteinte à la
paix et à l'ordre public, même s'ils présentent le caractère
de crimes et de délits de droit commun : la justice civile
est dessaisie au profit de la justice militaire. Notons même
avec le jurisconsulte anglais Dicey, que « l'autorité des
tribunaux militaires pendant un état de siège est plus
grande sous la République que sous la monarchie de Louis-
Philippe (1) ».

Le passage du régime civil au régime militaire apparaî-
trait aujourd'hui comme d'autant plus brutal que la liberté
a fait des progrès plus considérables : depuis les lois du
9 août 1849 et du 3 août 1878, nous avons acquis notamment
la liberté de réunion et la liberté de la presse.

L'état de siège, en principe, ne peut être déclaré que
par une *loi* : c'est la seule garantie accordée au droit individuel.

Mais cette garantie n'est pas absolue. Car le Gouvernement peut déclarer l'état de siège, en cas d'ajournement
des Chambres, ajournement que la Constitution, dans cer-

_____

(1) Dicey, *Introd. à l'étude du dr. constit.*, trad. franç., p. 254. V.
Théodore Reinach, *De l'état de siège*, Etude historique et juridique, Paris,
1885.

taines limites, lui donne le droit de prononcer lui-même.

Il est vrai que, d'après la loi, les Chambres se réunissent de plein droit, deux jours après le décret déclarant l'état de siège : mais elles peuvent être, pour des motifs divers, empêchées de se réunir.

Que si la déclaration gouvernementale d'état de siège est illégale, aucun recours n'est ouvert contre elle, soit devant la justice ordinaire, soit même devant la justice administrative : telle est, du moins, l'opinion des auteurs les plus autorisés et notamment de M. Laferrière(1). Les limites posées par la loi à l'arbitraire du Gouvernement sont étroites : mais elles sont illusoires, parce qu'elles ne sont pas sanctionnées.

Sans doute, une déclaration illégale d'état de siège, ce serait un coup d'État ou le commencement d'un coup d'État. Mais le danger de la législation de l'état du siège n'est-il pas précisément de fournir au Gouvernement les armes nécessaires d'un coup d'État, sans offrir aux citoyens les moyens légaux de se défendre (2).

L'Angleterre libérale a refusé d'attribuer formellement à l'autorité gouvernementale le droit de suspendre les garanties de la liberté individuelle, même au cas de péril purement extérieur. L'*Act* d'*Habeus corpus* peut être suspendu, mais seulement par une *loi*. Si le Gouvernement est entraîné par la violence des faits à porter atteinte à la liberté des citoyens, les ministres sont pécuniairement responsables devant la justice ordinaire des dommages qu'ils

(1) V. *infrà*, notre chapitre sur la *Théorie juridique de la Raison d'État*, autrement dit sur la *Théorie des actes de Gouvernement.*

(2) L'article 189 du décret du 4 octobre 1891 autorise le commandant *militaire* d'une place de guerre ou d'un poste militaire à déclarer l'état de siège, même dans le cas de *sédition intérieure*. L'autorité civile peut dans ce cas être dessaisie, *sans son consentement*, de ses pouvoirs réguliers.

ont causés, sauf à obtenir du Parlement une *loi* d'absolution, dit : *bill d'indemnité.*

La législation anglaise évite donc de conférer au Gouvernement, d'une manière expresse, le droit exorbitant de
substituer par un acte discrétionnaire échappant à tout
contrôle juridictionnel le régime de l'arbitraire au régime
de la liberté.

La loi française de 1849 donnait à l'Assemblée nationale
compétence exclusive pour déclarer l'état de siège.

La Constitution de 1852 accorda à l'Empereur le droit
de prononcer l'état de siège, dans un ou plusieurs départements, sauf à en référer au Sénat, alors simple assemblée
de fonctionnaires.

Le système de la loi de 1878 est une cote mal taillée
entre les systèmes opposés de la loi de 1849 et de la Constitution de 1852.

§ 9. — *Le régime des autorisations administratives*
et les libertés locales.

Le Césarisme est l'ennemi des libertés locales, comme
de la liberté individuelle, et l'activité des corps locaux a
été longtemps subordonnée comme l'activité même de
l'individu à l'arbitraire du pouvoir gouvernemental : on
peut dire que l'histoire de la décentralisation et l'histoire
de l'individualisme ont suivi une marche parallèle.

Sans doute la décentralisation n'est pas en elle-même
une conquête de la liberté individuelle : car elle peut
avoir pour effet de donner aux administrateurs locaux,
recrutés par l'élection, un pouvoir sans contrôle et sans
limites ; or l'élection des administrateurs n'est pas néces-

sairement une garantie pour la liberté des administrés (1).

Mais le pouvoir des administrateurs locaux peut être limité, et la décentralisation produit alors son plein effet qui est de donner aux activités, aux énergies individuelles un point d'appui extérieur au Gouvernement : c'est en ce sens et en ce sens seulement que la décentralisation est libérale.

Nous ne saurions retracer ici les étapes de la décentralisation administrative ; nous ne saurions davantage étudier les diverses formes de l'action exercée par le Gouvernement sur les autorités locales, c'est-à-dire sur les autorités municipales, départementales, ou coloniales : nomination, suspension ou révocation des agents locaux, suspension ou dissolution des assemblées locales, approbation ou suspension des délibérations, autorisation de créer des ressources financières, emprunts ou impôts, de recueillir des dons et legs, d'entreprendre des travaux publics, etc...

Qu'il nous suffise de constater : 1° Que la *tutelle administrative* n'est que l'application aux libertés locales du régime des autorisations et des interdictions administratives, de même que le régime des autorisations et des interdictions administratives, à l'égard des libertés individuelles, n'est qu'un moyen d'assurer la tutelle de l'autorité gouvernementale sur les particuliers.

2° Que la tutelle administrative tend à se restreindre ou

---

(1) Simiot, *Centralisation et démocratie*, 1861. Il est préférable de confier les pouvoirs arbitraires *par nature* à l'autorité supérieure : la centralisation est impartiale comme la loi, a-t-on dit. En ce sens, J. Ferrand, *Césarisme et démocratie;* J. Reinach, *Police et sûreté générale*, Rev. pol. et parl., 1894, t. II, p. 394. La plupart des abus d'autorité sont commis par le pouvoir municipal, comme il est facile de s'en rendre compte en parcourant dans le recueil Lebon, les décisions du Conseil d'État, statuant en matière d'excès de pouvoir.

à disparaître par l'accroissement continu des délibérations définitives des conseils locaux, c'est-à-dire des délibérations annulables seulement pour cause d'*illégalité*, par la *juridiction* administrative, aux dépens de celles qui peuvent être annulées pour cause d'*inopportunité*, comme pour cause d'illégalité, par l'*administration active*(1).

On dit en général que la tutelle des pouvoirs locaux se juridictionnalise : la formule n'est pas très exacte. La vérité est que la tutelle administrative, consistant à soumettre tout acte de la vie locale au consentement du Gouvernement, sous des modalités diverses, cède progressivement la place à un contrôle de légalité exercé par le juge, sur le recours des intéressés, parmi lesquels il est naturel de ranger l'autorité supérieure.

La substitution du contrôle juridictionnel à la tutelle administrative est très loin d'être aujourd'hui complète. La délibération de droit commun du conseil général, c'est la délibération soumise au *veto suspensif* du Gouvernement; d'autre part, si les décisions définitives ne peuvent être annulées que pour illégalité, ce n'est pas seulement à la juridiction administrative, c'est aussi au Gouvernement qu'il appartient d'en prononcer l'annulation; enfin, dans un petit nombre de cas, la loi consacre la nécessité de l'autorisation administrative. Le conseil général de la Seine possède une autonomie moins considérable encore : la délibération de droit commun est pour lui la délibération soumise à l'*approbation expresse* ou à l'*homologation* de l'autorité supérieure. Pour les conseils municipaux, la délibération de droit commun est bien la délibération définitive

---

(1) Cs. Hauriou, *Répertoire Béquet*, v° *Décentralisation* ; Dalem, *Les recours contre les délibérations des conseils municipaux*, Thèse, Paris, 1904.

ou réglementaire, mais il y a des exceptions, qui ne sont pas toutes justifiées. Pour le conseil municipal de Paris, la délibération de droit commun reste la délibération *soumise à autorisation*.

Les grandes lois décentralisatrices du 10 août 1871 et du 5 août 1884, bien que constituant un grand progrès par rapport au régime en vigueur sous le second Empire, n'ont assurément pas conféré aux autorités locales le maximum de liberté compatible avec l'unité nationale, et la sauvegarde nécessaire de l'intérêt général à l'encontre des intérêts locaux. Aussi bien le législateur lui-même a-t-il senti la possibilité d'élargir sur des points spéciaux, le pouvoir propre des conseils généraux ou municipaux (1).

§ 10. — *Les autorisations de changement de noms.*

Sous l'Ancien Régime, il était défendu de changer de nom sans l'autorisation du Roi, donnée par lettres patentes.

Aujourd'hui, il est défendu de changer de nom sans l'autorisation du Président de la République, donnée par décret rendu dans la forme des règlements d'administration publique.

Une expérience de quelques mois, du décret du 24 brumaire an II au décret du 6 fructidor an II a condamné le système de la *liberté absolue* des changements de nom; une

(1) Loi du 12 juillet 1898 sur le vote des centimes et des emprunts départementaux, loi du 4 février 1901 sur l'acceptation des dons et legs, loi du 7 avril 1902 sur les centimes et emprunts communaux, loi du 8 janvier 1905 supprimant l'obligation jusqu'alors imposée aux communes d'obtenir pour ester en justice l'autorisation du conseil de préfecture.

expérience de quelques années, du décret du fructidor an II à la loi du 11 germinal an XI a condamné d'une manière également décisive le système diamétralement opposé de l'*interdiction absolue* des changements de nom. Le premier rendait toute administration impossible ; le second lésait les intérêts individuels les plus respectables.

Le régime de l'autorisation gouvernementale, tel qu'il est actuellement pratiqué, apparaît-il comme réalisant d'une manière satisfaisante la conciliation de l'intérêt social et de l'intérêt privé? C'est ce qu'il convient d'examiner brièvement.

Le changement de nom est « une pure faveur que l'autorité est toujours maîtresse de refuser à son gré. Cette raison, ainsi que la diversité des circonstances dans lesquelles se présentent les demandes de changement de nom, expliquent la difficulté qu'il y a à constituer une jurisprudence stable à leur sujet (1) ».

Cette formule résume parfaitement l'esprit et les résultats de la législation en vigueur.

Le Gouvernement, quelle que soit la gravité des motifs allégués, n'est *jamais* légalement tenu d'accueillir une demande de changement de nom. L'instruction préparatoire des demandes, à en juger par les formalités multiples prévues par les textes, se fait très longuement et très sérieusement : elle comporte une enquête et un rapport du procureur de la République, un examen de la chancellerie, un avis de la section de législation du Conseil d'État, un avis de l'assemblée générale du Conseil d'État. Mais toute cette procédure a pour couronnement une décision gouvernementale, qui peut être en contradiction

---

(1) *Répert. de dr. adm. Béquet*, v° *Nom*, article de M. René Worms, p. 10.

directe avec l'opinion unanime des diverses autorités successivement consultées. Même lorsqu'une question grave d'intérêt pécuniaire est en jeu, par exemple dans le cas où le changement de nom est la condition d'une libéralité testamentaire, il n'est pas d'appel contre l'arrêté ministériel refusant d'accueillir la demande.

L'arbitraire du ministre est, en pratique, limité par le respect des « précédents ». En s'accumulant, les précédents finissent par constituer une jurisprudence, dont la force est loin d'être négligeable. Mais une jurisprudence n'a jamais la clarté, ni surtout la fixité d'un texte de loi.

« Rien n'est plus simple aujourd'hui, s'écrie l'héroïne d'un roman publié en 1864, que d'obtenir l'autorisation d'ajouter à son nom, le nom d'une terre, d'un bois, d'un lopin quelconque (1) ».

La jurisprudence de la section de législation du Conseil d'État, après la chute du Second Empire, s'est singulièrement modifiée : rien ne serait aujourd'hui moins simple que d'obtenir l'addition d'une simple particule à un nom roturier.

La loi ne pourrait-elle, du moins dans certaines hypothèses particulièrement importantes et fréquentes, faire du changement de nom un *droit* véritable dont la reconnaissance serait demandée au Gouvernement, sauf recours au Conseil d'État statuant au contentieux ?

La loi du 11 germinal an XI prévoit bien un recours au Conseil d'État statuant au contentieux, mais il est ouvert aux tiers contre les décrets portant concession de nom patronymique (2), et nullement aux demandeurs contre un refus d'autorisation. Ce recours est très large : il permet de con-

(1) Renée Mauperin, par E. et J. de Goncourt, Paris, 1864.
(2) Les tiers ont pour agir un délai d'un an à partir de l'insertion du décret au *Bulletin des lois*. V. Laferrière, *op. cit.*, t. I, p. 518-521.

tester l'opportunité comme la légalité du décret. Le fait
que les requérants sont porteurs du nom concédé n'entraîne pas *de plano* l'annulation : ils doivent invoquer un
préjudice éventuel, dont le juge administratif est souverain
appréciateur(1). Les tribunaux judiciaires sont incompétents pour connaître d'une opposition à un décret de changement en nom.

Le nom n'est à proprement parler ni un droit ni une
propriété : c'est une obligation de police. Dans la mesure
où l'Administration assure le respect de cette obligation,
son intervention est légitime. Qu'elle s'oppose à de trop
fréquents changements de nom, comme d'autre part elle
impose d'office des noms à ceux qui n'en ont pas(2), on le
conçoit donc. Mais il ne serait pas impossible de la soumettre dans l'exercice de cette mission nécessaire à des
règles plus étroites de fond et de forme, conçues dans
l'intérêt du demandeur en changement de nom aussi bien
que dans l'intérêt des tiers.

Les titres nobiliaires (comte, duc, etc.) n'ont plus
aujourd'hui que la valeur de simples accessoires honorifiques du nom.

L'Administration est seule compétente pour en apprécier la validité ; la vérification des titres de noblesse, sur la
demande des intéressés, est faite depuis 1872 par un conseil
d'administration établi au ministère de la Justice ; elle
appartenait auparavant au conseil du sceau, créé par le

(1) Arrêt du Conseil d'État du 4 décembre 1896, consorts Jordan
et 19 février 1896, sieurs de Bouteuille.

(2) Sur les noms d'office, V. Décrets du 20 juillet 1808, du 18 août
1811, du 12 janvier 1813, lois du 21 septembre 1881, du 23 mars 1882,
du 28 juin 1904. Ces textes sont relatifs aux juifs, aux indigènes algériens ou aux enfants trouvés.

décret du 8 janvier 1859 (1). Les tribunaux judiciaires peuvent statuer sur les actions fondées sur de prétendues atteintes à la propriété des titres de noblesse : mais si la validité des titres est douteuse, ils doivent renvoyer les parties devant le conseil d'administration du ministère de la Justice (2). La compétence administrative n'est ici justifiée par aucun intérêt de police : elle est un pur archaïsme.

Le port d'un titre conféré par un souverain étranger est soumis à l'autorisation du Gouvernement donnée par décret. L'autorisation n'est accordée « que pour des causés graves et exceptionnelles » (art. 1 du décr. du 5 mars 1859).

§ 11. — *Les autorisations de mariage.*

Le mariage est essentiellement un acte de la vie privée, ou, en termes plus juridiques, un *contrat de droit privé.*

Soumis aux règles de fond et de forme édictées par la loi civile, on ne conçoit pas qu'il puisse être subordonné à l'autorisation discrétionnaire de l'autorité publique.

Cependant certains fonctionnaires ne peuvent se marier sans la permission expresse de leurs supérieurs hiérarchiques(3).

Il en est ainsi, en premier lieu, des militaires, marins et gendarmes, en vertu des décrets des 16 juin, 3 et 28 août 1808. L'autorisation est accordée aux officiers par le minis-

(1) V. Planiol, *Traité élémentaire de dr. civil*, t. I, n° 396.
(2) Trib. de la Seine, 27 décembre 1894, *Pandectes françaises*, 1895. 2. 169. Trib. conflits, 17 juin 1899, S. 1900. 3. 17.
(3) D'après une ordonnance de 1781, les Français, résidant aux pays du Levant, ne peuvent se marier sans l'autorisation du Chef de l'Etat. L'ordonnance de 1781, que la jurisprudence considère comme légalement en vigueur, est en fait tombée en désuétude. — V. Bloch, *Dict. gén. de la polit.*, 1884, v° *Consuls.*

tre, aux sous-officiers et soldats par le conseil d'administration de leur corps. Il fut une époque où la nécessité de
l'autorisation s'étendait même aux hommes de la réserve,
séjournant dans leurs foyers! L'autorisation est discrétionnaire : elle dépend de telles conditions jugées utiles par
l'autorité compétente, par exemple, jusqu'à ces dernières
années, les officiers et les sous-officiers rengagés devaient
justifier de l'apport d'une dot réglementaire par la
future.

En l'absence d'autorisation, le mariage des militaires ne
saurait être célébré par l'officier de l'état civil, qui encour-
rait la destitution s'il passait outre à la prohibition légale,
ou simplement négligeait d'annexer à l'acte de mariage la
pièce portant autorisation.

Les agents des contributions indirectes attachés à certains services sont, comme les militaires, tenus d'obtenir
de leurs supérieurs la permission de se marier. Il est à
noter que la suppression de l'autorisation de mariage pour
tous les employés des contributions indirectes a été récemment promise par le ministre des Finances et sera prochainement réalisée.

Enfin les gouverneurs de colonies ne peuvent sans le
consentement du ministre se marier *dans la colonie*, de
même qu'ils ne peuvent s'y rendre acquéreur de propriétés
foncières. Le gouverneur général de l'Algérie échappe à
cette double interdiction, qui a pour sanction des poursuites engagées contre le fonctionnaire coupable à son retour dans la métropole.

Le régime des autorisations de mariage constitue une
dérogation au principe de l'inviolabilité de la vie privée du
citoyen à l'égard de l'autorité publique. Il crée entre les
divers corps de fonctionnaires une inégalité dont on ne voit

pas toujours nettement les raisons. Il est d'une efficacité pratique contestable et contestée.

Les agents des contributions indirectes ont fait valoir avec succès ces considérations auprès du ministre des Finances : elles nous paraissent avoir une portée tout à fait générale.

En résumé, les survivances du régime des autorisations et des interdictions administratives sont en voie de disparition : les diverses libertés publiques que le Gouvernement a si longtemps mesurées aux citoyens comme des faveurs, sont aujourd'hui, sous des réserves peu nombreuses, des droits légalement déterminés et juridictionnellement garantis. De plus en plus, le système des autorisations et des interdictions administratives se restreint aux cas dans lesquels, avec le minimum d'inconvénients théoriques, il présente le maximum d'avantages pratiques ; ce n'est porter une atteinte grave à aucune liberté « quadrangulaire » que d'imposer aux particuliers l'obligation d'obtenir de l'Administration, avant de construire un immeuble, un « permis de bâtir », et c'est le meilleur procédé pour assurer le respect des règlements sanitaires... (1). Souvent même, on n'aperçoit aucune combinaison permettant de supprimer le régime des autorisations administratives : par exemple, en ce qui concerne l'occupation du domaine public... (2).

M. E. Faguet, dans son ouvrage sur le libéralisme, a con-

(1) Loi du 15 février 1902. — Sur l'interdiction d'habiter un logement insalubre, applicable au propriétaire même de l'immeuble, V. articles 12 à 18 de la loi.

(2) Sur les autorisations de dons et legs, V. la loi du 4 février 1901, animée d'une intention libérale.

staté, comme nous, les survivances de l'arbitraire gouvernemental, mais il a donné une vue inexacte de l'état présent de notre législation, parce que, s'il a dit exactement
ce qu'elle était, il n'a pas dit d'où elle venait, et où elle
allait. C'est un paradoxe de soutenir que « nous n'avons,
si ce n'est par bon plaisir, tolérance et douceur du Gouver-
vernement,... ni la liberté de la pensée, ni la liberté de
la parole, ni la liberté de la presse, ni la liberté de l'enseignement,... ». Mais il est plus contraire encore à la vérité
historique de méconnaître que, là même où la liberté
n'*est* pas, elle se *fait* un peu chaque année.

CHAPITRE QUATRIÈME

LE PRINCIPE ÉGALITAIRE ET LES FAVEURS ADMINISTRATIVES.

« Nous sommes dans une démocratie
« et non dans un régime de faveur;
« nous avons une démocratie élective
« et non le gouvernement d'une maison
« privilégiée qui voit pulluler les créa-
« tures autour d'elle. Quand je réclame
« l'indépendance de l'administration...,
« je suis plus libéral, plus démocrate
« que ceux qui prétendent qu'on doit
« tout livrer aux pratiques, aux com-
« pétitions et aux influences parlemen-
« taires ».

        GAMBETTA.

L'égalité des citoyens devant la loi implique *l'égalité des citoyens devant l'administration*.

Tous les citoyens, dit l'article 6 de la Déclaration des droits de l'homme de 1789, sont également admissibles à toutes dignités, places et emplois, selon leur capacité et sans autres distinction que celle de leurs vertus et de leurs talents.

Les fonctions publiques, dit l'article 30 de la Déclaration des droits de 1793, ne peuvent être considérées comme des distinctions, ni comme des récompenses, mais comme des devoirs.

Le principe égalitaire ne signifie pas que tous les citoyens ont droit de la part de l'Administration à des avantages rigoureusement égaux : tout citoyen n'a pas droit à une « dignité » ou à une « place ». L'*égalité devant l'Adminis-tration* consiste seulement en ce que, si un particulier adresse à l'autorité publique une demande, cette demande doit être accueillie ou repoussée sans considération de la personne ou des opinions du postulant.

Lorsque la loi détermine avec précision les conditions de fond et de forme dans lesquelles telle demande doit être accueillie, le principe égalitaire est d'une application facile, et si l'autorité exécutive manque à son devoir, les intéressés peuvent attaquer devant la juridiction administrative le refus qui leur a été opposé.

Mais il est un grand nombre de mesures que la loi même semble avoir abandonnées de la manière la plus complète à l'arbitraire de l'Administration : on les appelle des mesures « gracieuses », ou des mesures « discrétionnaires », ou encore —, et le mot est fréquemment employé non seulement dans les circulaires ministérielles, mais encore dans les traités de droit administratif —, des « faveurs ».

L'expression est d'autant plus malheureuse qu'elle est susceptible d'une plus large extension. Si toute mesure « discrétionnaire » est une faveur, on peut en conclure que la dispensation des « faveurs » constitue la mission essentielle de l'Administration, car il n'est guère d'acte « administratif » qui ne soit, à quelque degré, un acte « discrétionnaire ».

La distinction des « droits », consacrés et sanctionnés par la loi, et des « faveurs », dont l'Administration choisit librement les bénéficiaires, a été utilisée —, sous tous les régimes —, dans un but politique.

Dans une circulaire, en date du 20 juin 1902, adressée par le ministre de l'Intérieur aux préfets (1), ce point de vue est nettement mis en lumière.

(1) En sens contraire : cs. la circulaire célèbre adressée aux préfets, en 1884, par M. Waldeck-Rousseau.

« Vous êtes, dans votre département, Monsieur le Préfet, le représentant du pouvoir central et le délégué de tous les ministres. A ce titre, il vous appartient d'exercer, sous votre responsabilité, une action politique sur tous les services publics : leurs chefs,... ne sauraient oublier qu'ils ont l'obligation stricte de se conformer à votre direction politique..... Je crois devoir ajouter que si, dans votre administration, vous devez la justice à tous, sans distinction d'opinion ou de parti, *votre devoir vous commande de réserver les faveurs dont vous disposez à ceux de vos administrés qui ont donné des preuves non équivoques de fidélité aux institutions républicaines.* Je me suis mis d'accord avec mes collègues du cabinet pour qu'*aucune nomination, aucun avancement* de fonctionnaire appartenant à votre département ne se produise sans que vous ayez été au préalable consulté (1) ».

Dans le même esprit, le conseil général des Bouches-du-Rhône a voté, au cours de sa session d'avril 1905, la motion suivante :

« Le conseil général, estimant que si le département doit, de la façon la plus impartiale, accorder à chacune des communes du département *les allocations auxquelles elle peut avoir légalement droit, l'assemblée départementale a le droit et le devoir de n'accorder les subventions à titre de faveur, qu'aux communes républicaines* ».

Cette motion est d'autant plus caractéristique qu'elle émane d'une assemblée légalement étrangère à la politique.

L'intervention des préoccupations d'ordre électoral et

(1) La circulaire du 23 février 1903 prescrivant à l'autorité militaire de prendre l'avis du préfet avant d'accorder les sursis, dispenses ou devancements d'appel, etc.

politique dans la dispensation des faveurs administratives
est un fait traditionnel (1). Nous allons plus loin, même
sous le régime démocratique, c'est un fait inévitable. Les
gouvernements modernes sont tous, plus ou moins, des
gouvernements de parti : n'exigeons pas d'eux l'impartialité. Si la faveur règne sous les gouvernements absolus,
parce qu'ils sont absolus, elle règne sous les gouvernements
électifs, parce qu'ils sont électifs. Mais sous les gouvernements démocratiques, le mal comporte un remède : s'il est
impossible de détruire le favoritisme, il est relativement
facile d'en limiter les effets en limitant le nombre et en restreignant l'importance des « faveurs » à distribuer. Le
problème se pose de la manière suivante : *trouver des
combinaisons juridiques nouvelles permettant de transformer les « faveurs » en « droits » véritables, légalement consacrés et juridictionnellement sanctionnés.* Lorsque dans
certains cas, ce remède radical contre le favoritisme paraît
inacceptable, on peut obtenir l'amélioration du mal, soit
en substituant dans la dispensation des faveurs un organe
purement administratif à un organe politique, soit en soumettant l'autorité gouvernementale à des conditions de
forme, par exemple à des conditions de publicité, c'est-à-
dire en donnant aux intéressés, à défaut de garanties de
fond, des garanties de procédure. Le législateur a fait des
applications partielles de ces divers procédés : mais le champ
dans lequel s'exerce la faveur est encore très étendu.

(1) C'est le préfet qui est depuis l'an VIII, le dispensateur officiel des
faveurs administratives. L'*unité* de l'action gouvernementale dans le département était, comme on l'a fort bien dit, un dogme de l'administration
impériale : qu'on lise seulement sur ce point, la circulaire de M. de Persi-
gny, en date du 10 septembre 1853, ou la circulaire de Barrot, en date
du 11 novembre 1853. Cs. Maurice Pain, *Le Second Empire et ses procédés
de gouvernement*, Revue politique et parlementaire, 1905, p. 571.

La collation et le retrait des *emplois publics* assure au Gouvernement une forte influence, à laquelle il ne saurait spontanément renoncer. Sous le Consulat et le Premier Empire le Chef de l'État n'était soumis pour les nominations, les avancements, les révocations à aucune règle, à aucune consultation. « C'était en matière d'emplois publics le régime du bon plaisir aux mains d'un seul, plus discrétionnaire peut-être encore qu'il ne l'avait été sous l'Ancien régime, et sous la Révolution, mais mieux ordonné, plus méthodique(1) ». C'est ainsi que l'arbitraire relativement au choix et à l'avancement des fonctionnaires devint pour longtemps une notion communément acceptée et ne suscitant plus aucune controverse. L'élargissement du droit de vote, qui aboutit en 1848 au suffrage universel porta un coup à l'autorité discrétionnaire du ministre et des préfets : mais « l'engin d'ascendant et de direction » que constituait la dispensation des fonctions publiques subsista et fut dès lors *indirectement* utilisé par le pouvoir parlementaire. C'est pourquoi il est grave que nous soyons obligés de constater qu'aujourd'hui comme au commencement du siècle, « le ministre de la Justice, sans avoir à tenir compte d'aucun tempérament, peut élever d'emblée un simple avocat aux plus hautes dignités de la magistrature, à celles de premier président de la Cour suprême, de procureur général..., etc. », qu'il « n'est même pas nécessaire d'être bachelier ès-lettres pour obtenir certains emplois, qui exigent cependant de l'expérience et du savoir : ceux de gouverneur général d'une colonie, de résident, d'ambassadeur, de directeur d'un ministère, de préfet... etc. » —, que si dans l'Ancienne France « la signature du souverain

(1) V. J. Ferrand, *Césarisme et démocratie*, Chap. III, p. 201 et suivantes.

suffisait pour qu'un courtisan quelconque fût gratifié sa vie durant d'une *pension au comptant*, celle de notre ministre des Finances suffit maintenant pour qu'une personne quelconque reçoive aussi une trésorerie générale, une recette particulière ».

Cependant, des progrès notables ont été, sans aucun doute, accomplis : d'une part, la décentralisation a soustrait au pouvoir central le choix d'un grand nombre d'agents locaux (maires, etc...) (1), d'autre part le recrutement de certaines carrières administratives a été sérieusement réglementé, notamment par l'institution de concours, seul moyen pratique d'assurer effectivement l'égale admission de tous aux emplois publics. Mais le nombre des fonctionnaires, sous la Troisième République, s'est multiplié dans des proportions considérables et la plupart de ces fonctionnaires restent à la nomination du préfet : tels les cantonniers et les instituteurs. Les lois sur l'hygiène ont fait dans une certaine mesure tomber, nous ne disons pas sous la dépendance, mais sous l'influence préfectorale, les médecins et les vétérinaires.

En ce qui concerne l'avancement et les révocations, nous indiquerons, dans le chapitre suivant, les garanties accordées à certaines catégories *privilégiées* de fonctionnaires, tantôt par la loi, tantôt par les règlements : elles constituent un obstacle appréciable au développement du favoritisme gouvernemental (2). La proposition des notes secrètes, réalisée par la loi de finances de 1905, est, dans

(1) Cep. V. le décret du 10 novembre 1903 sur les pompiers, dans lequel il y a certainement une intention *centralisatrice*. A Mater, *La vie communale*, Revue socialiste, 1905, p. 359 et suiv.

(2) Cs. Eug. Aymès, *La réforme administrative et le favoritisme*, chez Chevalier-Maresq, 1887. Il est curieux de noter que cet ouvrage, écrit sous le Second Empire, a été publié sous la Troisième République —, sans

le même esprit, une excellente mesure : l'arbitraire est
difficilement compatible avec la *publicité*, car, sous le
régime démocratique, un abus révélé est, ou devrait être,
un abus supprimé.

La *publicité* a été également le remède employé contre
la multiplication des concessions de logement dans les
bâtiments de l'État faites au profit des fonctionnaires par
faveur personnelle; en vertu.de la loi du 22 décembre 1871
(art. 27), un tableau des logements concédés est annexé au
budget de chaque ministère.

Les distinctions honorifiques, dont le nombre, contrairement à toutes les prévisions est allé croissant depuis la
chute du césarisme, semblent échapper par leur nature
même à toute réglementation. Cependant on constate un
effort de notre législation pour en soumettre la distribution
à des conditions précises. C'est ainsi que la médaille coloniale, dont les conditions d'obtention ont été déterminées
par les textes, peut être revendiquée par les intéressés,
comme un *droit,* au lieu d'être sollicitée comme une *faveur;*
dans un arrêt du 20 janvier 1905 (d'Uston de Villeréglan),
le Conseil d'Etat a prononcé l'annulation d'une décision
ministérielle refusant d'allouer à un officier la médaille à
laquelle lui donnaient droit ses actions ou campagnes de
guerre (1).

La réglementation est moins facile à l'égard des décorations qui ne présentent pas un caractère de *spécialité* :

aucune modification de fond. Au point de vue 'général et philosophique,
voir l'étude originale de M. Raoul de la Grasserie sur le *Népotisme,* considéré comme *phénomène social de survivance* (Extrait de la *Revue internat.
de sociologie,* 1899, Giard et Brière).

(1) C. d'Etat, 20 janvier 1905, *Revue du droit public et de la science
politique,* 1905, p. 107 et suiv. V. l'art. 75 de la loi du 26 juillet 1893 et
le décret du 30 novembre 1901.

c'est le cas de la plus recherchée de nos décorations, celle
de la Légion d'honneur. La Chambre des députés a
cependant estimé que des mesures devaient être prises
pour assurer une meilleure répartition des croix de notre
grand ordre national : elle a nommé une commission,
qui, après avoir décidé à une faible majorité le maintien
de la Légion d'honneur, a reconnu la nécessité d'une
réglementation rigoureuse, dont elle a commencé l'élaboration (1). Ici encore, nous pouvons donc enregistrer, à
défaut d'un progrès accompli, une promesse de réforme.

Notre législation ne consacre pas, d'une manière générale, le droit à l'assistance : au devoir pour l'État d'assister l'indigent ne correspond pas le droit pour l'indigent
d'être assisté par l'État; en d'autres termes, les secours
publics sont des allocations purement *gracieuses*. D'autre
part, les assistés ne sont pas chez nous, comme dans un
certain nombre de pays étrangers, privés du droit de
vote : d'où le danger d'une utilisation politique de l'assistance. La loi du 15 juillet 1893 sur l'assistance médicale
gratuite a marqué la première étape vers l'assistance obligatoire : depuis 1893, les indigents ont le droit, formellement consacré par la loi, de se faire inscrire sur la liste des
personnes à secourir éventuellement, en cas de maladie, et
ce droit est sanctionné par un recours devant une « commission cantonale », véritable *juridiction spéciale* de l'assistance médicale (2), composée du sous-préfet, du conseiller

(1) V. la proposition présentée à la Chambre par l'honorable M. Astier,
et tendant à réserver la décoration de la Légion d'honneur, au titre
commercial, à certaines catégories nettement limitées de commerçants
(membres des Chambres de commerce, etc...). *J. O.*, 1905. Annexes de
la Chambre des députés.

(2) *Contrà*, conclusions du commissaire du gouvernement Jagerschmidt,

général, d'un conseiller d'arrondissement et du juge de
paix du canton. On a très justement comparé la procédure
de l'inscription sur la liste de l'assistance à la procédure
de l'inscription sur la liste électorale. La combinaison ima-
ginée par le législateur de 1893 a été reprise, en 1905, dans
la loi sur l'assistance *obligatoire* aux vieillards, aux infirmes
et aux incurables (1). La loi de 1893 et la loi de 1905 nous
paraissent avoir consacré, au profit des catégories les plus
intéressantes d'indigents, le *droit à l'assistance*, mais si elles
ont accepté la *chose*, elles ne contiennent pas le *mot*. La
Chambre des députés avait inscrit expressément, dans l'article 1er de la loi sur l'assistance aux vieillards, le principe
du droit à l'assistance : mais le Sénat substitua à ce premier texte une rédaction moins claire. Comme le fit observer M. Jaurès, au cours de la seconde délibération devant
la Chambre, « le Sénat, obligé pour la première fois de
reconnaître le droit à la vie et d'en organiser légalement
la revendication,... a, autant qu'il le pouvait, obscurci,
atténué, émoussé, ce qui, dans les articles du projet de loi,
avait trop de saillie ; mais, quant au fond, quant à la valeur
même du principe, quant à la garantie efficace que les
ayants-droit trouveront, dans la loi, il n'y a pas une aussi
grande différence... (2). »

La procédure instituée par la loi de 1905 présente quelques variantes heureuses par rapport à la procédure de la
loi de 1893 : la composition des commissions cantonales est
plus large (3), et, au-dessus d'elles, la loi de 1905 a créé

dans l'affaire des Hospices du Havre. — Conseil d'Etat, 3, 10 mars
1899.

(1) *J. off.*, 1905, n° du 13 juillet, Ch. dép. *in extenso*, p. 2881 et suiv.

(2) *J. off. loc.*, p. 2890.

(3) Elles comprennent notamment un *délégué des sociétés de secours
mutuels* (art. 11 de la loi).

une commission centrale unique, cour d'appel ou cour souveraine, dont la mission est d'assurer l'unité de la jurisprudence en matière d'assistance aux vieillards. Les décisions des commissions du premier degré et de la commission centrale sont motivées : les motifs, n'est-ce pas toute la justice?

Le vice essentiel de cette organisation juridictionnelle ou quasi juridictionnelle de l'assistance est dans la prépondérance attribuée aux éléments politiques dans les commissions cantonales. C'est le conseil municipal, organe politique, qui arrête la liste des assistés; et c'est devant un organe semi-politique que sont portées les réclamations. Les intéressés, ont, sans doute, une garantie suprême dans l'impartialité de la commission centrale : mais il est dangereux de placer la justice trop haut et trop loin. Quant aux commissions cantonales de la loi de 1893 : elles statuent, dit le texte, « souverainement ».

Nous estimons avec M. Aynard qu'il est impossible de faire exécuter, complètement et impartialement, les lois d'assistance sans le concours d'un corps spécial de fonctionnaires : l'Angleterre libérale nous a indiqué, sur ce point, la bonne voie.

En résumé, si nous n'avons plus le régime de l'assistance gracieuse et arbitraire, nous n'avons pas encore le régime de l'assistance obligatoire et légale. Notre législation reste hésitante entre deux conceptions : celle de la charité publique et celle de la solidarité sociale (1). D'un autre côté, l'autorité gouvernementale, désireuse de conserver la part notable d'influence que lui assure la distribution des secours

(1) La Chambre avait voté la loi sur l'assistance aux vieillards sous le titre de « loi créant un *service de solidarité sociale* sous la forme d'assistance obligatoire aux vieillards, etc. ».

publics, s'efforce de *retenir* l'assistance, au lieu de la *déléguer* à des organes spéciaux, de même, qu'elle s'est longtemps efforcée sous l'Ancien Régime, de *retenir* la justice judiciaire, et, après la Révolution, de *retenir* la justice administrative : la juridiction spéciale de l'assistance en est aujourd'hui au point où se trouvait la justice administrative, sous le Premier Empire, et c'est pourquoi, malgré le progrès accompli, M. Aynard, au cours des débats parlementaires sur la loi de 1905, a pu manifester sa crainte de voir se développer, en matière d'assistance, le régime du « bonapartisme anonyme ».

Dans le domaine fiscal, l'arbitraire de l'autorité administrative a encore des occasions fréquentes de s'exercer : remise ou modération d'impôt direct, remise des peines pécuniaires encourues par les fraudeurs en matière de contributions indirectes,.... etc. D'une manière générale, il n'est pas excessif de dire que l'autorité administrative possède des moyens efficaces d' « inégaliser » l'impôt : une étude approfondie de notre droit fiscal démontrerait, d'une façon incontestable, l'exactitude de cette formule.

En posant le principe de l'adjudication avec concurrence et publicité, le législateur a soustrait dans une large mesure au favoritisme les marchés de travaux publics et de fournitures : mais le principe n'est ni général ni absolu. De plus, en dehors même du domaine des travaux publics, il pourrait trouver des applications utiles : l'adjudication des bureaux de tabac ne serait-elle pas rationnelle ?

La liste des faveurs administratives est illimitée. Nous avions déjà indiqué, dans les chapitres précédents, un cer-

-tain nombre d'entre elles : les dispenses, les reconnais-
sances d'utilité publique, les changements de nom,... etc.
Les cas nouveaux qui viennent d'être brièvement signalés
à raison de leur importance particulière, sont très loin
d'épuiser l'énumération : nous aurons l'occasion d'insister
ultérieurement sur les faveurs *collectives*, telles que les
subventions gracieuses aux communes, l'exécution des
travaux publics d'intérêt local, les installations télégraphiques, téléphoniques et postales,... etc. En un mot,
toutes les branches de l'activité administrative, dans une
mesure plus ou moins large, prêtent au développement de
l'arbitraire (1).

C'est au législateur qu'il appartient de prévenir ou de
réprimer la formation de mauvaises mœurs gouvernementales et administratives. L'égalité est à la fois un principe
et un état d'esprit : c'est en « organisant » le « principe »,
c'est-à-dire en le mettant en œuvre dans toutes ses applications, que la loi maintiendra ou fera naître chez l'autorité
publique l' « état d'esprit » sans lequel la fonction administrative, exercée dans un but politique, cesse d'être l'instrument de la prospérité publique. Sans doute, il n'est
pas toujours possible, soit de transformer les « faveurs » en
« droits », soit d'en assurer par la seule vertu d'un texte,
l'équitable répartition entre les intéressés : la mission de

(1) « Toutes les lois d'encouragement à l'agriculture, à la mutualité, à
l'épargne, au crédit agricole, aux assurances contre la grêle, contre la
mortalité des animaux, deviennent tour à tour l'objet de primes politiques.
Qu'on ne s'y trompe pas, depuis quelques années le nombre des faveurs
dont dispose le pouvoir s'est considérablement étendu; les Chambres s'en
sont mêlées : les députés n'ont pas hésité à voter toutes sortes de subventions sachant bien qu'ils frappaient une monnaie électorale » Picot,
Les garanties de nos libertés. — *La liberté électorale*, Revue des Deux-
Mondes, 1906, t. 31, 3ᵉ livraison, p. 543.

l'Administration ne consiste pas dans l'application *automatique* des lois et règlements, sous la perpétuelle menace d'un recours au Conseil d'État, elle comporte une part irréductible d'arbitraire. Nous reconnaissons donc que le législateur doit faire confiance à l'équité administrative comme il fait confiance à la liberté individuelle : mais le point est de savoir s'il n'a pas trop largement accordé à celle-là la confiance qu'il a trop étroitement mesurée à celle-ci.

Il faut, dit-on, changer les mœurs et non la loi. Et comme il paraît impossible de changer les mœurs, on se refuse à modifier la loi. C'est, en vérité, méconnaître à l'excès l'efficacité des mesures législatives. Certes, une formule générale et théorique, inscrite dans la Constitution n'eût pas suffi à prévenir et ne suffirait pas à réprimer le développement du favoritisme. Mais nous croyons que, par des mesures particulières et pratiques (par exemple l'adjudication avec publicité et concurrence des bureaux de tabac, le transfert au recteur des pouvoirs actuellement attribués au préfet en ce qui concerne la nomination, l'avancement et la révocation des instituteurs), le législateur pourrait arriver sans peine à des résultats positifs (1).

Et s'il le peut, il est évident qu'il le doit.

(1) Sur l'arbitraire des bureaux d'assistance judiciaire, qui peuvent, en écartant systématiquement certaines catégories de demandes, mettre obstacle —, pour les pauvres —, à l'application de telle ou telle loi (Ex. : de la loi sur le divorce). Cs. *Bull. off. de la Ligue des dr. de l'homme,* 1905, n. 11.

CHAPITRE CINQUIÈME

LES DROITS INDIVIDUELS DES FONCTIONNAIRES PUBLICS

> « Les fonctionnaires, semble-t-il, ne
> doivent avoir aucune liberté, précisé-
> ment en compensation de la puissance
> qu'ils détiennent... ce serait la vérité
> même si l'État .. ne s'occupait que de
> la police intérieure ou de la défense
> extérieure ».
>
> E. FAGUET, *Le Libéralisme.*
>
> « Les fonctionnaires constituent une
> colonie à l'intérieur de la métropole,
> car ils sont soumis... au régime du dé-
> cret ».
>
> M. HAURIOU, *Précis de droit admi-
> nistratif.*

I

Le « fonctionnaire », en prenant le mot dans son acception la plus large, est un *citoyen spécial :* il ne jouit des
droits de l'homme et du citoyen que dans la mesure où
ils ne sont pas incompatibles avec ses obligations professionnelles, telle que les détermine la volonté *unilatérale*
de l'autorité gouvernementale et administrative.

Dans l'état actuel de la jurisprudence, il n'y a pas lieu
de distinguer, à ce point de vue, entre les fonctionnaires
dits d'autorité, tels que les préfets..., et les fonctionnaires
dits de gestion, tels que les agents des postes... Dans leurs

rapports avec l'Administration ceux-ci sont soumis au même régime juridique que ceux-là : leur situation est *règlementaire* en principe, *légale* quelquefois et jusqu'à la loi du 21 mars 1905, nous aurions pu dire, *contractuelle* jamais (1). La thèse contraire a été défendue avec vigueur par M. Berthélemy (2), et développée avec une grande abondance d'arguments par M. Nézard (3) : nous l'acceptons comme expression du droit idéal, et, dans une certaine mesure, du droit de l'avenir, mais elle ne saurait être présentée comme l'interprétation exacte de notre droit positif.

Le fonctionnaire peut être révoqué d'une manière arbitraire et intempestive, sans avoir droit à aucune indemnité (4) ; il n'a pas le bénéfice de l'article 1780 du Code civil sur la rupture du louage de services. Dans les travaux préparatoires ;de la loi du 27 décembre 1890, modifiant l'article 1780 du Code civil, il avait été affirmé, d'une façon très nette, que les dispositions nouvelles seraient applicables aux employés des chemins de fer de l'État, comme aux employés des compagnies concessionnaires. Mais la jurisprudence du Conseil d'État et même la jurisprudence des tribunaux judiciaires n'hésitèrent pas à faire prévaloir la solution contraire : tant il est vrai que l'assimilation des agents de l'État aux employés de l'industrie privée répugne à notre conception traditionnelle du fonctionnaire public. Et le Parlement a été obligé d'intervenir par une loi formelle (loi du 21 mars 1905)

---

(1) Laferrière, *op. cit.*, t. I, p. 619-621.

(2) Berthélemy, *Traité élém. de dr. adm.*, 3ᵉ édit., 1905, p. 45 et suiv. — Cs. aussi du même auteur, *La crise du fonctionnarisme.*

(3) H. Nézard, *Théorie juridique de la fonction publique*, Thèse, Paris, 1901.

(4) Cep. V. *infrà* notre chapitre sur l'*Irresponsabilité de l'État puissance publique.*

pour « attribuer aux tribunaux *ordinaires* l'appréciation
des différends qui peuvent s'élever entre l'administration
des chemins de fer de l'État et ses employés à l'égard du
contrat de travail ».

. Les mesures prises par l'autorité administrative contre
un fonctionnaire sont des actes de puissance publique.
C'est dire qu'elles relèvent du Conseil d'État statuant au
contentieux. Mais les fonctionnaires qui n'ont pas d'état,
c'est-à-dire tous les fonctionnaires à l'exception de quelques
catégories privilégiées n'ont pas de droits opposables à l'Administration : suivant la comparaison classique, leur situation est aussi précaire que celle des bénéficiaires d'une
permission de voirie. Hier encore ils ne pouvaient agir au
contentieux que dans le cas où la mesure qui les atteignait
était entachée de vice de forme, d'incompétence ou de
détournement de pouvoir : le recours pour violation de la
loi leur était fermé (1). Il en résultait que, si l'autorité
administrative, respectueuse des formes et des compétences, prenait en outre le soin de taire, sinon de déguiser,
les motifs réels de ses actes, les fonctionnaires se trouvaient absolument désarmés contre l'arbitraire.

« Quand j'engage un domestique à l'année, dit M. Ber-
thélémy, comme cela se fait en certains pays, je ne puis
pas le renvoyer au milieu de l'année sans l'indemniser, à
moins qu'il n'ait d'une certaine manière manqué à ses
obligations. Quand, sans limitation de durée, j'engage un
contremaître pour mon usine, je ne puis pas le congédier
sans motif valable. Les fonctionnaires auront-ils moins de

---

(1) V. au contraire les arrêts du 11 décembre 1903, Molinier et autres,
Lot et autres, S. 1904. 3. 113 et Jèze, *Année admin.*, 1903, p. 264. Mais
le recours pour violation de la loi et des règlements est d'un fait le secours,
lorsque la loi est muette et les règlements sans précision.

garanties que ce contremaître ou ce domestique? » Dans
l'état actuel des textes et de la jurisprudence, l'affirmative
n'est pas douteuse.

Armée de son pouvoir discrétionnaire, l'autorité administrative peut, dans une large mesure, restreindre la liberté du fonctionnaire, dans sa vie d'homme et de citoyen.
Le déplacement d'office a été récemment signalé, dans un
congrès d'instituteurs, comme constituant aux mains de
l'autorité préfectorale un moyen d'assurer la dépendance
politique des instituteurs à l'égard de l'autorité gouvernementale : grief si justifié que le ministre de l'Instruction
publique, organe du corps universitaire, s'empressa d'élaborer un projet de loi tendant à donner satisfaction aux
vœux du personnel primaire (1).

II

Dans son principe, la limitation des droits des fonctionnaires par les obligations de la fonction est assurément nécessaire. Personne ne songe à protester contre la disposition légale qui interdit aux militaires et assimilés de tous
grades et de toutes armes de prendre part à aucun vote,
quand ils sont présents sous les drapeaux, à leur poste, ou
dans l'exercice de leurs fonctions (article 9 de la loi du 15
juillet 1889, reproduit par la loi du 21 mars 1905) : la
participation du soldat à la vie politique a justement paru
incompatible avec la discipline, obligation primordiale de
la fonction militaire.

D'autre part, lorsque la limitation des droits du fonctionnaire est édictée, d'une manière claire et précise, par un

(1) *J. off.*, Ch. des dép., annexes, 1905.

texte législatif, elle est sans danger : en entrant au service de l'État, le fonctionnaire sait les droits qu'il va perdre comme les privilèges qu'il doit acquérir.

Mais, en fait, c'est l'autorité administrative qui détermine par ses décrets, par ses circulaires, ou simplement par ses actes dans quelle mesure elle entend permettre aux fonctionnaires l'usage de nos diverses libertés : liberté de conscience et de pensée, liberté du culte, liberté de réunion et d'association..., etc.

« La République assure la liberté de conscience à tous les citoyens », dit l'article 1er de la loi sur la séparation des Églises et de l'État. Au cours des débats parlementaires, un député avait proposé d'ajouter : « ... et à tous les fonctionnaires civils et militaires ». Addition inutile, répondit le ministre, car « le Gouvernement entend respecter la liberté de conscience des fonctionnaires, mais il entend exiger d'eux le respect dû aux lois et à la République(1) ». Tout le monde sent la contradiction entre la nécessité théorique de reconnaître aux agents de l'État la pleine liberté de conscience, et la nécessité pratique qui s'impose à tout Gouvernement d'exiger d'eux le loyalisme ou le dévouement politiques : le décret du 5 septembre 1870, en abolissant le *serment* des fonctionnaires, a laissé intégralement subsister le problème, dont la solution relève aujourd'hui de la pratique gouvernementale et administrative.

En ce qui concerne la liberté du culte, la liberté d'association, la liberté de réunion, etc..., le même conflit se produit entre les devoirs *spéciaux* du fonctionnaire et ses droits d'homme et de citoyen. La séparation de la vie personnelle et de la vie professionnelle du fonctionnaire est

(1) *J. off.*, Déb. parl., Ch. des dép., séance du mardi 11 avril 1905.

un idéal irréalisable : il faut concilier et non séparer. Et comment concilier les droits du fonctionnaire avec les obligations de la fonction, sans sacrifier, dans une certaine mesure, ceux-la à celles-ci.

C'est pourquoi, avec M. Hauriou, nous avons défini le fonctionnaire public : *un citoyen spécial*.

III

Cette conception des droits individuels du fonctionnaire —, qui nous est imposée par les faits —, ne doit pas être étendue à tous les agents de l'Administration.

Elle n'est nécessaire et légitime qu'à l'égard des agents de la *puissance publique* (préfets, gardes champêtres, gendarmes, etc.).

La force publique est essentiellement « obéissante », selon l'expression employée par la Constitution du 24 juin 1793 et celle du 5 fructidor an III (1). Comment le serait-elle si les agents qui la composent jouissaient de la plénitude des libertés communes? Et si elle ne l'était pas, que deviendrait le régime de légalité et de liberté sous lequel nous vivons? C'est pour assurer la liberté de tous que la liberté personnelle des agents de l'État-puissance doit être restreinte. Par exemple, n'est-il pas sage d'interdire aux officiers d'entrer dans une association privée, de publier des écrits, de prendre la parole dans les réunions publiques, sans l'autorisation préalable de leurs supérieurs hiérarchiques? C'est mettre en vérité hors du droit commun une catégorie de citoyens, en les soumettant, comme les sujets du

---

(1) Cs. Vel-Durand, *La force publique et sa mise en mouvement*, Rev. du dr. publ. et de la science politique, 1905, janvier-février-mars, n. 40.

roi, dans l'Ancienne France, au régime des autorisations administratives discrétionnaires : mais en l'espèce, il faut avouer que la fin justifie les moyens.

Les fonctionnaires de gestion, tels que les architectes, les ingénieurs, les employés et ouvriers des manufactures nationales, etc., ne doivent, semble-t-il, à l'État que leurs services techniques; rationnellement, on ne conçoit aucune différence entre les devoirs des fonctionnaires de gestion à l'égard de l'État et les devoirs de l'ouvrier privé à l'égard de son patron. A une époque où les attributions de l'État dans l'ordre économique prennent un développement rapide, et où par conséquent le nombre des fonctionnaires de gestion va se multipliant, il serait contraire à l'esprit démocratique de considérer ceux-ci comme des citoyens spéciaux, placés sous la dépendance du pouvoir politique.

Le jour où tout le monde sera fonctionnaire, a dit un représentant éminent de la doctrine collectiviste, personne ne sera fonctionnaire : mais y aura-t-il encore des citoyens?

« L'expérience, a dit M. Leroy-Beaulieu, est en train de démontrer que la complète liberté politique ne peut se maintenir que chez un peuple où le rôle de l'État n'est pas démesurément étendu, et où une faible partie seulement de la nation est engagée dans les liens rigides du fonctionnarisme (1) ».

On voit toute la gravité du problème.

D'une apparente simplicité, la solution en est, dans la réalité des faits, infiniment complexe.

S'il est facile d'établir théoriquement une distinction absolue entre les fonctionnaires d'autorité et les fonctionnaires

(1) Leroy-Beaulieu, *L'État moderne et ses fonctions*, I, Revue des Deux-Mondes, 1888, t. 88, p. 919.

de gestion, il est souvent délicat de dire si telle catégorie
déterminée de fonctionnaires doit être rangée dans l'une ou
l'autre classe : les agents des postes paraissent au premier
chef des fonctionnaires de gestion, cependant le Gouvernement, considérant qu'ils possèdent en certains cas le droit
de verbaliser, leur attribue le caractère d'agents de la puissance publique. D'autre part, l'assimilation pleine et entière des agents de gestion et des employés ou ouvriers de
l'industrie privée n'est pas toujours dépourvue de danger :
convient-il de reconnaître le droit de syndicat et le droit de
grève à tous les agents de gestion ? La question est au moins
discutable : elle se pose notamment en ce qui concerne
les instituteurs et les ouvriers des arsenaux. Et il est grave
que, sur des points aussi essentiels, le législateur n'ait pas
dit clairement et formellement sa pensée. Enfin, parmi les
agents de la puissance publique, il en est qui, dans l'intérêt général, doivent être, dans une certaine mesure, soustraits à la mainmise du pouvoir politique : tels sont les magistrats et les officiers.

Admettons que, selon le vœu de M. Berthélemy, les
agents de gestion soient soumis, dans leurs rapports avec
l'Administration, au même régime juridique que les
ouvriers dans leurs rapports avec leurs patrons, c'est-à-
dire au régime *contractuel*. Le régime du contrat ne leur
serait pas *directement* profitable : le contrat ne serait
qu'une pure apparence, car l'État n'y mettrait rien de plus
que ce qu'il met actuellement dans ses règlements, et le
pouvoir discrétionnaire de l'Administration, s'exprimant
sous la forme contractuelle, n'en resterait pas moins discrétionnaire. Bien plus, le régime du contrat serait matériel-
ment impraticable : un fonctionnaire fait partie d'une collectivité et ses rapports avec l'État ne sauraient faire

l'objet de stipulations individuelles. Mais, dira-t-on, il en est ainsi de l'ouvrier dans une usine privée. C'est exact, aussi le contrat de travail, dans la grande industrie, n'est-il qu'une fiction, et se résume-t-il dans la signature par laquelle l'ouvrier déclare adhérer au règlement d'atelier, discrétionnairement établi, et que le patron se réserve souvent le droit de modifier discrétionnairement. Dans la grande industrie, a très bien dit M. Jay, le contrat de travail sera collectif ou ne sera pas.

Or le régime du contrat collectif n'est pas encore entré dans nos mœurs.

D'où la nécessité de la législation du travail qui assure à la classe ouvrière des garanties qu'elle n'aurait pas obtenu par le libre jeu des relations contractuelles.

Quelle que soit la nature juridique de leurs rapports avec l'Administration, quel que soit le tribunal compétent pour statuer sur les litiges qui s'élèvent entre eux et l'État, les agents de gestion doivent bénéficier —, et ils bénéficient déjà dans une large mesure —, des dispositions légales applicables aux travailleurs privés : loi du 21 mars 1884, sur les syndicats professionnels, loi du 9 avril 1898, sur les accidents du travail..., etc. Contraire à la tradition autoritaire, l'assimilation des fonctionnaires de gestion à des travailleurs privés, au point de vue des garanties légales, n'a pas été acceptée de bonne volonté par l'Administration : en particulier, celle-ci n'a cessé de disputer pied à pied le droit de syndicat aux diverses catégories d'agents de gestion et il a fallu, en 1894, un ordre du jour formel de la Chambre des députés pour vaincre l'hostilité des pouvoirs publics contre les syndicats naissants des fonctionnaires (1). Dans la

(1) V. le compte rendu de la séance du 22 mai 1894 au *J. O.* Il s'agissait alors des employés des chemins de fer de l'État. — V. sur la ques-

proposition de loi sur la réforme des syndicats, actuellement
pendante devant la Chambre des députés, on trouve une
disposition étendant expressément le droit syndical aux ouvriers et employés de l'État, des départements, des communes, « qui ne détiennent aucune portion de la puissance
publique (1) » : disposition nécessaire pour mettre fin aux
incertitudes et aux contradictions de la jurisprudence judiciaire et de la pratique administrative.

Si l'on accepte l'assimilation de l'agent de gestion au
travailleur privé, au point de vue des garanties légales, la
logique commande de pousser l'assimilation à ses limites
extrêmes, en reconnaissant la nature contractuelle du lien
qui unit l'État patron à ses agents et en remettant la connaissance des litiges qui s'élèvent entre eux aux tribunaux
judiciaires : le droit de syndicat et le droit de grève impli-
quent le régime du contrat, et le régime du contrat étant
admis, la compétence de la juridiction administrative perd
son unique raison d'être. La loi du 21 mars 1905, dont
nous avons précédemment indiqué l'objet, marque une
nouvelle et décisive étape dans cette voie. L'évolution de
notre législation contrariée aujourd'hui par la jurisprudence,
aboutira certainement à soumettre purement et simplement
l'État patron aux règles du droit commun : conclusion en
harmonie avec les principes dominants de notre droit administratif, si l'on remarque simplement que l'État patron
n'est, en dernière analyse, que l'une des faces de l'État,
personne privée.

tion. Berthélemy, *La crise du fonctionnarisme*. Actuellement, un certain
nombre de syndicats de fonctionnaires manifestement *illégaux* vivent sous
le régime de la tolérance administrative, comme les syndicats ouvriers avant
1884.

(1) V. le rapport de M. le député Barthou.

D'ailleurs, il serait naturel que le législateur, soit à l'égard des agents de gestion dont la mission se rattache étroitement à l'exercice de la puissance publique (tels que les employés des contributions)..., soit à l'égard des agents des services intéressant la défense nationale (tels que les ouvriers des arsenaux)... édictât des règles particulières : le droit de grève pourrait, par exemple, leur être expressément refusé (1).

Contre la thèse de l'*assimilation*, on a fait valoir deux arguments d'ordre pratique dont il convient d'apprécier la valeur. En premier lieu, on soutient que l'autorité des syndicats de fonctionnaires détruit l'autorité des chefs et introduit l'anarchie dans les services : en admettant la légitimité du grief, il nous suffit de répondre qu'il pourrait être invoqué avec la même force par l'industrie privée ; or l'État n'a pas le droit de se soustraire aux difficultés qu'il impose à celle-ci. En second lieu, on constate que les conditions du travail ne sont pas discutables entre l'Administration et ses agents puisqu'elles dépendent de la volonté souveraine du Parlement toujours maître de restreindre ou de supprimer un crédit ; dès lors, pour les employés de l'État, le droit de syndicat semble perdre toute raison d'être et le droit de grève devient une sorte de droit d'insurrection contre la souveraineté nationale...

Nous répondons que le droit de syndicat et le droit de grève sont, en fait, des moyens efficaces de pression sur les pouvoirs publics, que cette pression est, en droit, légitime, puisque les agents de gestion adressent leurs réclamations à l'État-patron et non à l'État-puissance, au Parlement, con-

____

(1) Cs. Projet Trarieux, *J. O.*, Sénat, 1895-1896. M. Trarieux proposait d'interdire toute coalition faite en vue d'arrêter un service *monopolisé* (même privé, comme les chemins de fer concédés).

sidéré comme le *Conseil d'administration des industries nationales* et non au Parlement, interprète de la souveraineté
nationale.

La séparation de l'État-puissance et de l'État-industriel
nous paraît également entraîner cette conséquence que
l'observation des lois sur le travail doit être assurée à l'é-
gard de l'État par les mêmes moyens qu'à l'égard des industries privées. Nous estimons critiquable, à ce point de vue,
la disposition par laquelle la loi du 11 juillet 1903, sur l'hygiène et la sécurité des employés, refuse aux inspecteurs
du travail le droit de dresser des procès-verbaux de contravention contre l'État.

En résumé, nous croyons qu'aucun argument, soit de fait,
soit de droit, ne saurait être opposé à la thèse de l'assimilation juridique de l'agent de gestion au travailleur privé,
sous les seules réserves édictées formellement par la *loi*(1).

Nous avons dit que le droit de syndicat et le droit de
grève impliquaient le régime du contrat. La réciproque
n'est pas moins vraie. C'est pourquoi la situation des agents
d'autorité ne deviendra jamais contractuelle : le régime du
contrat, c'est-à-dire de la discussion n'est pas compatible
avec l'unité de la puissance publique! Quant à soutenir
que les rapports de l'État et des agents d'autorité sont *déjà*
contractuels, c'est une gageure : l'État détermine et modifie discrétionnairement le taux des traitements, la durée du travail, la nature des services à rendre, les conditions du droit à pension..., etc. Un contrat dont l'une des
parties peut changer à son gré tous les termes n'est pas

(1) *Contrà*, l'article de M. Demartial sur les employés de l'Etat et les
syndicats professionnels (*Rev. polit. et parlem.*, 1905, p. 513 et suiv.). —
L'auteur propose de substituer à la *police des fonctions publiques l'état des
fonctionnaires et non le régime contractuel*.

un contrat. Les agents de puissance publique ne sauraient
tenir de garanties contre l'arbitraire hiérarchique que
de la loi.

Les officiers, les magistrats ont un *état*, c'est-à-dire
des *droits* consacrés par la loi, opposables à l'administration, et sanctionnés par le recours pour violation de la loi
et des droits acquis : encore convient-il de noter que, même
à leur égard, la puissance publique n'est pas entièrement
dépouillée de son pouvoir discrétionnaire, par exemple
quant à l'avancement, ou quant aux pénalités disciplinaires (1).

Les professeurs de l'enseignement secondaire, qui sont
des fonctionnaires de *gestion*, ont aussi un état : leur révocation est soumise à des formes juridictionnelles, et ils ont
des garanties en ce qui concerne l'avancement, les changements d'emploi..., etc.(2). Le législateur a ainsi prévenu l'établissement entre eux et l'État du régime contractuel.

Les instituteurs, abandonnés depuis 1850, sauf pendant
un court intervalle, à l'arbitraire préfectoral, se sont
trouvés naturellement portés malgré les dispositions édictées en leur faveur par les lois scolaires de la Troisième
République, à exiger de l'État, considéré comme patron,
les garanties que la puissance publique n'avait pas encore
songé à leur *concéder*.

D'une manière générale, la loi du 1er juillet 1901, en
permettant aux fonctionnaires de former des *associations*,
— devenues en fait de véritables syndicats —, a fait entrer
la question des rapports de l'État et de ses agents dans
une phase aiguë: Et le Parlement, tôt ou tard, sera appelé

(1) Sur les pénalités disciplinaires, V. *suprà*.
(2) Hauriou, *op. cit.*, p. 565.

à résoudre la crise en accordant aux fonctionnaires publics, soit des garanties légales, concession unilatérale de
la puissance publique, soit le droit de contracter sur le
pied d'égalité avec l'État-patron par l'organe de leurs associations professionnelles. Nous avons essayé de montrer que
la première solution était seule applicable à l'égard des
agents d'autorité, que la seconde était acceptable à l'égard
des agents de gestion, enfin que la première solution, pouvait être, en certains cas, un moyen d'éviter la seconde...

Là où la loi est muette, l'État est maître : or nous n'avons
pas de loi générale sur les fonctions publiques.

« En l'absence d'une loi de ce genre, comme le dit M. Hauriou, il n'y a pas de liberté du fonctionnaire, il n'y a pas
de droit pour lui, pas d'état; par conséquent, dans les cas
douteux, on ne peut que revenir à l'omnipotence de l'Administration (1) ».

En un mot, suivant une expression du même auteur, *le
principe, c'est l'arbitraire* : c'est ce principe qui doit être
changé.

(1) C. E., 8 décembre 1899, S. 1900. 3. 41.

CHAPITRE SIXIÈME

ACTION DE L'AUTORITÉ GOUVERNEMENTALE SUR LES MANIFESTATIONS DE LA SOUVERAINETÉ NATIONALE(1)

Dans une démocratie, les divers organes de l'État tirent leurs pouvoirs, directement ou indirectement, d'une source unique : la volonté nationale, dont le corps électoral est l'interprète constitutionnel.

Les organes de l'État ne sont, par conséquent, ou ne doivent être que les serviteurs de la nation souveraine.

Mais, en fait, le souverain dépend, en certains cas, et dans une certaine mesure, de ses serviteurs : le pouvoir électoral dont la fonction unique, sous le régime représentatif est de créer, directement ou indirectement, les divers organes de l'État, n'est pas absolument et rigoureusement indépendant à l'égard de ces organes mêmes qui n'existent cependant que par et pour la nation souveraine; en d'autres termes, le « pouvoir électoral » ne jouit pas d'une pleine autonomie, d'une entière spontanéité.

La question de savoir quelle est l'étendue et la force de cette action des organes de l'État sur le pouvoir qui leur a

(1) Picot, *La liberté électorale*, Rev. des Deux-Mondes, 1906; Hauriou, *Précis*, p. 310 et suiv.; Joseph Ferrand, *Césarisme et démocratie*; *L'incompatibilité entre notre régime administratif et notre régime politique*, Plon, 1904.

donné l'existence ne nous appartient que par l'un de ses
côtés : le cadre de ce travail nous permet seulement d'étudier l'action de l'autorité exécutive sur les manifestations
de la souveraineté nationale, ou, d'une manière plus générale, sur l'exercice du *droit de suffrage*, dans ses diverses
applications.

I

Que le suffrage politique soit un droit individuel et absolu, ou une fonction sociale, le citoyen n'en possède effectivement l'exercice que dans la mesure et sous les conditions édictées par la loi électorale.

Sous le régime du suffrage universel, la loi électorale est
la loi des lois, disaient en 1869, Jules Ferry, Gambetta et
Arago dans l'exposé des motifs d'une proposition de réforme. Et ils ajoutaient « cependant, ce n'est pas une loi,
c'est un simple décret qui régit, organise, dans sa fonction
essentielle, le principe même de la souveraineté nationale.
Une loi est nécessaire, urgente ».

Ces lignes, au moment où nous écrivons, n'ont pas cessé
d'être vraies. Car le texte organique du suffrage universel
en France reste le décret du 2 février 1852, complété par
le décret réglementaire de la même date : les élections,
sous la Troisième République, ont pour charte fondamentale, un décret dictatorial.

Le régime électoral, tel qu'il résulte tant des décrets de
1852 que des lois postérieures, ne place pas, d'une manière
absolue, le droit de suffrage au-dessus des atteintes de l'arbitraire administratif. Il ne réalise pas entièrement, suivant l'expression de M. G. Picot, la liberté électorale.

Les listes électorales, établies d'une manière perma-

nente, sont annuellement revisées par l'autorité administrative. Si la commission chargée de ce travail, dans
chaque commune ou section de commune, méconnaît
les formes et délais légalement prévus, le préfet *seul* peut
demander au conseil de préfecture l'annulation des opérations irrégulières : les citoyens ne sont pas admis à
critiquer la légalité de la révision administrative des listes (1).

Les demandes en inscription ou en radiation sont portées devant une pseudo-juridiction, la commission municipale, qui n'est que la commission administrative complétée par l'adjonction de deux délégués du conseil
municipal ou de deux électeurs. La loi ne détermine pas
la procédure ou les formes à suivre. L'appel des décisions
de la commission administrative relève de l'autorité judiciaire, mais elle est portée devant le juge de paix, magistrat
amovible, qui statue en dernier ressort.

La procédure imparfaite de l'établissement des listes
électorales facilite les fraudes : nous n'avons pas dans cette
étude purement scientifique à rechercher si ces fraudes sont
fréquentes, nous devons seulement constater que les lacunes des textes les rendent possibles (2). Comme il est rare
que les tiers-électeurs songent à demander la radiation des
morts, il peut se constituer dans certaines communes un
fonds d'électeurs fictifs, qui peuvent jouer, au moment du
scrutin, le rôle d'électeurs actifs...; d'autre part, la juris-

(1) C. E., 27 juillet 1883, Despeaux.
(2) La loi du 30 mars 1902 a pour but d'atteindre par des sanctions
pénales quiconque par un acte frauduleux a changé ou tenté de changer
les résultats du scrutin. Mais en matière électorale mieux vaut prévenir
que réprimer. Car la répression dépend du Gouvernement et du Gouvernement seul.

prudence a décidé que les retranchements de mauvaise foi sur les listes n'étaient nullement passibles d'une sanction pénale (Cass., 9 nov. 1878); enfin des additions irrégulières sont parfois opérées. On a proposé pour remédier à cet état de choses d'instituer des registres électoraux sur le modèle des registres de l'État civil dont la tenue est soumise à des prescriptions rigoureuses, sous le contrôle de l'autorité judiciaire: le principe d'une telle réforme n'est asssurément pas discutable.

Les citoyens qui veulent briguer le mandat législatif sont astreints, depuis la loi du 17 juillet 1889, à la déclaration de candidature. Le préfet peut-il la refuser, si elle est faite dans les délais? On lui reconnaît en général ce droit, s'il lui paraît d'une manière *non douteuse* que le déclarant n'a pas la jouissance du droit de suffrage, c'est-à-dire la qualité de citoyen (1). N'est-ce pas donner au préfet une sorte de pouvoir juridictionnel?

Les électeurs ne se réunissent pas spontanément; les manifestations du suffrage universel sont subordonnées à une convocation gouvernementale, qui présente le caractère d'un acte discrétionnaire. Le décret de convocation doit être pris dans certains délais; mais il n'y a pas de sanction. Par l'exercice du droit de convocation, le Gouvernement possède une influence indirecte, mais certaine, sur le résultat des scrutins (2). Un exemple purement hypothétique : le Gouvernement peut prendre le décret fixant la date d'une élection de délégués sénatoriaux, et de l'élection sénatoriale elle-même, de manière à ce que les opérations

---

(1) En ce sens, Hauriou, p. 333, n. 1.

(2) Pour les élections législatives, le Gouvernement est libre de choisir, pour le premier tour, le *jour* du scrutin. Or, le choix de ce jour est d'une importance capitale.

puissent avoir lieu avant la reconstitution de conseils municipaux préalablement dissous (1). Le danger de toute lacune
ou de toute ambiguïté des textes en matière électorale a été
mis en lumière en 1877 : le Gouvernement, après avoir
dissous la Chambre, interpréta la disposition de la loi constitutionnelle prescrivant la convocation des électeurs
dans les trois mois en ce sens que le *décret de convocation*
devait être rendu dans les trois mois, mais que ce décret
pouvait fixer les élections à une date ultérieure (2).

« C'est le Président de l'Assemblée nationale, écrivait
Prévost-Paradol dans la *France nouvelle*, qui doit ...
adresser un ordre de convocation aux électeurs, *et il
n'est ni prudent ni convenable de laisser ce soin au ministère de l'Intérieur comme on l'a fait jusqu'ici ..., et de
placer ainsi la main de l'Administration entre la puissance
législative et le corps électoral, qui en est la source* ».

Seules les élections municipales, hors le cas de dissolution ou d'élections complémentaires, ont lieu à *date
fixe*, tous les quatre ans : l'autonomie du pouvoir électoral n'est donc assurée qu'en matière municipale (3).

Notons que le Parlement, sans violer aucune disposition
constitutionnelle, peut proroger ses pouvoirs, ou les pouvoirs de l'une des Chambres, et partant reculer d'autant
la consultation du corps électoral (Ex : loi du 22 juill.
1893).

(1) Cette dissolution est un acte discrétionnaire, dont les motifs ne
peuvent être discutés par la voie contentieuse. La tutelle du pouvoir central sur les autorités locales est essentiellement arbitraire. V. C. E. 26 avril
1901, Commune de Roncq, S. 1904. 3. 10.

(2) Cette ambiguïté a été corrigée par la loi du 14 août 1884.

(3) En 1812, le Chef de l'Etat oublia de convoquer la Chambre ; —
d'après la Constitution de 1852, le corps législatif ne pouvait se réunir
que sur la convocation du Chef de l'Etat ; — en 1877, le Gouvernement,

Le bureau chargé de recevoir, dans chaque circonscription, ou dans chaque section, les bulletins de vote, est
composé du maire, ou d'un adjoint, ou d'un conseiller municipal, comme président, de conseillers municipaux ou
d'électeurs, comme membres. Le président du bureau a
seul la police de l'assemblée. En cas de bagarre, il peut
faire expulser les personnes présentes : le bureau reste
alors maître de la salle de vote. Les candidats ne sont pas

désireux d'échapper au contrôle des élus de la nation, s'aperçut que le
silence ou l'obscurité de la Constitution lui permettaient non seulement
de retarder la convocation des électeurs, mais encore de retarder la convocation de la Chambre nouvelle élue après la dissolution : trois dates,
trois faits, qui indiquent la nécessité de soustraire à l'arbitraire du Gouvernement la réunion des Chambres, aussi bien que la convocation des
électeurs. D'après la Constitution de 1875, revisée en 1884, les Chambres
se réunissent *de droit*, avec ou sans convocation, le second mardi de janvier, et cette session dite ordinaire ne peut être close avant cinq mois.
Mais le Président de la République peut prononcer l'*ajournement* des
Chambres, pour un mois, deux fois par session. Le reste de l'année, c'est-
à-dire sept mois sur douze, le Gouvernement est maître de convoquer ou
de ne pas convoquer le Parlement, à moins que la convocation ne soit
demandée par la majorité *absolue* de *chaque* Chambre : et encore y a-t-il
controverse sur le point de savoir si les sièges vacants ne doivent pas être
comptés dans le calcul des voix, ce qui constituerait en certains cas un
obstacle à toute réunion malgré la volonté de la majorité *effective* du
Parlement. En Angleterre, le Roi a le droit arbitraire de convocation et
de clôture, mais il n'en use pas : c'est une survivance purement théorique
d'un régime périmé. Le principe de la souveraineté nationale et de la séparation des pouvoirs imposent le système de la permanence des assemblées
législatives, c'est-à-dire le droit pour les assemblées mêmes de se réunir,
de s'ajourner ou de se séparer à leur gré. C'est le système que toutes nos
constitutions républicaines ont consacré, à l'exception de celle de 1875.

« Nos anciens États généraux, dit M. Esmein (*Élém. de dr. constit.*,
2ᵐᵉ édit., p. 501) ne pouvaient en réalité délibérer que quand le roi leur
ouvrait la bouche, et il pouvait la fermer à son gré ». Les assemblées
élues par la nation souveraine ne sauraient être soumises à une semblable
tutelle.

représentés au bureau (1). Le secret du vote à l'égard du bureau n'est pas rigoureusement assuré, comme en témoigne le projet actuellement soumis au Parlement : nous n'avons ni les bulletins imprimés sur papier officiel, et uniforme, ni le vote sous enveloppe, ni la cabine électorale (2). L'absence de tout contrôle sur les actes des bureaux de vote leur a permis dans des cas restés heureusement exceptionnels, d'utiliser les cartes électorales non retirées. On voit quel parti l'autorité administrative pouvait tirer des lacunes de la législation électorale à l'époque où les maires étaient *nommés*, et la *candidature officielle* reconnue.

Le dépouillement est fait, sous les yeux du public, c'està-dire dans la foule, par des électeurs librement choisis par le bureau, et placés sous sa surveillance.

Le recensement général des votes est opéré par une commission réunie au chef-lieu du département : elle comprend trois conseillers généraux, *désignés par le préfet* (3).

Les bureaux de vote et la commission de recensement n'ont pas en principe de pouvoirs juridictionnels. Mais ils ont à opérer le triage des bulletins réguliers et des bulletins irréguliers, des bulletins qui entrent en compte, et des bulletins qui n'entrent pas en compte. Parmi ces derniers ils doivent faire figurer les bulletins au nom des candidats qui

---

(1) L'adjonction au bureau des candidats ou de leurs représentants a été votée par la Chambre le 27 octobre 1904, repoussée au Sénat le 7 novembre 1905, reprise à la Chambre le 24 novembre 1905..., etc. La loi est encore en suspens.

(2) Le système de la cabine électorale a été voté par la Chambre des députés (27 oct. 1904, 24 nov. 1905) et par le Sénat.

(3) Le Sénat avait voté la substitution du conseil général au préfet pour le choix des recenseurs. Séance du 7 novembre 1905.

ne se sont pas conformés à la loi de 1889 : dans ce cas exceptionnel, ils sont bien *juges* de l'éligibilité.

Pour les élections au conseil général, au conseil municipal, toutes les irrégularités peuvent être invoquées devant une juridiction véritable : conseils de préfecture et
Conseil d'Etat, pour obtenir l'annulation des opérations
électorales ou la réformation des résultats inexacts du scrutin. Mais on sait que les réclamations contre les élections
législatives sont jugées en premier et dernier ressort par
les Chambres elles-mêmes(1) : nous consacrerons, dans la
seconde partie de notre Etude, un chapitre spécial à la vérification des pouvoirs.

On a résumé le système électoral qui nous a été légué
par le Second Empire, et n'a pas encore subi de remanie-
ment profond, dans les termes suivants : « les listes électorales préparées sans contrôle, la police du scrutin sans
limites, les recensements sans garanties ». Et nous pouvons
ajouter : les réclamations sans juges.

II

L'arbitraire gouvernemental et administratif, sous
toutes ses formes, peut devenir un instrument d'action sur
la volonté nationale, un instrument de pression électorale.

La liberté de l'électeur est, dans une large mesure, la
conséquence des autres libertés : c'est dire qu'elle atteint

(1) Sous la Restauration, le contentieux des élections législatives appartenait au *préfet* en Conseil de préfecture (art. 5, L. 5 févr. 1817). Il n'a
jamais appartenu, en somme, à l'autorité *juridictionnelle*. A l'époque de la
justice retenue, le Gouvernement était absolument maître des élections,
de toutes les élections, puisqu'il était légalement le seul à en apprécier
la régularité.

aujourd'hui son maximum, et qu'elle était à son niveau le
moins élevé sous le régime du césarisme. La liberté électorale pouvait-elle exister, à l'époque encore peu éloignée
où la France ne possédait, ni la liberté de parole et de
réunion, ni la liberté de la presse, ni la liberté de l'association, et où, comme on l'a très bien dit, tout citoyen était
d'une manière permanente placé sous la surveillance de la
haute police....?

D'autre part, le système de la candidature officielle, qui
était ouvertement appliqué sous le Second Empire a été
expressément condamné par le législateur. Les maires,
agents nécessaires de la candidature officielle directe, ne
sont plus à la nomination du Gouvernement. L'article 3
de la loi du 30 novembre 1875 interdit à tout agent de l'autorité de distribuer professions de foi ou circulaires. Aucun
candidat ne peut user pour ses affiches du papier blanc,
réservé aux actes de la puissance publique, par la loi des
22-28 juillet 1791.

Mais nous avons dit dans notre chapitre sur le *Principe
égalitaire et les faveurs administratives* que l'autorité gouvernementale n'avait pas été privée par notre législation de
tout moyen d'action sur le suffrage universel (1).

La centralisation, qui avait pour effet l'absorption des
affaires locales par le pouvoir central, et partant la dépendance presque absolue des circonscriptions locales à l'égard
du Gouvernement, a été considérablement atténuée, mais
non entièrement supprimée, par les lois du 10 août 1871 et
du 5 avril 1884. Les lois du 1er juin 1878 sur les construc-

_____

(1) V. la discussion de la loi sur la corruption électorale au Sénat,
séances des 8 décembre 1905, 18 et 23 janvier 1906. Sur un incident de
cette discussion, V. *infrà,* sect. II, chap. V, § IX.

tions scolaires, du 12 juin 1878 sur les travaux publics, de 1881, 1882, 1886, sur l'enseignement, ont porté les communes à se tourner dans une attitude de sollicitation vers le pouvoir central. La tutelle administrative fournit également à l'autorité supérieure de puissants moyens d'influence sur les groupements locaux.

Toutefois, il convient de noter que cette influence est en voie de décroissance, car le régime de la légalité sanctionné se substitue progressivement au régime de l'arbitraire, dans les rapports entre le pouvoir central et les autorités locales. Certaines subventions sont accordées *de droit* aux communes pouvant invoquer certaines circonstances ; le législateur s'efforce de supprimer le plus possible la nécessité des autorisations hiérarchiques, et notamment, par la loi du 8 janvier 1905, il a soustrait les communes à l'obligation de demander au conseil de préfecture l'autorisation d'ester en justice. Nous avons signalé précédemment l'évolution de la tutelle des corps locaux du type administratif vers le type juridictionnel : elle tend à assurer de la manière la plus complète l'indépendance des circonscriptions électorales à l'égard de l'autorité préfectorale ou gouvernementale.

M. J. Ferrand considère le système de la candidature officielle comme « le fruit logique, inéluctable, de notre organisation intérieure, et en particulier de nos pouvoirs administratifs, *unitaires* et *personnels* » Tel est bien la racine du mal, et c'est bien à elle que le législateur s'est attaqué : M. Joseph Ferrand conteste qu'il l'ait entièrement extirpée.

CHAPITRE SEPTIÈME

DE L'ARBITRAIRE DANS L'EXÉCUTION DES LOIS : THÉORIE DE L'EXÉCUTION FORCÉE PAR LA VOIE ADMINIS- TRATIVE.

> « L'exécution ayant ses limites par
> « sa nature, il est inutile de la
> « borner ».
>
> MONTESQUIEU, *De l'Esprit des Lois*, livre XI, chap. VI.

Les procédés coercitifs nécessaires pour assurer, à l'encontre des particuliers, l'exécution des obligations légalement établies à leur charge sont en général déterminés par la loi elle-même.

Le plus souvent, la loi édicte des sanctions pénales, dont l'application est confiée à la justice répressive, judiciaire ou administrative : c'est le procédé coercitif habituel, normal; quelquefois, elle prévoit des sanctions d'ordre administratif, dont l'application, confiée à l'autorité exécutive, est subordonnée cependant, hors les cas d'extrême urgence, à la décision préalable d'un juge : telles sont la destruction des travaux dépassant l'alignement, l'interdiction d'habiter un logement insalubre, la démolition d'un édifice menaçant ruine, etc.

Mais on chercherait en vain dans la loi française une sanction d'ordre pénal ou d'ordre administratif s'attachant de plein droit à tout acte de puissance publique pour lequel il n'existerait aucune sanction particulière : la plus large des sanctions prévues par la loi, celle de l'article 471 du

Code pénal, ne s'étend pas aux actes administratifs qui ne sont ni des règlements, ni des arrêtés de police municipale. Il en résulte que, par suite d'un oubli ou d'une inadvertance du Parlement, certaines obligations légales sur la nature et l'étendue desquelles aucun doute ne saurait d'ailleurs s'élever, se trouvent dépourvues d'une sanction expressément instituée par un texte.

Dans ce cas, l'autorité administrative a-t-elle le droit de suppléer au silence du législateur en procédant directement à l'exécution forcée des prescriptions légalement obligatoires dont les particuliers refusent l'exécution volontaire.

Sans doute, l'autorité administrative n'exerce pas la souveraineté ; elle n'a qu'une souveraineté dérivée, subordonnée, limitée. Elle n'a pas de droit à revendiquer : elle a une fonction à remplir. Or, comme le dit en termes excellents le professeur Berthélemy « Où le texte est muet, la fonction de l'Administration s'arrête. Son autorité ne lui appartient pas parce qu'elle représente l'État dont elle fait valoir les droits ; elle n'est que le mode d'exécution de la volonté souveraine du législateur, et la volonté du législateur ne peut se présumer quand il ne l'a pas exprimée (1) ».

C'est pourquoi nous avons dénié sans hésitation à l'autorité administrative le pouvoir d'imposer des obligations ou des charges nouvelles aux particuliers. Mais il nous semble que la conclusion de M. Berthélemy dépasse singulièrement ses prémisses, lorsqu'il va jusqu'à refuser à l'Administration le pouvoir d'assurer matériellement l'exécution d'une obligation formellement imposée aux particuliers par un texte.

(1) Berthélemy, *L'exercice de la souveraineté par l'autorité administrative*. Revue du droit public et de la science politique, juin 1904.

L'Administration, quand son action n'a d'autre but et, par hypothèse, n'a d'autre effet que l'exécution d'une prescription légale, ne sort pas de la « sphère d'exécution » de la loi. L'article 3 de la loi constitutionnelle du 25 février 1875, en confiant au chef de l'État la mission d'assurer l'exécution de la loi, définit la fonction administrative par son *but* et non par ses *moyens*. Où le texte est muet, la fonction de l'Administration s'arrête, mais lorsqu'un texte édicte à la charge des particuliers une obligation formelle, le texte n'est pas muet, le législateur a exprimé clairement sa volonté souveraine, et l'Administration a, *de plano*, nous ne disons pas seulement le droit, mais le devoir constitutionnel de la traduire dans les faits.

M. le commissaire du Gouvernement Romieu dans des conclusions dès aujourd'hui classiques, a fortement exposé la théorie de l'exécution forcée par la voie administrative(1). Avec lui, nous estimons, « qu'il n'est pas admissible que la loi ne soit pas exécutée, et que la puissance publique ne soit pas obéie ; — qu'une erreur de rédaction, une omission, une lacune de la part du législateur ne peut frapper de stérilité ses prescriptions ; — que, dans les rapports de la puissance publique avec les citoyens, l'obligation et la coercition sont indissolublement liées ; — que l'obéissance à l'ordre légalement donné par l'autorité compétente doit, si elle n'est pas obtenue volontairement, être réalisée par la contrainte » ; et que, dès lors, il convient d'autoriser l'Administration à se servir de la force publique, « sans l'intervention du juge répressif, impuissant dans la circonstance, pour assurer directement l'exécu-

---

(1) Conclusions du C. du G., sous l'arrêt du Tribunal des Conflits du 2 décembre 1902. Affaire de la société immobilière de Saint-Just, *Gazette des Trib.*, mercredi 17 décembre 1902.

tion matérielle de ses injonctions et des ordres du législateur ».

L'exécution forcée par la voie administrative peut donc être définie : *un moyen empirique justifié légalement, à défaut d'autre procédé, par la nécessité d'assurer l'obéissance à la loi.* Cette définition laisse peu de champ à l'arbitraire de l'Administration : elle suppose que l'opération administrative pour laquelle l'exécution est nécessaire a sa source dans un texte de loi précis, ou en d'autres termes possède un pivot législatif; — que l'absence de toute sanction pénale — ou autre, — rend nécessaire l'exécution administrative; — que par suite de résistance à la loi, il y a lieu à exécution forcée; et qu'enfin les mesures d'exécution forcée tendent uniquement, dans leur objet immédiat à la réalisation de l'opération prescrite par la loi.

Il faut ajouter que l'administrateur n'est pas entièrement libre dans le choix des moyens d'exécution : il y a des moyens, en eux-mêmes illégaux, dont aucune fin légale ne saurait justifier l'emploi. Tous les procédés d'ordre pénal sont interdits à l'Administration : c'est un principe incontestable de notre droit public. D'autre part l'Administration, lorsqu'elle assure l'exécution d'une prescription légale particulière, ne se trouve pas, par cela même, dispensée de respecter les prohibitions prévues par les lois générales : c'est ainsi qu'en dehors des cas formellement prévus par les textes, les agents de la puissance publique n'ont pas le droit de pénétrer de nuit au domicile des particuliers (1),

(1) Arrêt Cass. 12 juillet 1902 (affaire du Bon-Pasteur) *Gaz. des trib .,* 19 juillet 1902, refusant aux inspecteurs du travail le droit d'entrer de nuit dans les établissements où le travail n'est organisé que de jour. Un atelier, la nuit, est un *domicile privé,* protégé par l'article 75 de la Constitution de l'an VIII.

ou d'imposer à un individu une résidence *forcée*, comme le fit le ministre italien Crispi à l'égard de certains libéraux (1), ou encore de s'emparer définitivement d'une propriété privée.

Sous ces réserves, on peut résumer la théorie de l'exécution forcée par la voie administrative en disant qu'elle reconnaît à l'autorité administrative le pouvoir général d'exécuter la loi, — rien que la loi, mais *toute* la loi, — par des mesures de police, dans tous les cas et dans les cas seuls où la loi elle-même n'assure aucune sanction aux prescriptions qu'elle édicte ou qu'elle autorise l'Administration à édicter.

Il nous reste à montrer par l'examen de quelques espèces jurisprudentielles, les résultats pratiques du système, et à rechercher s'il n'est pas désirable, soit dans l'intérêt des particuliers, soit dans l'intérêt bien entendu de l'État lui-même d'exclure tout arbitraire de l'exécution des lois, en consacrant *législativement* le principe que l'Administration ne doit jamais mettre en mouvement la force publique, sans avoir obtenu au préalable l'assentiment d'une autorité juridictionnelle.

L'article 16 de la loi du 1er juillet 1901 sur les associations, avant les modifications qui lui ont été apportées par la loi du 4 décembre 1902, ne déclarait passibles des pénalités de l'article 8 que les membres des congrégations *non autorisées*. Les pénalités étant de droit strict, il était impossible aux tribunaux répressifs d'appliquer les sanctions de l'article 8 aux personnes appartenant aux *établissements non autorisés* d'une *congrégation autorisée*. Quels moyens

---

(1) Sur une circulaire de M. Combes prescrivant à des congréganistes de quitter leur domicile et de se rendre dans les huit jours à la maison-mère de leur ordre. V. Picot, *Rev. des Deux-Mondes*, juillet 1903, p. 259 et *Rev. pénit.*, 1902, p. 1087.

l'Administration allait-elle employer pour faire disparaître
ces établissements légalement interdits (1), et qui persis-
taient à ne pas se dissoudre volontairement? Conformément
aux dispositions de l'article 13 de la loi de 1901, elle en
ordonna la fermeture, par décret en conseil des ministres ;
les congréganistes furent expulsés et dispersés *manu militari*, et les scellés administrativement apposés sur les locaux
évacués.

La légalité du but poursuivi par l'Administration étant
certaine, la légalité des moyens n'était-elle pas au contraire
fort contestable?

Les intéressés soulevèrent la question en ce qui concerne
l'apposition des scellés et portèrent le débat devant la justice ordinaire. Les préfets prirent des arrêtés de conflit qui
furent confirmés. Illégale ou non, l'apposition des scellés
devait être considérée, non comme une voie de fait, mais
comme un acte administratif, relevant de la compétence
des tribunaux administratifs, en l'espèce du Conseil d'État.
En d'autres termes, le tribunal des conflits sans examiner
si l'apposition des scellés excédait ou non les pouvoirs de
l'Administration, reconnut nettement que cette opération
rentrait dans le cercle normal des attributions de l'autorité exécutive et ne constituait en rien « un acte de dépossession pouvant servir de base à une action devant l'autorité
judiciaire (2) ». En statuant sur la question de compétence,

(1) Cs. Avis du C. d'État du 23 janvier 1902 et arrêts du 20 juin 1903,
Le Conte, Dalloz, 1903. 3. 65. Cf. plaidoirie de Mᵉ Sabatier devant le
Conseil d'Etat.

(2) Arrêt conf., 2 décembre 1902, déjà cité. Sur la question de compétence, le tribunal des conflits s'était clairement prononcé en 1881. Mais
il faut noter qu'on avait alors discuté beaucoup plus la légalité des décrets
de fermeture, que celle des mesures d'exécution. — V. Hauriou, note,
S. 1904. 3. 17.

le tribunal des conflits, en 1902 comme en 1881, admettait
implicitement (1), non la légalité *complète* de l'apposition
gouvernementale des scellés, mais la légalité du système
de l'exécution forcée par la voie administrative dans son
ensemble, et par conséquent la légalité relative, appréciée
en bloc, de toute mesure administrative constituant une
application particulière de ce système général, alors même
que cette mesure serait entachée d'un vice de forme ou d'un
excès de pouvoir. Si, comme l'estime M. Berthélemy, élevant « une énergique protestation » contre la thèse de
M. Romieu, c'était un principe de notre droit public que
l'Administration ne pût, en aucun cas, même pour assurer
purement et simplement l'exécution de la loi, suppléer à
l'absence de sanctions légalement édictées, est-ce que tout
acte ouvertement contraire à ce principe, tel précisément
que l'apposition de scellés par mesure de police, ne devrait
pas être considéré comme une *voie de fait* (2) relevant de
la compétence judiciaire? *A contrario*, le tribunal des
conflits en reconnaissant à l'apposition des scellés le caractère d'acte administratif, n'a-t-il pas implicitement, mais
néanmoins d'une manière assez claire, consacré la théorie
de l'exécution forcée par la voie administrative?

Le Conseil d'État l'a consacrée plus nettement encore, en
admettant la légalité complète de l'apposition des scellés
(arrêt du 19 févr. 1904. Vᵛᵉ Bernier).

(1) V. dans la deuxième partie de notre travail, à propos de la question de la *Résistance violente aux actes de l'autorité publique*, les observations présentées sur le délit de bris de scellés et les références jurisprudentielles citées en note.

(2) Pour M. Charles Benoist, qui part de la même idée que M. Berthélemy, l'apposition des scellés est bien une voie de fait. Il qualifie le système d'un mot : c'est la *lettre de cachet* transférée des personnes aux
biens. *J. off.*, 17 octobre 1902, Ch. des dép., p. 2363 et suiv.

L'apposition des scellés sur les locaux évacués bon gré, mal gré, par les congréganistes appartenant à un établissement non autorisé est conforme aux quatre principes de l'exécution forcée par la voie administrative, tels que les a formulés M. Romieu, dans les remarquables conclusions auxquelles nous avons fait déjà de larges emprunts.

I. Le pivot législatif de l'opération existe. En 1881, on pouvait contester au Gouvernement le droit de dissoudre les congrégations, avec une apparence de raison (1). Mais en présence des termes formels de l'article 13 de la loi du 1ᵉʳ juillet 1901, nul ne songe à dénier aujourd'hui au Gouvernement le droit de fermer un établissement congréganiste.

II. Les congréganistes ne s'étant pas spontanément dispersés après le vote de la loi du 1ᵉʳ juillet 1901, et s'étant d'autre part abstenus de régulariser leur situation, il y avait lieu à exécution forcée. L'Administration devait faire cesser un état de choses inconciliable avec le respect dû à la loi.

III. Il n'y avait pas contre les contrevenants de sanction pénale. Dès lors, il fallait exécuter la loi par la voie administrative, ou ne pas l'exécuter du tout...

IV. L'apposition des scellés constituait une simple mesure d'exécution, n'ajoutant rien aux obligations édictées par la loi : elle tendait uniquement à réaliser l'opération prescrite par la loi : la fermeture de l'établissement. Comme le fait observer M. Romieu, l'apposition des scellés tenait lieu d'un planton à la porte du local évacué.

Enfin l'apposition des scellés est chez nous une mesure d'exécution traditionnelle et reconnue par les textes (2).

(1) Cs. Berthélemy, *Traité de dr. adm.*, 2ᵉ édit., p. 298, 302.
(2) V. sur ce point, Hauriou, note sous confl., 2 décembre 1902,

Les scellés gouvernementaux, comme les scellés judiciaires, sont même protégés contre les particuliers par les articles 249 et suivants du Code pénal.

La jurisprudence du Conseil d'État et du tribunal des conflits nous paraît donc, *en droit*, pleinement justifiée.

Mais il est facile de montrer, en raisonnant sur l'hypothèse de la fermeture d'un établissement congréganiste, quels inconvénients graves elle présente *en fait*.

« L'exécution d'office par l'Administration, dit M. Romieu, « par défaut », sans jugement, sans garanties à la défense, alors qu'aucun intérêt d'urgence ne l'explique, outre qu'elle n'est pas conforme à nos habitudes peut, dans certains cas, favoriser l'arbitraire et couvrir des illégalités ».

C'est l'Administration elle-même qui interprète le texte en vertu duquel elle agit : elle a tranché provisoirement, par l'affirmative, en prenant des décrets de fermeture, la délicate question de savoir si par exemple, *un* congréganiste, se livrant à l'enseignement privé, dans un local n'appartenant pas à la congrégation, constitue *à lui seul* un « établissement » de la congrégation...

C'est l'Administration elle-même qui décide à quel moment commence et à quel moment cesse la nécessité d'exercer une contrainte matérielle sur les biens ou les personnes : si elle procède à l'exécution forcée avec une hâte excessive, les intéressés peuvent se trouver surpris, avant d'avoir pu régulariser leur situation au point de vue légal ; d'autre part, l'Administration est maîtresse de maintenir pendant un délai indéterminé les mesures de coercition une fois prises, par exemple de retarder la mainlevée des scellés apposés par elle.

S. 1904. 3. 17, et les arrêts de la Cour de cassation des 28 novembre et 26 décembre 1902, 2 janvier 1903, S. 1904. 1. 57.

C'est l'Administration elle-même qui apprécie le point de
savoir s'il existe ou non dans la loi des sanctions d'ordre
pénal ou autre, dont l'utilisation la dispenserait de recourir
à l'exécution forcée : n'est-elle pas exposée à la tentation
de mettre tout de suite en mouvement la force publique au
lieu d'engager une procédure juridictionnelle pouvant conduire, mais plus lentement, à un résultat identique. Un
moyen *légal* et suffisant d'assurer la dispersion des congréganistes eût consisté dans l'application immédiate des
mesures de liquidation des biens possédés par eux. Envoyés
en possession de ces biens, les liquidateurs en auraient pu
expulser les occupants par les procédés juridiques applicables à des locataires congédiés...(1). Peut-être ce moyen
eût-il avec avantage remplacé la dispersion *manu militari*
et l'apposition des scellés.

C'est l'Administration elle-même qui, sous les réserves
précédemment indiquées, détermine les moyens d'assurer
l'exécution de la loi. Ces moyens peuvent atteindre les
tiers comme les contrevenants : selon une formule pitto-
resque de M. Romieu, l'apposition des scellés est une
mesure qui vise la congrégation, mais *à travers* le propriétaire de l'immeuble qu'elle occupe. En proscrivant l'arbitraire quant au résultat, la théorie de l'exécution forcée
n'exclut donc pas tout arbitraire dans le choix des moyens :
l'Administration aurait pu mettre des plantons à la porte
des locaux évacués, au lieu d'y apposer les scellés.

On voit par ces quelques observations de détail combien
la thèse consacrée par la jurisprudence est dangereuse pour
les droits individuels, ou au moins pour les intérêts privés.
Sans doute la juridiction administrative, sur le recours des

(1) Berthélemy, *Traité élém. de dr. adm.*, 3ᵉ éd., p. 313.

particuliers, prononce l'annulation des actes illégaux, et
ordonne la réparation des dommages qu'ils ont causés. Mais
l'intervention du juge administratif se produit *a posteriori :* elle répare d'une manière incertaine, incomplète,
tardive, des illégalités qu'il eût été certes préférable de prévenir.

Condamnable au point de vue de l'intérêt privé, l'exécution forcée est également condamnable au point de vue
de l'intérêt gouvernemental. Elle est le plus souvent inefficace. Un exemple : une école congréganiste est fermée
et l'instituteur congréganiste va dans une autre maison :
peut-on le pourchasser *manu militari* et, l'une après
l'autre, fermer toutes les maisons du village en y apposant
les scellés? L'exécution par la voie administrative soulève
le plus souvent des difficultés pratiques considérables ;
elle n'est possible que si l'opération prescrite par la loi est
très simple, très nettement définie; telle était par exemple,
la *fermeture d'un établissement congréganiste*, interprétée
comme devant entraîner la *clôture du local.* Mais si l'opération prescrite est quelque peu complexe, l'Administration, en l'absence de sanction pénale, se trouve désarmée :
malgré son ingéniosité, l'autorité préfectorale parisienne
n'a pu trouver les moyens d'assurer l'application de la loi
du 10 juillet 1894, sur le tout-à-l'égout, à laquelle le Parlement avait omis de donner une sanction pénale (1). Se
conformant aux indications d'un arrêt du Conseil d'Etat du
1er mai 1896, le préfet avait, en dernier lieu, incorporé
les dispositions essentielles de la loi de 1894 à un arrêté,
pris en vertu de ses pouvoirs généraux de police munici-

(1) Berthélemy, *L'exercice de la souveraineté par l'autorité administrative.* — V. arrêt C. E., 1er mai 1896 et Cour de cass., 31 décembre 1903,
Knittel.

pale, et sanctionné par l'article 471 du Code pénal; la
Cour de cassation estima le procédé illégal. Il avait en effet
pour but de donner une sanction *pénale* à des dispositions
qui n'en possédaient pas légalement.

Par la loi du 4 décembre 1902, le Parlement a supprimé
pour l'avenir toute exécution par la voie administrative des
prescriptions de la loi du 1ᵉʳ juillet 1901, en étendant aux
établissements non autorisés des congrégations autorisées
les dispositions de l'article 16. Il a substitué, suivant les
expressions mêmes du garde des Sceaux, aux « sanctions
toujours brutales de la force », les sanctions judiciaires.

En étendant à tous les actes administratifs légalement
obligatoires la sanction pénale de l'article 471 du Code
pénal, le Parlement condamnerait implicitement le système de l'exécution forcée par la voie administrative, selon
le vœu de ceux-là mêmes qui le défendent en droit *positif*,
et donnerait aux actes de la puissance publique une sanction pénale plus efficace que tous les moyens empiriques
dont la jurisprudence autorise l'Administration à user.

Naturellement, en cas d'extrême urgence ou de péril
imminent, l'autorité administrative conserverait ses pouvoirs
actuels en vue d'assurer par des mesures provisoires l'ordre, et la sécurité publique. Lorsque la maison brûle,
disait M. Romieu, on ne va pas demander au juge la permission d'y envoyer les pompiers...; lorsqu'un particulier
interrompt la circulation sur une voie publique, on ne va
pas demander au juge la permission de la rétablir.

L'extension de l'article 471 du Code pénal nous paraît
la meilleure solution du problème pratique soulevé dans
ce chapitre, parce qu'elle est la meilleure conciliation des
intérêts en présence. Aussi longtemps qu'elle ne sera pas

réalisée, nous pourrons répéter après M. de Tocqueville :
« En France, le règne de la loi est proclamé, mais l'arbitraire se réfugie dans l'exécution (1) ».

(1) De Tocqueville, *Mélanges*, p. 284.

Section II

L'arbitraire des autorités administratives et la légalité : l'arbitraire par manque de sanction juridictionnelle.

La sanction des droits légalement reconnus aux particuliers a, pratiquement, une importance égale à la reconnaissance même de ces droits.

« Il ne suffit pas, dit excellemment M. Jacquelin, que des règles fixes soient établies; il importe en outre qu'elles soient respectées. Le droit a besoin d'être sanctionné ; sans sanction, il peut bien exister, mais il est le plus souvent illusoire. C'est même à l'existence et à la valeur d'une sanction que se mesurent l'efficacité et la perfection d'une législation (1) ».

Pourquoi l'Angleterre est-elle un pays de liberté? Parce qu'elle est un pays de légalité véritable, c'est-à-dire de légalité pleinement et efficacement sanctionnée.

En droit anglais, une importance capitale est attribuée aux « remèdes » : c'est ainsi que les Anglais appellent les modes de procédure qui assurent le respect d'un droit légal, et, comme le dit très bien le jurisconsulte anglais Dicey, « transforment un droit *nominal* en un droit *effectif* et *réel* (2) ».

---

(1) Jacquelin, *op. cit.*, p. 1.
(2) Dicey, *Introduction à l'étude du droit constitutionnel*, Préface de M. Ribot, Trad. franç., Giard et Brière, 1902.

En Angleterre, la sanction de la légalité à l'égard de l'autorité exécutive consiste essentiellement dans la responsabilité individuelle des fonctionnaires, qui peut être librement mise en jeu par les particuliers devant la justice commune : l'État, infaillible et irresponsable —, *the King can do no coroug*, disent les Anglais —, est, pour ainsi dire, « couvert » par ses agents, même lorsque ses agents sont insolvables. Ce n'est pas, à nos yeux, la meilleure sanction possible, mais enfin c'est une sanction d'une portée générale, et d'une efficacité démontrée par l'expérience : elle assure la pleine subordination de l'autorité administrative au pouvoir judiciaire, unique et souverain interprète de la légalité.

En droit français, il n'existe pas de sanction générale de la légalité : il y a seulement des sanctions particulières ou spéciales, qui présentent entre elles, malgré leur multiplicité, de graves solutions de continuité.

Ainsi, non seulement le législateur français a souvent omis de délimiter avec précision les frontières du droit privé à l'égard du pouvoir administratif, mais encore les frontières qu'il a tracées ressemblent parfois à celles de ces pays sans protection naturelle, et sans armée, dont la liberté et la sécurité sont à la fois sous la sauvegarde et à la merci d'une nation plus puissante.

La véritable frontière d'un pays commence à la première forteresse, au premier corps d'armée : la véritable frontière du droit privé à l'égard du pouvoir administratif commence là où l'individu dispose, pour arrêter les incursions illégales de l'Administration, d'une action contentieuse devant un juge indépendant.

Or, en admettant —, et nous l'admettons —, que la juridiction administrative offre toutes les garanties d'une vraie

justice, et d'une bonne justice, il s'en faut encore que les
particuliers puissent toujours s'adresser à elle pour obtenir la répression ou la réparation de toutes les illégalités
gouvernementales et administratives.

C'est pourquoi, après avoir étudié les cas où les droits
privés, en l'absence d'une *détermination légale*, se trouvent
subordonnés à l'arbitraire de l'Administration active, nous
devons maintenant examiner les cas où, les droits des particuliers étant légalement déterminés, cette détermination,
en *l'absence de toute sanction*, ou en *l'absence de sanction
efficace* reste pratiquement illusoire. Cette double étude
est nécessaire pour donner une vue complète de l'arbitraire
des autorités administratives : car peu importe que la loi
ordonne à l'Administration de respecter les droits individuels et les intérêts privés, si l'Administration n'est pas effectivement tenue de respecter la loi.

D'ailleurs, il est intéressant de remarquer que l'arbitraire
par manque de sanction juridictionnelle vient en général
se superposer à l'arbitraire par manque de détermination
légale. Le législateur semble avoir voulu refuser aux particuliers les moyens de maintenir l'Administration dans les
limites de ses pouvoirs légaux, précisément dans les hypothèses où ces pouvoirs légaux sont, par eux-mêmes, exorbitants, et où par conséquent, les faibles garanties légales
accordées au droit individuel devraient être plus particulièrement respectables et respectées.

CHAPITRE PREMIER

LES ACTES LÉGISLATIFS EN LA FORME ADMINISTRATIVE.

Le recours en annulation devant le Conseil d'État n'est pas recevable contre les actes législatifs en la forme administrative : règlements d'administration publique, décrets-lois. D'une manière générale, ils ne peuvent être l'objet devant aucun tribunal d'une contestation tendant à infirmer directement leur autorité. C'est ici le fond et non la forme qui détermine le régime juridique de l'acte, contrairement à la doctrine d'après laquelle l'acte se définit par l'agent, la fonction par l'organe.

Il appartient naturellement au juge d'examiner si l'acte contesté devant lui présente réellement le caractère d'un acte législatif. Il ne suffirait pas au Gouvernement de baptiser « règlements d'administration publique » des décrets simples pris sans délégation spéciale du législateur pour les soustraire à tout contrôle de légalité.

Parmi les décrets coloniaux, quelques-uns sont des lois gouvernementales : mais beaucoup constituent des actes strictement administratifs et ne sauraient par conséquent échapper au recours en annulation « Les prescriptions qui, d'après les règles ordinaires de notre droit public ne pourraient être édictées que par le législateur seront réputées législatives ; celles qui rentreraient dans les attributions du pouvoir exécutif seront assimilées à des décrets (1) ». Tel est, selon M. Laferrière, le critérium pratique dont le juge administratif devra s'inspirer.

Mais le Conseil d'État ne va pas jusqu'à distinguer dans un décret-loi ou dans un règlement d'administration les dispositions proprement législatives et les dispositions proprement réglementaires. L'acte législatif en la forme administrative est un *bloc indivisible* : l'immunité du tout à l'égard du recours contentieux profite à chacune des parties.

A défaut d'un recours direct, la jurisprudence a senti vivement la nécessité d'assurer aux particuliers des garanties indirectes contre l'arbitraire du Gouvernement-législateur. Elle admet qu'à l'occasion d'une espèce déterminée, et sans porter atteinte à la force obligatoire de l'acte *erga omnes*, les tribunaux ont le droit de verifier la légalité des décrets-lois et des règlements d'administration, au double point de vue de la forme et du fond. C'est ainsi que le Conseil d'État s'est opposé à l'application d'un prétendu règlement d'administration publique, qui avait été directement présenté à la signature du Président de la République, sans avoir subi l'examen préalable de l'assemblée générale du Conseil d'État (2). C'est ainsi qu'il se reconnaît le droit d'examiner si le Gouvernement n'a pas réglé aux colonies des matières spécialement réservées à la loi, ou s'il n'a pas inscrit dans un règlement d'administration des dispositions contraires aux principes de la loi que ce règlement est destiné à compléter (3).

En résumé la jurisprudence, faisant en somme prévaloir

(1) Laferrière, *op. cit.*, t. II, p. 8.
(2) Conseil d'État, 6 janv. 1888, Salle, Lebon, p. 2.
(3) Conseil d'État, 26 janv. 1900, Malivert, Lebon, p. 55.

son libéralisme sur la logique, décide que si les intéressés
ne sont pas recevables à demander l'annulation d'un acte
législatif en la forme administrative, ils peuvent se pourvoir contre les mesures prises pour l'exécution de cet acte
(arrêt du Conseil d'État du 1ᵉʳ avr. 1892, Commune de
Montreuil-sous-Bois). Il n'est donc pas tout à fait exact de
dire, avec M. Laferrière, que les décrets-lois, comme les
lois, « ne peuvent être l'objet devant aucune juridiction de
contestations tendant à infirmer leur autorité (1) ».

On a présenté quelquefois le système adopté par la jurisprudence comme le plus favorable aux particuliers (2).
Si le recours pour excès de pouvoir était recevable, dit-on,
les intéressés n'auraient que deux mois à partir de la publication du décret pour se pourvoir devant le Conseil
d'État : or, la publication d'un règlement, juridiquement
équivalente à une notification individuelle, n'atteint pas,
en fait, les intéressés. Et le délai expiré, ils ne pourraient
pas plus attaquer les mesures d'exécution du règlement
que le règlement lui-même.

Dès lors, bien loin de souhaiter l'extension du recours
pour excès de pouvoir aux règlements d'administration et
aux décrets-lois, ne faut-il pas en souhaiter la disparition
à l'égard des règlements ordinaires? Il est permis de le contester; car ouvrir aux intéressés le recours pour excès de
pouvoir n'est pas *de plano* leur fermer toute voie indirecte.

La recevabilité du recours pour excès de pouvoir contre
les règlements simples empêche-t-elle les tribunaux d'apprécier leur légalité, avant de faire aux contrevenants
application de l'article 471 du Code pénal ? Les particuliers ne peuvent-ils, — pendant trente ans, — demander

(1) Laferrière, *op. cit.*, t. II, p. 5.
(2) Brémond, *Revue critique de législ. et de jurispr.*, 1896, p. 339.

au Conseil d'État de déclarer, *inter partes*, l'illégalité d'un acte qu'il est devenu impossible d'annuler *erga omnes*, à raison de l'expiration du délai de deux mois (1)?

Et l'expérience n'a-t-elle pas démontré que la dualité des voies de recours ne compromettait pas sérieusement la stabilité des règlements ?

Pratiquement, l'extension du recours pour excès de pouvoir aux actes législatifs en la forme administrative ne pourrait donc être que profitable à l'intérêt individuel, sans nuire à la bonne administration.

D'autre part, nous ne voyons pas à cette extension d'obstacle théorique infranchissable. Sans doute, nous reconnaissons le caractère législatif aux décrets coloniaux, aux règlements d'administration : mais il faut noter que juridiquement ces actes n'ont une valeur *législative* que dans la mesure exacte où ils ne sont pas *illégaux*. Le Parlement n'a jamais entendu déléguer au Gouvernement le droit de violer la loi ordinaire. Pourquoi soustraire au recours contentieux une illégalité administrative par le seul fait qu'elle est inscrite dans un règlement d'administration? Même lorsqu'il légifère, le Gouvernement a l'obligation de respecter la loi, car la législation gouvernementale est secondaire, dérivée, limitée : convient-il de laisser cette obligation dépourvue de sanction? Nous avons dit, à la vérité, que les tribunaux, à l'occasion d'une espèce particulière, pouvaient tenir pour *non avenues* les dispositions illégales d'un décret-loi : mais n'y a-t-il pas précisément une contradiction injustifiable à refuser au Conseil d'État le droit de les *annuler?*

Enfin n'est-il pas dans l'esprit de notre droit positif de

---

(1) Hauriou, *op. cit.*, p. 801 et note 3.

définir l'acte par l'agent, la fonction par l'organe, de déterminer le régime juridique d'un acte par sa forme plutôt que sur sa nature intime? On sait que l'article 9 de la loi du 24 mai 1872 exerce le recours pour excès de pouvoir contre les « *actes des diverses autorités administratives* »; l'article 9 ne dit pas : contre les *actes de nature administrative*.

Il est regrettable que la jurisprudence rejette la doctrine formaliste dans le seul cas où cette doctrine semble favorable à l'intérêt individuel.

En résumé, nous concluons à la *recevabilité* du recours en annulation contre les actes législatifs en la forme administrative, sans établir de distinction entre les décrets-lois et les règlements d'administration. Les règlements d'administration, s'ils viennent toujours s'annexer à une loi ordinaire, ne sont pas assez étroitement soudés à elle pour en recevoir une sorte de protection et d'immunité au point de vue du recours contentieux.

Le Gouvernement législateur ne doit pas être au-dessus des lois; le Gouvernement, législateur *secondaire*, ne doit pas être au-desssus du législateur *ordinaire :* sur ce principe, tout le monde est d'accord. Or sa mise en œuvre nous paraît facile dans l'état actuel de notre droit positif : c'est à la juridiction administrative qu'il appartient d'assurer la subordination des lois gouvernementales aux lois proprement dites.

CHAPITRE DEUXIÈME

THÉORIE JURIDIQUE DE LA RAISON D'ÉTAT : LES ACTES DE GOUVERNEMENT.

> « Le Gouvernement est de sa nature
> infaillible, c'est-à-dire absolu : autre-
> ment, il ne gouverne plus ».
>
> JOSEPH DE MAISTRE, *Du Pape*,
> chap. 1.

I

Gouverner n'est pas administrer. Exercées par les mêmes organes, la fonction gouvernementale et la fonction administrative n'en sont pas moins rationnellement et juridiquement distinctes (1).

« Administrer, dit M. Laferrière, c'est assurer l'application journalière des lois, veiller aux rapports des citoyens avec l'administration centrale ou locale, et des diverses administrations entre elles. Gouverner, c'est veiller à l'observation de la Constitution, au fonctionnement des grands pouvoirs publics, assurer les rapports du Gouvernement avec les Chambres, ceux de l'État avec les puissances étrangères (2).

(1) « Le Gouvernement, a dit Vacherot est une œuvre de parti... l'administration est une œuvre d'État... En conséquence, il faudrait rattacher toutes les administrations publiques au Conseil d'État, devenu indépendant, dans une certaine mesure, du pouvoir exécutif ». *La Démocratie*, liv. III et ch. IV, p. 366.

(2) Laferrière, *op. cit.*, t. II, p. 33.

La distinction des actes de gouvernement et des actes d'administration est consacrée nettement quoique d'une manière indirecte, par notre droit positif.

D'après l'article 26 de la loi du 24 mai 1872 sur le Conseil d'Etat « les ministres ont le droit de revendiquer devant le tribunal des conflits les affaires portées devant la section du contentieux et *qui n'appartiendraient pas au contentieux administratif* ». Or, l'article 26 de la loi du 24 mai 1872 est la reproduction pure et simple de l'article 47 de la loi du 3 mars 1849, dont le but, clairement défini par le rapporteur de la loi, M. Vivien, était de soustraire à l'appréciation de la juridiction administrative les actes se rattachant à la haute mission de *politique* intérieure ou extérieure dont le Gouvernement est investi(1).

Avant 1849, sous le régime de la justice administrative retenue, la théorie des actes de Gouvernement était inutile pour assurer l'indépendance du Gouvernement à l'égard de la légalité. Cependant, comme deux précautions valent mieux qu'une, l'ordonnance du 29 juin 1814 et celle du 17 avril 1817 avaient reconnu au chef de l'État le droit d'*évoquer* devant le Conseil des ministres, dit Conseil d'en Haut « les affaires du contentieux de l'Administration *qui se lieraient à des vues d'intérêt général*». On discerne toute l'élasticité de la formule. Sous la monarchie semi-libérale de 1830, le Gouvernement perdit ce droit presque illimité d'évocation ou de dessaisissement, mais conserva la faculté de modifier les décisions du Conseil d'État au contentieux : c'était, comme on l'a dit, une épée de Damoclès dont la menace inspirait aux juges administratifs une large tolé-

(1) Cs. Le Courtois, *Théorie des actes de gouvernement*, Thèse, Paris, 1899.

rance à l'égard des manifestations de l'arbitraire gouvernemental. Aussi bien la pénétration ou la confusion de
l'Administration active et de la juridiction administrative
étaient-elles encore poussées à ce point que le juge administratif statuait exactement dans le sens où l'administrateur aurait pu statuer lui-même.

Substituant le régime de la justice administrative déléguée au régime de la justice administrative retenue, la loi
de 1849, puis celle de 1872 n'osèrent rompre entièrement
avec la tradition qui plaçait l'autorité gouvernementale
en dehors de la légalité sanctionnée : en consacrant la
théorie des actes de gouvernement, elles firent à l'arbitraire la part du feu... (1). De même que l'autorité exécutive, — par le moyen du conflit, — peut dessaisir l'autorité judiciaire d'une affaire appartenant au contentieux
administratif, de même, — par le moyen de la revendication prévue par l'article 26 de la loi du 24 mai 1872, —
elle peut dessaisir la juridiction administrative d'une
affaire appartenant au contentieux gouvernemental. Car il
y a un contentieux gouvernemental (2) : les actes de gouvernement, comme les actes d'administration, sont de
nature à soulever des litiges de droit. Seulement pour
juger ces litiges, il n'est d'autre juge que le gouvernement
lui-même, sollicité par la voie gracieuse.

II

Quel est, dans l'état actuel de la jurisprudence, le *criterium* de l'acte de gouvernement?

(1) V. Hauriou, note sous l'arrêt du Conseil du 18 décembre 1891,
Sirey, 1893, III, 129.
(2) *Contrà*, Ducrocq, *op. cit.*, t. I, n° 23.

Un décret « gouvernemental » ne se distingue en rien *par la forme* d'un décret « administratif ». Un décret délibéré en Conseil des ministres n'est pas nécessairement gouvernemental ; un décret délibéré en conseil d'État n'est pas nécessairement administratif. Comme les décrets, les arrêtés pris par les préfets ou les gouverneurs des colonies, sur l'ordre ou sous l'autorité du pouvoir central, présentent tantôt le caractère gouvernemental, tantôt le caractère administratif (1).

D'autre part, la jurisprudence ne fait plus aujourd'hui dépendre le caractère gouvernemental d'un acte du *mobile* qui l'a inspiré (2). A l'époque où le conseil d'État admettait la théorie du mobile politique c'est-à-dire avant la troisième république, on pouvait dire qu'en matière gouvernementale la fin justifiait les moyens. Vivien, rapporteur de la loi de 1849, dont nous avons précédemment invoqué l'autorité, était partisan de cette théorie césarienne : et c'est elle que le législateur de 1849 a entendu consacrer. « Il est des circonstances, disait Vivien, où *en vue d'une grande nécessité publique*, les ministres prennent des mesures qui blessent les droits privés. Ils en répondent devant le pouvoir politique. Les rendre justiciables du tribunal administratif, ce serait paralyser une action qui s'exerce en vue de l'intérêt commun… ». Le législateur de 1872, en reprenant la formule de l'article 47 de la loi du 3 mars 1849, nous paraît avoir donné à la théorie du mobile politique une consécration nouvelle. En la repoussant, la jurisprudence s'est montrée plus libérale que la loi (3).

(1) Conseil d'Etat, 18 mars 1898, Conseil général au Sénégal.
(2) Laferrière, *op. cit.*, t. II, p. 33 et suiv.
(3) La théorie du mobile politique a conservé, croyons-nous, quelques défenseurs parmi les membres du Conseil d'Etat, Cf. Brémond, *Revue du droit public et de la Science politique*, année 1896, janvier-février, p. 29.

Le criterium de l'acte de gouvernement — d'après la jurisprudence —, doit être recherché uniquement dans la *nature* de l'acte. Mais ni le Conseil d'État, ni le Tribunal des Conflits n'ont essayé de formuler dans leurs arrêts une définition précise de l'acte gouvernemental par opposition à l'acte purement administratif. En collationnant les décisions d'espèce on obtient une énumération disparate dont il paraît difficile de dégager une théorie générale permettant d'attribuer ou de refuser avec certitude à un acte déterminé le caractère gouvernemental.

La liste communément admise des actes de Gouvernement comprend :

1° *Les actes relatifs aux rapports avec les Chambres* : décrets de convocation ou d'ajournement des Chambres, décrets de dissolution de la Chambre des députés, décrets de présentation des projets de lois (1), décrets de promulgation des lois...

2° *Les actes concernant la sûreté intérieure de l'État*, mais seulement lorsqu'ils sont accomplis par le Gouvernement dans l'exercice des pouvoirs qui lui sont conférés par la loi : déclaration d'état de siège, mesures de haute police sanitaire (2).

___

(1) Un juriste ingénieux, M. A. Mater —, dans la *Revue socialiste* —, a engagé le Conseil municipal de Paris à former un recours pour excès de pouvoir contre le *décret* de présentation d'un projet de *loi* portant autorisation à la ville de Paris d'instituer la régie des services d'éclairage par le gaz. D'après M. Mater, ce décret était illégal, l'autorisation du Parlement n'étant pas nécessaire, suivant la législation communale applicable à Paris. Mais il est certain que, sans examiner la question au fond, le Conseil d'État aurait opposé au recours la fin de non-recevoir tirée du caractère gouvernemental de l'acte.

(2) V. par exemple l'arrêt du Conseil d'État, en date du 28 décembre 1905, rejetant un pourvoi contre le décret du 21 septembre 1903, qui

Les mesures d'exception, c'est-à-dire les mesures non prévues par la loi, sont soumises au recours contentieux : l'autorité publique n'a pas à s'investir elle-même de pouvoirs que la loi ne lui a pas accordés. Dans un arrêt du 2 avril 1886, le Conseil d'État a prononcé l'annulation d'un arrêté préfectoral interdisant l'affichage d'un manifeste politique : car aucun texte ne confère au Gouvernement le pouvoir d'interdire l'affichage(1).

Les mesures individuelles, prises pour l'exécution d'un acte gouvernemental, sont également soumises au recours contentieux. Mais il est important de remarquer que le recours contre les mesures d'exécution d'un acte de gouvernement n'est pas un moyen de contester indirectement la légalité de l'acte de gouvernement lui-même (2). Une déclaration d'état de siège —, légale ou non —, a pour effet d'instituer à l'égard des particuliers un régime juridique nouveau, le régime militaire, défini par la loi du 3 mars 1849, ou, en d'autres termes de substituer à la légalité normale une légalité spéciale et extraordinaire : à la suite d'une déclaration d'état de siège *illégale*, l'autorité militaire peut *légalement* interdire les réunions et publications dangereuses, perquisitionner au domicile des citoyens, saisir les armes et munitions, etc..., conformément aux

rend obligatoire la destruction des rats à bord des navires, en vue d'empêcher la propagation de la peste (Loi du 3 mars 1822).

(1) En 1904, le tribunal de la Seine a jugé que le préfet de police avait commis une *faute personnelle*, dont il devait réparation, en ordonnant la lacération d'affiches apposées dans Paris. Le préfet de police avait agi dans un but de courtoisie internationale : ces affiches représentaient le président Kruger offrant un verre de liqueur à la reine Victoria.

(2) Nous avons vu, dans un précédent chapitre, que le recours contre les mesures d'exécution d'un règlement d'administration publique constituait, au contraire, un recours indirect contre le règlement lui-même.

pouvoirs exceptionnels, qui lui sont attribués par la loi
de 1849. Mais elle ne saurait évidemment aller jusqu'à
violer les droits dont le législateur s'est refusé à priver les
citoyens, même sous le régime militaire(1).

3° *Les actes diplomatiques.* — La diplomatie constitué
le domaine d'élection de l'arbitraire gouvernemental. Tous
les excès de pouvoir semblent devenir « pardonnables »,
« lorsque la diplomatie les commande et que le patriotisme
les absout ... » (2). La jurisprudence attribue le caractère
gouvernemental : 1° aux actes diplomatiques proprement
dits, c'est-à-dire aux actes internationaux : traités, conventions, demandes d'indemnités adressées aux gouvernements
étrangers, etc....; 2° aux mesures individuelles prises, —
même en ce qui concerne les citoyens ou sujets français
—, pour l'exécution des actes diplomatiques : répartition
d'une indemnité versée par une puissance étrangère, etc...;
3° aux actes des agents consulaires dans l'exercice des
pouvoirs, qui leur appartiennent à l'égard des français à
l'étranger. On sait que d'après l'article 82 de l'édit de juin
1778, maintenu par la loi du 28 mai 1836, nos consuls
peuvent faire arrêter ou renvoyer en France par le premier
navire de la nation tout français qui, par sa mauvaise conduite ou ses intrigues, nuirait au bien général (3). C'est
bien là une mission « politique », quoique la fonction con-

(1) Laferrière, *op. cit.*, t. II, p. 37, et les arrêts cités.
(2) Laferrière, *op. cit.*, t. II, p. 45.
(3) V. Trib. de la Seine, 3 mai 1905. Affaire Abd-el-Hakim. Notre
ministre à Tanger avait pris un arrêté d'expulsion contre le conseiller
d'État marocain Abd-el-Hakim, qui, étant né en Tunisie, pouvait être, à
bon droit, d'après le tribunal de la Seine, considéré comme protégé français. Le tribunal civil avait à statuer seulement sur la question de natio-
nalité. On voit que l'article 82 de l'ordonnance de 1778 n'est pas tombé
en désuétude : la lettre de cachet survit en matière diplomatique.

sulaire dans son ensemble soit plutôt « administrative » (1).

Les décisions récentes, opposant au recours pour excès
de pouvoir, la fin de non-recevoir tiré du caractère gouvernemental de l'acte attaqué, ont été rendues à l'occasion de
mesures diplomatiques. Tel est, par exemple, l'arrêt Bachatori, dit Bachadour, du 12 février 1904, déclarant irrecevable le recours formé contre une ordonnance consulaire qui
avait retiré au sieur Bachatori le bénéfice de la protection
française : cette ordonnance était —, sauf controverse —,
entachée d'un excès de pouvoir caractérisé, puisqu'elle révo-
quait une décision consulaire du 20 octobre 1789, par lequel
la protection française était accordée d'une manière *irrévo-*
cable à la famille Bachatori, mais il s'agissait évidemment
d'un « acte » se rattachant à l'exercice des pouvoirs reconnus à la France par des traités internationaux » (2).

4° *Les faits de guerre.* — Des arrêts rendus par le Conseil d'État à la suite des évènements de 1870-1871, il résulte que l'appellation de « faits de guerre » doit être réservée aux faits qui se rattachent aux nécessités immédiates
de la lutte militaire. Cette définition, sous son apparence
de rigueur, laisse en réalité un large champ à l'arbitraire
du juge. C'est ainsi que le Conseil d'État a reconnu le caractère de faits de guerre à tous les dommages causés aux particuliers par les travaux de préparation militaire entrepris

(1) Cf. Moye, *Rev. crit. de législ. et de jurisp.*, 1904, p. 587.
(2) Voir également l'arrêt du 28 décembre 1891 sur la célèbre affaire
du *Jeu des Trente-six bêtes*. Le recours mettait en cause la légalité d'un
accord intervenu entre le roi du Cambodge Norodom, et le gouvernement français, en vue de supprimer le Jeu des Trente-six bêtes, dont
l'exploitation avait été affermée par le roi à des particuliers. S. 1893. 129.
cf. C. E. 5 août 1904, Ravero ; 23 décembre 1904, Poujade ; 3 mars 1905,
Mante frères, etc.

pour la défense de Paris, *à la suite du désastre de Sedan* (1).

Les conséquences iniques de l'irresponsabilité de l'État, en matière de faits de guerre, ont été corrigées par la générosité spontanée du législateur : après la guerre de 1870, de larges crédits furent votés en vue d'accorder des indemnités *gracieuses* à tous ceux qui avaient subi, au cours des opérations militaires, des dommages matériels. Mais le principe de l'irresponsabilité de l'État à raison des faits de guerre se trouvait par là même législativement consacré.

De cette rapide énumération, nous pouvons conclure que tous les actes de Gouvernement présentent nettement le caractère « politique » au sens large et élevé de ce mot : ils intéressent directement le salut de la « cité » contre les dangers extérieurs ou intérieurs, ou selon l'expression vigoureuse de M. Hauriou « le salut de l'unité politique (2)».

En matière constitutionnelle, en matière diplomatique, en matière de défense nationale, en matière de santé publique les questions de fond et d'opportunité dominent les questions de forme et de légalité. D'autre part, l'annulation d'un acte de gouvernement pourrait avoir plus d'inconvénients pour l'intérêt général que d'avantages pour les intérêts particuliers : l'annulation d'une mesure diplomatique risquerait d'ouvrir un conflit international, l'annulation d'un acte de haute police sanitaire désarmerait au moment critique les pouvoirs publics contre l'invasion d'une maladie exotique..., etc.

(1) Voir par exemple l'arrêt du 23 mai 1873.

(2) Hauriou, *Précis de dr. adm.*, 5ᵉ édit., 1903, p. 276. Cf. Laferrière, *op. cit.*, t. II, p. 33; Ducrocq, *Cours de dr. adm.*, t. I, 1897, n.° 23; Dareste, *Traité de la Justice adm.*, 2ᵉ édit., p. 218; Aucoc, *Conférences*, 3ᵉ édit., t. I, p. 92; Jacquelin, *Les principes dominants du contentieux administratif*, p. 310.

La recevabilité du recours *en indemnité* aurait des effets aussi graves, quoique d'ordre purement financier. Il serait juste, sans doute, d'opérer la péréquation des maux de la guerre entre ceux qui en ont souffert et ceux qui ont pu y échapper : mais quel ministre des Finances y pourrait consentir?

Telles sont les raisons pour lesquelles la légalité des actes gouvernementaux n'est sanctionnée par aucun recours de nature contentieuse, soit devant la juridiction administrative, soit — *a fortiori* — devant les tribunaux judiciaires(1). Le pouvoir exécutif, dans l'exercice de la fonction « gouvernementale » doit jouir, — sous le contrôle du Parlement — d'une pleine indépendance.

La théorie des actes de gouvernement permet le développement normal du contentieux administratif. Sûre d'agir librement dans la sphère gouvernementale, l'autorité exécutive se soumet de bonne grâce dans la sphère administrative, au contrôle de la juridiction contentieuse. « La théorie des actes de gouvernement, dit très bien M. Hauriou, est le résultat d'un compromis. On a mis certains actes hors de la légalité moyennant ce sacrifice, tous les autres actes pourront être progressivement soumis à la légalité » (2). L'autorité exécutive contesterait sans doute à la juridiction administrative le droit d'annuler les permissions de voirie, si ce droit entraînait celui d'annuler les traités internationaux...

(1) *Contrà*, Aucoc, *Conférences*, t. I, n° 289 et *Revue crit.*, Nouv. série, t. XII, p. 266 et sqq; Dareste, *La Justice administrative en France*, p. 222.

(2) Hauriou, *loc. cit.*, p. 279-280.

III

La théorie des actes de gouvernement a été vivement attaquée, tantôt comme inutile, tantôt comme dangereuse.

Elle est inutile, d'après M. Michoud et M. Brémond (1), parce que tous les actes dits de gouvernement, alors même que leur caractère gouvernemental ne serait pas invoqué devant les tribunaux, échapperaient, pour des motifs variés, aux recours contentieux : en d'autres termes la fin de non-recevoir tirée de la *nature* gouvernementale de certains actes ferait double emploi avec d'autres fins de non-recevoir, tirées par exemple du défaut de qualité des requérants, de l'absence de toute juridiction compétente, etc... Si cette vue était exacte, c'est-à-dire si les actes classés jusqu'ici sous l'étiquette gouvernementale se trouvaient placés, par le jeu même des principes, hors du droit et de la légalité, on pourrait à juste titre s'étonner que la jurisprudence, pour les soustraire à tout contrôle juridictionnel, ait pris la peine d'élaborer, en quelque sorte pour l'amour de l'art, une théorie spéciale.

Mais en réalité, si cette théorie n'existait pas, aucune des quatre grandes catégories d'actes de gouvernement n'échapperait d'une manière générale et absolue aux recours contentieux.

De ce que les actes concernant les rapports entre les pouvoirs publics, et les actes diplomatiques sont faits pour l'application des lois constitutionnelles et non pour l'appli-

(1) Michoud, *Des actes de Gouvernement. Annales de l'enseignement supérieur de Grenoble*, 1889, t. I, n° 2; Brémond, *Des actes de gouvernement. Revue du dr. pub. et de la science politique*, 1896, t. V, p. 23 à 75.

cation des lois ordinaires, il ne convient pas de tirer cette
conclusion que le Conseil d'État, n'étant pas une juridiction
constitutionnelle, est incompétent pour statuer sur les
recours formés contre eux. Nous ne voyons pas sur quel
texte ou sur quel principe on peut s'appuyer pour refuser
à la juridiction administrative le droit d'apprécier la constitutionnalité, aussi bien que la légalité, d'un acte émanant
du pouvoir exécutif. Les *lois* inconstitutionnelles sont soustraites à la compétence de la juridiction administrative,
parce qu'elles sont des lois, et non parce que la juridiction administrative serait de plein droit incompétente pour
statuer sur les questions de constitutionnalité. Il ne faut
pas ériger en maxime de notre droit public cette définition
donnée par un auteur : les lois constitutionnelles se distin-
guent des lois ordinaires en ce que, faute de sanction, nul
n'est tenu de les respecter. L'autorité administrative, en
principe, a la même obligation —, sous les mêmes sanctions —, d'observer la loi et la Constitution : que ces actes
soient faits pour l'application de celle-ci ou de celle-là, ils
n'en relèvent pas moins de la juridiction administrative.
D'ailleurs, tous les actes de gouvernement ne sont pas
l'exécution directe d'une disposition formelle de la constitution et d'autre part tous les actes faits par application
des textes constitutionnels ne sont pas des actes de gouvernement. Les nominations et révocations de fonctionnaires
par décret du Président de la République, en vertu de l'article 3 de la loi constitutionnelle du 25 février 1875, ne
sont pas des actes de gouvernement ; les déclarations d'état
de siège, dont il n'est pas question dans la loi constitutionnelle, ont un caractère gouvernemental.

En second lieu, l'irrecevabilité résultant du défaut de
qualité des parties n'est pas toujours opposable aux re-

cours formés contre les actes gouvernementaux : elle ne serait pas opposable notamment à un recours en annulation formé contre des ·mesures individuelles, prises pour l'exécution d'un acte diplomatique. D'une manière générale, la jurisprudence est aujourd'hui portée à étendre la recevabilité des recours; dès maintenant, par exemple, elle reconnaît aux Conseils généraux le droit d'ester en justice pour la défense de leurs prérogatives légales, pourquoi refuserait-elle aux Chambres le droit d'ester en justice pour la défense de leurs prérogatives constitutionnelles?

Enfin on a soutenu que l'irresponsabilité de l'État à raison des dommages causés par les actes de gouvernement était une application du principe général de l'irresponsabilité de l'État, agissant à titre de puissance publique. Mais, d'une part, ce principe est battu en brèche par une jurisprudence récente, et d'autre part, il ne saurait être invoqué à l'égard de ceux des actes de gouvernement qui présentent le caractère d'actes de gestion des services publics. Seul le caractère gouvernemental des faits de guerre dispense le Conseil d'État de rechercher si ces faits ne peuvent pas être rattachés au mauvais fonctionnement du service de l'armée, et s'ils ne constituent pas en conséquence des fautes imputables aux agents de l'État(1).

La théorie des actes de gouvernement n'est donc pas inutile; mais elle est certainement dangereuse pour le droit individuel.

La survivance, sous un régime libéral, d'une catégorie d'actes légalement soustraits à la légalité semble un véritable paradoxe politique.

Sans doute, la jurisprudence, obéissant à la logique de

(1) En général, il y a absence de faute imputable. V. par ex. Arrêt du Conseil d'État du 5 juin 1904.

nos institutions, a commencé l'élimination de ce « résidu d'arbitraire gouvernemental » (1), en faisant abandon de la théorie du mobile politique, et il n'est plus exact de dire que « l'administration peut commettre tous les abus de pouvoirs imaginables avec une pleine latitude, pourvu qu'elle prenne soin de notifier qu'elle entend agir dans une vue politique et gouvernementale(2) ».

Mais si la liste des actes de gouvernement a cessé d'être démesurée, il faut avouer qu'elle est encore difficilement mesurable. N'étant liée par aucun texte précis, la jurisprudence l'étend ou la restreint à son gré : elle *affirme*, sans le *démontrer*, le caractère gouvernemental des actes qu'elle entend soustraire aux recours contentieux. Elle affirme par exemple que le droit d'expulsion diplomatique, prévu par l'édit de 1778, est de nature gouvernementale; cependant elle reconnaît le caractère administratif aux arrêtés d'expulsion pris par le ministre de l'Intérieur contre les étrangers, en vertu de la loi du 3 décembre 1849... La limite de ce qui est gouvernemental et de ce qui est administratif est imperceptible : d'où les variations et les contradictions inévitables de la jurisprudence et de la doctrine. M. Jacquelin qualifie actes de gouvernement les décrets de nomination et de révocation des magistrats inamovibles —, que nous estimons au premier chef administratifs —, et actes d'administration les déclarations d'état de siège —, que nous estimons au premier chef, gouvernementales...

Redoutable au point de vue des droits individuels, la théorie des actes de gouvernement n'a, en définitive, d'autre justification que l'intérêt supérieur de la collec-

(1) Esmein, *Précis de dr. const.*, 2ᵉ édit., 1903, p. 17.
(2) Jacquelin, *op. cit.*, p. 307.

tivité : dans le régime de liberté et de légalité, qui est le nôtre, elle fait la part de la *Raison d'État.*

Si nous possédions un tribunal constitutionnel, ne serait-il pas logique de soumettre à son contrôle les actes de gouvernement, comme les actes législatifs? Les uns et les autres ne sont-ils pas en effet, par leur importance, placés sur un même plan? Ce système a été défendu par M. Jacquelin. Il nous paraît inacceptable : l'intervention d'un tribunal —, quel qu'il soit —, détruirait l'utilité particulière de la théorie des actes de gouvernement, cette *soupape de sûreté* du régime de la légalité sanctionnée.

En Angleterre, la théorie des actes de gouvernement est inconnue : elle constituerait une atteinte trop directe et trop flagrante au régime de la légalité, tel qu'il est conçu chez nos voisins. Mais le Droit anglais fait néanmoins sa part à la Raison d'État. « Aucun gouvernement, dit M. Dicey ne peut, en temps de discorde ou de guerre, maintenir la paix dans le pays ou remplir ses obligations vis-à-vis des puissances étrangères *sans recourir parfois à l'autorité arbitraire;* ... il y a des époques... pendant lesquelles, *pour la sécurité de la légalité même, les règles de la loi doivent être violées* » (1). C'est le principe même de la théorie des actes de gouvernement, mais sa mise en œuvre est, en droit anglais, profondément originale. Le ministre, qui a violé la loi dans un intérêt gouvernemental, doit demander au Parlement un *acte d'indemnité,* c'est-à-dire une loi ayant pour but de légaliser après coup l'illégalité commise. Cette légalisation est plus ou moins étendue au gré du Parlement, et c'est aux tribunaux de droit commun qu'il appartient de dire dans quelle mesure

(1) Dicey, *Introduction à l'étude du droit constitutionnel,* traduct. française. Giard et Brière, 1902, p. 315 et suiv.

le Parlement a entendu soustraire le ministre aux conséquences normales de son acte.

Le système des actes d'indemnité est, à notre sens, la
solution la plus élégante du problème qui naît du conflit
de la légalité et de l'intérêt social : il donne aux violations
mêmes de la loi la forme de lois régulières...

CHAPITRE TROISIÈME

LES ACTES DISCRÉTIONNAIRES

Les actes discrétionnaires sont, par le fond, comme par la forme, des actes administratifs : ils n'ont à aucun degré le caractère législatif ou le caractère gouvernemental. C'est dire que leur *nature* ne s'oppose nullement à ce qu'ils soient attaqués par la voie contentieuse : il n'y a plus aujourd'hui d'actes administratifs échappant de plein droit au recours en annulation devant le Conseil d'État(1).

L'irrecevabilité du recours contentieux contre les actes discrétionnaires n'est, ni générale, ni absolue : elle est pour ainsi parler une irrecevabilité d'*occasion*, plutôt qu'une irrecevabilité de principe. Il est facile de le démontrer.

I

Une première catégorie d'actes discrétionnaires comprend les actes administratifs qui échappent au recours pour excès de pouvoir à raison de l'absence de parties ayant à les attaquer un « intérêt direct et personnel », au sens jurisprudentiel de cette formule.

Il ne suffit pas en effet, pour contester la légalité d'un acte administratif, d'invoquer l'intérêt que peut avoir tout

(1) *Contrà.* V. Cahen, *La loi et le règlement*, p. 223-225.

citoyen à assurer d'une manière générale la subordination
de l'Administration à la loi : un administré, dans l'état
présent de la jurisprudence, n'a pas le droit de se faire
l'interprète désintéressé de la collectivité.

L'étendue de cette première catégorie d'actes discrétionnaires dépend entièrement de la jurisprudence, la notion
de l'intérêt direct et personnel n'étant pas de celles qui
se laissent enfermer dans une définition quasi-mathémati-
que.

La jurisprudence assimile déjà à l'intérêt direct et personnel l'intérêt « corporatif » : de l'intérêt « corporatif »
à l'intérêt « collectif », il n'y a qu'un pas, facile à franchir.
L'élargissement progressif de la notion d'intérêt direct et
personnel, qui s'est produit au cours de ces dernières années,
tend à faire disparaître les actes discrétionnaires : à la
limite, la qualité « d'administré » donnerait à elle seule
intérêt à attaquer tout acte « administratif » (1).

Aussi bien est-il difficile, à notre sens, de trouver des
actes administratifs ayant un caractère si général et si impersonnel qu'on ait peine à concevoir quelle partie pourrait les attaquer, s'ils étaient entachés d'excès de pouvoir.
M. Laferrière cite, à titre d'exemple, « les règlements qui
déterminent la marche d'un service public, qui tracent
des règles aux subordonnés pour le fonctionnement de ce
service, mais qui n'adressent aucune prescription aux personnes étrangères à l'administration (2) », et il estime que
le Conseil d'État a eu raison d'opposer une fin de non-recevoir à des recours formés par des militaires contre des

_____

(1) V. *infrà*, notre chap. sur le *recours pour excès de pouvoir*.
(2) Laferrière, *op. cit.*, t. II, p. 425-426. Cf. Dejamme, *Rev. génér.
d'adm.*, 1893, 1, p. 417, n° 126, et Moreau, *Le règlement administratif*,
n° 197, p. 300-303.

décisions du ministre de la guerre réglant leur uniforme
et les insignes de leur grade. Mais, en réalité, est-ce que
les requérants n'avaient pas un intérêt direct et personnel à faire valoir? Le Conseil d'État reconnaît la qualité
de « contribuable » comme donnant intérêt à attaquer les
décisions des conseils municipaux, engageant les finances
communales : pourquoi refuserait-il de reconnaître la qualité « d'agent d'un service administratif » comme donnant
intérêt à attaquer les règlements d'organisation concernant
ce service?

Ou les actes discrétionnaires sont légaux : et le Conseil
d'État, s'il déclarait le recours recevable, en serait quitte
pour le rejeter au fond ; ou les actes discrétionnaires sont
illégaux, et nous ne voyons pas quel danger pratique leur
annulation pourrait présenter. Il est à souhaiter, et non à
craindre, de voir se multiplier « les défenseurs officieux de
la légalité méconnue » (1).

Sans doute, l'intérêt général a déjà ses organes constitutionnels ou légaux : les Chambres, les conseils généraux, les
conseils municipaux... C'est pour ne pas aller sur les brisées
du corps électoral, et de l'autorité hiérarchique que le conseil d'État a refusé d'admettre, jusqu'en 1901, le recours
du contribuable contre les décisions du conseil municipal.
Mais il arrive que les organes réguliers de l'intérêt général
se rendent eux-mêmes coupables d'une illégalité : dès lors,
comment songeraient-ils spontanément à l'effacer ou à la
réparer? D'une manière générale, on peut dire que l'intérêt des membres d'une collectivité n'est jamais entièrement absorbé dans l'intérêt de la collectivité. D'autre part,

(1) Laferrière, *op. cit.*, t. II, p. 426. Cf. Dejamme, *Rev. gén. d'adm.*,
1893, t. I, p. 417, n. 126; et Moreau, *Le règlement administratif*, n. 197,
p. 300-303.

ces organes sont politiques ou administratifs : or le respect
de la légalité ne saurait être efficacement assuré que par
des organes juridictionnels.

La recevabilité du recours pour excès de pouvoir contre
les actes discrétionnaires a été, en second lieu, présentée
comme étant de nature à compromettre l'autorité des supérieurs hiérarchiques, en permettant aux agents des services publics de s'ériger en censeurs des actes de leurs
chefs. Si cet argument avait une portée absolue, il aboutirait à priver les subordonnés de tout recours contentieux
contre les actes illégaux de l'autorité supérieure...

Que le législateur accorde à l'administration un large
pouvoir discrétionnaire, en certaines matières échappant
par leur nature même à une réglementation précise, nous
le comprenons. Mais si le législateur prend soin de poser
des limites à ce pouvoir discrétionnaire, il importe que ces
limites soient respectées.

On a exprimé la même idée en disant : *il y a un pouvoir discrétionnaire de l'administration, il n'y a pas d'actes
discrétionnaires.*

II

Les actes discrétionnaires de la seconde catégorie ne sont
pas entièrement soustraits au contrôle de la juridiction administrative. Ils peuvent être l'objet du recours pour excès
de pouvoir *stricto sensu*, c'est-à-dire pour incompétence,
vice de forme, ou détournement de pouvoir : ils échappent
seulement au recours pour violation de la loi.

Pour invoquer le grief de « violation de la loi » contre
un acte administratif, la qualité d'« intéressé » ne suffit
plus : il faut avoir un « droit acquis ». Il en résulte que
l'autorité administrative, lorsqu'elle ne va pas se heurter

aux droits acquis des citoyens, peut avec une pleine impu
nité se dégager de l'observation rigoureuse des textes législatifs et réglementaires (1).

    Un exemple : si un ministre, en violation manifeste d'un
décret, ajoute des épreuves nouvelles à un examen, les
candidats refusés à cet examen n'ont pas qualité pour agir :
ils n'ont pas de droits acquis, opposables à l'Administration
(arrêt du conseil d'État du 10 novembre 1887, Lefebvre).
Si le moindre vice de forme s'était produit au cours de
l'examen, ces mêmes candidats pourraient former un recours en circulation ; car ils possèdaient un intérêt direct
et personnel...

    Convient-il d'élargir la recevabilité du recours pour
violation de la loi? N'est-il pas désirable d'unifier, au
point de vue des conditions de recevabilité, nos deux recours en annulation, déjà confondus au point de vue de
la procédure? Le simple bon sens paraît l'exiger. En vertu
d'un texte spécial, l'article 63 de la loi du 5 avril 1884, la
violation de la loi peut être invoquée par tout « intéressé »,
même dépourvu de « droit acquis », contre les délibérations
des Conseils municipaux : cette disposition exceptionnelle
pourrait, sans danger, devenir le droit commun. La jurisprudence du Conseil d'État a fait récemment dans cette
voie un pas décisif : le conseil a déclaré recevables, en
l'absence de droits acquis, les recours formés pour violation de la loi contre certaines nominations de fonctionnaires (C. d'Ét., 11 décembre 1903, Molinier, S. 1904. 3. 113).
Mais les décisions rendues ne sont encore ni assez nombreuses, ni assez claires pour que nous puissions conclure
à l'abandon complet et définitif de la théorie des droits

_____

(1) Hauriou, *Précis*, édit. citée, p. 295 et note 1.

acquis, à laquelle M. Laferrière, dans son *Traité de la juridiction administrative*, semble attacher une si particulière importance. Si la jurisprudence nouvelle se confirme et se développe, la seconde catégorie d'actes discrétionnaires ne sera bientôt qu'un souvenir. Il est toutefois possible que le Conseil d'État, sans exiger de droits acquis, apprécie la recevabilité du recours pour violation de la loi plus rigoureusement que celle du recours pour excès de pouvoir *stricto sensu* : alors qu'il se contente pour celui-ci d'un intérêt personnel et direct —, si faible soit-il —, il pourrait continuer à exiger pour celui-là un *intérêt renforcé*(1). La seconde catégorie d'actes discrétionnaires, au lieu de disparaître serait alors transformée. Mais nous croyons plutôt à l'unification de la recevabilité des deux recours, sur la base la plus large : d'après M. Berthélemy, cette unification serait même achevée.

(1) Jèze, *Année administrative de 1903*, p. 264. *Contrà*, Berthélemy, *op. cit.*, p. 888-889.

CHAPITRE QUATRIÈME

LA VALEUR PRÉSENTE ET L'AVENIR DU RECOURS POUR EXCÈS DE POUVOIR

> « ... le recours pour excès de pou-
> voir se rapproche de plus en plus d'une
> *action populaire* ... »
>
> H. BERTHÉLEMY.

Sous les réserves qui viennent d'être faites, les actes de la puissance publique peuvent être l'objet du recours en annulation devant le Conseil d'État statuant au contentieux.

Quelle est la valeur exacte de ce recours au point de vue de la garantie du droit individuel?

Doit-il être considéré comme constituant l'arme la plus efficace contre l'arbitraire administratif?

Au contraire, n'est-il pas désirable et possible, soit de le supprimer, en renvoyant aux tribunaux ordinaires la connaissance des litiges de toute nature s'élevant entre l'État et les particuliers, soit de le transformer, en attribuant au juge administratif les larges pouvoirs du supérieur hiérarchique?

I

Selon M. Jacquelin, le recours pour excès de pouvoir n'est pas en lui-même un bien: c'est tout au plus un

remède à un mal, un palliatif apporté à un système dont
l'ensemble est défectueux, un moyen empirique de faire
face à l'insuffisance des libertés publiques... (1).

Historiquement, la thèse défendue par M. Jacquelin
repose sur une base exacte : le recours pour excès de pouvoir, à ses origines, nous apparaît comme un instrument
forgé de toutes pièces par le Conseil d'État pour assurer, en
l'absence de sanctions plus efficaces, la légalité de l'action
administrative.

Le Conseil d'État, tel que l'avait organisé la législation
de l'an VIII ne présentait à aucun degré le caractère d'un
tribunal indépendant : c'était un organe de l'administration délibérante, dont la mission essentielle était d'éclairer
le chef de l'État par des « avis » et de préparer, sous la
forme de « projets » les éléments de ses décisions. Parlant
au nom du chef de l'État, le Conseil d'État se trouvait
investi de la plénitude du pouvoir hiérarchique : il pouvait,
sous réserve de la ratification de l'Empereur, puis du Roi,
annuler ou réformer tous les actes de l'administration active
soit pour inopportunité, soit pour illégalité. En un mot, il
possédait sur les actes de l'administration tous les pouvoirs,
parce qu'il était l'administration elle-même. Mais, parce
qu'il était l'administration elle-même, il usait de ces pouvoirs avec une indulgente modération. Sans doute le Conseil d'État, ne participant pas directement à l'administration active, composé d'hommes pour la plupart éminents
par la science juridique, examinait avec une impartialité
plus grande que celle d'un supérieur hiérarchique ordinaire les réclamations formées par les administrés. Mais

(1) Jacquelin, *Les principes dominants du contentieux administratif*,
Paris, 1899.

cette impartialité n'était pas, et ne pouvait être absolue : la
censure du conseil s'arrêtait notamment devant les actes
du chef de l'État (1). Aussi bien ces actes étaient-ils le plus
souvent l'œuvre du Conseil d'État lui-même, étroitement
associé à l'action gouvernementale.

A ce premier stade de l'évolution de notre droit administratif, le recours pour excès de pouvoir n'existait pas
d'une manière distincte : c'était, comme on l'a très bien
dit, un *recours anonyme*(2). Investi par la loi de la mission indéterminée de statuer sur les « difficultés en matière administrative, le Conseil d'État n'était pas tenu de
faire un départ entre les divers recours formés devant lui,
selon leur nature « gracieuse » ou « contentieuse ». Le
pouvoir d'annuler les actes administratifs lui apparaissait
comme un attribut naturel du chef de l'État : il estimait
donc inutile d'en chercher le fondement dans un texte, et
aucun texte n'était en effet visé dans les décrets d'annulation, en dehors des lois violées par l'acte administratif
infirmé.

Théoriquement le Conseil d'État, est resté de l'an VIII
à 1849, puis de 1852 à 1872 le simple préparateur des décisions du Chef de l'État. En fait, il devint progressivement
un tribunal indépendant. Or à mesure que la séparation de
la juridiction administrative et de l'administration active
s'accentuait, par la création et le développement, au sein
du Conseil d'État, d'organes spécialement investis de la fonction contentieuse, le fondement naturel et primitif du pouvoir d'annulation exercé par le juge administratif s'évanouis-

(1) C. d'Ét., 17 juin 1818, Beauvillard. Cf. 8 janvier 1817, *Messageries
l'Eclair*.

(2) Artur, *De la séparation des pouvoirs et des fonctions.* Extrait de
la *Revue de dr. publ.*

sait : le Conseil d'État, malgré la fiction persistante de la justice
retenue, avait conscience de parler en son propre nom plutôt qu'au nom du Chef de l'État. C'est pourquoi il chercha
bientôt un appui dans les textes, afin de se rassurer lui-
même sur la légitimité de son pouvoir d'annulation : les
arrêts postérieurs à 1832 visent expressément la loi des
7-14 octobre 1790 d'après laquelle « les réclamations d'incompétence à l'égard des corps administratifs seront portées au roi, chef de l'administration générale ». « Texte
d'occasion », dit M. Berthélemy. « Trompe-l'œil », dit
M. Artur. En effet le recours en annulation s'était développé
absolument en dehors de la loi : on peut dire qu'il a été
créé par la jurisprudence, ou, plus exactement, qu'il est
né, par une sorte de génération spontanée, de la confusion
des fonctions d'administrer et de juger. Le Conseil d'État,
annulait, comme supérieur hiérarchique, les actes qu'il
estimait illégaux, comme juge : nous dirions volontiers
qu'il utilisait un *moyen hiérarchique* pour une *fin contentieuse*.

Le Conseil d'État devenant de plus en plus « juridictionnel » devait obéir à une double tendance : la première
le portant à assurer avec une rigueur croissante le respect
de la légalité —, car il se trouvait, par la spécialisation
même de ses attributions, dégagé des considérations contingentes d'opportunité et de fait qui influent d'une manière
prépondérante sur la décision des administrateurs actifs,
la seconde le portant à respecter le domaine de l' « action »
administrative, car il avait et ne pouvait pas ne pas avoir
le sentiment de devenir peu à peu étranger à l'administration proprement dite.

C'est ainsi que le recours pour excès de pouvoir, en puissance dans le recours innommé et indéterminé de la période

primitive, a fini par prendre une physionomie propre et poursuit aujourd'hui un développement autonome.

II

Une double et contradictoire interprétation a été donnée de l'évolution historique du recours en annulation.

M. Laferrière, dans des pages classiques (1), montre, avec une lumineuse précision, le progrès continu du recours pour excès de pouvoir, comme il avait montré dans la première partie de son ouvrage, le progrès continu de la juridiction contentieuse. Mais il a omis d'expliquer pourquoi le Conseil d'État, dépouillé de son pouvoir hiérarchique par la loi du 24 mai 1872, n'en persista pas moins, après un moment d'hésitation à exercer sur les actes de l'administration active un contrôle de plus en plus large et pénétrant.

M. Laferrière semble avoir introduit dans l'histoire du recours pour excès de pouvoir une logique artificielle. En réalité, toutes les catégories d'excès de pouvoir : incompétence, vice de forme, violation de la loi, détournement de pouvoir, ont été, non pas *successivement* mais *simultanément* consacrées au moins d'une manière implicite par la jurisprudence primitive du Conseil d'État (2). Bien plus, on pourrait trouver des « décrets » en Conseil d'État prononçant l'annulation ou la réformation d'actes de la puissance publique, dans tel cas où le recours pour excès de pouvoir serait aujourd'hui rejeté au fond, sinon déclaré irrecevable.

(1) Laferrière, t. II, p. 402 et suiv.
(2) Cf. sur ce point, Arthur, *op. cit.*, p. 310 et suiv.

A notre sens, le véritable progrès du recours pour excès de pouvoir a consisté simplement dans la sévérité plus grande avec laquelle le Conseil d'État, après avoir reçu une organisation juridictionnelle, s'est mis à apprécier la légalité des actes de l'administration active : sous le régime de la justice déléguée, les pouvoirs du Conseil d'État sont assurément moins étendus que sous le régime de la justice retenue, mais il les exerce avec plus de zèle, plus d'indépendance, et plus de compétence. D'autre part, le progrès qui s'est manifesté dans la terminologie des recours contre les actes administratifs, a, pour ainsi dire, amplifié le progrès très réel du fond : en créant des dénominations nouvelles, le Conseil d'État semblait créer des recours nouveaux ou tout au moins des cas nouveaux d'annulation.

D'après M. Jacquelin, le recours en annulation est un recours de nature gracieuse ou hiérarchique. Or personne ne conteste que le pouvoir hiérarchique du Conseil d'État ne soit allé constamment en décroissant : la loi du 24 mai 1872, qui a converti en un divorce régulier la séparation de fait établie entre l'administration active et l'administration juridictionnelle, lui a porté le dernier coup. Dès lors, le pouvoir d'annulation, exercé par le Conseil d'État statuant au contentieux, n'est-il pas un anachronisme, une survivance théoriquement injustifiable d'un système aujourd'hui périmé dans son ensemble?

Le recours en annulation n'est-il pas, en d'autres termes, comme le résidu de l'ancien recours gracieux ou hiérarchique, dégénéré ou plus exactement *dénaturé?* Cette vue synthétique semble confirmée par le double fait que, dans les pays où la séparation des fonctions de juger et d'administrer est complètement et rigoureusement réalisée, le recours en annulation n'existe pas, — et qu'en France, il a été d'autant plus largement accueilli que la confusion des fonctions était plus profonde (1).

La vérité est que M. Jacquelin s'est trouvé conduit par l'inexactitude de ses prémisses à une véritable déformation de l'histoire : il a pris, en quelque sorte, la décadence du pouvoir « hiérarchique » du Conseil d'État pour la décadence même du recours en annulation. Il a vu une transformation contre-nature du recours gracieux ou hiérarchique en un recours à forme contentieuse, là où nous voyons simplement une différenciation progressive du recours gracieux et du recours contentieux, parallèle à la différenciation des organes actifs et des organes contentieux de l'administration.

Toutes les fois qu'il y a litige sur une question de droit et de légalité, il y a, selon nous, débat contentieux : or, le recours pour excès de pouvoir est exclusivement un moyen d'attaquer la légalité des actes administratifs, et la jurisprudence du Conseil d'État fait un visible effort pour ne pas franchir la limite souvent indécise qui sépare les questions de droit et de légalité des questions de fait et d'opportunité.

Sans doute, en règle générale, pour intenter une action en justice, il est nécessaire d'invoquer un droit violé, et non seulement un intérêt lésé. Mais, rationnellement, est-ce qu'un intérêt *illégalement* lésé n'est pas l'équivalent exact d'un droit violé ?

M. Artur a essayé de démontrer par des exemples tirés de la jurisprudence que le recours en annulation était *toujours* fondé sur un *droit violé :* il a prouvé au moins que

_____

(1) Sur l'extension presque illimitée du recours en annulation sous le second Empire. V. Laferrière, *op. cit.*, t. II, p. 464, n. 1, et 487, n. 1.

la distinction traditionnelle entre le droit violé et l'intérêt lésé manquait d'une base théorique précise et ne devait avoir aucune conséquence pratique (1).

«... si une décision discrétionnaire, dit Laferrière, ne peut jamais blesser que de simples intérêts par les dispositions qu'elle édicte, elle peut néanmoins blesser de *véritables droits, par la manière dont elle est rendue*... C'est ainsi que l'idée de droit lésé, cette idée-mère de tout le contentieux administratif, apparaît aussi dans la matière de l'excès de pouvoir : sans doute, en présence d'actes discrétionnaires, on n'a pas le droit d'exiger que l'autorité prononce dans tel ou tel sens, mais *on a le droit d'exiger qu'elle prononce dans les formes de droit et dans les limites de sa compétence* (2) ».

C'est, dira-t-on, reconnaître aux citoyens une sorte de droit subjectif à la légalité (3) : assurément. Mais vaut-il mieux reconnaître à l'autorité administrative une sorte de droit objectif à l'illégalité? C'est ce droit à l'illégalité qui se trouve implicitement consacré par la théorie d'après laquelle la puissance publique n'est tenue d'observer la loi que *vis-à-vis d'elle-même*, suivant les propres expressions de M. Hauriou (4). Dans ce système, le recours pour excès de pouvoir apparaît comme le moyen de provoquer de la part de l'Administration un « examen de conscience ». Dès lors, les arrêts du Conseil d'État sont des actes administratifs, et non des jugements, et il semble que, si l'autorité publique s'astreint à respecter la loi, ce soit par un senti-

(1) Artur, *op. cit.*, p. 310 et suiv.
(2) Laferrière, *op. cit.*, t. II, p. 436. V. C. E. 10 juillet 1896, Colette.
(3) Cs. Barthélemy, *Essai d'une théorie sur les droits subjectifs des administrés*. Paris, Larose, 1899.
(4) Hauriou, *op. cit.*, p. 203. V. égal. p. 270, note 1 et p. 292, note 1.

ment de haute condescendance à l'égard des administrés,
ses « sujets » : encore cette condescendance serait-elle inspirée par un « intérêt de bonne administration » beaucoup
plus que par le souci du droit individuel.

A nos yeux, au contraire, le recours en annulation pour
excès de pouvoir n'est pas et n'a jamais été un recours de
nature gracieuse : c'était, dès son origine, un recours contentieux, dont la forme hiérarchique a longtemps dissimulé
la véritable nature.

C'est pourquoi la loi du 24 mai 1872, bien loin d'atteindre la vitalité du recours pour excès de pouvoir, lui a
donné un nouvel essor : en faisant du Conseil d'État un
organe contentieux autonome, elle devait nécessairement
fortifier la fonction contentieuse.

III

Le progrès du recours pour excès de pouvoir s'est manifesté au double point de vue de la « recevabilité » et des
« ouvertures ».

§ 1.

a) Au point de vue de la recevabilité, nous constatons,
en premier lieu, que la formule : « Tel acte. . n'est pas de
nature à être attaqué par la voie contentieuse », dont le
Conseil d'État avait fait longtemps un si grand abus, a été
de plus en plus rarement opposée aux parties. Tous les
actes constituant l'exercice de la *fonction* administrative,
et accomplis par les *organes* administratifs relèvent aujourd'hui de la juridiction contentieuse : décrets du chef
de l'État, même rendus sur l'avis du Conseil, règlements,

actes de haute ou pure administration, actes de police, etc... N'échappent, en dernière analyse, au recours
en annulation que les actes non administratifs émanant
de l'Administration (actes de nature *judiciaire*, *législative*,
gouvernementale, *contentieuse*) —, ou les actes administratifs qui n'émanent pas de l'Administration (actes administratifs en la *forme législative* ou *parlementaire*, actes
administratifs accomplis par les autorités *ecclésiastiques*,
sous le régime concordataire)(1). N'est-ce pas la confirmation frappante de la théorie que nous avons exposée sur la
confusion des organes et des fonctions, considérée comme
la cause génératrice de l'arbitraire?

b) La fin de non-recevoir tirée du défaut de qualité des
parties a également beaucoup perdu de sa rigueur : nous
avons eu l'occasion de le remarquer, dans un précédent
chapitre. La réaction de l'intérêt lésé, sauvegarde de la
légalité, ne rencontre plus sous le régime de la justice déléguée, les obstacles qui lui étaient opposés sous le régime
de la justice retenue.

Depuis l'arrêt *Casanova* du 29 mars 1901, accueillant le
recours d'un *contribuable* —, le contribuable, comme on
l'a très bien dit, c'est presque tout le monde —, contre une
délibération municipale engageant les finances de la commune, de nouvelles décisions contentieuses sont venues
confirmer les espérances que cet arrêt avait fait naître :
d'après la jurisprudence la plus récente, la qualité d'*électeur* suffit pour recourir contre le sectionnement électoral d'une commune (C. É., 7 août 1903, Chabot) —, la
qualité de *membre d'une Assemblée élue* pour recourir con-

---

(1) V. C. É., 6 août 1897, R..., Sirey, 98. 3. 81, et la note, tout à fait
intéressante.

tre les décisions de cette assemblée (C. É., 1er mai 1903,
Bergeon) —, la qualité d'*agent décentralisé* pour recourir
contre les décisions usurpatrices d'une autre autorité
(C. E., 18 mars 1904, Commission syndicale de la vallée de
Saint-Savin)(1) —, la qualité d'*agent d'un service administratif* pour recourir contre les nominations et avancements illégaux dans ce service (C. É., 11 déc 1903, Molinier)... etc... etc... Le caractère direct et personnel de
l'intérêt exigé comme condition de recevabilité du recours
en annulation tend donc à s'atténuer, sinon à disparaître.
C'est qu'en réalité les administrés sont unis à l'égard de l'administrateur par une si étroite solidarité qu'une illégalité,
lorsqu'elle atteint l'un d'entre eux, les atteint tous et réciproquement : par un arrêt Baillergeau du 29 novembre
1872, le Conseil d'État n'avait-il pas admis le recours de
l'*habitant* contre les arrêtés de police communale? Ainsi la
jurisprudence, par une pente naturelle, a été amenée à passer de la notion d'intérêt direct et personnel à la notion
d'intérêt collectif, de telle sorte que le recours pour excès
de pouvoir se rapproche singulièrement d'une action populaire, permettant à tout citoyen de suppléer à l'inertie et
à la mauvaise volonté des autorités régulières en engageant une instance dans l'intérêt public. Aussi bien une
action *populaire* est-elle conforme à l'esprit du régime *démocratique*.

c) La fin de non-recevoir tirée de l'inobservation des
formes et des délais est d'une application rare : les règles
de la procédure du recours en annulation sont assez simples et assez claires pour être facilement observées.

Le décret du 2 novembre 1864 a autorisé les parties

(1) Cf. C. É., 1er février 1901, Allegrain.

à présenter leurs requêtes sans l'assistance d'un avocat et les a dispensées de tous autres frais que ceux de timbre et d'enregistrement. Il y a même dans certains cas, dispense totale de frais (art. 88, loi 10 août 1871, art. 58, loi du 3 mai 1841).

La loi du 7 juillet 1900 (art. 3) a généralisé la disposition par laquelle le décret de 1864 avait dans une hypothèse spéciale, assimilé à une décision de rejet attaquable au contentieux le silence gardé pendant quatre mois par l'administration sur les demandes et réclamations présentées par les particuliers (1). Ainsi se trouve écartée une conséquence inique de la régle d'après laquelle le recours en annulation est dirigé contre l'acte administratif, et non contre l'administration.

Le Conseil d'État a toujours admis que les particuliers pouvaient attaquer devant lui, pour excès de pouvoir, les actes exécutoires des autorités inférieures sans former auparavant un recours au ministre. Le recours *omissio medio,* suivant l'expression consacrée, se justifie par l'indépendance réciproque du recours contentieux et du recours hiérarchique. Si cette indépendance était rigoureusement appliquée, elle conduirait à cette conséquence qu'une décision confirmative du supérieur hiérarchique, ne constituant pas un acte nouveau, échapperait toujours au recours en annulation. Avant 1872, une jurisprudence libérale rejetait entièrement cette conséquence : mais c'était reconnaître aux parties la faculté de faire revivre à n'importe quelle date le délai du recours contentieux en obtenant, par le moyen du recours hiérarchique indéfiniment ouvert, une décision confirmative de l'acte primitif. Ainsi, par un arti-

(1) V. *infrà* notre chap. sur la *Force d'inertie de l'Administration.*

fice de procédure, le délai du recours en annulation se trouvait effacé des textes. Après 1872, la jurisprudence s'efforça de corriger cette anomalie en décidant que le recours hiérarchique formé contre l'acte primitif n'aurait pour effet d'interrompre la prescription que s'il était formé dans le délai même du recours en annulation.

En ce qui concerne le point de départ du délai, la jurisprudence évite de multiplier les cas où l'administration peut suppléer à la notification individuelle et effective de ses actes par une publicité plus ou moins illusoire.

Le délai des recours au Conseil d'État qui était de *trois* mois, a été réduit à *deux* mois par la loi du 13 avril 1900 (art. 24), dans le but de remédier à l'encombrement des affaires contentieuses devant le Conseil d'État. D'un maniement facile et peu coûteux, le recours pour excès de pouvoir reste donc soumis à un délai assez bref. La porte du prétoire s'ouvre toute grande, mais elle se referme un peu trop vite. Sans doute, les actes de l'administration ne peuvent rester à perpétuité sous le coup d'une annulation contentieuse : encore faut-il laisser aux intéressés le temps de la réflexion.

Si l'on prolonge par la pensée l'évolution du recours en annulation, au point de vue formel, on voit qu'il tend à devenir un recours *quasi-gratuit*, à *procédure très simplifiée*. Mais il est certain qu'il ne saurait échapper, comme le recours hiérarchique, à toute règle, à toute prescription : il est dans sa nature même de rester soumis à des formes contentieuses.

d) Vivement attaquée en doctrine, la fin de non-recevoir tirée de l'existence d'un recours parallèle commence à être sérieusement ébranlée en jurisprudence.

La théorie du recours parallèle (1) a sa source dans cette idée, historiquement exacte, que le recours en annulation présente un caractère subsidiaire ou complémentaire. Mais il convient de noter qu'aucun texte n'affirme explicitement ou implicitement ce caractère, et que, d'autre part, en vertu des principes généraux du droit, il appartient aux intéressés de choisir librement entre les diverses actions en justice pouvant les conduire au même but. En abandonnant la théorie du recours parallèle — et elle peut l'abandonner, puisqu'elle l'a créée, — la jurisprudence ferait simplement retour au droit commun.

Interprétée dans toute sa rigueur, la théorie du recours parallèle signifie que le recours en annulation est irrecevable lorsque les intéressés ont une autre voie *contentieuse* pour « briser la force exécutoire de l'acte (2) ».

La jurisprudence, sans répudier entièrement la théorie, s'est efforcée d'en limiter la portée, soit dans un intérêt d'équité, soit dans un intérêt pratique.

Elle a décidé, d'abord, qu'une *exception d'illégalité* ne pouvait être considérée comme un recours parallèle, au sens strict du mot. Soit un règlement administratif, sanctionné par l'article 471 du Code pénal, les intéressés ont un moyen certain d'en « briser la force exécutoire » : s'ils commettent une contravention, le tribunal répressif, compétent pour appliquer la peine, a en effet le droit d'apprécier la légalité du règlement. Mais il faut que les intéressés commettent une contravention. Le Conseil d'État —, non sans hésitation —, a fini par reconnaître qu'un moyen aussi

_____

(1) Laferrière, *op. cit.*, t. II, p. 474 et suiv.; Berthélemy, *op. cit.*, p. 883 et suiv.; Hauriou, *op. cit.*, p. 286 et suiv.; Jacquelin, *op. cit.*, p. 246 et suiv.

(2) Hauriou, *op. cit.*, p. 286.

indirect —, et de plus contraire à l'ordre public —, d'attaquer la légalité d'un acte administratif ne pouvait faire obstacle à la recevabilité du recours pour excès de pouvoir.

La théorie du recours parallèle ne joue pas non plus, dans le cas où il existe, non une action tendant à paralyser les effets de l'acte, mais seulement une *action en indemnité* tendant à la réparation du préjudice causé par lui. Il en est ainsi à l'égard des actes de délimitation du domaine public, empiétant sur la propriété privée : les intéressés ont donc le choix entre le recours en indemnité devant la justice ordinaire, et le recours en annulation devant le Conseil d'État.

Des revirements plus récents de la jurisprudence sont venus accentuer la dissolution de la théorie du recours parallèle.

M. Laferrière estimait que la fin de non-recevoir devait être opposée, lorsqu'un requérant déférait au Conseil d'État un *acte de tutelle* autorisant un *contrat de droit commun* relevant de la justice ordinaire : d'après lui, le Conseil d'État ne pouvait connaître de la légalité de l'acte de tutelle que si le juge du contrat, préalablement saisi, lui renvoyait préjudiciellement la question. Cette opinion longtemps confirmée par une jurisprudence constante, a été condamnée par des arrêts de date récente(1). Elle avait le tort d'imposer aux intéressés, sans aucun motif théorique valable, un chemin détourné, lent et coûteux.

Contre les décisions illégales des conseils municipaux, en matière financière, les intéressés ont un recours indirect : c'est le recours en décharge ou réduction d'impôt

(1) 11 décembre 1903, *Rev. d'admin.*, 1903, décembre, p. 434 et 29 avril, 1904, *Id.*, 1904. 1. 427.

ᴡɪᴛʜ ᴍʀꜱ ᴡᴇᴇᴋꜱ ᴅᴜ ᴍᴀᴄ ᴘʟᴀᴄᴇ

ᴍɪɴɴ ᴛʜᴀᴄᴋᴀᴍᴀ.

conseil de préfecture, compétent pour apprécier
de tous les actes ayant un effet sur la formation
Le Conseil d'État, après avoir décidé dans un
e Lafosse du 17 mai 1890, que la légalité d'une
unicipale ne pouvait être attaquée à l'occasion
ande en dégrèvement, parce que, dans le bud-
commune, les dépenses ne commandent pas
ent les recettes, et partant les impositions,
refusa d'accueillir le recours en annulation formé directement contre une dépense illégale, à raison de l'existence
d'une voie parallèle, la demande en dégrèvement (Bied-
Charreton, 10 févr. 1893; Poisson, 10 mai 1893). Cette
contradiction flagrante ne devait pas tarder à amener un
élargissement de la jurisprudence. Par un arrêt Merlin du
29 juin 1900(1), le Conseil d'État reconnut que la légalité
d'une dépense pouvait être contestée à l'occasion d'une
demande en dégrèvement dans le cas exceptionnel où le
vote des dépenses municipales avait un retentissement
nécessaire sur la création des recettes : en l'espèce, le conseil municipal de Paris n'avait dû faire appel aux centimes
pour insuffisance des revenus ordinaires et extraordinaires
que dans le but de parer au déficit causé par les traitements
illégaux de ses membres.

D'autre part, par l'arrêt Casanova précédemment cité, le
Conseil d'État accueillit le recours en annulation contre
une délibération d'un conseil municipal, allouant un traitement à un médecin, chargé de soigner gratuitement *tous*
les malades de la commune, pauvres ou riches. Il n'est pas
à présumer que le Conseil d'État, dans l'hypothèse où l'illégalité de la dépense peut donner lieu à un dégrèvement,
adopte une solution différente.

(I) V. S. 1900. 3. 65 et la note d'Hauriou.

Avant 1903, les décisions des conseils généraux opérant
le sectionnement électoral des communes échappaient au
recours direct devant le Conseil d'État. La légalité de ces
décisions n'était attaquable que par la voie détournée d'un
recours tendant à l'annulation des opérations électorales.
Mais l'annulation des élections, à raison d'un sectionnement illégal, n'entraînait pas l'annulation de ce sectionnement lui-même : si le conseil général s'obstinait, si le préfet n'usait pas du recours administratif de l'article 47 de la loi
du 10 août 1871, les élections pouvaient être indéfiniment
recommencées, puis annulées... Les conseillers municipaux, afin de continuer à siéger, formaient contre l'arrêté
du conseil de préfecture annulant les opérations électorales un recours *suspensif* au Conseil d'État. La théorie du
recours parallèle conduisait à des conséquences pratiques inadmissibles : c'est pourquoi le Conseil d'État, après
avoir laissé si longtemps les intéressés s'égarer dans un
chemin de traverse, qui ne les menait nulle part, leur a
ouvert enfin la grand'route des recours pour excès de pouvoir (1).

Ainsi la jurisprudence, dit excellemment M. Jaquelin (2)
s'est vu contrainte de faire subir à la théorie des recours
parallèle des échecs tellement considérables qu'ils démontrent l'impossibilité d'une application rationnelle de la
théorie elle-même.

On peut soutenir, il est vrai, que, dans toutes les
hypothèses où le Conseil d'État n'a pas opposé aux
parties la fin de non-recevoir, c'est qu'en réalité le
recours existant devant une autre juridiction n'était

(1) C. E., 31 juillet et 7 août 1903, 25 mars 1904.
(2) *Loc. cit.*, 1. 246.

pas parallèle, c'est-à-dire n'était pas de nature à conduire la partie au but auquel elle avait le droit de tendre
en vue de son intérêt personnel. Mais, on peut répondre qu'à ce compte, il n'y a pas de recours parallèle :
à mesure que la notion d'intérêt personnel s'élargit, ou
s'aperçoit mieux que l'intérêt personnel ne reçoit pleine
satisfaction à l'égard de la puissance publique que par le
recours en annulation. En d'autres termes, l'annulation
erga omnes d'un acte peut se justifier le plus souvent, sinon
toujours du point de vue du *droit individuel* (1). Dans l'affaire Merlin, le requérant a obtenu un dégrèvement d'un
demi-centime : mais ce n'était pas un intérêt pécuniaire,
qui avait en réalité suscité son recours, il voulait, dans un
intérêt civique, faire constater l'illégalité et obtenir la suppression du traitement des conseillers municipaux pari-
siens ; or ce résultat ne pouvait être atteint et n'a pas été
atteint par le requérant. Un intérêt personnel n'est pas
toujours et uniquement un intérêt égoïste : or devant tout
autre juge que le juge de l'excès de pouvoir, les litiges de
droit et de légalité sont envisagés sous l'angle de l'intérêt
égoïste.

D'autre part, le recours en annulation est le seul recours
véritablement *direct* contre les actes de puissance publique.
Les recours présentés comme parallèles ne sont pas des
recours contre l'acte, mais des recours permettant seulement de contester la légalité de l'acte *à l'occasion* d'un débat
plus étendu (2). Tels sont les recours en matière de contri-

---

(1) « La grande raison logique des annulations prononcées par le Conseil d'État sur recours pour excès de pouvoir c'est qu'il n'y avait pas
d'autre moyen de protéger le droit violé du réclamant » Artur, *loc. cit.*,
p. 378.

(2) Sauf, bien entendu, les recours *spéciaux* en annulations, simples

butions directes, d'élections municipales, de travaux publics
devant le conseil de préfecture, en matière de contributions
indirectes, devant les tribunaux judiciaires. La question de
la légalité d'un acte administratif ne pourrait-elle être, en
quelque sorte, détachée d'un contentieux plus général, afin
d'être isolément portée devant le juge de l'excès de pouvoir (1)?

Enfin, le recours en annulation présente sur les autres
recours des avantages pratiques qui sont loin d'être négli-
geables : la procédure en est simple, rapide, économique,
elle peut s'engager *avant l'exécution* de l'acte, et dans ce
cas, le juge a le droit d'ordonner le sursis. Ajoutons qu'a-
près un recours de pleine juridiction, l'acte illégal subsiste,
de telle sorte que les parties peuvent être obligées de re-
nouveler leurs réclamations aussi longtemps que l'Administration persiste à faire produire à cet acte illégal des effets illégaux : l'annulation au contraire, efface l'acte même
dans tous ses effets présents et à venir.

Dès maintenant, la jurisprudence semble admettre que
« les pouvoirs *indirects* des tribunaux judiciaires ou de
toute autre juridiction ne peuvent plus empêcher le Conseil d'État de connaître directement et immédiatement de
tous les actes administratifs » : Cette formule exprime très

variantes du recours pour excès de pouvoir (le recours des art. 63 et suiv.
de la loi du 5 août 1884, et, avant la loi de séparation des Églises et de
l'État, le recours pour abus lorsqu'il était dirigé contre un acte de l'Administration). Sur le recours pour abus, V. C. É., 15 mars 1901, Lecointe,
Rec. Lebon, p. 291. — Sur le recours de l'art. 63 de la loi de 1884, V.
C. É., 1er avril 1898, Pillon de Saint-Philbert.

(1) *Sic*, Jacquelin, *op. cit.*, p. 243-244. Le Conseil d'État, lorsqu'il est
saisi par un recours en *annulation* d'un litige dont il devait être saisi par
un recours de *pleine juridiction* (par exemple en matière d'élections départementales) n'oppose pas aux parties la fin de non-recevoir : ce serait du
formalisme pur.

exactement l'orientation nouvelle de la jurisprudence (1).
A mesure que la théorie du recours parallèle se précise, il
est visible qu'elle s'affaiblit.

Aussi bien les arguments présentés pour la défendre n'ont-
ils qu'une valeur apparente (2).

Rejeter la théorie du recours parallèle, c'est, dit-on, investir le Conseil d'État d'une juridiction universelle, quant
à la légalité des actes de la puissance publique, au mé-
pris de la compétence attribuée par la loi à d'autres tribunaux, administratifs ou judiciaires : c'est en un mot, faire
revivre l'abus des *évocations*, reproché sous l'Ancien régime
au conseil du roi. Mais il n'y a évocation que dans le cas
où un tribunal d'exception dessaisit un tribunal de droit
commun : or, en statuant sur un recours en annulation
contre un acte administratif, le Conseil d'État reste dans
les limites de la compétence qui lui est attribuée —, sans
restriction, ni réserve —, par la loi du 24 mai 1872. Sans
doute, l'annulation contentieuse d'un acte, au cours d'une
instance engagée devant le conseil de préfecture ou devant
la justice ordinaire, peut réagir sur cette instance, et même
lui enlever toute raison d'être : mais une annulation par
la voie administrative produirait exactement les mêmes
effets. D'ailleurs, lorsque le Conseil d'État, par un arrêt
d'annulation, a tranché la question de légalité, d'une manière définitive, il peut rester matière à débat contentieux
devant une autre juridiction : le juge de l'excès de pouvoir
ne donne pas satisfaction à l'intérêt *pécuniaire* des parties.
Ainsi, la théorie du recours parallèle empêche le Conseil
d'État de remplir dans sa plénitude sa mission de régula-

(1) V. Moye, *Jurispr. adm.*, année 1904; *Rev. crit. de législ. et de
jurispr.*, 1905, p. 257.

(2) V. *Rev. crit. de législ. et de jurispr.*, 1870, p. 97 et 1876, p. 225.

teur suprême de la légalité des actes administratifs, mais
elle est inutile pour assurer la sauvegarde de la compétence
légitime des juridictions rivales.

La théorie du recours parallèle, en enlevant au Conseil
d'État la connaissance des actes administratifs, dont une
autre juridiction a déjà le droit d'apprécier la légalité,
évite, il est vrai, bien des contrariétés de jugements : cet
avantage négatif de la théorie du recours parallèle est l'argument le plus sérieux contre le système que nous proposons. Mais il faut remarquer d'abord que cet argument
n'a pas paru décisif dans le cas où il se présentait précisément avec le plus de force: nous avons dit que la jurisprudence accueillait le recours pour excès de pouvoir contre
les règlements sanctionnés par l'article 471 du Code pénal,
qui constituent la catégorie la plus importante et la plus
étendue d'actes administratifs. En second lieu, il est certain que l'abandon de la théorie du recours parallèle ne
multiplierait que dans une mesure relativement faible les
contrariétés de jugements. Si la juridiction rivale du Conseil d'État est administrative, elle relève du Conseil d'État
en appel ou en cassation : l'unité de la jurisprudence ne
serait donc en rien compromise. Si elle est judiciaire le
danger de conflit est incontestable: mais les contrariétés de
jugements ne resteraient-elles pas rares et accidentelles?
Et d'ailleurs, la contradiction des jugements, conséquence inévitable de l'indépendance réciproque de la justice administrative et de la justice ordinaire serait la faible
rançon d'une garantie nouvelle accordée au droit individuel.

La théorie du recours parallèle paraît d'autant plus
inacceptable qu'on se fait une plus haute idée de la valeur
individuelle et de la valeur sociale du recours en annula-

tion. A notre sens, le recours en annulation ne fait jamais *double emploi* avec un autre recours : cela revient à dire qu'il n'y a pas de recours réellement parallèle et direct.

§ 2.

Avant le décret du 2 novembre 1864, les vices constitutifs de l' « excès de pouvoir » étaient au nombre de trois : l'incompétence, l'inobservation des formes, le détournement de pouvoir.

Mais, à côté du recours pour excès de pouvoir, fondé sur la loi des 7-14 octobre 1790, il existait un recours en annulation pour violation de la loi, fondé sur le principe général d'après lequel tout acte de l'Administration portant atteinte à un *droit* peut donner lieu à une réclamation devant le juge administratif.

Le décret de 1864, dont le but était de favoriser l'extension du recours pour excès de pouvoir, amena la fusion, au point de vue formel, des deux recours en annulation : le Conseil d'État, afin de faire bénéficier le recours en annulation pour violation de la loi de la dispense de frais instituée à l'égard du recours en annulation pour excès de pouvoir, commença à viser dans les décisions annulant un acte de la puissance pour « violation de la loi », le texte fondamental du recours pour « excès de pouvoir ».

Purement formelle au début, la fusion des deux recours nous paraît aujourd'hui plus complète(1). Enfermés dans un moule unique, le recours pour excès de pouvoir et le recours pour violation de la loi se sont mutuellement pénétrés, — ou, plus exactement, se sont en quelque sorte *absorbés* l'un dans l'autre.

(1) Cf. Artur, *op. cit.*, p. 335.

Au point de vue de la recevabilité, le recours pour violation de la loi était plus étroit que le ‘recours pour excès de pouvoir : celui-ci pouvait être fondé sur un intérêt lésé, celui-là devait être fondé sur un droit acquis. Nous avons essayé de montrer que cette première différence pouvait être considérée comme effacée ou sur le point de l'être. S'il est vrai, comme nous le croyons, que l' « intérêt illégalement lésé » soit l'équivalent d'un « droit », il est naturel que la notion de « droit » s'élargisse au point de se confondre avec celle « d'intérêt illégalement lésé ». En d'autres termes l'*unification* du recours pour excès de pouvoir et du recours pour violation de la loi, au point de vue de la recevabilité, s'explique d'autant plus facilement, à nos yeux, que nous reconnaissons un recours pour excès de pouvoir, dès son origine, une nature contentieuse.

Au point de vue des « ouvertures » la fusion des deux recours est, dès aujourd'hui, achevée. Historiquement, elle se présente avec un caractère artificiel : car la jurisprudence a fait rentrer la notion d' « illégalité » dans celle d' « excès de pouvoir ». Mais, logiquement, elle apparaît comme naturelle : car, s'il est faux que toutes les « illégalités » soient des « excès de pouvoir »(1), il est évident que tous les excès de pouvoir sont des « illégalités », des « violations de la loi ». Ainsi le recours pour excès de pouvoir s'absorbe dans le recours pour violation de la loi, au point de vue des ouvertures, comme le recours pour violation de la loi tend à s'absorber dans le recours pour excès de pouvoir, au point de vue de la recevabilité.

La fusion des deux recours a une raison apparente et une

(1) Pour M. Artur, les 9/10 des « violations de la loi » sont des excès de pouvoir, *op. cit.* Artur, p. 335. Cf. Laferrière, t. II, p. 400.

raison profonde. La raison apparente, c'est l'extension, au recours pour violation de la loi, du décret de 1864. La raison profonde, sans laquelle cet heureux accident historique fût resté pour ainsi parler stérile, c'est l'identité logique et rationnelle des deux recours.

Le bénéfice de leur unification au point de vue du droit individuel, c'est que nous possédons aujourd'hui un recours en annulation plus large que l'ancien recours pour violation de la loi, — au point de vue de la recevabilité, et plus large que l'ancien recours pour excès de pouvoir —, au point de vue des ouvertures.

La classification jurisprudentielle des cas d'*excès de pouvoir* conserve néanmoins sa valeur : mais elle doit être interprétée désormais comme une classification des *illégalités* pouvant donner lieu à l'annulation des actes de puissance publique.

a) Un acte administratif peut être illégal par l'autorité dont il émane : il est alors, suivant l'expression consacrée, entaché d'incompétence. L'incompétence est une illégalité flagrante, facile à discerner et à prouver (1). Le juge administratif a toujours largement accueilli le grief d'incompétence —, d'autant plus largement que l'observation des règles de la compétence, intéresse, non seulement les particuliers, mais encore l'autorité administrative. Bien plus,

_____

(1) Il n'en est pas tout à fait ainsi lorsque l'incompétence consiste en ce que l'autorité administrative excède les bornes de la *fonction administrative*. V. Avis C Et. du 3 août 1894, rendu à propos de l'affaire de la pharmacie municipale de Roubaix. — Arrêt du 1er février 1901, Deservik et autres boulangers de Poitiers, déclarant nulle de droit, une délibération portant allocation d'une subvention à une coopérative de boulangerie. Avis du 1er et du 15 mars 1900, sur les vidanges municipales (*Rev. d'adm.*, 1900, t. I, p. 432). Avis du 24 février 1887 sur les régies de tramways.

si le requérant a omis d'invoquer la nullité résultant de l'incompétence, le Conseil d'Etat la prononce d'*office*, même s'il s'agit d'une incompétence *ratione personæ* ou *loci*, moins grave cependant qu'une incompétence *ratione materiæ*. Toute infraction, si minime soit-elle, aux règles de la compétence peut donc être réprimée par la voie contentieuse.

b) Un acte administratif peut être, en second lieu, illégal par sa forme. Le vice de forme présente toujours une certaine gravité au point de vue du droit individuel : car les règles de forme, limitatives de la liberté d'action de l'autorité administrative, sont édictées dans l'intérêt des administrés, et souvent même constituent leur seule garantie contre l'arbitraire. L'omission de toute formalité —, si peu substantielle qu'elle apparaisse —, entraîne l'annulation. Et même, si la formalité —, une enquête, par exemple —, sans avoir été omise, a été accomplie d'une manière irrégulière, le Conseil d'État prononce presque toujours la nullité.

c) Un acte administratif, en troisième lieu, peut être illégal par le but qui l'inspire : il est alors entaché de détournement de pouvoir ou, pour employer une formule moins élégante, mais plus précise, de « détournement de la destination du pouvoir » (1). Le détournement de pouvoir est une violation hypocrite, mais par là même très dangereuse, de la légalité. Lorsqu'un maire révoque un agent de police, parce que cet agent a pris la liberté grande de verbaliser contre un délinquant auquel le maire avait des raisons particulières de s'intéresser, ne serait-il pas contraire à la moralité publique que cet acte d'arbitraire, quoique pris dans les formes légales par

(1) Jacquelin, *op. cit.*, p. 251.

l'autorité compétente, pût échapper à tout recours (1)?
Grâce à la théorie du détournement de pouvoir, de pareilles questions de moralité administrative sont transformées
en questions de *légalité*, relevant de la juridiction contentieuse (2).

Il n'est pas exact de dire que la théorie du détournement de pouvoir fasse éclater « au plus haut degré le
caractère *hiérarchique* du recours pour excès de pouvoir » (3). Car on ne trouve pas dans la jurisprudence
un seul détournement de pouvoir qui n'apparaisse clairement comme une illégalité : or, si le juge administratif
ne doit connaître que de la légalité, il doit au moins
connaître de toute la légalité des actes administratifs.

Aussi bien la théorie du détournement de pouvoir n'est-
elle pas inconnue en droit privé, sous un autre nom.
Nous voulons faire allusion à la théorie de l'*abus du droit*.

Les patrons ont le droit d'embaucher ou de ne pas embaucher telle ou telle catégorie d'ouvriers. Mais, si l'usage
de ce droit leur est permis dans toute son ampleur, l'abus
leur en est interdit. Or, il y a abus du droit lorsqu'ils
refusent d'embaucher certains ouvriers pour des *motifs
illégitimes*. S'ils refusent, par exemple, d'embaucher des
syndiqués, *uniquement parce que syndiqués*, sans alléguer
que le tarif syndical soit trop élevé, ils peuvent s'exposer à
une action civile de la part de la collectivité intéressée (4).
L'abus de droit commis par les patrons ne pourrait-il être
qualifié : un détournement de pouvoir?

---

(1) C. É., Maugras et Lesage, 16 novembre 1900.
(2) C. E., 19 mai 1858, Vernhes.
(3) Jacquelin, *op. cit.*, p. 251.
(4) Bordeaux, 14 décembre 1903, S. 1905. 2 17. — Cass., 23 mars
1904, S. 1904. 1. 264.

Le Gouvernement a le droit de dissoudre par décret les conseils municipaux. Mais s'il exerce ce droit dans le but de suspendre les effets d'une élection contre laquelle a été formée un recours non suspensif, et par conséquent de troubler le cours normal de la justice administrative, il est clair qu'il commet un « détournement de pouvoir » (1).

Ce « détournement de pouvoir » ne pourrait-il être qualifié : un « abus du droit? »

Il ressort de ces exemples, tirés l'un de la jurisprudence judiciaire, l'autre de la jurisprudence administrative que la théorie de l' « abus du droit » et celle du « détournement de pouvoir » reposent sur la même idée et comportent les mêmes applications. Le fait contingent que l' « abus du droit » est invoqué devant les tribunaux judiciaires en vue d'obtenir une indemnité, alors que le « détournement de pouvoir » est invoqué devant les tribunaux administratifs, en vue d'obtenir l'annulation d'un acte, ne prouve rien contre la parenté, disons même, contre l'identité des deux théories. Si nous estimons préférable, au point de vue d'une terminologie juridique rigoureuse, l'expression consacrée de « détournement de pouvoir », c'est que la puissance publique, n'étant pas une personne morale, a des « pouvoirs » plutôt que des « droits », au sens strict du mot.

On adresse communément à la théorie de l'abus du droit —, et l'on peut adresser à la théorie du détournement de pouvoir —, le reproche de faire une trop large part à l'arbitraire du juge. M. Hauriou définit le détournement de pouvoir de la manière suivante : « C'est le fait d'un agent de l'Administration qui, tout en accomplissant

(1) C. Ét., 31 janvier 1902.

un acte de sa compétence, et suivant les formes prescrites, use de son pouvoir discrétionnaire dans un but et pour des motifs autres que ceux en vue desquels ce pouvoir lui a été attribué, c'est-à-dire qui, tout en restant fidèle à la *lettre*, sort de l'*esprit de sa fonction* ». L'annulation pour détournement de pouvoir suppose, en un mot, une véritable recherche des *intentions* de l'auteur de l'acte, une sorte de *procès de tendance*.

C'est pourquoi le Conseil d'État, ne pouvant limiter la théorie du détournement de pouvoir dans son principe, s'efforce de la limiter dans ses applications, en refusant d'accueillir le grief de détournement de pouvoir, toutes les fois que la preuve n'en résulte pas des documents versés au dossier, ou de l'aveu de l'Administration. « Juge administratif, le Conseil d'État ne peut mander à sa barre les agents de l'Administration active pour leur demander compte des motifs de leurs décisions, il ne peut pas non plus organiser d'enquêtes en dehors d'eux, pour scruter leurs arrière-pensées et vérifier les mobiles de leurs actes ». Le Conseil d'État, en d'autres termes, doit éviter, et il évite d'empiéter sur le domaine propre de l'autorité hiérarchique (1). Certes, grâce à la théorie du détournement de pouvoir, il atteint les limites extrêmes de sa mission « juridictionnelle », mais il ne les dépasse pas.

Pour montrer la fécondité pratique de la théorie du détournement de pouvoir, combien d'arrêts — anciens ou récents — pourraient être cités ! Il nous suffira de consta-

---

(1) Cs., par ex., l'arrêt précité du 31 janv. 1902, relatif à un décret *motivé* dissolvant un conseil municipal parce que les conditions de l'élection auraient été de nature à enlever au conseil toute autorité morale : « Les *motifs* d'un tel décret, dit l'arrêt, ne peuvent être *discutés* par la voie contentieuse ».

ter que la jurisprudence apporte à réprimer les détournements de pouvoir une ingéniosité et une pénétration crois-
santes. L'Administration ne peut, sans s'exposer à la
censure de la juridiction contentieuse, mettre ses pouvoirs
de police au service d'un intérêt fiscal ou pécuniaire, d'un
intérêt politique ou électoral, d'une animosité privée,...
Bien plus, une décision administrative prise *par caprice*
ou « qui ne peut avoir d'autre but que de nuire à
autrui » (1), doit être considérée comme annulable, à l'égal
d'une décision dont le but illégal apparaît d'une manière
positive (2).

Lorsque l'Administration ne fait que de l'Administration, il est rare qu'elle s'écarte volontairement de la
légalité. C'est assez dire la valeur pratique de la théorie du
détournement de pouvoir, qui permet au juge administratif de soumettre le pouvoir discrétionnaire de l'Administration à des conditions étroites de *finalité* : par le développement de la théorie du détournement de pouvoir, les actes
discrétionnaires cesseront de plus en plus d'être des actes
arbitraires. En insistant sur ce que les détournements de
pouvoir sont des illégalités, et relèvent par nature de la juridiction contentieuse, nous avons montré suffisamment qu'à
ce développement, si plein d'avantages pratiques, aucun
argument théorique ne saurait être opposé : aussi bien
est-il à prévoir, comme il est à souhaiter (3).

(1) L'article 226 du Code civil allemand, consacrant la théorie de
l'*abus du droit*, est ainsi conçu : « L'exercice d'un droit n'est pas permis,
lorsqu'il ne peut avoir d'autre but que de nuire à autrui ».

. (2) C. E., 27 décembre 1901. Pécard, *Revue des concessions*, 1902, p.
168; 6 juin 1902, Goret, *sod. loco*, 1902, p. 408, et Sirey, 1903. 3. 65, note
de M. Hauriou. Le dernier arrêt a été rendu sur conclusions conformes
de M. Romieu.

(3) L'*erreur de fait* pure, par exemple celle d'un ministre admettant à

d) La « violation de la loi » est le plus compréhensif des vices constitutifs de l'excès de pouvoir : l'expression est applicable à toute illégalité impossible à classer dans une autre catégorie, et elle doit s'entendre de la fausse application de la loi, résultat d'une erreur sur le fait, comme de la fausse interprétation de la loi, d'où résulte une erreur sur le droit. Le Conseil d'État n'ayant pas de doute sur la nature contentieuse du recours en annulation pour violation de la loi, n'hésite pas à vérifier par une véritable instruction (visites des lieux, etc.) le caractère et l'existence des faits ayant servi de base à la décision attaquée : il use, en d'autres termes, des moyens d'investigation qu'il répudie dans la recherche d'un détournement de pouvoir.

La violation des règlements est assimilée à la violation de la loi : le recours en annulation assure donc à la fois la subordination du règlement à la loi, et la subordination de l'acte administratif au règlement.

La violation de la chose jugée est également comprise dans l'idée de violation de la loi : violer un arrêt de justice légalement exécutoire, c'est violer la loi même.

Jusqu'à ces dernières années, l'annulation des actes administratifs pour violation de la loi n'était prononcée que si la violation de la loi était aggravée par une atteinte à un *droit, stricto sensu :* c'est pourquoi M. Laferrière a pu classer les décisions contentieuses annulant les actes administratifs pour *violation de la loi* d'après la nature du *droit* auquel une atteinte avait été portée par ces actes : propriété et droits qui en dérivent, liberté du commerce et de l'industrie, droits résultant de fonctions, grades ou titres, droits

la retraite un fonctionnaire sur l'âge duquel il se trompe, pourrait fort bien être assimilé à un cas de fausse application de la loi. — *Contrà*, C. E., Saint-Gaudens, 22 juin 1900.

créés par des décisions administratives irrévocables, droit
à l'obtention de certaines mesures administratives, telles
que la délivrance des brevets, des permis de chasse, etc.

Cette classification a l'avantage de mettre en lumière la
valeur du recours pour violation de la loi au point de vue
du droit individuel. Mais elle n'est plus d'accord avec la jurisprudence, d'après laquelle il semble que la violation de
la loi soit, en elle-même, une cause d'annulation, sans être
« caractérisée ou aggravée » par l'atteinte à un « droit acquis » : il convient donc d'ajouter à l'énumération donnée
par M. Laferrière une nouvelle série de « violations de la
loi », celles qui peuvent entraîner l'annulation contentieuse
sans qu'il y ait eu d'autre droit violé que le droit de tout
intéressé à l'observation de la loi.

En résumé les quatre vices constitutifs de l'excès de
pouvoir se ramènent à un seul, qui est l'*illégalité*, dans le
sens intégral du mot.

IV

Historiquement, le pouvoir d'annulation du Conseil d'État
est né de la confusion des fonctions ; mais, depuis que le
Conseil d'État statuant au contentieux est devenu un juge
et n'est plus qu'un juge, il faut reconnaître que le pouvoir
d'annulation, détaché de ses origines historiques, se justifie
pleinement *en lui-même*, au point de vue logique comme
au point de vue pratique : c'est, d'un mot, *l'instrument
nécessaire de la juridiction contentieuse à l'égard des actes
de puissance publique*.

Sans doute, lorsque le recours pour excès de pouvoir
est formé contre un acte administratif purement individuel,
l'annulation *erga omnes* n'a pas de signification, ni d'utilité

particulières : pratiquement, elle a même valeur qu'une déclaration de nullité *inter partes.*

Mais un acte administratif, même s'il vise un ou plusieurs individus nommément désignés, n'est presque jamais d'intérêt purement individuel. Or de ce que tout acte de puissance est, à quelque degré, d'intérêt collectif, il résulte que le recours formé contre un acte de cette nature, pour être efficace, doit avoir des effets collectifs : rationnellement, si un acte administratif est nul à l'égard d'un électeur, d'un contribuable, d'un habitant de la commune, on ne discerne pas pourquoi il resterait valable à l'égard de tous les autres électeurs, de tous les autres contribuables, de tous les autres habitants de la commune. Limiter les effets du recours pour excès de pouvoir au seul requérant, ce serait contraindre chacun des autres intéressés, qui peuvent être cent, mille, un million ... etc., à former contre l'acte illégal, dans le *même délai,* le *même recours,* fondé sur les *mêmes moyens,* durant la *même juridiction,* afin d'aboutir à un *même arrêt.* Est-ce qu'un seul requérant agissant en qualité de contribuable, d'électeur, etc., ne résume pas en sa personne l'intérêt de tous les contribuables, de tous les électeurs auxquels préjudicie l'acte attaqué ? Et par conséquent ne doit-il pas être considéré comme représentant, à l'égard de la puissance publique, le *bloc* des intéressés ? On dit communément qu'une instance en annulation pour excès de pouvoir n'est pas un procès entre parties, on dit encore que le recours en annulation est une voie objective ou impersonnelle de nullité. En réalité, il y a deux parties : les intéressés —, requérants ou non —, d'un côté, la puissance publique, de l'autre, et si le débat peut être dit objectif ou impersonnel, ce n'est pas en ce sens qu'il n'intéresse personne, mais en ce sens qu'il intéresse tout le monde.

Cette conception du contentieux de l'annulation semble
expliquer pourquoi, d'une part, la jurisprudence étend
la recevabilité, soit du recours, soit de l'intervention au
recours déjà formé —, car il faut que tout intéressé puisse
faire entendre sa voix, s'il le désire —, et pourquoi, d'autre
part, après une annulation *erga omnes*, elle refuse d'accueillir la tierce opposition —, car, tous les intéressés ayant
été représentés, au moins tacitement, par le ou les requérants, il y a chose jugée à l'égard de tous.

La jurisprudence, il est vrai, refuse nettement à l'instance pour excès de pouvoir le caractère d'un litige entre
parties : et c'est le motif qu'elle a précisément invoqué
pour repousser la tierce opposition, même dans le cas où
l'opposant possède un *droit* acquis(1). Mais n'est-il pas plus
clair et plus simple de dire que la tierce opposition ne se
conçoit pas contre un arrêt annulant un acte *erga omnes?*

Si la tierce opposition était recevable, il y aurait contradiction dans les termes à reconnaître à l'annulation un
caractère général et définitif.

Aussi bien le Conseil d'État lui-même a-t-il senti la nécessité pratique de ne pas maintenir toutes les conséquences qu'il avait d'abord tirées du principe de *l'objectivité*
du recours en annulation. M. Laferrière énonçait le principe en termes absolus : « Le recours pour excès de pouvoir n'est pas un procès fait à une partie, *c'est un procès
fait à un acte* » et il ajoutait : « Si dans la procédure d'excès de pouvoir, il y a un demandeur, *il n'y a pas de dé-
fendeur* (2) ». L'acte ne pouvant se défendre lui-même, il

(1) C. É., 8 déc. 1899, S. 1900. 3. 73. *Contrà,* l'arrêt du 28 avril 1882,
qui admet la *corrélation* du droit d'intervention et du droit de tierce opposition, Lebon, 1882, p. 387; Cs. *Rev. d'admin.*, 1900, t. I, p. 158, note
de M. Le Gouix.

(2) Laferrière, *loc. cit.*, t. II, p. 561-562.

était nécessaire de lui donner un avocat, et, jusqu'à ces
dernières années, il parut suffisant de lui donner pour
avocat —, et pour avocat unique —, le ministre du service intéressé : l'auteur de l'acte, la personne morale administrative à laquelle l'acte avait pu profiter, restaient
absolument étrangers à l'instance. Mais le ministre, investi
du droit de représenter la puissance publique dans son
unité impersonnelle, semblait, en fait, mal qualifié pour
se faire le défenseur de ceux d'entre les actes attaqués qui
émanaient d'une autorité décentralisée, par exemple de
l'autorité municipale. La puissance publique *impersonnelle* est une fiction, derrière laquelle on discerne des intérêts *collectifs :* un arrêté de police municipale est un
acte de puissance au premier chef, mais il n'en est pas
moins vrai que la collectivité communale, ayant son organe dans le conseil municipal, peut avoir intérêt au maintien de cet acte.

C'est pourquoi on voit fréquemment des communes
former des demandes en intervention, afin de présenter
la défense de l'acte attaqué : et ces demandes ont été
fréquemment accueillies (1). Il y a des arrêts dissidents :
mais la tendance est de ne plus opposer à l'intervention
des communes la fin de non recevoir tirée de ce qu'il
appartient au ministre seul de défendre au pourvoi en
annulation. Est-ce à dire que les actes de puissance soient
accomplis en partie au nom des personnes morales administratives? Ne suffit-il pas d'observer que les actes de

(1) V. *Rev. gén. du dr. de la lég. et de la jurispr.*, année 1903, p. 297.
De l'intervention des communes dans les recours pour excès de pouvoir
intentés contre les arrêtés des maires. V. C. É., 9 mars 1900; Boucher
d'Argis; 24 janvier 1902, Avézard. *Contrà*, 18 mars 1898, Noualhier ; 25
janvier 1901. Juot–Saucin.

puissance, étant pris au nom ou dans l'intérêt d'une collectivité, la collectivité a le droit de les défendre contre l'assaut des intérêts privés (1)? La fiction d'après laquelle le recours pour excès de pouvoir est un procès fait à l'acte, et non à l'Administration a son utilité : elle donne à la procédure administrative une remarquable simplicité, et elle met en lumière le caractère social ou, au sens élevé du mot, le caractère politique, du recours en annulation pour illégalité. Mais elle ne doit pas faire méconnaître qu'il existe des parties intéressées à défendre l'acte, de même qu'il existe des parties intéressées à l'attaquer (2).

La philosophie du recours en annulation a été récemment formulée d'une manière très heureuse : « Toute puissance, dit M. Léger, tend à son développement abusif. Toute force tend à son accroissement indéfini. Un Gouvernement, même républicain, a donc une propulsion presque invincible vers l'exercice immodéré de son pouvoir. Le contrepoids nécessaire et bienfaisant de son action ne sera autre que *l'intervention légale du citoyen pour assurer en sa personne et en celle des autres, le respect des libertés, et des droits acquis.* De sa collaboration résultera ainsi l'harmonie; et dès lors, la revendication des droits nous apparaît comme quelque chose de singulièrement plus élevé que la réaction d'un intérêt lésé, puisqu'elle devient l'accomplissement nécessaire d'un devoir social et que, par le

(1) Cs. C. E., 4 mars 1904, Les fils de Deutsch.
(2) L'Administration ne doit pas les dépens, si l'acte est annulé, et elle n'a pas à en réclamer, si l'acte est maintenu. Mais s'il y a des parties intéressées qui *interviennent* pour le maintien de l'acte, la répartition des dépens entre ces « défenseurs » spontanés de l'acte et les requérants s'opère d'après les règles du droit commun. C'est une atténuation au principe de l'objectivité de l'instance.

maintien des pouvoirs dans leurs limites régulières, elle
bénéficie du corps social tout entier (1) ».

Telle est bien, en effet, la nature complexe —, à la fois
individuelle et sociale —, du recours en annulation. De
même que le ministère public est investi du droit de requérir contre les particuliers l'application de la loi pénale, de
même les citoyens, en requérant contre l'acte administratif, peuvent imposer à l'autorité exécutoire, le respect de la
légalité : mais c'est leur intérêt propre qui les pousse à
agir.

V

Si l'État-puissance publique était soumis au droit commun et à la justice commune, la légalité serait-elle mieux
assurée à son égard qu'elle ne l'est par le moyen du recours
en annulation? Nous ne le croyons pas.

Aucune action en justice n'est aussi large que le recours
en annulation, au triple point de vue de la recevabilité,
des ouvertures ou des effets. La notion de « droit violé »,
telle que l'entendent les tribunaux judiciaires, est beaucoup
plus étroite que la notion d' « intérêt lésé », telle que l'entendent les tribunaux administratifs. Les quatre vices constitutifs de l'excès de pouvoir se retrouvent peut-être dans la
jurisprudence judiciaire (2) : mais ils n'ont pas reçu d'elle
les développements si remarquables que le Conseil d'État
a su leur donner. Enfin l'annulation *erga omnes* est étrangère à la notion de l'action en justice ordinaire, qui est une
action privée pour la défense des droits privés : or, nous avons

---

(1) R. Leger, *L'intérêt social et les droits individuels,* Revue polit. et
parlementaire, 1905, p. 499 et suiv.

(2) En ce sens, Artur, *loc. cit.,* p. 361 et suiv.

dit que, sans l'annulation *erga omnes*, le contrôle de légalité sur les actes de puissance publique nous apparaissait comme absolument inefficace.

En vérité, s'il n'était suspect par ses origines historiques, et par la juridiction devant laquelle il est porté, le recours pour excès de pouvoir serait considéré par tous comme un instrument presque parfait de légalité administrative —, et par conséquent, de liberté individuelle, dans la mesure où la liberté est inscrite dans la loi.

Or, les origines du recours pour excès de pouvoir ne sauraient que nous tromper sur sa véritable nature, et d'autre part, il est certain que la partialité du juge administratif, surtout du Conseil d'État, cette haute conscience morale de l'administration française, est devenue un simple préjugé.

Par une sorte de paradoxe historique, le recours en annulation, né de la confusion des fonctions, nous apparaît aujourd'hui comme le moyen le plus étendu et le plus énergique d'assurer la subordination de l'autorité administrative à la légalité, c'est-à-dire de réaliser, sous son aspect le plus essentiel, le principe de la séparation des fonctions.

L'État-puissance publique est tout, et « concède » à l'individu ses libertés : à cette première conception correspond le système de la justice retenue.

L'État-puissance publique n'est rien, c'est la nation qui lui confère ses pouvoirs ; à cette seconde conception correspond le système de la justice déléguée.

Dans le premier système, le recours en annulation se présente comme une « soupape de sûreté », assurant aux citoyens dans un régime d'arbitraire un minimum de légalité. Dans le second système, il est devenu au contraire un rouage nécessaire et normal du régime de la légalité sanctionnée.

En posant le principe de la justice déléguée, la loi du 24 mai 1872 a fait subir au recours pour excès de pouvoir une rénovation, ou pour mieux dire une véritable « novation ».

VI

Le recours pour excès de pouvoir, tel que nous l'avons défini, n'est pas le seul recours en annulation contre les actes de puissance publique. Mais il est le recours en annulation de *droit commun*, ouvert contre tout acte administratif en l'absence d'un recours spécial, et, d'autre part, il est le recours-*type*, les recours spéciaux n'étant, au fond, que des recours pour excès de pouvoir *différenciés*.

I. Le *recours en cassation* contre les décisions en dernier ressort des juridictions administratives inférieures ou des autorités administratives faisant office de juridiction a, en principe, pour base les mêmes textes que le recours en annulation : loi des 7-14 octobre 1790, loi du 24 mai 1872. Mais la jurisprudence du Conseil d'État les interprète d'une manière restrictive : elle ne considère pas la « violation de la loi » comme une ouverture au recours en cassation, à moins qu'il n'existe un texte spécial, comme l'article 17 de la loi du 16 septembre 1807, visant les arrêts de la Cour des Comptes. On a donné de cette jurisprudence peu libérale une double raison : l'une, d'ordre pratique, est que les décisions juridictionnelles, prises suivant des formes juridictionnelles, offrent moins de chances de précipitation et d'erreur que les actes de l'administration active; — la seconde, d'ordre juridique, est que le législateur ayant indiqué expressément plusieurs cas où le recours en cassation pouvait être formé pour violation de la loi, est présumé

avoir écarté ce moyen, toutes les fois qu'il ne l'a pas men-
tionné(1). La raison d'ordre pratique est acceptable : mais
comme le dit M. Berthélemy, c'est une raison pour moins
regretter la solution admise, non un argument pour la
justifier(2). Or, la raison d'ordre juridique est fort contestable : il est impossible d'affirmer que les dispositions
spéciales, telles que l'article 17 de la loi de 1807, sont
des dérogations au droit commun : ne sont-elles pas plutôt
des applications du droit commun? Un argument aussi
faible ne suffit pas à justifier ni même à expliquer
pourquoi le Conseil d'État donne une double et contradictoire interprétation des *mêmes textes*, suivant que le recours en annulation est formé contre des décisions de
l'administration juridictionnelle ou contre des décisions de
l'administration active. Aussi bien s'agit-il d'expliquer et de
justifier, non la jurisprudence qui refuse d'admettre contre
les décisions contentieuses le moyen tiré de la violation de
la loi, mais celle qui admet ce même moyen contre les décisions de l'administration active : nous avons dit qu'un
motif d'ordre fiscal avait seul amené le Conseil d'État à
faire rentrer la notion d' « illégalité » dans celle d' « excès
de pouvoir ». Cette extension hardie de la notion d'excès
de pouvoir est rationnellement discutable : est-ce vraiment excéder ses pouvoirs que de se tromper en les exerçant? Mais l'extension une fois admise, il n'y avait aucune
raison décisive d'en limiter les effets au recours contre les
actes de l'administration active. Si la jurisprudence était
logique avec elle-même elle ne laisserait subsister entre le
recours en cassation et le recours en annulation d'autres

(1) Laferrière, t. II, p. 577.
(2) Berthélemy, *op. cit.*, p. 891.

différences que celles qui résultent de la *nature même* de l'acte attaqué (1).

11. Le recours donné par l'article 67 de la loi du 5 avril 1884 contre les décisions préfectorales statuant sur les réclamations formées contre les délibérations des conseils municipaux, est instruit et jugé « dans les formes du recours pour excès de pouvoir » ! C'est en réalité un recours pour excès de pouvoir élargi.

Il s'est déjà produit entre le recours de l'article 67 et le recours pour excès de pouvoir un rapprochement sensible au point de vue de la recevabilité : sauf controverse, l'un et l'autre peuvent être formés par tout « intéressé » quel que soit le moyen invoqué (2). Ajoutons que nul n'a hésité à étendre au recours pour excès de pouvoir le bénéfice de la jurisprudence inaugurée par l'arrêt *Casanova*, rendu sur le recours de l'article 67.

Mais l'unification des deux recours ne saurait être opérée —, d'une manière intégrale—, par voie jurisprudentielle. Une double et irréductible difficulté s'y oppose. La première est que la loi de 1884 impose aux parties l'obligation de former un recours préalable au préfet; la seconde est que l'article 63 prévoit contre les délibérations prises en dehors

---

(1) Ces différences sont au nombre de deux : 1) L'annulation d'une décision contentieuse n'a d'effet qu'entre les parties : car il y aurait une évidente contradiction à annuler *erga omnes* une décision rendue *inter partes*; 2) La décision contentieuse annulée doit être refaite légalement par le juge compétent : car le juge, parce qu'il est un juge, *est tenu de statuer* sur les recours formés devant lui. Au contraire une décision de l'administration active étant, en principe, posée à l'égard de tous, et, d'une manière spontanée, doit être annulée à l'égard de tous et, après l'annulation, peut ne pas être refaite. Le recours en cassation, c'est en somme, le recours en annulation ordinaire, modifié dans ses effets par la nature de l'acte contre lequel il est formé.

(2) V. *suprà*.

des réunions ou des attributions légales du conseil municipal, ou en violation de la loi, non pas une simple annulabilité, mais une nullité juridique de *plein droit*, opposable par tout intéressé *à toute époque* (1).

L'intention du législateur de 1884 a été certainement de faciliter aux particuliers le recours contre les délibérations municipales. Dès lors, si les particuliers préfèrent au recours de l'article 67 le recours direct au Conseil d'État, la jurisprudence ne répondrait-elle pas à la pensée libérale du législateur, en ne leur opposant pas la fin de non-recevoir tirée de la théorie du recours parallèle? Aussi bien pourrait-on contester au recours de l'article 67 le caractère de recours parallèle : car il ne permet pas, dans l'état présent de la jurisprudence, d'invoquer contre une délibération municipale le grief de « détournement de pouvoir ».

III. Il existe contre certains actes administratifs des recours directs, qui sont portés devant le Conseil d'État statuant au contentieux, mais présentent un caractère hiérarchiques plus accentué que le recours pour excès de pouvoir : tels sont les recours contre les décrets portant concession de nom patronymique (art. 7 de la loi du 11 germinal, an XI), — contre les arrêtés préfectoraux refusant d'autoriser un établissement insalubre, ou accordant l'autorisation sous des conditions jugées inacceptables par l'industriel, ou enfin retirant l'autorisation (art. 7 du décret du 15 oct. 1810), — contre les décisions portant suspension ou interruption de travaux dans les mines, ou retrait d'une concession minière (art. 6 à 10 de la loi du 27 avr. 1838). Ces recours ont été institués sous le régime de la justice retenue : ils peuvent être formés, non

(1) Cf. note de M. Hauriou sous C. É., 1ᵉʳ février 1901, Deservik, S. 1901. 3. 41.

seulement pour illégalité, mais encore pour inopportunité, et l'un d'entre eux, le recours du décret de 1810 sur les établissements insalubres peut aboutir à la réformation comme à l'annulation de l'acte attaqué (1). Ce sont, en somme, des recours composites, qui ne tiennent que de leur forme une apparente unité : on pourrait les définir : des recours pour excès de pouvoir *doublés* d'un recours hiérarchique.

IV. Les recours en annulation administrative sont également des survivances du régime de la justice retenue : ils continuent à être portés devant le Chef de l'État en son Conseil. Il en est ainsi du recours prévu par l'article 40 du décret du 22 juillet 1806 contre les décisions rendues en Conseil d'État —, du recours ouvert au préfet par l'article 47 de la loi du 10 août 1871 contre les délibérations des conseils généraux (2) —, du recours de l'article 13 de la loi du 21 juin 1865 contre les arrêtés préfectoraux créant des associations syndicales autorisées de travaux publics. Ces recours en annulation administrative ne font pas obstacle au recours pour excès de pouvoir : il ne pourrait y avoir controverse, à ce point de vue, qu'à l'égard du recours de la loi de 1865. Quant au recours pour abus, nous savons qu'il est aujourd'hui supprimé.

VII

L'effort de la jurisprudence, sous la multiplicité de ses manifestations fragmentaires, a un but nettement défini : c'est de soumettre la puissance publique au règne de la légalité.

(1) Cf. le recours de l'article 36 de l'ordonnance du 16 mars 1838, qui permet au Conseil d'État au contentieux de fixer le *rang d'ancienneté* d'un officier.

(2) V. C. É., 7 août 1903, Chabot, *Rev. d'adm.*, 1903. III, p. 300.

Logiquement, un seul moyen d'atteindre ce but apparaît comme efficace : c'est une voie de nullité ouverte à tout intéressé contre tout acte de la puissance publique, entaché d'une illégalité quelconque. La sanction doit être à la mesure de l'obligation : or l'obligation pour l'autorité administrative de respecter la loi est ou doit être générale et absolue.

Les textes, pris à la lettre, n'organisaient que des voies de nullité spéciales. Par un travail d'élargissement, et d'unification, la jurisprudence a su, à l'aide de ces fragments épars, poser les premières assises d'un régime que le législateur a le devoir de consacrer et de compléter.

Un mouvement de la jurisprudence est toujours l'indice d'une réforme législative nécessaire.

Essayant de résumer les résultats dès maintenant acquis de l'effort jurisprudentiel, et les tendances sur le point de donner leurs fruits, nous pouvons dire que le recours pour excès de pouvoir, vivifié par l'annexion du recours pour violation de la loi, présente dès maintenant les traits essentiels d'un moyen de nullité général contre les actes illégaux de la puissance publique : le temps est proche où il sera ouvert à *tout intéressé*, contre *tout acte de puissance publique*, à raison de *toute espèce d'illégalité*.

Il restera alors dans un but de simplification à faire disparaître toutes les voies de nullité spéciales —, soit contentieuses, soit administratives, en tant qu'elles ont pour objet le contrôle de légalité des actes administratifs.

Que si le recours pour excès de pouvoir n'est pas encore un moyen suffisamment simple, suffisamment large et suffisamment efficace d'assurer la légalité de l'action administrative, il n'y a pas lieu de maintenir ou de créer des voies de nullité spéciales : c'est le recours pour excès de pouvoir qu'il faut simplifier, fortifier, ou élargir.

VIII

Le recours pour excès de pouvoir est à nos yeux, par la forme comme par le fond, un recours contentieux.

Mais il reste à savoir s'il ne serait pas avantageux pour la garantie du droit individuel de le ramener à ses origines historiques, en restituant au juge administratif la plénitude du pouvoir « hiérarchique », dont la séparation de l'administration active et de l'administration juridictionnelle a eu pour effet de le priver? Dans ce système, à la liste des « ouvertures » à recours pour excès de pouvoir serait ajoutée l'inopportunité ou *vice de fond*, et, d'autre part, le recours pourrait aboutir à la réformation, aussi bien qu'à l'annulation de l'acte attaqué.

M. Chardon, dans un ouvrage récent, a mis spirituellement en lumière les inconvénients de la pratique actuelle : ses critiques, émises au cours d'une étude spéciale sur les travaux publics, n'en ont pas moins une portée tout à fait générale.

« C'est une conception chère à nos légistes que celle de l'acte administratif souverain. On fait précéder cet acte d'un certain nombre de formalités qui ont pour but de permettre au public de faire connaître son avis. Lorsque ces formalités ont été régulièrement observées, l'acte est irrévocable. Le public n'a le droit de se plaindre que si quelque forme a été violée. Alors on annule l'acte non parce qu'il est mauvais, mais parce qu'il n'est pas régulier. S'il est régulier, fût-il le plus détestable du monde, rien à faire (1) ».

(1) Chardon, *Les travaux publics*, Essai sur le fonctionnement de nos administrations, Perrin, Paris, 1904, *passim*.

Après avoir indiqué le mal, M. Chardon propose le
remède : « Tous les actes administratifs doivent être annulables non seulement pour vice de forme, mais pour vice
de fond, comme le veut le bon sens... A qui donner cette
annulation? Faudrait-il pour cela chercher des cours de
justice extraordinaire? Inventer des magistrats, et des procédures nouvelles? La cour de justice existe, et cette annulation des actes administratifs mauvais est un rôle si normal, que bien qu'il ne soit pas inscrit dans les textes, il a
surgi peu à peu de la nécessité même (1). Le recours pour
excès de pouvoir devant le Conseil d'État n'est que l'em-
bryon d'un régime qui finira par s'imposer. Seulement on
donne actuellement à l'intervention du Conseil d'État des
formes contentieuses, tandis que cette intervention devrait
être l'exercice normal de la haute administration, compor-
tant non seulement le droit d'annuler pour excès de pou-

(1) A ce point de vue, M. Hauriou semble avoir tiré de l'arrêt *Casanova*
des conclusions excessives. Le Conseil d'État, dit-il, s' « immobilisait »
dans le contrôle de la légalité, « devenait un juge chargé de l'application
de la loi »; en s'emparant de la tutelle des autorités décentralisées, en l'espèce de l'autorité communale, il a fait retour à sa mission de gardien de
la bonne administration, il a usé, dans une certaine mesure, du pouvoir
d'appréciation « qui est inséparable de l'administration active ».

En réalité, la délibération municipale annulée par le Conseil d'État était
manifestement illégale, et n'a été annulée que parce qu'elle était illégale.
La tutelle administrative, dans la mesure où elle est un contrôle de légalité relève de la compétence naturelle de la juridiction administrative : elle
devient de plus en plus, et il est regrettable qu'elle ne soit pas tout à fait
« juridictionnelle ». Mais, dans la mesure où elle est un contrôle d'opportunité, elle doit rationnellement relever et relève, en effet, de l'autorité hiérarchique. Avant l'an VIII, l'administrateur actif était juge : il
était mauvais juge. Aujourd'hui il ne convient pas que le juge administre : car il serait mauvais administrateur. Le Conseil d'État doit profiter
de son caractère administratif non pour rester en deçà ou aller au-delà
de sa mission juridictionnelle —, mais pour mieux juger : c'est ce qu'il
fait.

voir, mais celui d'annuler pour mauvaise décision et non seulement le droit d'annuler, mais celui de réformer ».

Tel est, dans toute son ampleur, le système préconisé par M. Chardon pour mettre fin à la « conception impériale de l'acte souverain », et porter le dernier coup au « dogme de l'infaillibilité administrative ».

En réalité, ce système, bien loin de constituer un progrès, marquerait une régression du contentieux administratif : il aboutirait à rétablir la confusion des fonctions. Apprécier la légalité d'un acte, c'est juger, en apprécier l'opportunité, c'est administrer : sur cette notion très simple est fondée la distinction du recours contentieux et du recours gracieux. En élargissant le recours pour excès de pouvoir, selon le vœu de M. Chardon, on détruirait son unité et son originalité; en supprimant les formes contentieuse: dans lesquelles il est jugé, on enlèverait aux particuliers la plus précieuse des garanties, celle qui résulte de la prédominance de *l'esprit de légalité* sur l'esprit d'opportunité au sein du Conseil d'État statuant au contentieux. Ce serait en réalité revenir à la conception « impériale » de la justice retenue, dans laquelle le respect de la légalité était subordonné à la bonne volonté de l'autorité administrative : à l'époque où le juge administratif avait tous les pouvoirs, il avait aussi toutes les indulgences. Le recours pour excès de pouvoir est moins large que le recours hiérarchique; mais il gagne en efficacité ce qu'il perd en étendue.

Que s'il est pratiquement utile, comme le croit M. Chardon de faire du Conseil d'État, considéré comme assemblée administrative, le juge suprême de l'opportunité des actes de l'Administration active, ce but peut être atteint sans bouleverser le contentieux administratif; au lieu de dénaturer le recours pour excès de pouvoir, il suffirait

d'instituer parallèlement à lui un recours en réformation
pour inopportunité, nouvelle incarnation du recours hiérarchique. La séparation, au sein du Conseil d'État de la
fonction contentieuse, et de la fonction administrative —,
qui fait toute la valeur de l'institution —, ne doit pas être
compromise : un recours en réformation pour inopportunité relèverait par sa nature même des sections administratives et de l'Assemblée générale du Conseil, et non de
ses diverses « formations contentieuses ». En d'autres termes, la réformation d'un acte administratif pour inopportunité requiert des administrateurs, des techniciens, et non
des légistes ou des juges. L'administration active, observe
justement M. Hauriou, « tout comme les monarques de
l'Ancien régime, a besoin d'un peu de pouvoir absolu! Il
ne faut pas que le contrôle pénètre partout, car rien ne
marcherait plus » (1).

Conclusion : le recours pour excès de pouvoir doit devenir un moyen d'assurer la pleine subordination de l'autorité administrative à la légalité : rien de plus, mais rien
de moins. Il convient donc, non de le supprimer ou de le
transformer, mais de le *développer*.

« Que les citoyens victimes d'actes abusifs, d'un exercice
illégal de l'autorité, fassent valoir leurs réclamations. La
porte du prétoire s'entr'ouvre ; il n'y a plus qu'à la pousser (2) ».

(1) Hauriou, note sous l'arrêt Merlin, S. 1900. 3. 65.
(2) R. Leger, *loc. cit.*, p. 505.

CHAPITRE CINQUIÈME

DE L'IRRESPONSABILITÉ DE LA PUISSANCE PUBLIQUE ET DE SES AGENTS.

> « Il faut écarter résolument et caté-
> goriquement le prétendu principe de
> l'irresponsabilité de l'État en matière
> d'actes de puissance publique, qui est
> manifestement contraire à la plus élé-
> mentaire équité, et aux nécessités pres-
> santes d'un régime vraiment démocra-
> tique ».
>
> G. TEISSIER, *commissaire du gou-
> vernement au Conseil d'État.*

Lorsqu'un acte de la puissance publique a causé un préjudice aux particuliers, le recours pour excès de pouvoir,
quelle que soit sa valeur propre, ne saurait à lui seul donner entière satisfaction au droit individuel : la *réparation*
du préjudice causé apparaît alors, au regard du simple
bon sens, comme le complément nécessaire de l'*annulation*
de l'acte.

Cependant, jusqu'à une date récente, la jurisprudence
s'était toujours refusé à consacrer la responsabilité de l'État
à raison des dommages résultant d'un acte d'autorité illégal.

« ... Il est de principe, dit encore un arrêt du 13 janvier
1899, que *l'État n'est pas, en tant que puissance publique,
et notamment en ce qui touche les mesures de police, responsable de la négligence de ses agents* »(1).

(1) C. d'Ét., 13 janvier 1899. Lepreux, S. 1900. 3. 1. Le requérant
était devenu aveugle après avoir reçu une bourre de canon dans les yeux,

Le Conseil d'État, depuis quelques années, tend à s'écarter de cette jurisprudence rigoureuse, dont la persistance sous le régime démocratique ne s'expliquait, en réalité, que par la force de la tradition.

La théorie de l'irresponsabilité de la puissance publique devait tôt ou tard succomber, pour ce double motif qu'elle ne reposait sur aucun fondement juridique précis et solide, et que d'autre part elle était en contradiction directe avec le principe d'équité dont le Conseil d'État lui-même avait fait la base unique de la responsabilité de l'État-gérant des services publics.

I

Traditionnellement, l'esprit est porté à concevoir une puissance publique infaillible et irresponsable : la notion de « puissance publique » ne descend-elle pas, en droite ligne, de cette vieille notion de « souveraineté », élaborée par les légistes de l'Ancien régime, tenants du pouvoir absolu et de la monarchie de droit divin ?

D'autre part, les auteurs nous ont toujours présenté la puissance publique comme une entité impersonnelle, matériellement insaisissable et indéfinissable : or, si l'on admet que l'État, en tant qu'il exerce les pouvoirs de commandement et de contrainte, n'est pas une personne morale, et par conséquent n'a pas de patrimoine, comment pourrait-on songer, sans absurdité, à lui faire supporter une responsabilité pécuniaire ?

Ainsi, que la présomption d'infaillibilité de la puissance

au cours d'exercices militaires. Dans le même sens, 15 décembre 1899, Adda.

publique soit ou non fondée, — et il est évident qu'elle ne l'est pas —, l'État resterait protégé contre les revendications du droit individuel par son impersonnalité juridique.

Cette conception traditionnelle de la puissance publique n'est pas conforme à l'esprit du régime de la légalité sanctionnée : car elle aboutit à faire supporter aux particuliers les conséquences dommageables des violations de la loi commises par l'autorité administrative.

En réalité, qu'est-ce que la puissance publique? On est tenté de répondre : c'est l'État même, sous l'un de ses aspects. Mais n'est-ce pas, en vérité, définir une abstraction par une autre abstraction? A notre sens, la « puissance publique », c'est tout simplement une *fonction* de l'État, et l'État exerce cette fonction, comme toutes les autres, par le moyen des services publics. Un acte de puissance est toujours un acte d'un service public, un acte d'un fonctionnaire. C'est dire que rationnellement la responsabilité de l'État-puissance publique, ou, plus exactement, la responsabilité de l'État à raison des dommages causés par les actes de puissance doit être, en dernière analyse, considérée comme un cas d'application de la théorie générale de la responsabilité de l'État à raison des dommages causés par le fonctionnement illégal des services publics.

Dans les conclusions données sur l'affaire Le Berre (1), le commissaire du gouvernement Teissier a défendu devant le Conseil d'État, par une argumentation légèrement différente, une thèse identique. D'après M. Teissier, s'il est des actes de gestion qui se manifestent sous forme d'ordre ou d'actes de police, il est aussi des « quantités de *mesures de police*, qui, en dernière analyse, ne sont que

(1) *Gazette des tribunaux*, n° du 22 juillet 1903.

des *actes de gestion* ». Bien plus, les actes de puissance doivent être définis : « tous *les actes accomplis par l'administration en vue d'assurer d'après des moyens et suivant des règles à elles propres, le fonctionnement des services publics* ». L'irresponsabilité de l'État, à raison des actes de puissance, apparaît dès lors, comme dépourvue de « tout motif juridique », et il convient d'admettre la responsabilité de l'État « à raison du service mal fait, ...sous quelque forme que se soit manifesté l'acte dommageable (1) ».

En d'autres termes, le dommage illicite causé par un acte de puissance publique doit être apprécié indépendemment de cet acte même, dont il est juridiquement séparable. Une illégalité entachant un acte de puissance peut être envisagée sous un double aspect : en tant que *vice* de l'acte, elle constitue une ouverture au recours en annulation ; en tant que *faute civile*, elle fait naître au profit des intéressés un droit à indemnité, sanctionné en justice.

Telle est la vérité juridique, aujourd'hui consacrée, semble-t-il, par la jurisprudence du Conseil d'État.

---

(1) Un exemple tiré de la jurisprudence suffira à montrer le caractère inique de la distinction des dommages causés par l'État-gérant des services publics, et des dommages causés par la Puissance publique. Un ministre prend un arrêté de déchéance contre une Compagnie coloniale concessionnaire de l'État ; cet arrêté, étant par hypothèse illégal, doit être annulé, et la Compagnie indemnisée : cet arrêté se rattache en effet à une *opération de gestion publique*, de nature *contractuelle*. Mais les colons ruinés par la création d'une Compagnie à monopole n'ont rien à réclamer : car l'acte de concession est à leur égard un *acte de puissance*, un acte unilatéral, V. C. d'Ét., 5 mars 1897, S. 98. 3, p. 17.

II

La théorie générale de la responsabilité de l'État à raison des fautes de ses agents a été élaborée par la jurisprudence administrative tout à fait en dehors de la loi; elle constitue, avec le recours pour excès de pouvoir, la manifestation la plus remarquable du pouvoir prétorien dont le Conseil d'État s'est trouvé, dès l'origine, investi, de par le silence, les lacunes ou l'obscurité des textes relativement aux rapports de l'État et des particuliers.

L'évolution du recours en indemnité contre l'État, gérant des services publics, a le même point de départ que celle du recours en annulation : l'arbitraire absolu. Jusqu'à l'avènement du régime de la justice administrative déléguée, la réparation d'un préjudice illicite causé par l'État, de même que l'annulation d'un acte administratif illégal, apparaît juridiquement comme une pure faveur librement accordée ou refusée par l'Administration active elle-même.

Au point de vue des textes, il y avait, peut-on dire, *table rase*. Les articles 1382 et 1384 du Code civil, qui contiennent les règles de la responsabilité de droit commun, ne pouvaient être considérés comme applicables à l'État, gérant des services publics : la démonstration de Laferère, dans son ensemble, est décisive sur ce point (1). Aussi bien aucun raisonnement juridique ne peut-il effacer de notre histoire administrative cette réalité brutale que le législateur français a entendu soustraire l'État, d'une manière générale, à l'empire du droit commun, et

(1) Laferrière, *op. cit.*, t. I, p. 677 et suiv.

de la juridiction commune. « Le droit administratif et le
droit civil, a dit M. de Tocqueville dans une vigoureuse
formule, forment comme *deux mondes séparés* ».

Le jurisconsulte anglais Dicey a très bien discerné que
notre système administratif avait eu primitivement pour
base l'indépendance de l'autorité exécutive à l'égard de la
loi et de la justice ; mais il n'a pas vu aussi nettement que
cette indépendance de l'administration à l'égard de la loi
et de la justice, générale et absolue jusqu'à l'an VIII, tempérée par l'intervention d'un corps administratif quasi-
juridictionnel jusqu'à la loi de 1872, s'était progressivement atténuée, et avait finalement cédé la place à un principe nouveau, et, en dernière analyse, *opposé*, celui de la
subordination de l'autorité administrative proprement
dite, c'est-à-dire de l'autorité active, à une légalité spéciale,
à un droit spécial, appliqués par une juridiction particulière.

Ainsi, de ce que la responsabilité de l'État, à raison des
fautes de ses agents n'est pas soumise à l'application des
règles édictées par le Code civil, il ne faut pas conclure
que l'État, par le silence même des textes, se trouve investi
d'un privilège général d'irresponsabilité, et que les indemnités aux victimes des dommages causés par lui sont encore des faveurs concédées « en vertu d'une idée très
vague d'équité, dont l'application est variable suivant la
nature et les besoins du service (1) ». Ce serait méconnaître l'existence, et de la juridiction administrative, qui est
une juridiction spéciale, mais, au moins depuis 1872, une
juridiction véritable —, et du droit administratif, qui est
un droit spécial, mais un droit véritable.

(1) Jacquelin, *op. cit.*, p. 279.

En d'autres termes, la substitution de la justice administrative déléguée à la justice retenue a fait du recours en indemnité contre l'État, comme du recours pour excès de pouvoir, une *action en justice*, dans le sens plein du mot : or une indemnité, qui peut être réclamée par la voie contentieuse, n'est plus une faveur, c'est un droit, et un droit sanctionné. En un mot, la *sanction, par sa nature même, suppose le droit.*

Est-il exact aujourd'hui de dire que le juge administratif peut « déroger aux règles *dans un but utile* (1) » ? Évidemment, non : les règles du droit administratif sont souvent des règles jurisprudentielles, et toujours des règles spéciales, mais le juge n'y déroge pas, et ne saurait y déroger —, par mesure individuelle —, sans manquer gravement à sa mission légale.

Les termes du célèbre arrêt Blanco du 1ᵉʳ février 1873 peuvent, il est vrai, prêter à équivoque : « La responsabilité qui peut incomber à l'État à raison des fautes de ses agents, dit cet arrêt, ne peut être régie par les principes qui sont établis par le Code civil pour les rapports de particuliers à particuliers ; cette responsabilité n'est ni générale, ni absolue ; elle a des règles spéciales, *qui varient suivant les besoins du service, et la nécessité de concilier les droits de l'État avec les droits privés* (2) ». Mais, à notre avis, cette formule ne doit pas être interprétée en ce sens que le juge administratif possède le droit de faire varier la responsabilité de l'État selon des considérations de fait et d'opportunité particulières à chaque espèce : elle signifie seulement qu'en l'absence de textes, il appartient au juge

---

(1) De Tocqueville, *L'ancien régime et les Révolutions,* chap. IV, cité par Jacquelin, *op. cit.,* p. 279.

(2) Trib. des conflits, 1ᵉʳ févr. 1873, Blanco.

de rechercher les règles applicables à l'État, en s'inspirant de la *nature juridique spéciale* des rapports qui peuvent s'établir entre l'État et les particuliers.

Ces règles, dont la portée pratique est parfois difficile à préciser, sont théoriquement d'une parfaite clarté. Elles peuvent être résumées dans une double formule :

1° L'État n'est responsable, ni directement, ni indirectement des dommages causés par les « fautes personnelles » de ses agents.

2° L'État est directement responsable —, et il est seul responsable —, des dommages résultant du mauvais fonctionnement des services publics, ou, pour employer les expressions consacrées, il est directement responsable, et seul responsable des dommages causés par les « fautes administratives » des fonctionnaires.

La distinction des « fautes personnelles » et des « fautes administratives » des agents de l'État présente donc un intérêt fondamental; de sa légitimité dépend la légitimité même de la théorie jurisprudentielle de la responsabilité de l'État.

§ 1.

La faute « personnelle » est une faute lourde, commise par l'agent de l'État dans l'exercice ou à l'occasion de sa fonction, mais qui ne saurait être considérée comme l'exercice —, même irrégulier ou illégal —, de cette fonction. En d'autres termes, la faute personnelle est un acte du fonctionnaire, et non un acte de la fonction.

Soit, par exemple, un attentat à la pudeur commis par un employé de l'enregistrement dans l'exercice ou à l'occasion de ses fonctions : n'est-il pas évident que cette faute n'est en rien imputable à l'administration. Dès lors, les personnes lésées seraient mal venues à se tourner vers l'État pour obtenir une indemnité : car elles n'ont pas à se plaindre de l'État. On ne voit aucune raison de droit, aucun motif de fait pour lesquels l'État devrait être responsable d'un attentat à la pudeur commis par un de ses agents, plutôt que d'un délit semblable commis par tout autre citoyen...

Mais il est conforme à la nature des choses que les personnes lésées attaquent en justice le fonctionnaire : *à faute personnelle du fonctionnaire, responsabilité personnelle du fonctionnaire*. C'est la logique même.

S'agissant d'un litige où l'État n'est intéressé, ni directement, ni indirectement, il y a lieu de faire purement et simplement application des règles du droit commun, tant au point de vue du fond qu'au point de vue de la compétence : c'est dire que l'action en indemnité a pour base l'article 1382 du Code civil et doit être portée devant l'autorité judiciaire.

En fait, la distinction de la « faute personnelle » et de la « faute administrative » du fonctionnaire apparaît quelquefois comme subtile et arbitraire. Le concierge d'une manufacture de tabacs attire un chien pour lui faire absorber un appât vénéneux : faute *personnelle*. Que le même concierge dépose à la porte de la manufacture un appât vénéneux, afin d'en défendre l'entrée aux chiens errants, et qu'un de ces chiens succombe : faute *administrative*. Dans le premier cas, responsabilité exclusive du concierge, et compétence judiciaire (1); dans le second cas responsabilité exclusive de l'État, et compétence administrative.

_____

(1) Trib. des confl., 13 décembre 1879, Réquillé.

Mais il s'agit là d'une espèce particulière, véritable curiosité juridique, et encore faut-il remarquer que, même dans cette espèce, la distinction de la faute administrative et de la faute personnelle se fait avec une parfaite sûreté, au point de vue rationnel.

Lorsque la « faute personnelle » du fonctionnaire constitue un délit pénal, elle peut donner lieu à des poursuites devant les tribunaux répressifs de droit commun. Il est à noter qu'un délit pénal ne peut jamais constituer un acte administratif, un acte de la fonction : c'est toujours une faute lourde, une faute personnelle.

La théorie de la faute personnelle, en somme, s'explique et se justifie par cette idée que certains actes des fonctionnaires, accomplis ou non dans l'exercice de la fonction, sont des actes privés, échappant *par leur nature même* à l'application des règles du droit administratif, à la compétance de la juridiction administrative.

§ 2.

En définissant la « faute personnelle », nous avons, *a contrario*, défini la « faute administrative ».

La faute administrative a pour auteur apparent le fonctionnaire : mais elle a pour auteur réel l'administration elle-même. Quelle est, pour ainsi dire, la cause efficiente des fautes administratives? C'est l'intérêt de la fonction, l'intérêt de l'État, et l'on peut dire que la faute administrative n'a de raison d'être que par l'exercice même de la fonction : elle révèle un « administrateur » un « mandataire » de l'État et non « l'homme, avec ses faiblesses, ses passions, ses imprudences (1) ».

(1) Laferrière, *loc. cit.*, t. 1, p. 648.

En un mot, la faute administrative est plutôt la « faute du service public » que celle d'un fonctionnaire, indivi-duellement considéré(2).

La notion de « faute administrative n'est pas une créa-tion arbitraire de la jurisprudence. Est-ce que le bon sens public lui-même ne rejette pas sur l'administration cette responsabilité que de savants auteurs, imbus du système anglais voudraient faire peser exclusivement sur le fonc-tionnaire? Pour les administrés, le *fonctionnaire*, lors-qu'il ne sort pas visiblement, grossièrement des limites de sa mission professionnelle, *c'est l'Administration même*.

La responsabilité individuelle du fonctionnaire serait particulièrement injuste chez nous, parce que l'auteur *légal* d'un acte n'en est presque jamais l'auteur *réel* : combien de décisions ne sont préfectorales ou ministérielles que par la signature? C'est une des conséquences de la centralisa-tion.

Assurément, l'Administration pourrait refuser d'assumer les fautes de ses agents, si légères soient-elles. Mais alors elle livrerait à l'autorité judiciaire l'application indirecte de la légalité des actes administratifs. Si cette conception était conforme à l'esprit de notre législation positive, nous n'aurions comme les Anglais, ni droit administratif, ni juri-diction administrative...

La théorie de la faute administrative a trouvé d'abord son application en ce qui concerne la gestion des services publics, à l'exclusion des dommages causés par les actes de puissance. Mais la jurisprudence ne pouvait maintenir long-temps cette position primitive.

Dès le début, le Conseil d'État accorda des indemnités

(2) C. d'É., 10 et 17 février 1905, Tomaso Greco, Auxerre.

aux particuliers lésés par les fautes administratives des
agents appartenant au service des ports maritimes (1). Or,
le service des ports est un service d'*ordre*, un service de
police.

Ainsi fut mise en lumière l'idée —, exposée au seuil de
ce chapitre —, que tout acte de puissance se traduit dans
la réalité par un acte émanant d'un service public. Le principe de l'irresponsabilité de la Puissance publique était dès
lors singulièrement compromis. M. Hauriou(2), avant l'é-
volution récente de la jurisprudence du Conseil d'État,
faisait cette observation : « Une jurisprudence persévé-
rante qui s'appliquerait à relever... tous les cas d'exécution
de service... qui se cachent derrière la façade des actes
d'autorité, arriverait à neutraliser tous les effets fâcheux
de l'irresponsabilité de la Puissance publique... on est
obligé de *poser* le principe de cette irresponsabilité, mais
on a le *devoir* de le *tourner*, toutes les fois que la théorie
de la gestion des services publics s'y prête ».

Nous avons essayé de montrer qu'elle s'y prêtait *toujours*.
Si l'on admet ce point de vue, le prétendu principe de l'irresponsabilité de la Puissance publique devient une formule vide de sens. Pourquoi « poser » ou maintenir un
principe, dont il est possible et dont il est juste de ne jamais
tenir compte?

La jurisprudence, après avoir longtemps « tourné » le
principe, semble bien, dans quelques décisions récentes,
l'avoir implicitement, mais clairement condamné.

M. Laferrière écrivait, dans la seconde édition de son
traité « Les erreurs et les fautes commises par le supérieur
hiérarchique à l'égard de l'inférieur ne donnent lieu à au-

(1) C. d'É., 6 janvier 1899, Haegestrand.
(2) Hauriou, *Précis*, édit. citée, p. 248.

cune action en indemnité contre l'État, et cela, non seulement quand le supérieur abuse de ses pouvoirs discrétionnaires de discipline et de révocation, mais encore lorsqu'il porte illégalement atteinte à un droit acquis(1) ».

Or, le Conseil d'État, dans l'arrêt Le Berre du 29 mai 1903, a déclaré recevable le recours en indemnité formé par un sous-officier victime d'une double et irrégulière cassation de grade, d'ailleurs annulée. Rapprochée du passage cité de Laferrière, cette décision n'apparaît-elle pas incontestablement comme un arrêt de principe?(2)(3).

§ 3.

La théorie de l'irresponsabilité de l'État à raison des dommages causés par les actes de puissance pourrait être considérée comme définitivement abandonnée, si elle ne menaçait de survivre —, dans son principe essentiel —,

---

(1) Laferrière, *op. cit.*, t. II, p. 186.

(2) Cf. C. d'É., 27 février 1903. Zimmermann, *Année administrative*, t. I, p. 308; 11 décembre 1903, et 1ᵉʳ juillet 1904. Nivaggioni, S. 1904. 3, p. 121, et antérieurement l'arrêt Grossar du 31 janvier 1902.

(3) La controverse est possible sur le point de savoir : 1° si l'annulation d'un acte de puissance illégal doit être obtenue préalablement à tout recours en indemnité (en ce sens, le commissaire du gouvernement, dans ses conclusions sur l'affaire le Berre); 2° si des conclusions tendant à obtenir des réparations pécuniaires peuvent être adjointes à la requête en annulation pour excès de pouvoir (Cs. *Année adm.*, 1903, publ. en 1904, p. 128). Sur le premier point, comme sur le second, nous admettons la négative pour ce motif que le recours en annulation et le recours en indemnité sont profondément différents par leur *but*, par leur *nature*, et par leur *procédure*, et devront être en conséquence exercés d'une manière absolument indépendante. Ils doivent non seulement se compléter mais au besoin se suppléer l'un l'autre.

sous une forme nouvelle, ou, plus exactement, sous une
appellation inédite.

Dans ses conclusions sur l'affaire Le Berre, le commissaire du Gouvernement, après avoir annoncé son intention
de combattre la théorie de l'irresponsabilité de la Puissance
publique, fit cette réserve que son argumentation ne devait
en aucune manière porter contre l'irresponsabilité de
l'État à raison des actes de souveraineté. Ainsi, dans ce
système, l'État devenu *responsable* des dommages causés
par les *actes de puissance*, resterait pleinement *irresponsa-*
ble des dommages causés par les *actes de souveraineté.*

Que faut-il entendre par actes de souveraineté? Le commissaire du Gouvernement donnait cette énumération :
les actes législatifs et parlementaires, les faits de guerre,
les actes des juges, en dehors du cas prévu par la loi du
8 juin 1895 sur la revision des procès criminels.

Dans l'état actuel de notre droit positif, nous reconnaissons que la responsabilité de l'État ne saurait être mise en
jeu à raison des dommages occasionnés par les actes de souveraineté. Mais nous nous refusons à chercher la justification
de cette irresponsabilité dans l'idée trop vague que l'État doit
échapper à toute action en indemnité « quand sa fonction
confine à la souveraineté (1) ». N'est-il pas en effet absolument illogique de « faire décroître la responsabilité de
l'État jusqu'à la supprimer, au fur et à mesure que l'acte
dommageable est plus grave et que l'État a plus d'intérêt à
s'y soustraire » et d'accorder à l'individu « d'autant moins
de garanties qu'il aurait plus d'intérêt à en trouver (2) ».
Juridiquement, la responsabilité de l'État est engagée,

(1) Laferrière, *op. cit.*, t. II, p. 184.
(2) Jacquelin, *op. cit.*, p. 288.

dès qu'il y a dommage *illicite* causé aux particuliers : si cette responsabilité ne peut être mise en jeu, lorsque le dommage illicite a été occasionné par un acte de souveraineté, c'est uniquement parce qu'il n'existe pas de tribunal compétent pour statuer sur l'action en indemnité.

Soit un dommage causé par une *loi inconstitutionnelle* : il y a bien alors un dommage illicite, base juridique nécessaire et suffisante d'une action en indemnité. Mais nous n'avons pas de tribunal constitutionnel.

Soit un dommage causé par un acte *judiciaire* illégal, ou par un acte *parlementaire* illégal : là encore, il y a bien dommage illicite. Mais, légalement, l'État échappe à tout recours en indemnité, soit devant les tribunaux judiciaires, incompétents pour connaître d'une action en responsabilité contre l'État(1), soit devant la juridiction administrative, qui ne saurait apprécier la légalité d'actes n'émanant pas de l'autorité administrative, même s'ils sont de nature administrative.

Soit enfin un dommage causé par un *fait de guerre*, présentant tous les caractères d'une faute civile, d'un quasi-délit : l'État est protégé contre toute action en indemnité par la théorie des actes de gouvernement, qui trouve son application en matière de responsabilité comme en matière d'annulation.

D'une manière générale, d'ailleurs, il faut observer que le droit d'obtenir une indemnité à raison du préjudice causé par un acte illégal, tend à devenir parallèle au droit d'obtenir l'annulation de cet acte même.

Les actes de puissance, qui donnaient lieu seulement

---

(1) Étant admis, bien entendu, que la base juridique de la responsabilité de l'État ne se trouve pas dans les articles 1382 et 1384 du Code civil.

au recours en annulation, ont fini par ouvrir le recours
en indemnité. Les actes de souveraineté, échappant au
recours en annulation n'ouvrent pas encore le droit à
indemnité.

Parallélisme qui est dans la nature des choses, si l'on
estime avec nous que le recours en indemnité et le recours
en annulation sont des moyens *complémentaires* d'assurer
le règne de la loi. Lorsqu'un acte de l'autorité gouvernementale tombe sous le contrôle d'une autorité juridictionnelle, il est normal que ce contrôle s'exerce dans
sa plénitude : le respect de la loi n'est assuré que si l'acte
illégal est effacé non-seulement dans son existence nomi-
nale, mais encore *dans toutes ses conséquences juridiques.*

Ainsi, en droit positif, l'irresponsabilité de l'État à
raison des actes de souveraineté est inattaquable. C'est
dire qu'il appartient au seul législateur d'éliminer cet
irréductible résidu de l'irresponsabilité de la Puissance
publique : le progrès jurisprudentiel ne va pas, ou au
moins va difficilement jusqu'à effacer les solutions indiscutables de la loi.

La question de la responsabilité de l'État à raison des
actes législatifs ne pourra être posée et résolue que le
jour où le Parlement voudra nous donner une Constitution véritable, déterminant avec précision les limites
respectives du droit individuel et du droit social (1), et
une Haute Cour constitutionnelle ayant mission de statuer

(1) Une loi supprimant sans indemnité une industrie, ou expropriant
sans indemnité toute une classe de propriétaires ne serait actuellement
entachée d'aucune inconstitutionnalité : car la Constitution ne garantit
pas le droit de propriété individuelle. Cf. l'arrêt du C. d'Ét. du 11 janvier
1838 (Duchatelier) refusant une indemnité à un fabricant de tabac fac-
tice dont le commerce avait été frappé d'interdiction par la loi du 12 février 1835.

sur les actions en annulation ou en indemnité fondées sur l'inconstitutionnalité des lois.

En ce qui concerne les actes parlementaires, la compétence de la juridiction administrative paraît s'imposer à l'égard de ceux d'entre ces actes qui présentent un caractère nettement administratif (décisions des questeurs, etc.). Nous aurons l'occasion de revenir sur ce point dans notre chapitre sur l'*Arbitraire du Parlement administrateur.*

La responsabilité de l'État à raison des dommages causés par les actes des juges a été consacrée, dans un cas particulier, par la loi du 8 juin 1895, qui ouvre aux victimes des erreurs judiciaires, ayant obtenu la révision de leur procès, une action contre le Trésor public. Cette action est portée devant la justice ordinaire. Le rapporteur de la loi de 1895 au Sénat, M. Béranger, n'hésita pas à condamner nettement la « thèse féodale » de l' « infaillibilité de l'État » et de son « irresponsabilité » corrélative. Nous la condamnons avec lui, et nous considérons la loi de 1895 comme une application du principe d'après lequel l'État a l'obligation juridique de réparer les fautes de ses agents. Cependant, s'il en était ainsi, dit Laferrière, « il n'y aurait pas eu besoin de loi pour créer une action en faveur des victimes d'erreurs judiciaires ; il aurait suffi d'exercer cette action devant la juridiction compétente(1) ». Mais nous avons précisément démontré qu'il n'y avait pas de juridiction compétente (2).

(1) *Loc. cit.*, p. 185.

(2) On pourrait aussi soutenir que les erreurs judiciaires sont des erreurs de fait, et non des erreurs de droit, et que par conséquent, si elles constituent évidemment des actes *dommageables*, elles ne constituent pas des actes *illicites* ou *illégaux*. Or, en l'absence d'un texte, un dommage *légalement* causé ne saurait donner lieu à réparation pécuniaire. Le Conseil d'État a bien admis un fonctionnaire à demander des dommages-

Convient-il de généraliser le système de la loi de 1895, en donnant compétence à l'autorité judiciaire pour statuer, d'une manière générale, sur les actions en indemnité à raison des dommages illicites causés par les actes des juges? Nous ne voyons à cette extension de la responsabilité de l'État aucune objection juridique. Quant à l'objection d'ordre budgétaire, elle n'est assurément pas dirimante : la Chambre des députés, en 1892, n'avait-elle pas voté le principe de l'indemnité au profit des bénéficiaires des non-lieu et des acquittements, comme au profit des bénéficiaires de la révision? Ce système libéral finira par s'imposer. On affirme, il est vrai, qu'il est impossible d'ériger « en un droit véritable susceptible d'être déduit en justice une situation qui doit être réglée au nom de l'équité et de la solidarité sociale(1).

Mais cette formule a été trop souvent employée dans le but d'empêcher la substitution du régime de la légalité sanctionnée au régime de l'arbitraire pour conserver aujourd'hui quelque valeur. Si la responsabilité de l'État à raison des actes judiciaires se justifie au point de vue de l' « équité » et de la « solidarité sociale ». elle doit être inscrite dans la loi et sanctionnée par un juge.

Enfin, il nous paraît inique de refuser le droit à indemnité aux victimes des actes de Gouvernement. La raison d'État s'oppose à la recevabilité du recours en annulation contre les actes de cette nature, mais elle ne s'oppose pas avec la même force à la recevabilité de l'action en indem-

---

intérêts à raison d'une révocation illégale : mais, si le fonctionnaire avait invoqué seulement l'inopportunité de cette révocation, son recours n'eut pas été déclaré recevable.

(1) V. Seligman, *Des indemnités aux victimes des erreurs judiciaires*, *Rev. polit. et parlem.*, 1895, 2ᵉ année, t. V, p. 91 et suiv.

nité contre l'État : car elle est alors d'ordre purement budgétaire. Nous n'insistons pas sur cette question, précédemment examinée dans notre chapitre sur la *Théorie juri-
que de la Raison d'État.*

La jurisprudence, en condamnant l'irresponsabilité de
la Puissance publique, a rendu insoutenable la thèse de
l'irresponsabilité de l'État à raison des actes de souveraineté : cette thèse d'Ancien régime sera caduque, dès que
le législateur aura fait tomber les barrières artificielles qui
s'opposent encore au plein épanouissement de la théorie
générale de la responsabilité de l'État.

Si nous avons essayé de démontrer que l'irresponsabilité
de l'État à raison des dommages causés par les actes de souveraineté était explicable par l'absence de toute juridiction
compétente pour statuer sur les demandes en indemnité
formées de ce chef, c'est qu'il importe beaucoup, à notre
sens, de ne rien laisser subsister de la vieille idée —, source
d'arbitraire et d'iniquité —, d'après laquelle la responsabilité de l'État *doit être d'autant plus restreinte que la fonction de l'État est plus élevée.*

III

Suivant la méthode scrupuleusement suivie au cours de
ce travail, nous avons exposé l'état actuel de la jurisprudence, en essayant de montrer quels germes de progrès elle
contenait en elle.

Nous devons maintenant l'examiner en quelque sorte
du dehors, afin d'apprécier sa valeur absolue, soit au point
de vue du droit positif, c'est-à-dire des textes, soit au point
de vue rationnel.

Au point de vue du droit positif, il faut reconnaître que la théorie jurisprudentielle de la responsabilité de l'État est sérieusement contestable : à dire vrai, sa valeur dépend du principe adopté pour l'interprétation du célèbre décret du 19 septembre 1870, œuvre improvisée du Gouvernement de la Défense nationale.

A. — Si l'on adopte le principe de l'interprétation par l'intention du législateur, le décret du 19 septembre 1870 doit être considéré comme ayant voulu importer en France le système anglo-saxon de la responsabilité individuelle des fonctionnaires : c'est dire que la jurisprudence du Conseil d'État et du tribunal des conflits a profondément méconnu la volonté du Gouvernement de la Défense nationale et que le décret de 1870 est resté, en partie, lettre morte...

Avant le décret du 19 septembre 1870, les « agents du Gouvernement » ne pouvaient être poursuivis pour « faits relatifs à leurs fonctions » sans l'autorisation préalable du Conseil d'État : il en était ainsi disposé par l'article 75 de la Constitution de l'an VIII. Le système de la garantie administrative n'était d'ailleurs pas une création du césarisme naissant : il avait été nettement et à plusieurs reprises consacré par le législateur révolutionnaire, afin d'assurer la pleine indépendance de l'administration à l'égard de l'autorité judiciaire. L'inviolabilité de l' « *agent* administratif » apparaissait alors comme le corollaire naturel de l'intangibilité de l' « *acte* administratif » : les Parlements de l'Ancien régime n'avaient-ils pas précisément compromis l'indépendance légitime du Gouvernement en s'attaquant à la *personne même* des agents de l'État? Le système de la garantie préventive, il est vrai, permettait aux fonctionnaires, s'ils étaient couverts par l'autorité supérieure de « violer légalement la loi » (1). Mais cette conséquence n'était nullement pour effrayer le législateur révolutionnaire qui avait, d'une manière générale, soustrait l'administration à tout contrôle juridictionnel, en lui permettant de juger elle-même les recours formés contre ses actes...

La garantie administrative protégeait les agents du gouvernement aussi bien contre les poursuites à fins civiles que contre les poursuites ,à fins pénales, plus spécialement visées cependant par l'article 75. Certains auteurs ont soutenus, et un arrêt de la Cour de cassation du 31 mars 1864 avait admis que la protection de l'article 75 de la Constitution de l'an VIII n'était due aux fonctionnaires qu'à raison de leurs « fautes administratives ». Le texte ne parlait en effet que des « actes relatifs à la fonction ». Mais, comme la protection de l'article 75 avait été créée surtout en vue des poursuites à fins pénales, et qu'un délit pénal ne saurait à aucun titre constituer un « acte de la fonction », « un acte administratif », la doctrine de l'arrêt de 1864 était inacceptable. En un mot, avant le décret du 19 septembre 1870, la responsabilité individuelle du fonctionnaire ne pouvait être mise en jeu, sans l'autorisation discrétionnaire du Conseil d'État, et cette autorisation, *deux fois sur trois* environ pour les poursuites à fins pénales, *presque toujours* pour les poursuites à fins civiles, était refusée (2).

Si le décret du 19 septembre 1870 s'était contenté d'abroger l'article 75 de la Constitution de l'an VIII, aucune

---

(1) De Tocqueville, *Ancien régime et Révolution*, 4° édit., p. 104.
(2) V. Ducrocq, *op. cit.*, t. III, p. 1018.

controverse ne serait aujourd'hui possible sur sa portée
exacte, mais il a également abrogé, en bloc et d'une manière
formelle « toutes les dispositions des lois *générales* ou spéciales ayant pour objet d'entraver les poursuites dérogées
contre les fonctionnaires publics de tout ordre ». Cette formule est très large, et doit être interprétée historiquement
d'une manière d'autant plus large que le Gouvernement de
la Défense nationale était animé contre le césarisme administratif d'un esprit d'hostilité manifeste qui allait jusqu'à
mettre en discussion la légitimité même de la juridiction
administrative.

Or, au lendemain du décret de 1870, des particuliers
ayant formé contre certains fonctionnaires, jusqu'alors protégés par l'article 75, des poursuites à fins civiles ou pénales,
l'autorité administrative, par des arrêtés de conflit, dessaisit
l'autorité judiciaire, toutes les fois que ces poursuites lui
semblèrent mettre en jeu la légalité d'un acte administratif, c'est-à-dire toutes les fois que l'action en indemnité
était fondée sur un dommage causé par une faute *administrative*. Car le décret de 1870, d'après l'administration active, avait laissé subsister dans toutes ses conséquences le
principe de la séparation des pouvoirs, sanctionné par la
procédure du conflit, et n'avait pas modifié le partage traditionnel de compétence entre la juridiction administrative
et les tribunaux judiciaires. La prétention de l'autorité administrative fut immédiatement condamnée : la commission provisoire tenant lieu de Conseil d'État refusa de confirmer les arrêtés de conflit, et les poursuites suivirent leur
cours devant l'autorité judiciaire... Cette jurisprudence
primitive était certainement conforme à l'intention des
auteurs du décret de 1870 : un arrêté de conflit n'était-il
pas une *entrave* aux poursuites formées contre un fonction-

naire ? Et le Gouvernement de la Défense nationale n'avait-il pas pris le soin d'exprimer formellement sa volonté de supprimer toutes les entraves aux poursuites, même si elles résultaient de l'application des lois *générales*. Aussi bien peut on poser en règle générale que le juge respecte d'autant plus l'intention réelle du législateur que la date du texte qu'il interprète est moins éloignée...

B. — Mais le principe de l'interprétation par l'intention du législateur n'est d'une application facile et légitime qu'au lendemain même de l'acte à interpréter. Un texte ne conserve pas indéfiniment le sens que ses auteurs ont entendu lui donner : car la législation générale évolue et cette évolution a son retentissement sur l'interprétation de chaque texte particulier. Comme on l'a très bien dit : les textes ont un *sens évolutif*. D'autre part, une législation a sa logique interne : lorsqu'elle contient plusieurs principes en contradiction les uns avec les autres, il s'établit entre eux une lutte qui se termine par une conciliation, si la conciliation est possible, sinon par l'élimination des principes hétérogènes. L'exactitude de cette double observation ne devait pas tarder à se justifier en ce qui concerne le décret de 1870.

Par un arrêt du 26 juillet 1873 (Pelletier), le tribunal des conflits consacra la prétention du gouvernant, condamnée en 1871 sur la commission provisoire du contentieux. Entre les arrêts de 1871 et l'arrêt de 1873, il s'était produit un fait nouveau : la création d'un tribunal des conflits, ayant pour mission d'assurer le respect du principe de la séparation des pouvoirs. Par la loi du 24 mai 1872 le législateur reconstituait, ou restaurait la conception traditionnelle de la séparation des pouvoirs, ébranlée par le décret de 1870 dans une de ses applications, et que le

Gouvernement de la Défense nationale, s'il en avait eu le temps, aurait sans doute sapé dans ses fondements...

Le décret de 1870, dans sa portée primitive, dérogeait violemment un principe de la séparation des pouvoirs : l'arrêt de 1873 l'a, pour ainsi dire fait rentrer dans les cadres de notre droit administratif classique.

Mais au point de vue libéral, le décret de 1870 n'est pas resté absolument sans résultat : en supprimant la garantie administrative, il a rendu à la justice ordinaire la plénitude de sa compétence normale à l'égard des délits ou quasi-délits commis par les fonctionnaires. Dans ce cas, si un arrêté de conflit vient suspendre les poursuites engagées devant l'autorité judiciaire, le Tribunal des conflits refuse toujours de le confirmer.

Sans doute, sous le régime de l'article 75, l'Administration n'avait pas le droit de dessaisir la justice des poursuites engagées, *même sans autorisation* contre les fonctionnaires. Mais les décisions judiciaires, rendues en l'absence d'autorisation, étaient entachées de nullité, et d'autre part les juges s'exposaient à des sanctions pénales. L'arme du conflit n'était donc pas indispensable à l'Administration pour défendre son indépendance. Aussi bien eût-elle présenté à cette époque un danger extrême pour le droit individuel : car, sous le régime de la justice retenue, c'était l'Administration même, juge et partie, qui statuait par l'organe du Conseil d'État tant sur les conflits, que sur les procès dont elle avait par ce moyen dessaisi l'autorité judiciaire...

En créant le Tribunal des conflits, placé par sa composition même au-dessus de tout soupçon de partialité, la loi de 1872 a fait disparaître en notre matière le danger de la procédure du conflit.

Il faut d'ailleurs remarquer que l'autorité administrative, en revendiquant pour la juridiction administrative la connaissance d'une action en indemnité pour « faute du service public », ne fait en somme que revendiquer pour elle-même la responsabilité pécuniaire de la faute commise. Il n'en est différemment que dans les hypothèses où l'État est irresponsable : mais n'est-ce pas en s'attaquant à cette irresponsabilité même, plutôt qu'au droit de conflit, qu'il faut chercher un remède aux dénis de justice (1)?

§ 2.

Les obscurités ou les contradictions des textes ayant pour ainsi dire laissé à la jurisprudence la faculté d'option entre deux systèmes opposés, la jurisprudence a naturellement consacré celui qui lui était à bon droit apparu comme le plus conforme tant à l'évolution historique qu'à la logique interne de notre droit national.

Mais, au point de vue rationnel et pratique cette option a-t-elle été heureuse? L'action en indemnité contre l'État devant la juridiction administrative, si elle est, comme le recours pour excès de pouvoir, suspecte par ses origines, n'est-elle pas du moins devenue, comme lui une arme presque parfaite, et d'ailleurs encore perfectible, pour la défense du droit individuel?

C'est ce qu'il n'est pas impossible de démontrer.

En condamnant l'irresponsabilité de la puissance publi-

(1) *Contrà*, Clémenceau, *Proposition de loi déjà cité*, art. 19. « En cas de violation de la liberté individuelle, qu'il s'agisse d'une action civile ou criminelle, le conflit d'attributions ne peut être soulevé et les tribunaux judiciaires sont toujours exclusivement compétents ». Cf. Exposé des motifs, II. La garantie primordiale, *loc. cit.*, p. 59.

que, la jurisprudence du Conseil d'État a fait accomplir à notre droit un progrès qu'aucune législation n'a encore consacré. On peut affirmer aujourd'hui qu'en principe dans le système français, le particulier victime d'un dommage illicite causé par un agent de l'État a la certitude de trouver toujours devant lui un être juridique responsable : le fonctionnaire, si ce n'est l'État, l'État si ce n'est le fonctionnaire.

La notion de faute administrative s'appliquant aux fautes les plus légères, tout dommage illicite est assuré de trouver sa réparation légitime. Par cette notion de faute administrative, ou comme on l'a dit, de faute impersonnelle ou *objective*, la jurisprudence peut développer jusqu'à ses extrêmes limites le contentieux des indemnités, de même que par la notion sans cesse élargie d'excès de pouvoir », elle a conduit à ses extrêmes limites le contentieux de l'annulation (1).

L'extension donnée à la notion de faute administrative aboutit en somme à faire supporter à l'État la responsabilité de tous les « accidents » qui surviennent, d'une manière presque fatale, dans le fonctionnement des services publics. On en trouve des exemples frappants dans quelques arrêts récents. Un fonctionnaire a touché illégalement pendant de longues années une pension de retraite : l'Administration vient à en réclamer le remboursement. Le remboursement semble s'imposer en vertu du principe de la répétition de l'indû : mais le Conseil d'État n'hésite pas à le refuser, à raison de l'existence à la charge de l'Adminis-

(1) A ce point de vue, les arrêts suivants nous paraissent particulièrement significatifs : 29 novembre 1901, Drouet; 14 février 1902, Durant; 27 février 1903, Olivier (S. 1905. 3. 17); 1er juillet 1904 (S. 1904. 3. 123).

tration d'une faute de service, d'une négligence, dont elle
ne saurait faire supporter les conséquences au fonctionnaire, considéré en ce cas comme « administré ». Autre
espèce : un préfet fait exécuter un arrêté du conseil de
préfecture. C'est son droit : car le recours au Conseil d'État
n'est pas suspensif. Mais l'arrêté, après exécution, est annulé : le Conseil d'État, estimant que cette exécution avait
eu lieu aux *risques et périls* de l'Administration, déclare
la responsabilité de l'État engagée (1).

Dans le système anglais, le fonctionnaire est personnellement responsable de toutes ses fautes : mais en fait, c'est-
à-dire d'après la jurisprudence des tribunaux judiciaires,
cette responsabilité ne peut être mise en jeu avec des
chances de succès que dans le cas de faute lourde. Les
dommages causés par les fautes légères, les plus fréquentes
de toutes, restent donc sans réparation. Et il est naturel
qu'il en soit ainsi, car ces fautes n'ont pas un caractère individuel, comme nous l'avons dit précédemment. Les tribunaux anglais éprouvent certainement un scrupule à faire
subir aux fonctionnaires la responsabilité de fautes administratives, commises le plus souvent dans l'intérêt du service, et qui profitent seulement à l'Administration. Aussi
bien la solvabilité du fonctionnaire est-elle en général
hors de proportion avec la gravité des dommages qui ré-
sulteraient du mauvais fonctionnement des services publics.
Soumettre en droit commun les rapports entre l'État et les
particuliers lorsque ces rapports ne sont pas rationnelle-

---

(1) Sur une extension parallèle de la notion de faute, en matière de
droit privé, V. Arrêt de la Cour de Toulouse du 6 mai 1902, S. 1902. 2. 105,
année 1905. Ca. Saleilles, *Essai d'une théorie objective de la responsabilité
individuelle*; Planiol, *Étude sur la responsabilité civile*, Rev. crit. de lég.
et de jurisprudence, mai 1905, p. 277 et suiv.

ment, pratiquement assimilables à des rapports de particuliers à particuliers, est un véritable leurre : cela équivaut
simplement à les laisser *hors du droit.* La grande supériorité du droit administratif français est précisément de soumettre à l'empire de règles spéciales les rapports juridiques
irréductibles à des rapports de droit privé.

La jurisprudence n'a jamais refusé d'appliquer à la responsabilité de l'État, gérant du domaine privé, les règles
du droit commun. Un édifice de l'État s'écroule, un cheval
de l'Etat broute le blé du voisin : les dommages ainsi causés ne constituent, à aucun degré, des « actes administratifs », échappant par leur nature même à la compétence des
tribunaux judiciaires. D'une manière générale, lorsqu'un
acte de l'État ou de ses préposés est identique, *par sa nature juridique*, à un acte d'une société privée ou de ses
préposés, il y a lieu d'appliquer purement et simplement
les règles du droit privé (1).

Mais les rapports de l'État-puissance publique, et de
l'Etat-gérant des services publics tant avec ses agents
qu'avec les particuliers ne sont pas des rapports de droit
privé.

On a fait observer qu'il était difficile, sinon impossible
de donner une définition acceptable des actes de gestion
des services publics (2) ». Une définition positive, soit. Mais
une définition négative ? Il est incontestable qu'il existe des
actes administratifs, qui, sans être des actes de police pure,
ne sont pas cependant des actes de gestion privée, c'est-à-
dire des actes n'excédant pas les facultés légales que les
citoyens possèdent en vertu de la loi commune. De ces

(1) Le principe a été expressément consacré à l'égard de l'État, exploi-
tant des chemins de fer, par l'article 22 de la loi du 15 juillet 1845.
(2) Berthélemy, *op. cit.*, p. 78, note 1 et p. 84, note 1.

actes inclassables, il convient de former une classe, et comme ils sont étrangers au droit privé, ils doivent ressortir à la juridiction administrative(1). Et, notons-le en passant, ils doivent ressortir à la juridiction administrative quel que soit le litige dont ils sont l'occasion. Il n'y a aucun motif juridique pour laisser à la justice ordinaire l'ensemble du contentieux des actes de gestion publique, si l'on remet à la justice administrative la connaissance des actions en indemnité formées à raison des dommages causés par ces mêmes actes. Il y aurait là une véritable contradiction, à laquelle M. Laferrière n'a pas échappé, et à laquelle la jurisprudence du Conseil d'État vient seulement d'échapper(2).

« Tout ce qui concerne l'organisation et le fonctionnement des services publics proprement dits, généraux ou locaux, soit que l'Administration agisse par voie de contrat, soit qu'elle procède par voie d'autorité, constitue une *opération administrative* qui est *par sa nature* du domaine de la juridiction administrative, au point de vue des litiges de toutes sortes auxquels elle peut donner lieu » : le commissaire du Gouvernement formulait ainsi, dans ses conclusions sur l'affaire Terrier, le principe auquel le Conseil a, semble-t-il, donné son adhésion.

La distinction de la gestion privée et de la gestion publique, de même que la distinction de la faute personnelle et de la faute administrative, peut, en certaines hypothèses,

---

(1) Parmi ces actes, il est même des *contrats*, qui ne sont pas entièrement assimilables à des contrats privés : tels sont les offres de concours en vue des travaux publics, les engagements militaires, les marchés par adjudication…, etc.

(2) V. C. E., 6 février 1903, Chasseur de vipères du département de Saône-et-Loire. Cs. Hauriou, *La gestion administrative*, broch. 1899 et *Précis*, édit. citée, p. 204, 662, 687.

paraître quelque peu subtile et arbitraire. Mais elle se fait
avec une égale sûreté au point de vue rationnel (1).

Le principe d'une réparation pécuniaire au profit de tout
particulier lésé par un acte illégal de l'Administration
étant plus largement reconnu par notre droit jurisprudentiel que par aucune législation étrangère, il est démontré par là même que la juridiction administrative présente
les garanties d'une bonne et d'une vraie justice, réellement
soucieuse du droit individuel.

Il est curieux de noter, à ce point de vue, que la Cour
de cassation, dont la compétence est encore admise à
l'égard des actions en indemnité contre les départements
et les communes, vient de consacrer la théorie de l'irresponsabilité de l'Administration à raison des dommages causés par les mesures de police (2), au moment même où le
Conseil d'État l'abandonnait définitivement. Ce double et
contradictoire revirement de jurisprudence suffirait à
prouver : 1° que la juridiction administrative, ou, suivant
l'expression très juste de M. P. Tirard, le « pouvoir judiciaire
administratif » ne le cède nullement en libéralisme à la
justice ordinaire ; 2° que le droit civil, dont la Cour de cassation a fait en l'espèce une application juridique indiscutable, n'a pas la souplesse nécessaire pour s'adapter aux
« situations de droit public ».

En résumé nous sommes très loin de penser avec M. Jacquelin qu' « à l'heure actuelle, les droits de l'individu sont
plus sacrifiés qu'ils ne l'ont jamais été et que, si le particulier « sous le régime des évocations, courait la chance
de trouver quelquefois un juge, il risque fort aujourd'hui

(1) V. Trib. Seine, 13 février 1883, *Gaz. du P.*, 83. 1. 489.
(2) C. de cass., 5 août 1905, ville de Boulogne.

de n'en trouver aucun...(1). La théorie française de la responsabilité de l'État nous paraît au point de vue rationnel
comme au point de vue pratique, infiniment supérieure au
système anglais, et nous ne pouvons nous défendre d'imaginer que, si les Anglais possédaient une juridiction semblable à notre Conseil d'État, et un droit semblable à notre droit administratif, ils voudraient, non pas instaurer
chez eux un système nouveau et étranger, mais suivant la
loi du moindre effort, porter à son point de perfection le
système que M. Jacquelin condamne au nom de la logique,
et que nous avons essayé de défendre sur le territoire des
faits.

IV

La responsabilité des départements et des communes à
raison des fautes de leurs agents n'obéit pas, dans l'état actuel de la jurisprudence, aux mêmes règles que la responsabilité de l'État : les actions en responsabilité contre les
départements et les communes ont en effet pour base le
Code civil et sont portées, devant l'autorité judiciaire.

Les tribunaux judiciaires ont été fréquemment saisis de
recours en indemnité contre les départements ou les communes non seulement à raison de dommages causés par
des actes de gestion du domaine privé, mais encore à raison de dommages causés par des mesures de police, ou
par des actes de gestion des services publics : les choses
se passent, en somme comme si les actes des agents départementaux ou communaux étaient toujours des actes de
gestion privée.

(1) Jacquelin, *op. cit.*, p. 132.

A notre sens, la logique commande d'admettre l'extension aux départements et communes des règles admises
pour la responsabilité de l'État (1). Qu'un acte de puissance publique émane du maire, ou du chef de l'État, c'est
toujours un acte de puissance; et les actes de gestion des
services publics communaux sont par leur nature identiques aux actes de gestion des services nationaux (2). Dès
lors, pour quel motif appliquer à des situations juridiques
semblables des règles différentes, au double point de vue
de la compétence et du fond? Est-il rationnel qu'un particulier, lésé par une mesure de police illégale, soit obligé
de s'adresser à la justice administrative ou à la justice
ordinaire suivant que cette mesure a pour auteur un agent
de l'État, ou un agent de la commune? Est-il juste que
le dommage causé par l'insuffisance d'un service d'ordre
communal ne puisse donner lieu à réparation, comme
vient de l'admettre la Cour de cassation, alors que le dommage causé par l'insuffisance du service des ports maritimes ouvre le droit à indemnité, suivant la jurisprudence
constante du Conseil d'État?

Depuis que la jurisprudence a cessé de prendre pour
base de la compétence administrative relativement aux
actions en responsabilité contre l'État, le principe d'après
lequel l'autorité administrative peut seule déclarer l'État
débiteur, l'*unification* des règles de la responsabilité de
toutes les administrations publiques s'impose d'une manière
pressante.

(1) Laferrière, *op. cit.*, t. I, 686. Cf. P. Tirard, *De la Responsabilité de
la Puissance publique*, p. 72.

(2) La jurisprudence reconnaît peu à peu le caractère administratif
des marchés communaux de fournitures, jusqu'ici soumis au droit civil et
à la compétence judiciaire. V. C. E. 28 janvier 1899, Lagauche; 11 mai
1901, Casadevant, S. 1901. 3. 113.

Elle s'impose d'une manière plus pressante encore depuis que le Conseil d'État, par l'arrêt du 6 février 1903 a manifesté l'intention d'étendre sa compétence aux actes de gestion des services départementaux ou communaux, et surtout depuis que la Cour de cassation, par l'arrêt du 5 avril 1905, a posé pour la première fois, en termes généraux, le principe de l'irresponsabilité de la puissance publique, que le Conseil d'État après de trop longues hésitations venait d'abandonner.

Par l'arrêt de 1903, le Conseil d'État a consolidé la base théorique de la compétence administrative en ce qui concerne la gestion des services publics, et par l'arrêt de 1905, la Cour de cassation a fourni le plus puissant des arguments pratiques en faveur de la substitution de la compétence administrative à la compétence judiciaire à l'égard des actions en responsabilité contre les départements et les communes. N'est-ce pas en matière de police municipale que l'irresponsabilité des administrations publiques présente le maximum de danger? L'autorité municipale, à raison de son origine élective, n'est-elle pas trop souvent portée à user contre certaines catégories de citoyens des divers procédés de contrainte que la loi met à sa disposition? Combien d'arrêtés municipaux sont annulés chaque année par le Conseil d'État pour excès de pouvoir! Et n'est-il pas contraire à l'équité la plus élémentaire, comme « aux nécessités pressantes d'un régime vraiment démocratique » de refuser aux victimes d'un abus d'autorité dûment constaté par arrêt de justice, la réparation pécuniaire du préjudice qu'ils ont subi?

L'extension des règles de la responsabilité de l'État à la responsabilité des départements et communes peut se faire *par la voie jurisprudentielle :* elle aura lieu tout naturelle-

ment le jour où les tribunaux judiciaires, ayant une vision
plus nette du caractère *spécial* des rapports entre les administrations publiques et les particuliers, se rendront compte
de la difficulté ou de l'impossibilité d'appliquer les dispositions du Code aux situations de droit administratif (1), et
renonceront d'eux-mêmes à connaître des pourvois en indemnité formés contre les départements ou les communes,
toutes les fois du moins que le préjudice dont il sera demandé réparation ne sera pas causé par un acte de gestion
du domaine privé départemental, ou communal, ou ne tombera pas sous le coup des articles 106 et suivants de la loi
du 5 avril 1884, relatif à la responsabilité des communes
en cas de dommages causés aux personnes ou aux propriétés par des attroupements séditieux.

La loi du 5 avril 1884 consacre en effet la compétence
judiciaire : c'est une dérogation au droit commun de la
responsabilité des personnes morales administratives. La
commune peut obtenir l'absolution en prouvant que l'autorité municipale avait pris toutes les mesures nécessaires
pour prévenir les attroupements ou n'avait pas la direction
de la police locale, et de la force armée ; il s'agit donc d'un
cas de responsabilité à raison de l'exercice de la puissance
publique, ressortissant par nature à la juridiction administrative. La compétence judiciaire se comprenait à l'époque
où la commune était considérée comme un groupement
naturel d'intérêts privés, et où la loi faisait peser la responsabilité des dommages causés par les attroupements sur
les *habitants, ut singuli*, et non sur la commune personne

_____

(1) Les tribunaux judiciaires commencent déjà à sentir la nécessité de
distinguer entre les actes *contractuels* des communes et les autres. — V.
par exemple. Trib. Nantes, 22 mai 1905, *Gazette du Palais*, 1905, dixième
recueil, octobre, p. 399.

morale (1) : elle est devenue aujourd'hui une anomalie.

En résumé, la question de la responsabilité, soit de l'État, soit des départements et des communes, à raison des actes de puissance ou des actes de gestion des services publics se pose, au double point de vue rationnel et pratique, d'une manière absolument identique : c'est dire, que si l'on ne veut pas soumettre la responsabilité de l'État aux règles du droit privé, appliquées par l'autorité judiciaire, il faut soumettre la responsabilité des départements et des communes aux règles du droit public, appliquées par la juridiction administrative. M. Berthélemy, qui souscrit à la première solution, dit très bien : « Pourquoi deux poids et deux mesures, pourquoi deux règles et deux jurisprudences, quand il s'agit d'appliquer un principe unique à des nécessités sociales toutes pareilles (2) ? » Mais nous croyons que l'unification doit se faire — et se fera, — sur la base de la théorie jurisprudentielle de la responsabilité de l'État (3).

(1) Loi du 4 vendémiaire an IV. Cs. Michoud, *Revue de dr. public et de la Science politique*, 1897. — Reconnaissons toutefois que la conception du législateur de l'an IV n'a pas été *entièrement* rejetée par le législateur de 1884 : d'après l'article 106, les dommages-intérêts « dont la commune est responsable, sont répartis entre les *habitants domiciliés*..., en vertu d'un rôle *spécial* comprenant les quatre contributions ».

(2) Berthélemy, *op. cit.*, p. 85, note.

(3) A Paris et à Lyon, les pouvoirs de police municipale sont exercés par les agents de l'État (préfet de police de Paris, préfet du Rhône) : c'est donc l'État qui doit se trouver responsable, par le jeu naturel des principes des dommages et dégâts causés par le mauvais fonctionnement des services d'ordre. Si la police des ports peut engager la responsabilité de l'Etat, pourquoi la police des attroupements ne l'engagerait-elle pas ? Cependant, au cours de la discussion d'une proposition de loi tendant à rendre l'État responsable des dommages causés par les attroupements à Paris et à Lyon, le commissaire de Gouvernement a nié que la responsabilité de l'Etat fût en l'espèce de droit commun. Sénat, séances des 3 et 4 juin 1904.

V

Dans le système français, la responsabilité de l'État et la responsabilité du fonctionnaire ne peuvent pas être mises en jeu *cumulativement* : l'État est seul responsable des fautes de service, le fonctionnaire est seul responsable de ses fautes personnelles.

Or il est un cas où le particùlier ne peut agir contre le fonctionnaire, et un cas inverse où il ne peut agir contre l'État : c'est dire que, dans le premier cas, aucune réparation ne peut être obtenue du préjudice causé par les fautes personnelles du fonctionnaire, et que, dans le second cas, aucune réparation ne peut être obtenue du préjudice causé par les fautes du service public.

A. L'État est responsable des fautes administratives des ministres, qui sont d'ailleurs ses représentants les plus directs : l'action doit être portée devant la juridiction administrative. Mais aucune action ne saurait être formée contre un ministre à raison de ses fautes personnelles : car l'autorité judiciaire, compétente, d'après les principes, pour statuer sur cette action, est généralement considérée comme incompétente, en vertu de la tradition. Tous les précédents législatifs ou jurisprudentiels sont, en effet, en ce sens que les ministres ne peuvent être actionnés devant la justice à raison d'actes commis dans l'exercice de leurs fonctions, sans l'autorisation préalable du pouvoir législatif [1].

Mais ces précédents perdent une grande partie de leur valeur, si l'on constate : 1° qu'ils sont antérieurs au décret

[1] Laferrière, *op. cit.*, t. I, p. 658; Jacquelin, *op. cit.*, p. 155 et suiv.

de 1870, dont le but a été de supprimer toutes les entraves aux poursuites contre les fonctionnaires ; 2° que la Constitution de 1875 est muette sur la responsabilité civile des ministres.

Dès lors, la jurisprudence ne serait-elle pas autorisée à donner le pas à des principes certains sur des précédents d'une valeur aujourd'hui contestable en étendant à la responsabilité des ministres les règles du droit commun ? Elle y est dès maintenant encouragée par un fort parti dans la doctrine.

B. Les magistrats de l'ordre judiciaire ou en d'autres termes, les agents du service public de la justice, sans être responsables de toutes leurs fautes personnelles, sont responsables au moins des plus graves d'entre elles : le dol, la fraude, la concussion, le délit de justice. Ils ont le bénéfice d'une législation spéciale, dont le but est de protéger la dignité de la justice, en protégeant ses membres contre les réclamations vexatoires ou téméraires des plaideurs malheureux.

Cette législation est loin d'échapper à la critique. Nous trouvons dans une étude récente ces paroles sévères : « La loi et la jurisprudence ont rendu le magistrat absolument irresponsable de sa faute, fût-elle la plus grossière, dès qu'on n'y reconnaît pas le dol caractérisé. La prise à partie avec ses cas si étroitement et si odieusement limités, avec la disposition de l'article 510 qui exige l'autorisation préalable du tribunal appelé à juger et qui permet le refus « sans motif exprimé », avec les difficultés de compétence que la jurisprudence a relevées et exagérées à l'infini, constitue un dédale de procédure, et je ne sache pas que jamais une partie ait encore pu en sortir ». Et l'auteur conclut par cette formule : « Les victimes des illégalités des magistrats

sont sans recours (1) ». Disons seulement que la responsabilité des magistrats est trop rigoureusement limitée dans
son principe, et d'une mise en œuvre trop difficile.

Mais ce qui est plus grave à notre sens, c'est que l'État
ne soit pas responsable des « fautes de service », des fautes
légères des magistrats. Les fautes légères, celles qui sont
moins les fautes des juges que les fautes de la justice, restent en effet sans réparation dans l'état actuel de notre droit
positif : nous avons indiqué le mal et ses causes, dans nos
observations sur les actes de souveraineté. Nous n'y revien-
drons pas ici.

Nous devons seulement constater que la distinction des
fautes personnelles et des fautes de service, telle qu'elle a
été élaborée par la jurisprudence, en ce qui concerne les
agents administratifs, ne serait pas d'une application
moins rationnelle ou moins utile, en matière judiciaire. Le
service de la justice étant constitué en un pouvoir autonome à l'égard de l'autorité exécutive, c'est à l'autorité judiciaire même qu'il appartiendrait de statuer sur les actions
en indemnité formées contre l'État à raison des actes
judiciaires : nous avons dit pourquoi une loi serait nécessaire pour lui conférer ce droit. Mais, réserve faite de la
compétence, il nous paraît désirable et possible de soumettre la responsabilité des magistrats et la responsabilité de
l'État à raison des fautes des magistrats aux règles de la
responsabilité de droit public.

---

(1) Félix Lacouin, *Rapport à la Société générale des prisons*, Revue pénitentiaire, 1901, p. 1178. Cs. aussi le mémoire présenté à l'Académie des
Sc. morales par M. Morizot-Thibault, sur la responsabilité des magistrats
J. off., 23, 25, 28 janvier 1905. Cf. La proposition Clémenceau sur les
garanties de la liberté individuelle, *J. off.* 1905, Doc. parlem., Sénat,
p. 60 et 61.

En résumé, étant admise la supériorité du système français de la responsabilité de l'État et de ses agents, nous estimons que la jurisprudence ou le législateur ont le devoir de supprimer les obstacles qui empêchent actuellement son extension complète, soit aux fautes des ministres, soit aux fautes des magistrats.

VI

De même qu'il existe des recours spéciaux en annulation, il existe des recours spéciaux en indemnité pour faute, soustraits par les textes à l'application du droit commun, soit au point de vue du fond, soit au point de vue de la compétence. Quels sont ces recours? Et ne convient-il pas de les supprimer afin de laisser le champ libre à l'action en indemnité donnée par le *droit commun* administratif?

a) D'après l'article 1384 du Code civil, les instituteurs sont responsables du dommage causé par leurs élèves pendant le temps qu'ils sont sous leur surveillance. Mais la responsabilité de l'État, depuis la loi du 20 juillet 1899, est substituée à celle des membres de l'enseignement public. L'action en indemnité continue cependant à être portée devant l'autorité judiciaire.

La loi du 20 juillet 1899 a dérogé au droit commun *civil* en faveur des instituteurs publics. Pour quel motif? Parce que la situation *spéciale* de l'instituteur public, qui ne choisit pas ses élèves, qui est l'agent du service public de l'enseignement, et non un travailleur libre, rendait profondément injuste à son égard, l'application du droit commun. Le droit commun avait pour effet de mettre à la charge *personnelle* de l'instituteur, la responsabilité pécuniaire, souvent très lourde, de faits imputables au mauvais fonction-

nement du service public de l'enseignement. L'article
1384 ne permettait en effet d'absoudre l'instituteur que
s'il prouvait n'avoir pu empêcher le fait dommageable : c'est
dire qu'il était exposé à payer une indemnité écrasante à
raison d'une faute très légère, excusée par le nombre trop
considérable des élèves à surveiller.

La loi de 1899, dont le but a été de remédier à cette situation intolérable, n'a pas donné satisfaction entière aux intéressés. La jurisprudence des tribunaux judiciaires, inter-
prêtant restrictivement les termes de la loi de 1899, a fréquemment condamné les instituteurs au paiement de dommages-intérêts, dont l'importance était hors de proportion
avec la gravité de la faute commise. La Ville de Paris,
consciente de l'iniquité dont souffrait ses instituteurs, a décidé de substituer *gracieusement* sa responsabilité à la leur,
dans tous les cas où les tribunaux prononceraient contre
eux une condamnation personnelle, malgré l'absence d'une
faute personnelle.

Dans une proposition de loi récente (1), on lit une disposition tendant à généraliser cette solution. « *Dans tous les
cas*, la responsabilité civile de l'État est substituée à celle
des membres de l'enseignement public. Ceux-ci ne pourront être mis en cause directement par la partie lésée. *Ils
seront soumis seulement au recours de l'État, pour faute personnelle* ». La proposition de loi met, en outre à la charge
de la partie plaignante la preuve du défaut de surveillance
reproché à l'instituteur.

Ainsi, par la force même des choses, nous voyons la
conception administrative de la responsabilité *exclusive* de

(1) V. Rapport de M. P. Dupuy sur la proposition de loi tendant à
modifier l'article 1384 du Code civil eu ce qui concerne la responsabilité
des instituteurs. — Chambre des députés, 1905.

l'État à raison des *fautes de service* l'emporter progressivement sur la conception du Code civil, si malheureuse par
ses résultats, en dehors du domaine des relations privées.
L'histoire de la responsabilité des instituteurs publics démontre, *par preuve expérimentale a contrario*, la valeur
pratique de la théorie de droit public. Si cette théorie
finissait par s'introduire intégralement dans l'article 1784,
la compétence judiciaire perdrait évidemment sa raison
d'être, déjà fort contestable depuis la loi de 1899.

b) L'action en indemnité contre l'État à raison des fautes
commises par les agents des douanes dans l'exercice de
leurs fonctions, ou à raison des saisies mal fondées faites
par les agents des contributions indirectes doit être portée
devant l'autorité judiciaire : il en est ainsi disposé par des
textes spéciaux (L. 22 août 1791, décret du 1ᵉʳ germinal,
an XIII). La compétence judiciaire a été édictée dans un
but de simplification : car l'ensemble du contentieux des
impôts indirects, quoiqu'il constitue au premier chef un
contentieux de *gestion publique*, a été formellement soustrait par la loi à la compétence administrative. Mais ne
conviendrait-il pas plutôt de restituer à la juridiction administrative la connaissance de ce contentieux lui-même(1)?
Aussi bien les tribunaux judiciaires sont-ils déjà considérés comme incompétents sur les contestations administratives étrangères à la perception de la taxe(2), et notamment
sur les actions en responsabilité tendant à la réparation de

(1) Les particuliers y gagneraient certainement en pratique, car les
tribunaux judiciaires défendent avec une rigueur excessive les intérêts du
Trésor public.

(2) V. Cass., 3 juillet 1905, *Gaz. Trib.*, 1905, recueil d'octobre, p. 343,
rendu précisément sur une question de responsabilité pour fait de service d'un douanier.

dommages causés à certaines industries par le remanie-
ment des tarifs. *La véritable simplification consisterait
donc dans l'extension de la compétence administrative.*

c) La compétence judiciaire a été également édictée par
des lois spéciales à l'égard de l'action en indemnité contre
l'État à raison de la perte des valeurs déclarées insérées
dans les lettres, ou de la perte des lettres recomman-
dées(1) : on sait que l'État, en dehors de ces hypothèses,
est légalement *irresponsable* de la perte, et *a fortiori* du
retard des lettres ou dépêches. Mais lorsqu'un particulier
établit positivement qu'une faute a été commise par le
service de la poste, et que cette faute lui a causé un préjudice, n'y a-t-il pas lieu de faire application de la théorie
générale de la responsabilité? Il n'y a pas de difficulté, si
cette faute présente le caractère d'une *faute personnelle*
imputable à un agent des postes. Mais *quid*, s'il s'agit d'une
faute de service? Nous croyons que la responsabilité de l'État
existe, et qu'elle doit être mise en jeu devant la juridiction
administrative(2). Si elle n'existe pas, il convient d'atténuer législativement la portée des textes édictant l'irresponsabilité de l'État en matière postale et télégraphique :
et ce serait alors une trop grave dérogation aux principes
de notre droit administratif que de remettre à l'autorité
judiciaire l'ensemble du contentieux des indemnités à
raison des fautes du service public des postes. Dès lors, dans

(1) L. 4 juin 1859, L. 25 janvier 1873, etc. La responsabilité de l'État
est limitée à 10.000 francs pour les lettres chargées; elle est fixée à une
somme forfaitaire de 25 ou 10 francs pour les objets recommmandés.

(2) L'article 103 nouveau du Code de commerce interdit aux Compagnies de chemin de fer de stipuler leur non-responsabilité à raison des
transports de marchandises. L'article 103 est applicable à l'État, qui
transporte des marchandises sur ses chemins de fer. Pourquoi l'État,
transporteur de correspondances, échapperait-il à toute responsabilité?

la première comme dans la seconde hypolhèse, la compétence judiciaire à raison de la perte des valeurs déclarées ne saurait être qu'une anomalie(1).

d) Les lois sur les pensions civiles ou militaires prévoient l'allocation de pensions ou secours aux agents des services publics, à leurs veuves ou orphelins, dans des cas formellement énumérés par les textes : infirmités graves résultant de l'exercice des fonctions, incapacité de continuer le service par suite d'un acte de dévouement..., etc Ces dispositions spéciales font-elles obstacle à la recevabilité du recours ordinaire en indemnité contre l'État à raison des fautes des services publics?

L'administration de la guerre a soutenu que l'État était *irresponsable*, dans tous les cas où le droit à indemnité n'était pas consacré par la législation des pensions militaires.

Cette solution n'a pas été admise par le Conseil d'État. Elle ne pouvait l'être : car les demandes en indemnité prévues par les lois sur les pensions, diffèrent profondément par leur nature de l'action en responsabilité proprement dite, puisqu'elles ne supposent aucune *faute* à la charge de

---

(1) Le Conseil d'Etat a récemment décidé que la compétence attribuée à l'autorité judiciaire par l'article 3 de la loi du 4 juin 1859 implique pour cette autorité, en cas de détournement dans un bureau, de plis contenant des valeurs déclarées, le droit d'apprécier, pour en faire découler, s'il y a lieu, la responsabilité de l'Etat, les conditions dans lesquelles la remise des plis a été effectuée entre les mains du préposé des postes, et toutes les circonstances ayant facilité le détournement, C. E., 6 avril 1906. L'autorité judiciaire s'était précédemment déclarée incompétente, estimant que le dépôt au guichet n'avait pas suffi à créer le lien contractuel entre l'Etat et le particulier, et que la seule action possible était un recours devant la juridiction administrative pour faute du service public. D'où un *conflit négatif* dont il sera intéressant de connaître l'issue. Nous espérons que le tribunal des conflits consacrera la compétence administrative.

l'État et que l'État est redevable des allocations et secours, même dans le cas de force majeure.

e) On sait que la loi du 9 avril 1898 sur les accidents du travail est applicable aux ouvriers de l'État, à l'exception des ouvriers des manufactures d'armes et des ouvriers de la marine qui restent soumis à des textes spéciaux. Il est d'ailleurs normal que le droit commun privé soit, d'une manière générale, applicable aux rapports de l'État et des ouvriers, qui sont bien des rapports de droit privé, par leur nature propre. Aussi bien, avant 1898, si les accidents survenus aux ouvriers de l'État échappaient à la compétence des tribunaux judiciaires, était-ce le plus souvent par application de la loi du 28 pluviôse an VIII, dont l'article 4 édictait expressément la compétence des conseils de préfecture à l'égard des torts et dommages causés par les travaux publics (1).

Lorsque l'accident survenu à l'ouvrier constitue à la fois un accident du travail et un dommage causé par les travaux publics, ou un préjudice causé par la faute d'un service public, ou enfin un fait ouvrant, dans certaines conditions d'âge ou de durée des services, le droit à pension, il y a controverse sur le point de savoir si l'ouvrier peut cumuler le recours de la loi de 1898 et l'un des recours devant la juridiction administrative, ou s'il doit choisir entre eux, ou enfin si le recours de la loi de 1898 n'exclut pas tous les autres (2).

Il convient, à notre sens, de laisser à l'ouvrier la faculté :
1° soit de *choisir* à ses risques et périls le recours qui lui

(1) Sur les accidents aux personnes résultant des travaux publics, V. *infrà*, VIII.

(2) Cf. C. E., 9 février 1900, S. 1902. 3. 53; 18 novembre 1904, C. cassation, 21 juillet 1904.

paraît le plus avantageux, si le fait dommageable est envisagé par les deux législations concurrentes *sous le même angle juridique* (accident, faute, etc.), 2° soit de *cumuler* les deux recours, si le fait dommageable est envisagé par chaque législation *sous un aspect juridique différent.* Le Conseil d'État a très bien jugé en reconnaissant à la veuve d'un ouvrier le droit de réclamer cumulativement : 1° une pension fondée sur la durée des services du mari décédé, en vertu de la loi de 1853, 2° une rente viagère fondée sur l'accident mortel survenu au mari, en vertu de la loi de 1898.

Refuser à un intéressé le cumul des actions en indemnité de la loi de 1898, et de 1853, ou le cumul d'une action fondée sur la loi de 1853 et de l'action en responsabilité pour faute d'un service public, serait tout simplement décréter *l'irresponsabilité partielle de l'État.*

VII

L'extension de la théorie jurisprudentielle de la responsabilité pour « fautes de service » aux actions contre les départements et les communes, ainsi qu'aux actions contre l'État à raison du mauvais fonctionnement des services publics de l'enseignement, des postes, des contributions indirectes,... etc., aurait pour effet d'augmenter considérablement le nombre des affaires soumises annuellement au Conseil d'État.

Or, comme le dit M. Berthélemy, le Conseil d'État est unique : comment lui transférer les innombrables réclamations contre les communes ? Et l'évolution de la jurisprudence ne se heurte-t-elle pas dès lors à une véritable impossibilité matérielle (1) ?

D'autre part, ajoute M. Berthélemy, le Conseil d'État est trop haut et trop loin : ceux qui vont aujourd'hui se plaindre au tribunal civil, s'adresseront-ils au Conseil d'Etat?

La double objection présentée par M. Berthélemy n'est pas sans réponse.

Le Conseil d'État ne suffirait pas à la tâche nouvelle que nous proposons de lui confier : soit. Il convient donc de la remettre aux conseils de préfecture.

Les Conseils de préfecture, sans doute, ne présentent pas actuellement les garanties de compétence et d'impartialité qui peuvent être exigées d'un véritable tribunal : soit. Il convient donc de les réorganiser.

Car n'est-il pas contraire à toute logique que l'organisation défectueuse des tribunaux administratifs empêche le progrès du droit administratif? N'est-il pas regrettable qu'un obstacle purement matériel arrête l'évolution d'une jurisprudence, dont tous les auteurs —, et M. Berthélemy, plus que tout autre, — s'accordent à reconnaître le croissant libéralisme?

VIII

La conclusion du précédent chapitre a été que le recours en annulation toucherait au terme de son évolution, lorsqu'il permettrait d'assurer la répression de toute *illégalité* administrative, sans porter atteinte à l'indépendance nécessaire du pouvoir exécutif dans le domaine du fait et de l'opportunité.

(1) Berthélemy, *op. cit.*, p. 84. n. 1

Nous devons maintenant nous poser la question parallèle de savoir si le recours en indemnité qui tend à assurer la réparation de tout préjudice *illégalement* causé par l'Administration doit être étendu, par un sentiment de haute équité, à tout préjudice *légalement* causé aux particuliers dans l'intérêt de la collectivité, ou suivant une expression très heureuse de M. Jèze, aux dommages d'utilité publique.

D'après le droit commun, un dommage causé *jure* n'ouvre pas le droit à indemnité. Un commerçant, par une concurrence victorieuse, amène la ruine d'un autre commerçant : si cette concurrence a été licite, loyale, il est évident qu'aucune action en dommages-intérêts n'est concevable.

Si l'autorité administrative, par une mesure légale de police ou de gestion, lèse des intérêts privés, le même principe est applicable. C'est la loi qui détermine la frontière du droit individuel à l'égard de l'Administration : si cette frontière est respectée, il n'y a pas matière à débat contentieux. Sinon le recours en indemnité serait ce que certains auteurs veulent faire du recours en annulation : un *recours gracieux à formes juridictionnelles*. Dans ce système, on pourrait obtenir la réparation de tout préjudice, comme l'annulation de tout acte, de la pure équité, c'est-à-dire de l'arbitraire souverain de la juridiction administrative.

Mais le principe, d'après lequel le préjudice causé légalement ne peut donner lieu à indemnité, ne doit-il pas comporter une exception ou un tempérament, à l'égard des dommages résultant de l'exercice *anormal*, quoique licite, d'un droit, ou de l'exercice d'un droit *exorbitant*, quoique légalement consacré ?

On ne trouve pas dans les rapports entre l'État et les particuliers l'égalité et la réciprocité des droits qui caractérisent les rapports entre particuliers, et sans lesquelles le principe de non-indemnité à raison de l'exercice des droits risque de conduire à des résultats uniques.

Avant la loi du 8 avril 1898, le propriétaire d'une source possédait sur celle-ci un droit absolu, paralysant le droit des riverains du cours d'eau. Profitant de cette législation, les villes achetaient des sources et les captaient, pour s'alimenter en eau potable ou non potable, mettant ainsi la rivière à sec... : c'était l'exercice licite, mais anormal, d'un droit. Des propriétés pouvaient être dépréciées, des usiniers ruinés..., etc. Le préjudice causé ouvrait-il le droit à indemnité? Dans une première période, la jurisprudence repoussa les actions en responsabilité contre les villes, pour ce motif que les personnes lésées n'avaient *aucun droit* à invoquer sur la source. Dans une seconde période, elle les accueillit, pour ce motif que les personnes lésées avaient un droit sur les eaux de la rivière, et que la source étant solidaire des eaux, le préjudice causé n'était pas aussi licite qu'il le paraissait au premier abord : c'est donc à raison du caractère *illicite* du dommage, et non seulement par un sentiment de pure équité, que les riverains ont obtenu des indemnités (1).

Les dispositions légales contre l'invasion des maladies exotiques confèrent au Gouvernement le droit de prescrire la mise en quarantaine des personnes arrivées à bord d'un navire infecté, de prohiber l'entrée en France, ou d'ordonner l'abatage des animaux atteints de certaines maladies; toutes ces mesures, qui peuvent causer aux intéressés un grave préjudice pécuniaire, ne donnent pas lieu à réparation.

---

(1) C. E., 8 juillet 1898, commune de Rolampont.

En un mot, ni l'exercice anormal d'un droit civil, ni l'exercice régulier d'un droit exorbitant n'engagent *de plano* la responsabilité des administrations publiques.

Autant nous nous sommes refusé à admettre l'irresponsabilité de l'État à raison de l'exercice *illégal* de la puissance publique, autant nous nous refusons à admettre la responsabilité de l'État à raison de l'exercice régulier de ses attributions *légales*.

C'est au législateur qu'il appartient de dire dans des textes spéciaux s'il entend assurer aux individus la réparation du préjudice qu'ils ont légalement subi dans l'intérêt de la collectivité : la responsabilité des administrations à raison des dommages d'utilité publique est une responsabilité par détermination de la loi.

Les textes spéciaux relatifs aux dommages d'utilité publique visent notamment l'expropriation, les occupations temporaires de terrains privés, les servitudes militaires autour des places fortes et des magasins à poudres, la servitude d'appui des lignes télégraphiques et téléphoniques, la servitude de halage(1), l'alignement, les réquisitions militaires, les mesures d'hygiène à l'intérieur, etc., etc.

En matière de travaux publics, le contentieux de l'indemnité a reçu un large développement. Les conseils de préfecture tiennent de l'article 4 de la loi du 28 pluviôse an VIII le droit d'accorder des dommages-intérêts à raison de tout préjudice causé par l'exécution d'un travail public, ou par le travail public une fois achevé(2).

Ainsi le législateur s'est fréquemment inspiré de l'idée

(1) Le principe de l'indemnité n'a été consacré que par la loi du 8 avril 1898, art. 49.

(2) Cs. par ex. : C. de préf. des Alpes-Maritimes, 27 février 1904, *Rev. crit. de législ. et de jurispr.*; 1905, p. 268.

qu'aucun sacrifice sans compensation ne pouvait être exig é
des intérêts particuliers, au nom de l'intérêt général.

Mais ces exceptions, si fréquentes soient-elles, n'infirment pas la règle : l'Administration, en l'absence d'un
texte, peut repousser toute action en indemnité en invo-
quant la *légalité* du préjudice causé.

IX

Nous n'avons pas insisté jusqu'ici sur les sanctions pénales
édictées contre les fonctionnaires afin de protéger les particuliers contre les abus d'autorité : on trouve cependant
dans le Code pénal un grand nombre de dispositions tendant à assurer la répression des attentats à la liberté ou
aux droits des citoyens (art. 184-187, 196-197, 341-
344, etc.)

Mais au point de vue de la défense du droit individuel
l'action pénale ne présente qu'un intérêt secondaire : le
point essentiel pour les particuliers est d'obtenir l'annulation de l'acte qui les a frappés et la réparation du préjudice qu'ils ont subi. L'action pénale, même si l'on veut
conférer aux particuliers le droit de la mettre en mouvement, n'est pas une action privée : elle est faite pour la défense de l'intérêt social.

Aussi bien est-elle, en France, entre les mains du ministère public, c'est-à-dire du Gouvernement. Or il s'agit
précisément d'engager des poursuites contre les agents du
Gouvernement. L'attentat à la liberté individuelle étant
qualifié crime, il dépend du parquet seul d'en assurer la
répression. En ce qui concerne les délits, le droit de citation
directe, qui appartient aux particuliers d'après le droit

commun, leur est en général refusé à l'égard des agents du Gouvernement (1). Au cours d'une discussion récente, un amendement tendant à faire cesser cette survivance de de la garantie des fonctionnaires fut repoussé par le Sénat (2). Le législateur avait accepté de porter *au double* la peine applicable aux fonctionnaires en matière de corruption électorale : mais il refusa de soustraire les poursuites à l'arbitraire du procureur général.

Que si un fonctionnaire est poursuivi, il peut affirmer l'absence de toute intention criminelle : or la preuve de l'intention criminelle, souvent délicate, est ici plus délicate encore, le fonctionnaire pouvant invoquer très sincèrement à sa décharge des mobiles élevés d'intérêt public.

Enfin, si le fonctionnaire justifie qu'il a agi *par ordre* de ses supérieurs, pour des objets du ressort de ceux sur lesquels il leur est dû obéissance hiérarchique, il sera exempt de toute pénalité (art. 114, C. pén.) « Avec cet article 114, écrit M. Saint-Girons, tout coup d'État est absous par le succès, rendu possible et même facile par l'irresponsabilité de l'inférieur (3) ».

Dans la proposition de loi plusieurs fois mentionnée de M. Clémenceau, nous trouvons des dispositions tendant à

(1) Art. 479 et 483 du C. instr. crim.; L. 10 avril 1810, art. 10. L'article 479 refuse même aux particuliers le droit de citation directe pour des actes commis par le fonctionnaire *en dehors de ses fonctions*. C'est ainsi qu'un simple *suppléant du juge de paix* échappe à l'action normale de la justice répressive. V. la proposit. de Castelnau tendant à faire disparaître de notre législation cette monstruosité, legs du Premier Empire qu'aucun gouvernement n'a encore voulu répudier.

(2) Cs. *Le Temps*, n°. du 28 janvier 1906. « L'article additionnel de M. Gourju », p. 1, col. 2. V. *J. off.*, même date, Déb. parl., Sénat, séance du 27.

(3) Saint-Girons, *Essai sur la séparation des pouvoirs*, Larose, 1881, p. 397.

faire disparaître les deux causes essentielles de l'inefficacité des sanctions pénales contre les abus d'autorité : limitation du droit de citation directe, excusabilité à raison de l'ordre du supérieur (1). Mais ces dispositions ne visent que le délit de violation de la liberté individuelle : nous les voudrions d'une portée plus générale.

(1) Art. 2, 20, 21.

CHAPITRE SIXIÈME

LE FAIT DU PRINCE EN DROIT ADMINISTRATIF (1).

En tant qu'il est investi de la puissance publique, l'État adresse aux particuliers des injonctions ou des défenses, qui constituent par définition des mesures unilatérales, et ne peuvent ouvrir, si elles sont légales par le fond comme par la forme, ni le recours en annulation pour excès de pouvoir, ni le recours en indemnité pour faute : les particuliers ne peuvent rien exiger de la puissance publique au delà du respect de la légalité.

Mais les mesures *unilatérales*, prises par l'autorité administrative dans la plénitude de ses pouvoirs de police, ont quelquefois pour effet de troubler, sinon d'empêcher l'exécution normale d'un *contrat* passé par l'autorité administrative elle-même pour la gestion des services publics ou du domaine privé.

Il se produit alors un conflit aigu entre la notion de « puissance publique » et la notion de « contrat » : la puissance publique doit être obéie, mais le contrat doit être respecté, car le contrat est la loi des parties, et l'une des parties est ici l'Etat.

(1) Cs. H. Ripert, *Des rapports entre les pouvoirs de police et les pouvoirs de gestion dans les situations contractuelles*, Rev. du dr. publ. et de la sc. pol., 1905, p. 5 et suiv. ; P. Tirard, *De la responsabilité de la Puissance publique*, A. Rousseau, 1906.

De ce conflit, quelle est la solution ou la conciliation dans l'état présent du droit et de la jurisprudence?

Juridiquement, légalement un acte de puissance qu'aucun recours ne peut atteindre doit être exécuté. Cette exécution est d'ordre public : si des intérêts privés sont lésés, ils ne sauraient prétendre en principe qu'à une réparation gracieuse.

Ce point étant mis hors de contestation, il n'en paraît pas moins inique d'accorder à l'Etat la faculté dangereuse de briser sans compensation, en tant que puissance publique, les contrats qu'il a formés, en tant que gérant des services publics ou du domaine privé. Ne serait-ce pas, en quelque sorte, autoriser l'Etat-puissance à reprendre la parole donnée par l'Etat-personne?

Théoriquement, on peut bien affirmer que l'État-personne morale n'est pas le titulaire de la puissance publique, que l'Etat-puissance n'a rien de commun avec l'Etat-contractant, que par conséquent les actes de celui-là ne sont en rien imputables à celui-ci; mais ces raisonnements d'une rigoureuse logique peuvent-ils prévaloir contre ce fait de simple bon sens que l'Etat est toujours l'Etat, quelle que soit la fonction qu'il exerce : fonction de police, ou fonction de gestion ?

C'est un excellent critérium de la valeur d'une formule juridique que de la traduire en termes concrets. L'État-puissance, dit-on, est un *tiers* par rapport à l'État-contractant : en d'autres termes, il n'est jamais *partie* aux contrats passés pour la gestion des services publics ou du domaine privé. Telle est la formule théorique. Voici maintenant le fait concret : le préfet, par un acte de police, empêche ou trouble l'exécution d'un contrat passé par le préfet.

Un exemple. Le préfet de Saône-et-Loire met en adjudication le droit de chasse dans une forêt domaniale. L'adjudicataire la peuple de chevreuils et monte un équipage. Le préfet prend alors en vertu de la loi du 3 mai 1844 un arrêté interdisant la chasse du chevreuil dans le département (1). Ayant ainsi interdit à l'adjudicataire de chasser, au nom de l'État-puissance, le préfet s'empressa, au nom de l'État-personne de lui réclamer le loyer convenu. Saisi du litige, le tribunal de Mâcon, estimant que l'État est un être à double visage, une personne à double face, et que l'État-propriétaire n'a pas à répondre des actes de la puissance publique, donna raison à l'autorité administrative, en condamnant l'adjudicataire (2).

Eh bien ! Si critiquable que puisse en apparaître l'application, nous ne devons pas nous attaquer au *principe* même de cette solution, c'est-à-dire à l'indépendance absolue de la puissance publique à l'égard de l'État-contractant.

La puissance publique ne doit pas s'engager, en faveur de tel individu, de tel groupement local, de telle Compagnie, à ne jamais prescrire telle mesure de police, telle mesure d'hygiène ou de sécurité publique, pas plus qu'elle ne saurait promettre de ne jamais requérir l'application de la loi pénale contre certains coupables... La puissance publique ne peut, ni s'engager, ni encore moins être engagée malgré elle dans les liens d'un contrat : l' « ordre public » n'est pas une « chose dans le commerce ».

---

(1) Cet arrêté était d'ailleurs illégal (Cs. Carpentier et Frèrejouan du Saint, *Rép. de dr. franc.*, v° *Chasse*, n° 593). Mais l'adjudicataire ne l'avait pas attaqué devant le Conseil d'État.

(2) Trib. civ., de Mâcon, 29 décembre 1904, *Gaz. des Trib.*, du 9 mars 1905.

Pourquoi pas ?
l'expropriation f. c

Et remarquons-le, si nous admettions que la puissance
publique n'est qu'une fonction de l'État-personne morale, il
n'en resterait pas moins vrai que la responsabilité de l'État
ne saurait être mise en jeu à raison de l'exercice *légal*, *non
abusif* de la puissance publique. Car aucun tribunal, soit
judiciaire, soit administratif (depuis que le juge administratif, en devenant indépendant, a perdu le droit de faire
des concessions gracieuses au nom de l'autorité administrative) ne saurait mettre directement ou indirectement
obstacle à l'accomplissement régulier d'une mission légale
du pouvoir exécutif. La fonction de police, qu'elle soit ou
non exercée par l'État-personne morale, possède par nature
une véritable *autonomie*, et doit se développer avec une
pleine et entière liberté dans le cercle de la légalité. C'est
dire que la théorie d'après laquelle l'État-personne est
titulaire de la puissance publique ne nous fournit aucune
raison particulière de repousser au point de vue juridique
la formule dont nous avons fait ressortir l'iniquité pratique :
un acte de puissance, émanant de l'État, est à l'égard d'un
contrat passé par l'État même comme l'acte d'un *tiers*.

C'est dire —, réciproquement —, que la solution adoptée relativement à la question du *fait du prince* ne peut
nous fournir aucune lumière sur le point de savoir « si
la personnalité juridique des administrations est limitée
à l'exercice des droits privés, ou si d'une certaine manière
elle ne contient pas aussi l'exercice des droits de puissance » (1). Il est donc possible d'écarter complètement
du débat l'irritante controverse sur la *dualité* de l'État.
Car, si l'on admet l'*unité* de l'État, comment nier cependant la *dualité* de ses fonctions ?

(1) Hauriou, note sous C. E., 8 mars 1901, Prevet, S. 1902. 3. 73.

Dans certaines hypothèses, l'acte de puissance perturbateur du contrat apparaît très nettement, et d'une manière concrète, comme l'*acte* d'un *tiers*. Il en est ainsi, d'abord, lorsqu'il émane d'un organe administratif réellement distinct et séparé de celui qui a participé au contrat : comment demander compte à une commune d'un décret du pouvoir central ? Il en est ainsi, en second lieu, lorsque l'acte de puissance a un caractère général : si l'État modifie la réglementation du travail, cette modification va jeter la perturbation dans l'exécution des marchés passés par l'État avec les particuliers, mais il est clair qu'une perturbation identique va se produire dans l'exécution des marchés entre particuliers. Dès lors faire supporter à l'État la charge de toute aggravation survenant à la situation de ses cocontractants par le fait d'un acte de puissance, serait créer un privilège injustifiable au profit des cocontractants de l'État, des seuls cocontractants de l'État.

La jurisprudence, à première vue, semble avoir rejeté la théorie du fait du prince, et accordé ainsi aux contractants le privilège que les principes du droit commandent de leur refuser. Une commune établit un droit d'octroi sur les charbons : les industries employant ce combustible vont se trouver lésées, car, si elles ont des contrats en cours, elles devront en assurer l'exécution, si onéreuse soit-elle. C'est le droit commun. Mais la jurisprudence administrative a décidé que, dans cette hypothèse, une Compagnie d'éclairage, concessionnaire de la commune, avait le droit de réclamer à la commune une indemnité (1).

Les choses semblent bien alors se passer *comme si* la

(1) C. E., 27 décembre 1905, Bardy. Cf. 20 mai 1904, Compagnie Marseillaise de navigation.

commune contractante était l'auteur responsable de l'établissement du droit d'octroi, ou en d'autres termes, *comme si* la fonction d'établir l'impôt, qui est une fonction de puissance publique, n'était pas autonome, et ne s'exerçait pas d'une manière absolument distincte et indépendante de la fonction de gérer les services communaux.

Généralisant cette solution, nous pourrions dire : l'État contractant est *de plein droit* l'assureur des parties privées contre le risque provenant de l'exercice, même rigoureusement légal, de la puissance publique.

Conception séduisante au point de vue du droit individuel : car elle aurait pour effet certain d'annuler le danger qui résulte de la confusion des organes de l'État-puissance et de l'État-personne, et par suite de la collusion toujours possible, et en fait, assez fréquente de celui-là et de celui-ci... (1).

Certes, il serait désirable de retirer à l'autorité administrative le moyen de réaliser, même d'une manière détournée, même dans la plus faible mesure, le précepte célèbre de Machiavel : « Un prince prudent ne peut, ni ne doit tenir sa parole que lorsqu'il le peut sans se faire tort, et que les circonstances dans lesquelles il a contracté subsistent encore ».

D'autre part, l'équité absolue exigerait que tout préjudice causé par un acte de puissance, même régulier, même légal, donnât lieu à une juste réparation : ce serait l'application intégrale du principe de l'égalité des charges. Un acte de puissance est accompli dans l'intérêt collectif :

(1) On peut imaginer par exemple que l'État, après avoir acheté à terme, pour un prix ferme, une denrée quelconque, frappe cette denrée d'une taxe afin de se procurer les fonds nécessaires pour payer ... le fournisseur lui-même.

pourquoi faire supporter à un seul ou à quelques-uns le poids d'un préjudice causé dans l'intérêt de tous ?

Mais alors toute mesure de sécurité, d'hygiène, d'ordre public donnerait lieu à indemnité. Car tout acte de puissance nuit à l'un dans la mesure même où il profite à l'autre. Il faudrait donc demander à celui-ci une contribution pour indemniser celui-là. D'où la nécessité d'une discrimination des « plus-values » et des « moins-values » qu'aucun juge ne pourrait opérer. L'égalité des charges est un principe de bonne administration, d'excellente politique : ce n'est pas un principe de droit. L'appliquer d'une manière absolue serait tout simplement paralyser la puissance publique, en la subordonnant à des considérations d'intérêt pécuniaire, qui doivent rester secondaires lorsque l'intérêt général est en jeu.

La jurisprudence l'a compris, et, si elle s'est fréquemment efforcé de tourner la théorie du fait du prince, elle s'est toujours refusé à l'abandonner (1).

Si l'acte de puissance perturbateur du contrat est légal dans la pleine acception du mot, la question d'indemnité ne peut se poser que s'il résulte expressément ou tacitement des termes de la convention que l'État a entendu garantir les parties contre toute intervention dommageable de la puissance publique.

On trouve une stipulation de cette nature dans le règlement du 26 mai 1866 sur le service des subsistances de la guerre, qui pose formellement le principe d'une indemnité aux fournisseurs dans le cas d'une aggravation au contrat provenant de la modification des lois douanières.

Lorsque les contractants n'ont pas prévu et solutionné

(1) C. E., 3 avril 1903, Mistral et Pavie, Lebon, p. 307 ; 8 mars 1901, Prevet, S. 1902. 3. 73; 14 mars 1902, Fichet, Lebon, p. 129.

expressément la question, le litige devient très délicat :
une grande part est laissée à l'arbitraire du juge, et l'issue
de l'instance peut varier suivant que le tribunal adopte le
principe de l'interprétation stricte, ou le principe de l'interprétation de bonne foi. Mais la juridiction administrative, le plus souvent compétente, montre un si vif souci du
droit individuel, qu'elle s'est parfois exposée au reproche
d'incliner d'une manière excessive l'intérêt général devant
les intérêts privés (1).

Ainsi, le droit à indemnité doit avoir une *source contractuelle :* il ne naît pas du seul fait que l'État par un acte
de police, porte accidentellement atteinte à un contrat passé
par l'État.

Lorsque l'acte de puissance perturbateur du contrat est
entaché d'une *illégalité* de forme ou de fond, nous ne
voyons, pour notre part, aucun motif juridique pour refuser
au cocontractant de l'État le droit qui appartient à tout
intéressé de former le recours en annulation pour excès
de pouvoir devant le Conseil d'État. Sans doute, un recours
lui est ouvert devant le juge du contrat : mais c'est un recours en indemnité et non un recours en annulation. Il
n'y a pas lieu par conséquent de faire application de la
théorie du recours parallèle, d'ailleurs en voie de dissolution, comme nous avons essayé de le démontrer dans un
précédent chapitre.

Dans le cas où l'acte de puissance perturbateur du contrat est entaché de détournement de pouvoir, il constitue
en somme un acte de gestion déguisé, imputable par définition à l'État-personne morale. C'est l'État-personne, qui

(1) V. note de M. Hauriou sous C. E., 26 décembre 1891, S. 1894, p. 1.
Cf. C. E., 27 septembre 1901, Pécard, S. 1902. 3. 33 et 10 janv. 1902,
commune de Deville-lès-Rouen, 1902. 3. 17.

a pris pour ainsi dire, le masque de la puissance publique afin de pouvoir manquer à sa parole avec une plus sûre impunité. Il est naturel, dans cette hypothèse, que les intéressés songent à porter le débat devant le juge du contrat, car l'atteinte au contrat est évidente, et c'est à l'État-personne d'en répondre. Mais pourquoi leur interdire d'exercer, cumulativement avec le recours en indemnité pour atteinte au contrat, le recours en annulation pour détournement de pouvoir?

Juridiquement fondée, la théorie du fait du prince n'en est pas moins dangereuse par ses résultats : il convient par conséquent d'en limiter étroitement la portée.

Lorsqu'il y a conflit entre un acte de puissance et un acte contractuel, c'est-à-dire entre l'intérêt général et l'intérêt privé, l'intérêt général doit l'emporter, la puissance publique doit être obéie : voilà toute la théorie du fait du prince, dans la mesure où elle peut survivre sous le régime de la légalité sanctionnée.

C'est dire qu'elle perd sa raison d'être et cesse d'être applicable, lorsque l'acte perturbateur du contrat n'est pas un acte de puissance au sens exact du mot, c'est-à-dire un acte de police *stricto sensu* ou de *police pure.*

Nous devons insister sur ce point, et montrer que *tous* les actes unilatéraux ne sont pas, ou que les actes unilatéraux ne sont pas *toujours* des actes de police pure.

La police pure, c'est la police de l'*ordre public :* or, à côté d'elle, il existe une autre sorte de police, qui ressemble à la police pure par son caractère unilatéral, mais en diffère par son but légal, qui est d'assurer le bon fonctionnement des services publics, le bon aménagement du domaine public.

Le préfet, en vertu des lois et règlements sur les chemins

de fer d'intérêt local, possède un pouvoir absolu en ce qui
concerne la fixation du nombre et de la marche des trains.

· Il est évident que ce pouvoir ne se justifie pas seulement
par une idée de police pure, d'ordre public : la détermination d'un horaire intéresse moins la sécurité que la com-
modité du public. Dès lors on conçoit très bien une limitation *contractuelle* du pouvoir préfectoral : par exemple, il
peut être stipulé que le nombre des trains ne saurait excéder un certain *maximum*. Que si le préfet vient à méconnaître cette limitation contractuelle, il y a lieu non seulement à *réparation* du préjudice causé, mais encore à
l'*annulation* de l'acte. Est-ce un échec à ce principe de
l'autonomie de la puissance publique, que nous avons essayé de placer hors de contestation? Non : car l'acte du
préfet n'est au fond qu'un *acte unilatéral de gestion*(1).

La délivrance d'une permission de voirie, ou le retrait
d'une permission de voirie sont des actes de police pure, en
principe : il en est ainsi, toutes les fois que l'intérêt de la
circulation sur les voies publiques est en jeu. Mais, lorsque
l'intérêt de la circulation est hors de cause, la permission
de voirie peut être envisagée sous un aspect différent, celui
d'un *moyen de gestion* des services publics. Il en est ainsi,
par exemple, lorsqu'une commune s'engage, à l'égard d'une
Compagnie d'éclairage par le gaz, à ne pas favoriser le développement d'entreprises concurrentes par la délivrance
de permissions de voirie, ici encore, nous nous refusons à
voir une atteinte à l'autonomie nécessaire de la puissance
publique, une limitation contractuelle de la police de la
circulation. Car la délivrance ou le retrait d'une permission
de voirie, dans cette hypothèse ou dans des hypothèses

_____

(1) Dans ce sens, C. É., 23 janvier 1903, Comp. des ch. de fer économi-
ques du Nord, conclus. du comm. du Gouv. Teissier.

semblables, sont des opérations *indifférentes* à *l'ordre public* : elles constituent, pour reprendre une expression qui nous semble fort juste, des *actes unilatéraux de gestion* (1).

Ces actes unilatéraux de gestion diffèrent des actes de puissance en ceci qu'ils doivent être conformes, non seulement à la loi, mais encore aux contrats passés par l'Etat.

Autant il serait contraire aux principes d'autoriser l'État à subordonner les mesures de police pure à des considérations d'intérêt pécuniaire, autant il est naturel —, et d'ailleurs nécessaire —, que l'État, dans un intérêt de bonne administration, puisse déterminer contractuellement à quelles conditions et dans quelles limites il entend utiliser ou ne pas utiliser, comme moyens de gestion, les mesures que la loi lui accorde en principe le droit de prendre par un acte de sa volonté unilatérale (2). Les pouvoirs unilatéraux de l'État ne doivent être des pouvoirs absolus ou discrétionnaires, qu'en tant qu'ils s'exercent dans le domaine de la police pure et ont pour but d'assurer l'ordre public.

Un acte unilatéral de gestion, même ne portant pas atteinte à une convention proprement dite, pourrait fort bien être considéré comme ouvrant un droit à indemnité pour le préjudice causé. Qu'on impose à un seul ou à quelques-uns des sacrifices sans compensation dans un intérêt d'ordre public

---

(1) C. E., 6 juin 1902 Bar-le-Duc, S. 1903 3. 65. — V. les conclus. du comm. du Gouv. Romieu dans la *Gaz. des Trib.* du 11 juin 1902. *Contrà*, C. de Cass., 25 octobre 1900, Goret et 31 décembre 1903, Desclouz, *J. de dr. adm.*, 1904, p. 217.

(2) C'est le maire qui délivre les permissions de voirie. Mais le conseil municipal, organe de la commune-personne morale, peut dépouiller le maire du droit d'utiliser les permissions de voirie, comme *moyens de gestion*, car si le maire est indépendant du conseil municipal, en matière de *police pure*, il lui est subordonné en matière *de gestion*.

c'est un mal nécessaire. Mais dès que cet intérêt d'ordre public n'est pas positivement démontré, l'indemnité serait de toute justice.

L'article 14 de la loi de 1898 sur le régime des eaux dispose que la révocation des autorisations de prises d'eau, ou de barrages, sur les rivières non navigables, ne sera opérée sans indemnité que dans certaines hypothèses *limitativement énumérées,* et se référant à la notion d'ordre public.

Le Conseil d'État ayant accordé une indemnité à une Compagnie gazière à raison de la délivrance d'une permission de voirie à une entreprise d'électricité, la commune responsable, pour éviter de nouvelles et onéreuses difficultés avec la Compagnie gazière, retira la permission de voirie. Ce retrait constituait un acte unilatéral de gestion. L'entrepreneur l'attaqua pour détournement de pouvoir : le Conseil d'État repoussa la demande en annulation, en constatant nettement la *rigoureuse légalité* du retrait de la permission de voirie (1). Ne serait-il pas inique de refuser à l'entrepreneur d'électricité, s'il la demandait, une indemnité ? L'intérêt légitime de cet entrepreneur aurait pu être sacrifié sans compensation à l'ordre public : mais il s'agissait, en l'espèce, non de l'ordre public, mais de l'intérêt de la commune-personne morale.

Un acte unilatéral de gestion ne peut pas plus constituer un « fait du prince », qu'un contrat venant troubler l'exécution d'un autre contrat. Or, dans cette hypothèse, le cocontractant lésé, pour obtenir une indemnité, a seulement à démontrer que le second contrat a été passé par la *même personne morale* administrative que le premier (2).

(1) Arrêt Bar-le-Duc déjà cité.
(2) La personnalité de l'État, gérant des services publics ou du domaine

Nous croyons la distinction des actes de police pure et des actes unilatéraux de gestion appelée à un grand avenir : elle nous fait entrevoir une limitation nouvelle de l'arbitraire administratif. Et c'est dans le sens de cette limitation que la jurisprudence est tout entière orientée.

privé est une. Les articles 1 et 4 de la loi du 4 février 1901 sur les dons et legs ne permettent plus de la morceler en autant de personnalités fragmentaires qu'il y a de services publics.

CHAPITRE SEPTIÈME

L'ADMINISTRATION JUGE ET PARTIE :
LES SURVIVANCES DE LA JUSTICE RETENUE

L'Administration serait plus respectée, si elle était infaillible, le meilleur moyen de paraître infaillible, c'est de ne pas avoir tort, et le meilleur moyen de ne pas avoir tort, c'est de se juger soi-même.

Sans aller avec certains auteurs jusqu'à reconnaître dans ce principe peu avouable l'unique et secrète raison d'être de la confusion de l'administration active et de l'administration juridictionnelle, on s'accorde à admettre qu'il en explique dans une large mesure la persistance sous les régimes d'autorité qui se sont succédés en France depuis la Révolution.

Il explique aussi que la confusion de l'administration juridictionnelle et de l'administration active, vivement attaquée par les libéraux de tous les partis, supprimée par la Seconde République, rétablie en 1852 par le Césarisme renaissant, ait été de nouveau condamnée à l'aube de la Troisième République par la loi du 24 mai 1872.

En séparant la justice administrative du Gouvernement, la loi de 1872 a fait d'elle une véritable justice : nous insisterons sur ce point dans la seconde partie de notre étude.

Mais si la confusion de la justice administrative et de l'administration active a disparu dans son ensemble, on en

trouve encore, dans l'état présent de la législation, quelques survivances partielles que la jurisprudence s'est
efforcé de détruire, dans la mesure où elle le pouvait sans
heurter de front un texte positif.

I

Le ministre, pour les matières de son département, est-
il juge administratif de droit commun, sauf appel au Conseil d'État?

La question a soulevé de longues et ardentes contro-
verses, sans cesse renouvelées (1).

Au point de vue de la théorie pure, elle se présente
d'une manière très simple : la survivance de la juridiction
ministérielle sous le régime de la séparation des fonctions
serait une anomalie. Après la loi de 1872, comment reconnaître la quali'é de juge administratif ordinaire à l'agent
le plus direct du pouvoir exécutif, à l'administrateur le
plus préoccupé du fait et de l'opportunité?

Lorsqu'un particulier est en conflit avec l'État, la justice du ministre, c'est la justice de la partie adverse, et
c'est une justice à huis clos, sans débat contradictoire,
sans procédure : ce n'est pas une justice. Ou, si le ministre est un juge, il faut reconnaître qu'il est un juge singulier : il peut statuer d'office, il relève en appel de plusieurs catégories de tribunaux (Conseils de préfecture,
Conseil d'État,...) suivant l'objet de ses décisions, et il
vient devant le juge d'appel, comme un plaideur, défen-

(1) Ducrocq, *Cours de dr. adm.*, 7ᵉ édit., et Artur, *Séparat. des pouvoirs et séparat. des fonctions.*

dre la décision qu'il a prise, comme juge de premier ressort.

Sans doute le ministre, au cours de l'action administrative, peut avoir à trancher des questions de droit et de légalité : mais quel administrateur ne fait de même? Les décisions ministérielles ont par elles-mêmes la force exécutoire : mais n'est-ce pas une qualité commune à toutes les décisions administratives? Tous les administrateurs seraient-ils des juges et tous les actes administratifs des jugements?

Au point de vue des textes, le débat est assurément d'une solution plus difficile. Mais étant donné que la loi positive ne fournit —, pour ou contre la thèse du ministre-juge —, aucun argument réellement décisif, à ce point que la qualité de juge était contestée au ministre même avant 1872, ne convient-il pas de donner le pas à des principes indiscutables sur la volonté incertaine du législateur, c'est-à-dire d'adopter suivant une méthode d'interprétation dont nous nous sommes à plusieurs reprises inspiré, la solution en harmonie avec l'esprit de notre régime administratif moderne, et pour ainsi dire dans le sens de son évolution?

D'après la jurisprudence, constante sur ce point depuis 1885, le juge administratif de droit commun, c'est le Conseil d'État. En conséquence, les particuliers peuvent recourir directement à ce haut tribunal, sans s'adresser auparavant à la justice inorganique des bureaux ministériels. Quant aux prétendus jugements rendus par les ministres sur la réclamation des particuliers, la jurisprudence les considère comme de simples décisions administratives : si elles sont rendues par défaut, il n'y a pas d'opposition ouvertes entre elles; elles peuvent être librement modifiées ou rapportées, à la condition de ne pas violer des droits acquis; elles ne sont pas obligatoirement motivées.

Si le ministre n'est pas juge ordinaire, il est, en certains cas, juge d'exception en matière administrative. C'est devant le ministre que doivent être portées, en premier ressort, les réclamations contre les élections des chambres de commerce, des membres du conseil supérieur de l'Instruction publique ou des conseils académiques,... etc. (1). Comment, dans ces hypothèses spéciales, dénier à la décision du ministre tout caractère juridictionnel? Une décision ministérielle statuant sur une élection entachée d'illégalité, n'a-t-elle pas de toute évidence, un contenu contentieux?

Subordonnée par l'appel au Conseil d'État, la juridiction ministérielle ne présente pas un grave danger pour le droit individuel : mais elle peut empêcher quelques réclamations bien fondées d'aller devant le Conseil d'État, en décourageant les particuliers par un premier échec. Il serait dans la logique de la séparation des fonctions de remettre tout le contentieux administratif aux véritables organes contentieux. Si la règle du double degré de juridiction, comme le pense M. Ducrocq, et comme nous le pensons nous-même, présente une utilité véritable en matière administrative, pourquoi choisir pour juge de premier degré le ministre, qui ne peut être un bon juge, s'il n'oublie d'abord qu'il est ministre, c'est-à-dire administrateur (2)?

(1) Il est bien difficile de ne pas voir dans l'article 40 de la loi du 27 juin 1904 sur les enfants assistés un cas de juridiction ministérielle : les contestations relatives au domicile de secours, et à l'admission des enfants assistés « sont jugées », dit textuellement l'article 40, par le ministre de l'Intérieur sauf recours au Conseil d'État. Cf. l'article 11 de la loi sur l'assistance obligatoire aux vieillards.

(2) Sur le pouvoir de juridiction de certains fonctionnaires inférieurs

II

La justice retenue du Chef de l'État est depuis 1872, sans controverse possible, une justice d'exception (1).

Les cas de juridiction gouvernementale, qui survivent à l'heure actuelle sont peu nombreux et peu importants. Nous ne ferons que les signaler brièvement.

a) **Le recours contre** les décisions du Conseil des prises maritimes est porté **devant le Chef** de l'État statuant en son Conseil, et non devant le Conseil d'État statuant au contentieux. Ce recours gouvernemental est un **appel** contre le jugement de premier ressort rendu par le Conseil des prises, saisi d'office par le commissaire du Gouvernement. En premier, comme en dernier ressort, il est statué sur la validité des prises maritimes *en équité*, plutôt qu'en droit. L'absence d'un véritable recours contentieux a pour effet —, et d'ailleurs en l'espèce a pour but —, de laisser un certain champ à l'arbitraire gouvernemental. Les prises maritimes sont des faits de guerre, elles intéressent nos relations avec les puissances étrangères : c'est pourquoi il a paru utile de subordonner à leur égard le respect de la loi à l'opportunité diplomatique.

Cependant, les lois des 9-13 août 1791, du 14 février 1793, et du 3 brumaire an IV, avaient confié le jugement de la validité des prises maritimes aux tribunaux de com-

(préfets, maires, sous-préfets, directeur des monnaies), cs. Ducrocq, *loc. cit.* Sur les décisions disciplinaires, voir *supra*, notre § sur les pénalités disciplinaires.

(1) Cs. Béquet, *Répertoire*, vᵉ *Contentieux*, n° 543; Hauriou, *Précis*, éd. cit., n° 815 et suiv. et une note intéressante sous l'arrêt De Laizes du 3 décembre 1897, S. 98. 3. 129.

merce, et la loi du 8 floréal an IV avait donné l'appel de leurs décisions en la matière aux tribunaux civils de département.

Il est permis de se demander si le Premier consul, en retirant aux tribunaux le droit de statuer sur les prises pour le remettre à un conseil gouvernemental, n'a pas obéi surtout à l'esprit d'imitation raisonnée qui le poussait à restaurer, souvent sous un nom identique, les institutions de l'Ancien régime (1).

Sans revenir au système de l'an IV, sans faire même du Conseil d'État au contentieux le juge d'appel des prises maritimes, ne pourrait-on admettre la recevabilité du recours pour excès de pouvoir contre le décret du Chef de l'État statuant en la matière? Le Gouvernement continuerait à trancher souverainement la question de fait, mais le Conseil d'État assurerait le respect des formes, et de la légalité.

b) L'article 40 du décret du 22 juillet 1806 ouvre aux particuliers lésés par une décision non contentieuse du Conseil d'État un recours devant le Chef de l'État : ce recours sur lequel le Chef de l'État peut s'abstenir de statuer, tend, soit à l'annulation, soit à la réformation de l'acte attaqué, tant pour inopportunité que pour illégalité. Historiquement, le recours de l'article 40 a eu pour but de parer à l'irrecevabilité du recours contentieux contre les décrets pris en Conseil d'État : on ne pouvait songer, en 1806, à demander à celui-ci, qui avait même composition comme conseil de gouvernement et comme tribunal,

---

(1) Le recours gouvernemental pour abus, prévu par la législation concordataire, était la résurrection de l'ancien appel comme d'abus. Ce cas remarquable de justice administrative retenue vient d'être effacé par la loi du 9 décembre 1905, V. *suprà*.

d'annuler pour illégalité ses propres actes. Mais, par la
séparation du Conseil d'État, organe gouvernemental, et
du Conseil d'État, organe juridictionnel, l'irrecevabilité
du recours pour excès de pouvoir contre les décrets en
Conseil d'État perdit sa raison d'être. Étant donné que le
recours de l'article 40 n'avait été créé que pour *tenir lieu*
du recours pour excès de pouvoir, la question se posa de
savoir si on pouvait déclarer celui-ci recevable, avant que
celui-là ne fût supprimé ? La jurisprudence, estimant que
les deux recours n'avaient ni la même étendue, ni le
même but, ni la même nature, n'hésita pas à en admettre
le cumul. Bien plus, le décret rendu sur le recours de
l'article 40 n'étant pas d'essence contentieuse, il n'y avait
aucune raison de ne pas admettre contre lui le recours
pour excès de pouvoir. Singulier échafaudage de recours,
a-t-on observé : il constitue un cas de *superposition* de la
justice déléguée à la justice retenue. A la vérité, si le
recours de l'article 40 n'existait pas, personne ne songe-
rait à l'instituer... : car il répond à une conception périmée de la justice administrative.

c) L'article 47 de la loi du 10 août 1871 confère au
Gouvernement le droit d'annuler par décret en Conseil
d'État, pour excès de pouvoir ou violation de la loi, certaines délibérations des conseils généraux. Or la jurisprudence refuse aux conseils généraux le droit d'attaquer au
contentieux un tel décret : c'est dire qu'ils se trouvent exposés à l'arbitraire du Chef de l'État, statuant en une matière
nettement contentieuse, sans les formes juridictionnelles
ordinaires. C'est, au premier chef, de la justice retenue.

Ne serait-il pas logique que le préfet, ou le ministre fussent obligés pour obtenir l'annulation d'une délibération

illégale d'un conseil général de prendre comme les particuliers la voie de droit commun (1).

Ou tout au moins, ne conviendrait-il pas de laisser aux conseils généraux la faculté de contester devant la juridiction administrative l'annulation gouvernementale de leurs actes? Il n'est pas admissible que le gouvernement tranche *en dernier ressort* une question de *légalité* (2).

Il faut songer que le recours de l'article 47 a été créé antérieurement à la loi de 1872 : aurait-il été institué si le principe de la justice déléguée eût-été consacré avant la discussion de la loi départementale?

Nous ne le croyons pas.

d) Si nous passions en revue les autres cas de juridiction gouvernementale, trop peu importants pour être ici étudiés en détail (recours de l'article 14 de la loi du 21 juin 1865 contre les arrêtés préfectoraux créant des associations syndicales autorisées de propriétaires, dans lesquelles, on le sait, la minorité des propriétaires récalcitrants est embrigadée d'office —, recours concernant le privilège de la Banque de France..., etc...) (3), nous pourrions arriver à

---

(1) La remarque est applicable, sous les mêmes réserves, aux cas d'annulation prévus par les articles 33 et 34 de la même loi.

(2) V. cep. C. E., 2 avril 1897, Conseil général des Côtes du-Nord, Cf. Jèze, *Princip. gén. du dr. adm.*, p. 79 et note 1.

(3) Dans deux hypothèses —, à rapprocher au point de vue pratique des cas de justice retenue —, la sanction de la légalité est bien attribuée à la juridiction administrative, mais son application ne peut être provoquée que par le gouvernement, non par les particuliers intéressés : d'après la loi du 7 juin 1873, la démission d'office des conseillers généraux, des conseillers d'arrondissement, etc..., ayant refusé sans excuse valable de remplir une fonction à eux légalement dévolue est prononcée par le Conseil d'État au contentieux, mais l'application de cette sanction ne peut être provoquée que par le ministre de l'intérieur; d'après l'article 4 du D. du 2 février 1852, et l'art. 15 de la loi du 15 juillet 1893, le conseil de préfecture est compétent pour annuler les opérations irrégulières de confec-

cette même conclusion qu'il est nécessaire pour mettre la
la légalité au-dessus des atteintes de l'administration active,
soit de faire disparaître les survivances de la justice retenue
soit d'admettre, d'une manière parallèle ou par superposition au recours purement administratif, le recours contentieux, c'est-à-dire le recours à la justice déléguée, qui
est la seule vraie justice administrative.

III

Un litige entre l'État et un particulier s'engage devant
l'autorité judiciaire, et la solution de ce litige dépend de
l'interprétation d'un acte administratif obscur : devant qui
va être portée la question préjudicielle d'interprétation,
sur laquelle le tribunal judiciaire ne peut statuer? En principe, devant l'autorité compétente pour faire l'acte, c'est-à-
dire, par hypothèse, devant la partie adverse : l'administration active. On applique l'adage : *ejus est interpretari cujus
est condere...*

Mais, en réalité, la jurisprudence s'est trouvée conduite à
tourner, et même à infirmer ce prétendu principe.

Dès maintenant, dans un grand nombre de cas, le recours
en interprétation est entièrement *juridictionnalisé*. L'interprétation des contrats administratifs relève directement
des conseils de préfecture ou du Conseil d'État : car elle
ne peut être évidemment demandée à l'un des contractants. Lorsque la question préjudicielle d'interprétation est
relative, non pas seulement au sens, mais à la validité d'un
acte administratif, la juridiction administrative est égale-

tion et revision des listes électorales, mais c'est le préfet seul qui peut
demander cette annulation.

ment seule compétente. Enfin, le Conseil d'État au contentieux, qui interprétait les actes du Chef de l'État avant
1872, a continué à les interpréter après avoir reçu un
pouvoir propre de juridiction : car, dit M. Laferrière « la
loi du 24 mai 1872 a eu pour résultat... de transférer au
Conseil d'État toutes les attributions *contentieuses* qui ap-
partenaient au souverain, et parmi lesquelles figurait le
droit d'interpréter ses propres décrets... (1) ».

Les motifs allégués à l'appui de ces exceptions au principe traditionnel de l'interprétation par l'auteur de l'acte
ont une portée générale : on peut dire que les exceptions
infirment absolument la règle. Le recours en interprétation
est un recours contentieux : il tend à faire trancher un
litige de droit, une question de légalité ; donc il échappe
par nature à la compétence de l'autorité active. Il convient
de modifier de la manière suivante l'adage classique : *ejus*
est *interpretari, cujus* est *judicare*. En d'autres termes, l'interprétation d'un acte doit être demandée, en principe,
non à l'Administrateur qui a fait l'acte, ou pourrait faire
un acte identique, mais au *juge* compétent pour statuer sur
le contentieux de l'acte à interpréter (2).

La logique ne commande-t-elle pas de donner *toute* la
justice administrative aux juges administratifs ?

(1) Laferrière, *op. cit.*, t. II, p. 613.
(2) V. C. E., 15 février 1895, Camplong.

CHAPITRE HUITIÈME

DE LA RÉSISTANCE VIOLENTE AUX ACTES ILLÉGAUX DE L'AUTORITÉ PUBLIQUE.

L'Administration a l'obligation de n'agir que pour exercer des pouvoirs légaux suivant des procédures légales (1).

Il en résulte que tout acte accompli par un agent de l'Administration, sans aucun pouvoir ou sans aucune procédure, doit être considéré comme un simple agissement matériel dépourvu de toute valeur juridique ou en d'autres termes, comme une *voie de fait*.

Le Gouvernement prétend expulser de France un citoyen français, par mesure de police : voie de fait par manque de pouvoir légal.

Le service des ponts et chaussées veut occuper temporairement un terrain privé sans avoir obtenu l'autorisation préfectorale : voie de fait par manque de procédure légale.

Il paraît, en raison, impossible de refuser aux particuliers le droit de résister par la force à ces actes d'une illégalité manifeste et intolérable, qui, à vrai dire, quoiqu'ils émanent des agents de l'Administration, n'existent pas en tant qu'actes administratifs (2).

(1) Hauriou, *Précis de dr. adm.*, 5e édit., p. 237.
(2) Laferrière, *Traité de la juridiction administrative*, 2e édit., t. I, p. 478-480.

Mais il serait dangereux pour l'ordre public de reconnaître aux particuliers le même droit, d'une manière générale et absolue, à l'égard de tous les actes illégaux de l'Administration. Il est admis de tous que, dans une société organisée, les citoyens doivent obéir, en principe, aux injonctions de l'autorité, sauf à réclamer *a posteriori* l'annulation de la mesure qui les a frappés, ou la réparation du préjudice qu'ils ont subi. Nul ne doit se faire justice à soi-même, surtout à l'encontre de l'État, présumé « honnête homme » suivant le mot célèbre de M. Thiers. Les actes administratifs, comme les jugements des tribunaux s'imposent à tous jusqu'à leur annulation par le juge compétent.

Rationnellement légitime contre les voies de fait administratives, la résistance violente est donc inadmissible contre les actes administratifs illégaux.

Cette conception est-elle aujourd'hui consacrée par les textes et la jurisprudence ?

I

Aucun texte ne donne expressément et *positivement* aux particuliers le droit de résister par la force à l'action illégale de la puissance publique.

La déclaration des droits de 1789 admettait au nombre des droits « naturels » et « imprescriptibles » de l'homme la « résistance à l'oppression ». La déclaration de 1793 disait, en termes plus précis : « Tout acte exercé contre un homme hors les cas, et sans les formes que la loi détermine est arbitraire et tyrannique : celui contre lequel on voudrait l'exécuter par la violence a le droit de le repousser par la force ». L'article 7 de la déclaration de 1795, d'une manière implicite, consacrait également le droit de

résistance : « Ce qui n'est pas défendu par la loi ne peut
être empêché. Nul ne peut être contraint à faire ce qu'elle
n'ordonne pas ». On ne trouve dans la législation actuelle
aucune disposition analogue.

II

Mais, dans le cas où un particulier résiste à un acte illégal de l'Administration, tombe-t-il sous le coup de la loi
pénale ? S'il échappe à toute sanction, et dans la mesure
même où il échappe, on peut considérer qu'il possède le
droit de résistance.

I. La résistance à l'autorité publique est prévue, en premier lieu, par l'article 209 du Code pénal.

« Toute attaque, toute résistance avec violence et voies
de fait envers ..... les gardes champêtres ou forestiers, la
force publique, les préposés à la perception des taxes et des
contributions, ... les officiers ou agents de la police administrative ou judiciaire, *agissant pour l'exécution des
lois, des ordres ou ordonnances de l'autorité publique, des
mandats de justice ou jugements, est qualifiée, selon les circonstances crime ou délit de rébellion* (1) ».

Ainsi, parmi les éléments constitutifs du délit ou du crime
de *rébellion*, figure le fait que le représentant de l'Administration, contre lequel la résistance se produit, agit pour
l'exécution de la loi ou des ordres de l'autorité publique.

La formule n'a pas la netteté de celle du Code de 1791,
d'après lequel la résistance à un dépositaire de la force

---

(1) V. Garraud, *Traité théor. et prat. du droit pénal français*, t. I, n° 302,
p. 578 et suiv. Cf. Garçon, *Code pénal annoté*, art. 209.

publique n'était punissable que si cet agent avait procédé
« légalement, dans l'ordre de ses fonctions ». Les particuliers, prévenus de rébellion, ou, suivant les expressions du
Code de 1791, du « crime d'offense à la loi » obtenaient
donc l'acquittement en prouvant une illégalité *quelconque*
à la charge de l'Administration.

Le système du Code de 1810 est tout différent. Même si
l'acte repoussé par la violence est illégal, il y a, en principe, rébellion. Toutefois, si cet acte excède les bornes des
attributions de l'autorité administrative, si l'agent de la
puissance publique n'a pas *qualité* pour l'accomplir, s'il
procède d'une manière évidente sans *titre*, c'est-à-dire sans
invoquer une délégation de la loi, ou sans présenter un
ordre de l'autorité, le particulier se trouve en état de légitime défense et la résistance qu'il oppose au représentant
de l'Administration n'est pas punissable en vertu de l'article 209 (1).

Cette interprétation libérale de l'article 209 autorise en
somme la résistance contre les illégalités manifestes et intolérables, selon la conception des légistes de l'Ancien régime. Adoptée en général par les Cours d'appel, elle a été,
semble-t-il, rejetée par la Cour de cassation (2).

II. L'article 209 réprime seulement les violences contre
les agents de l'autorité. Si la résistance aux actes de l'Administration se manifeste par des violences sur les *choses*,
est-elle punissable?

(1) V. art. 222 et 230 du C. P. relatifs aux outrages et aux violences
contre les fonctionnaires. Ces articles ont pour but d'assurer la protection
personnelle des fonctionnaires dans l'*exercice de leurs fonctions*, en dehors
même du cas de résistance à un acte de l'autorité.

(2) Sur la jurisprudence, consult. les citations et références abondantes
de R. de Lacour. La résistance aux actes de l'autorité publique. Paris,
1905.

D'après l'article 438 « quiconque par des voies de fait se
sera opposé à la confection de travaux *autorisés* par le gouvernement sera puni d'un emprisonnement de 3 mois à 2
ans et d'une amende qui ne pourra excéder le quart des
dommages-intérêts, ni être au-dessous de 16 francs ». La
résistance est donc *a contrario* légitime, s'il s'agit de travaux non autorisés ou dont l'autorisation est juridiquement
inexistante.

Le bris de scellés est délictueux, aux termes de l'article
249. Cet article protège les scellés apposés, soit par suite
d'une ordonnance de justice, soit en vertu d'un ordre du
Gouvernement. Que faut-il entendre par *ordre de gouvernement?*(1).

Un décret prescrivant l'apposition de scellés, dans un
cas où elle serait indubitablement illégale, pourrait-il
constituer un « ordre du gouvernement » au sens de l'article 249 ? Nous ne le croyons pas, car il serait non seulement irrégulier, annulable, illégal », mais inexistant en
droit.

La Cour de cassation paraît interpréter l'article 249
d'une manière plus rigoureuse à l'égard des particuliers.
Mais il convient de noter que dans les affaires portées
devant elle, aucune illégalité flagrante n'était relevée à
la charge de l'Administration.

En conclusion, dans l'état actuel de la jurisprudence,
la sagesse commande aux particuliers menacés de l'appli-

(1) Sur cette question : Note de M. Chavegrin, sous Cass., Ch. crim.,
28 novembre 1902, 26 décembre 1902, 2 janvier 1903, S. 1904. 1. 57.
Rapport de M. Bard sur l'affaire Vincendon-Dumoulin, *Gaz. des Trib.*
du 3 décembre 1902. Conclusions du procureur général Baudoin dans la
même affaire, J. *La Loi*, n^{os} du 11 et 12 février 1903. V. aussi C. de
Grenoble, 22 octobre 1902, *Gaz. des Trib.*, 22 octobre 1902.

cation d'une mesure administrative illégale de se soumettre provisoirement, sauf à agir postérieurement devant les tribunaux, par tous moyens de droit.

Le recours à la force contre les illégalités manifestes et intolérables de l'autorité, quelque légitime qu'il soit dans son principe, ne saurait d'ailleurs être en pratique qu'un pis aller. Il perdrait même toute raison d'être, ou à peu près toute raison d'être, si les particuliers avaient la possibilité de remettre sur-le-champ à un juge la protection de leurs droits —, par une procédure rapide et pour ainsi dire instantanée.

CHAPITRE NEUVIÈME

LA QUESTION DU RÉFÉRÉ ADMINISTRATIF.

Lorsqu'un citoyen est troublé dans la jouissance de s es droits par le fait ou la menace d'un autre citoyen, il peut, du jour au lendemain et même en cas d'extrême urgence, d'une heure à l'autre demander au président du tribunal civil une ordonnance protectrice : c'est la procédure sommaire du *référé*, si exactement défini : l'*habeas corpus* des droits civils.

Lorsqu'un citoyen est troublé dans la jouissance de ses droits par le fait ou la menace de la puissance publique, que peut-il faire? Laisser faire...

Le recours au Conseil d'État n'est pas suspensif : c'est une des règles fondamentales de la procédure administrative(1). L'article 3 du décret du 22 juillet 1806 donne, il est vrai, au Conseil d'État la faculté d'en tempérer l'application en ordonnant le *sursis* à l'exécution de l'acte administratif attaqué. Mais le Conseil d'État use rarement de cette faculté. Il n'est pas légalement obligé de statuer sur la demande de sursis et se contente le plus souvent d'attirer sur elle l'attention du ministre intéressé, afin de

_____

(1) Laferrière, *Traité de la juridiction administrative*, 2ᵉ édit., t. I, p. 333-334.

provoquer un sursis gracieux de la part de l'Administration (1).

Le particulier ne peut d'autre part s'adresser à l'autorité judiciaire qui ne serait compétente que dans le cas exceptionnel d'une atteinte « aux droits individuels » *stricto sensu*, par exemple d'une arrestation arbitraire ou d'une prise de possession *définitive* par l'Administration d'une propriété privée. D'ailleurs l'autorité administrative pourrait dessaisir la justice en élevant le conflit.

Pour assurer la garantie complète et *immédiate* du droit individuel contre l'action illégale de la puissance publique il est donc nécessaire, non seulement de développer les recours de nature contentieuse qui existent à l'heure actuelle, mais encore de créer sur le type du référé judiciaire, une procédure administrative rapide permettant aux particuliers de faire trancher provisoirement par un juge les questions urgentes soulevées par l'application d'une mesure d'autorité et, d'obtenir plus facilement qu'aujourd'hui le sursis à exécution.

Il faut reconnaître que l'organisation pratique de ce *référé administratif* ne serait pas sans soulever d'assez sérieuses difficultés. La juridiction des référés en matière administrative ne pourrait être confiée qu'au vice-président du Conseil d'État (2) ou aux vice-présidents des conseils de

---

(1) La loi du 22 juillet 1889 confère au *président* du conseil de préfecture, dans les matières de la compétence du conseil, le droit de faire procéder à des *constatations d'urgence* par un expert (art. 24). La jurisprudence du Conseil d'Etat, avant 1889, n'avait reconnu ce droit, qu'au *conseil de préfecture*. Le *référé administratif* de la loi de 1889 est beaucoup plus restreint que le référé judiciaire : il ne contient pas ce qu'il y a d'essentiel dans le référé judiciaire, à savoir, le droit de *juridiction provisoire* du président du tribunal. Comme on l'a dit — c'est un *quasi-référé*, V. Laferrière, *op. cit.*, t. I, p. 373-375.

(2) On a également proposé comme juge des référés administratifs, le

préfecture. Or le premier serait le plus souvent trop éloigné du justiciable et les seconds ne manqueraient pas d'être
soupçonnés de partialité à l'égard des préfets et du gouvernement.

Mieux vaudrait toutefois un recours imparfait que
l'absence même de recours. On a, il est vrai, exprimé
la crainte que le référé administratif ne devînt une arme
offensive aux mains de l'autorité, au lieu de constituer un
moyen expéditif et commode de défense aux mains des
particuliers. « Aux pouvoirs sans bornes du président du
tribunal civil, a dit M. Jacquelin, il y a un contrepoids
dans l'indépendance au moins relative de ce magistrat » (1). Le juge des référés administratifs n'abuserait-il
pas de ses pouvoirs au profit de l'Administration »?

L'objection tombe, si l'on remarque simplement que
l'Administration, à l'heure actuelle, est libre de *trancher
elle-même* les questions urgentes et provisoires, en exécu-
tant ses décisions malgré les protestations des particuliers.

L'institution du référé administratif ayant pour effet de
substituer l'arrêt motivé d'un juge administratif à la
décision arbitraire de l'Administration active ne saurait en
bonne logique nuire au droit individuel.

On a soutenu, à plus juste titre, que le référé administratif porterait atteinte à la prérogative traditionnellement attribuée à l'Administration d'exécuter ses actes sans l'autorisation préalable des tribunaux, prérogative nécessaire, sans
laquelle l'action de la puissance publique serait énervée

président de la section du contentieux ou le vice-président du tribunal
des conflits, V. Hauriou, *Précis*, 5ᵉ édit., 1903, Intr., p. 19-21.

(1) Jacquelin, *L'évolution de la procédure administrative*, Revue du
droit public et de la science politique, 1903 juillet-août.

et ralentie. Mais serait-il nécessaire à ce point de vue, comme le pense M. Hauriou, de limiter l'emploi du référé aux cas de violation du domicile, et de dépossession définitive d'une propriété privée? Et quel serait, en ce cas, l'effet utile de la réforme? En résumé l'institution du référé administratif étant admise de tous dans son principe, il ne semble pas impossible, selon nous, d'en trouver la formule pratique.

CHAPITRE DIXIÈME

LA FORCE D'INERTIE DE L'ADMINISTRATION.

L'autorité administrative est maîtresse de ses initiatives, de son activité. Le juge peut annuler ou réformer ses actes, la condamner à payer une indemnité : il ne peut ni la contraindre à agir, ni agir pour elle. Elle échappe à toute coercition, à toute sanction effective.

Dans quels cas et dans quelle mesure la force d'inertie de l'Administration met-elle ou peut-elle mettre obstacle au cours normal de la justice administrative ou judiciaire?

I

Un particulier adresse à l'autorité administrative une demande légalement fondée et à laquelle l'autorité administrative est légalement tenue de répondre. Si l'Administration prend une décision de refus, cette décision, sur le recours du particulier, sera certainement annulée ou réformée par le juge administratif. Si l'Administration garde le silence, le particulier, au contraire, se trouve, en règle générale, absolument désarmé à son égard : car il est de principe, dans notre droit administratif, qu'il est impossible de recourir devant la juridiction contentieuse contre le silence et l'inaction de l'autorité administrative, ou,

suivant les expressions du professeur Berthélemy, contre
le *déni d'administration*(1). Pour donner matière à un
débat contentieux, il faut un acte préalable de l'Administration : c'est donc l'Administration elle-même qui
crée le contentieux, ouvrant ainsi aux particuliers, à sa
volonté et à son heure, les portes du prétoire (2).

Le système du préalable administratif est une application du principe de la séparation de l'administration active
et de la juridiction administrative : le Conseil d'État, saisi
d'un recours contre le silence gardé par l'Administration,
ne pourrait en effet statuer qu'en dictant, en quelque
sorte, à l'Administration active la décision à prendre.

Il n'appartient pas à la juridiction contentieuse, dit
M. Laferrière « d'intervenir par voie d'injonction dans le
domaine de l'Administration active. Or, à quoi pourrait
tendre une réclamation contentieuse formée contre l'inaction d'une autorité administrative, sinon à faire juger que
cette autorité doit agir, et comment elle doit agir? On pla-
cerait ainsi une certaine part d'impulsion et d'action administratives dans le domaine d'une juridiction administrative,
c'est-à-dire là où ne sauraient résider, ni l'exercice direct
de la puissance publique, ni la responsabilité qui s'y rattache (3) ».

Légitime dans son principe, le système du préalable administratif présente d'autre part un avantage pratique
certain : il provoque souvent le règlement amiable du
litige. Saisie d'un recours gracieux, l'Administration fait,

---

(1) Berthélemy, *Traité élém. de dr. adm.*, 3ᵉ éd., 1905, p. 878.

(2) L'Administration a, comme le dit M. Hauriou, le privilège de la
création du contentieux par des actes préalables, *Précis de droit administratif*, 5ᵉ édit., 1903, p. 228 et suiv.

(3) Laferrière, *op. cit.*, 2ᵉ édit., t. II, p. 429.

pour ainsi dire, son examen de conscience, et si le droit du
réclamant n'est pas douteux, lui donne satisfaction. Par
exemple, si une personne a subi un préjudice à raison
d'une faute administrative, de nature à mettre en jeu la
responsabilité de l'État, est-il abusif de lui imposer l'obligation d'adresser à l'Administration une demande d'indemnité, avant d'agir au contentieux devant le Conseil
d'État? Si le dommage est certain, si l'indemnité réclamée
est raisonnable, ce serait faire injure au représentant de
l'État que de le supposer capable d'engager l'État dans
une instance dont l'issue lui doit être presque certainement défavorable. Lorsque les particuliers veulent plaider
contre l'État, considéré comme personne privée, devant les
tribunaux ordinaires, ils sont tenus de déposer auparavant
entre les mains de l'Administration un mémoire destiné à
la prévenir et à lui permettre de s'exécuter volontairement,
pour le plus grand avantage de l'une et l'autre partie.
L'obligation pour les particuliers de remettre à l'Administration une réclamation gracieuse, avant de recourir à
la juridiction administrative, a précisément la même utilité.

Qu'il soit ou non une survivance de la doctrine aujour-
d'hui périmée du ministre-juge (1), le système du préalable administratif n'en a donc pas moins, à l'heure actuelle,
une véritable raison d'être, au point de vue pratique,
comme au point de vue théorique.

Mais l'obligation pour les particuliers d'adresser à l'Administration une réclamation gracieuse doit avoir pour

---

(1) Sur ce point, Artur, *Séparation des pouvoirs et séparation des
fonctions*, p. 105-107 et 173; Jacquelin, *Les principes dominants au contentieux administratif*, p. 191 et suiv. Laferrière, *op. cit.*, I, p. 462, II,
p. 451.

corollaire l'obligation pour l'Administration de statuer sur
la réclamation des particuliers : il n'est pas admissible que
l'Administration, par un silence systématique, équivalent exact d'une décision de rejet, prive les particuliers de
tout moyen d'obtenir justice contre elle. Le législateur l'a
bien compris, et par une fiction légale, qui n'est en somme
que l'expression juridique adéquate d'une situation de
fait, il a assimilé le silence prolongé de l'Administration à
une décision de rejet, dans la plupart des hypothèses où
la pratique avait révélé la nécessité de cette assimilation.

L'article 7 du décret du 2 novembre 1864 assimilait à
une décision de rejet le silence gardé pendant quatre mois
par le ministre, saisi d'un recours hiérarchique contre la
décision d'une autorité subordonnée. La jurisprudence
du Conseil d'État, animée cependant de l'esprit le plus libéral, ne se crut pas autorisée à étendre cette fiction légale
au silence des autorités autres que le ministre, ni même au
silence du ministre, statuant sur des réclamations autres
que les recours hiérarchiques. Quelque prétorienne qu'elle
soit, la jurisprudence du haut tribunal s'interdit naturel
lement les innovations en contradiction directe avec la loi.

Après un certain nombre de mesures partielles, la loi du
17 juillet 1900, art. 3, est venue enfin poser un principe
presque général.

« Dans toutes les affaires contentieuses, qui ne peuvent
être introduites devant le Conseil d'État que sous la forme
de recours contre une décision administrative, lorsqu'un
délai de plus de quatre mois s'est écoulé, sans qu'il soit intervenu aucune décision, les parties intéressées peuvent
considérer leur demande comme rejetée et se pourvoir devant le Conseil d'État ».

Cette formule ne paraît pas s'appliquer au silence gardé

par l'Administration dans les affaires ressortissant à la juridiction des tribunaux administratifs *autres que le Conseil
d'État*. Il est vrai que, dans la plupart de ces affaires, ou
bien l'acte administratif est posé d'avance, spontanément,
par l'autorité compétente, ou bien la jurisprudence admet
le particulier à recourir *de plano* devant la juridiction administrative (1). Mais il n'en est pas toujours ainsi, et les
particuliers restent par conséquent *en principe* privés de
tout recours contre le silence systématique de l'Administration. Si nombreuses et si importantes qu'elles soient, les
exceptions n'infirment pas la règle.

Pour soustraire les particuliers à ce résidu d'arbitraire
administratif, on conçoit deux procédés.

Le premier consisterait à reconnaître aux particuliers,
par le seul fait que leur droit a été violé, ou leur intérêt lésé
la faculté de recourir directement à la juridiction administrative. « Si l'on peut se passer d'une décision administrative au bout de quatre mois, dit M. Artur, on peut s'en
passer tout de suite (2) ». En essayant de montrer la double raison d'être théorique et pratique du préalable administratif, nous avons d'avance répudié ce procédé.

Le second procédé, conforme à la tendance de notre
législation, serait de généraliser l'assimilation du silence
prolongé de l'Administration à une décision de rejet. Il y
aurait alors avantage à interdire complètement aux particuliers de recourir devant la juridiction administrative sans
avoir formé auparavant une réclamation gracieuse devant

(1) Par exemple, pour demander une indemnité à raison d'un dommage causé par un *travail public*. Cep. V. C. É., 7 décembre 1900,
Madelain.

(2) Artur, *loc. cit.*, p. 173.

l'administration elle-même. Ce serait, à notre sens, une grande simplification.

Le système de la loi de 1900 porte-t-il atteinte à la séparation de la juridiction administrative et de l'administration active? Nous ne le croyons pas. Le juge administratif, saisi d'un recours contre le silence de l'Administration, n'est pas obligé pour statuer de dicter à celle-ci la décision à prendre, il n'a pas à reconnaître *positivement* aux intéressés le droit à l'action administrative : son rôle est simplement de dire si le refus tacite opposé par l'Administration à la demande des intéressés est ou non légal. C'est à l'Administration elle-même qu'il appartient ensuite de traduire dans les faits l'arrêt de la justice administrative(1).

II

Si l'Administration n'a pu empêcher l'instance qu'elle redoutait de s'engager devant la juridiction administrative, elle a parfois le moyen d'en suspendre le cours normal pendant un temps légalement indéterminé.

Le dossier de toute affaire contentieuse portée devant le Conseil d'État, — et toute affaire peut être portée devant le Conseil d'État par la voie de l'appel ou du recours en cassation —, est envoyé au ministre dont relève le service intéressé. Or la loi n'a pas fixé la durée maxima de cette communication. Le décret du 2 novembre 1864, il est vrai, a autorisé la section du contentieux à déterminer le délai dans lequel les observations ou conclusions du ministre doivent être produites, et le dossier restitué : mais ce délai,

(1) V. Berthélemy, *Traité élém. de dr. adm.*, 1905, p. 879.

dépourvu de toute sanction, n'est que rarement observé. Les « lettres de rappel » du Président de la section du contentieux, les ordonnances de la section, enjoignant au ministre de « rétablir le dossier au Conseil », peuvent rester sans effet(1).

Si l'instance s'engage devant une juridiction administrative autre que le Conseil d'État, l'Administration, dont l'intervention est le plus souvent requise, soit au début, soit au cours de la procédure, à la possibilité, par son inaction, de ralentir ou de suspendre la marche de l'affaire (Ex. : art. 29 de la loi du 21 avril 1832).

III

La justice, administrative ou judiciaire, a rendu contre l'État un arrêt définitif. Par qui cet arrêt doit-il être exécuté ? Par l'État lui-même.

Les biens de l'État sont insaisissables, aucune autorité juridictionnelle n'a le droit d'ordonner le mandatement d'office d'une somme inscrite au budget, ni l'inscription d'office au budget, d'un nouveau crédit (2). L'exécution des condamnations pécuniaires poursuivies contre l'État est donc subordonnée à un acte discrétionnaire du ministre ou du Parlement (3).

(1) Laferrière, *op. cit.*, t. I, p. 336. V. C. E., 8 mars 1904, Paulé.

(2) Laferrière, *op. cit.*, t. I, p. 347. V. aussi, p. 9 et p. 508-513.

(3) L'exécution à l'égard des départements, communes et établissements publics ne peut se poursuivre que par *la voie administrative*. L'autorité supérieure a un droit de coercition (inscription d'office, imposition d'office, vente des biens), mais elle est libre de n'en pas user. En résumé, l'Administration paie ses dettes, quand elle le veut et comme elle le veut.

Lorsqu'un arrêt du Conseil d'État annule un acte administratif, cet acte cesse d'exister légalement. Mais l'arrêt d'annulation ne fait pas *juridiquement* obstacle à ce que l'acte soit refait dans les mêmes conditions. Contre le nouvel acte, un nouveau recours pourrait être formé : il suffirait alors d'invoquer, pour obtenir l'annulation, la violation de la *chose jugée en droit* (1).

L'arrêt, qui annule un acte administratif, ne fait pas tomber les mesures prises postérieurement à cet acte, et d'une manière indépendante : par exemple l'arrêt, qui annule la décision révoquant un fonctionnaire, n'annule pas la décision nommant son successeur. C'est à l'Administration qu'il appartient de remettre les choses en l'état où elles se trouvaient avant l'acte incriminé : elle le doit, mais parfois elle ne le veut pas, ou ne le peut pas.

Enfin si la juridiction contentieuse annule un refus ou un silence de l'Administration, elle n'a aucun moyen d'accorder aux requérants l'acte positif dont ils ont besoin, par exemple une permission de voirie, un alignement, un certificat, un récépissé, un permis de chasse.

Lorsque l'Administration refuse à un particulier un ré-

V. note sous Conf., 9 déc. 1899, S. 1900. 3. 49. Les associations syndicales de travaux publics autorisées sont des établissements publics et échappent à ce titre aux voies d'exécution de droit commun. Cette solution très juridique, est, pratiquement, condamnable, car, en réalité, les travaux entrepris par les syndicats de propriétaires profitent à des particuliers, et les dettes de ces syndicats n'engagent en rien le budget de l'État ou les budgets locaux. Les associations syndicales autorisées sont intéressantes en ce qu'elles donnent indirectement une idée de ce que pourrait être le régime juridique des groupements de producteurs dans le système collectiviste.

(1) V. les conclusions du commissaire du Gouvernement sous l'arrêt du C. É. du 8 juillet 1904, *Revue d'adm.*, 1904, t. III, p. 303. V. également l'arrêt Thorand du 9 juin 1893, Recueil Lebon, p. 449-450.

cépissé (1), constatant l'accomplissement d'une formalité
légale (déclaration de candidature législative, déclaration
de réunion publique, d'association ordinaire ou d'association cultuelle, ou de syndicat...) un constat d'huissier peut
tenir lieu de cette pièce (C. E., 11 janv. 1866, Chabannes) :
mais comment parer au refus d'une autorisation d'établir
un barrage en rivière, ou d'un certificat de bonne vie et
mœurs?

Solvable et honnête homme, en vertu d'une présomption
rarement démentie par les faits, l'État a le *devoir juridi-*
que de s'incliner devant les décisions de la justice. « Au
nom du peuple français, dit la formule exécutoire des arrêts du Conseil d'Etat, la République mande et ordonne
au ministre..., de pourvoir à l'exécution de la présente
décision ». Mais ce devoir juridique est dénué de sanction matérielle. Du moins, dira-t-on, l'Administration
n'a pas à apprécier la légalité des jugements rendus contre
l'État : pour que les jugements soient exécutoires il faut et
il suffit qu'ils soient définitifs, irrévocables. Il semble
donc que si l'Administration a le *pouvoir* de ne pas exécuter
les décisions de justice, elle ne puisse pas discuter son *de-*
voir. Il n'en est rien.

Si une décision judiciaire a méconnu le principe de la
séparation des pouvoirs, si elle a empiété sur le domaine
réservé à l'autorité administrative, si elle est en un mot
inconstitutionnelle, M. Laferrière reconnaît à l'Administration le droit de la tenir comme non avenue, de ne pas

(1) Le refus de récépissé n'est pas une hypothèse gratuite. La préfecture de la Seine a récemment refusé de recevoir la déclaration d'un syndicat d'instituteurs. L'illégalité du syndicat n'est pas douteuse : mais
c'est à l'autorité judiciaire, non à l'autorité administrative de prononcer
sur elle. Sinon la déclaration deviendrait de fait une autorisation.

l'exécuter, conformément à l'instruction législative du 8 janvier 1790. Le danger de cette théorie est évident : elle autorise l'Administration, juge et partie, à statuer sur la constitutionnalité des décisions de justice.

Il existe bien en France un Tribunal des conflits dont la mission est d'assurer l'observation du principe de la séparation des pouvoirs et l'autorité administrative peut revendiquer devant lui les affaires de sa compétence portées à tort devant l'autorité judiciaire. Or, comme le dit M. Laferrière, « si elle n'use pas de ce droit, elle ne peut s'en prendre qu'à elle-même ; si elle en use et si elle échoue, elle doit s'incliner devant la décision du Tribunal des conflits, juge suprême des compétences(1) ».

Cependant, s'il s'agit d'une décision judiciaire portant violemment atteinte aux prérogatives constitutionnelles de l'administration, elle doit être considérée moins comme un jugement, que comme une véritable *voie de fait*. L'expression est d'autant plus exacte qu'une telle décision ferait tomber ses auteurs sous le coup de l'article 127 du Code pénal visant la forfaiture. L'Administration a donc le droit et même le devoir de ne pas s'y soumettre : mais c'est la porte ouverte à l'arbitraire.

Quant aux jugements auxquels l'Administration est restée étrangère, elle n'est tenue d'en assurer l'exécution entre les parties que dans la mesure où cette exécution est possible, sans porter atteinte aux principes dont la sauvegarde incombe à l'Administration : insaisissabilité des rentes sur l'État, inviolabilité des correspondances. Là encore, on reconnaît, et on est obligé de reconnaître à l'autorité administrative le droit de faire échec à une décision de justice.

(1) Laferrière, *op. cit.*, p. 511.

IV

De cette étude rapide sur la force d'inertie administrative, nous pouvons tirer une conclusion ainsi formulée :
aussi longtemps qu'un huissier, muni d'un titre exécutoire
contre l'État ne pourra saisir et faire vendre un tableau du
Louvre ou le mobilier d'une préfecture, aussi longtemps
que les tribunaux administratifs ou judiciaires ne pourront
délivrer aux particuliers un alignement ou une permission
de voirie, la *légalité* de l'action administrative n'aura en
dernière analyse d'autre garantie que la *moralité* de l'Administration et des administrateurs.

Le seul moyen pour les particuliers de vaincre la force
d'inertie de l'Administration serait de mettre en jeu pour
« *faute lourde* » devant les tribunaux judiciaires la responsabilité *individuelle* du fonctionnaire, contre lequel les
voies d'exécution de droit commun sont ouvertes. « Don-
nez-moi la responsabilité des fonctionnaires, a dit E. Poitou dans son étude sur les garanties de nos libertés, et je
vous tiens quitte du reste ». Cette boutade se trouve ici d'une
application fort juste.

CHAPITRE ONZIÈME

L'ARBITRAIRE DU PARLEMENT ADMINISTRATEUR.

> « Une décision émanée même du pouvoir dit législatif, modifiant par voie individuelle une loi existante est une décision sans valeur, un acte dictatorial contre le droit ».
>
> DUGUIT, *l'État*, I. Le droit objectif et la loi positive, 1901, p. 532.

De la suprématie de la loi, il ne faut pas conclure à l'omnipotence du Parlement.

Le Parlement n'a d'autre suprématie que celle de la fonction qu'il exerce à titre principal, la fonction de légiférer. Lorsqu'il fait des actes d'administration, il perd l'éminente dignité du législateur, et, comme tout administrateur, a l'obligation juridique de se conformer rigoureusement à la légalité.

Mais cette obligation est dépourvue de sanction directe : aucun tribunal ne peut annuler ou réformer un acte administratif en forme de loi. La forme législative couvre toutes les illégalités.

Le Parlement est donc, en fait, *lege solutus*, comme l'était en droit le souverain sous l'Ancien Régime.

I

Dans quels cas le Parlement est-il associé à l'exercice de la fonction administrative?

Stricto sensu, la mission de l'autorité administrative consiste dans l'application, par des actes individuels, des lois existantes : c'est bien à cette mission que les Chambres participent lorsqu'elles déclarent l'utilité publique d'un grand travail de l'État ou d'un chemin de fer d'intérê· local, classent ou déclassent une place de guerre, modifient la circonscription territoriale d'un département, créent une commune nouvelle, autorisent une congrégation, accordent une grande naturalisation, déclarent l'état de siège, approuvent des contrats de vente ou d'échange des biens domaniaux, des conventions financières passées en vue des services publics, donnent aux départements et aux communes la permission de faire certains emprunts ou de créer certaines recettes,... c'est-à-dire lorsqu'elles font, sous le nom de lois, des actes de puissance publique, des actes de gestion ou des actes de tutelle administrative.

Le budget de l'État, comme le budget des départements ou des communes, est un acte d'administration. On y trouve sans doute, et de plus en plus fréquemment des dispositions de nature législative : mais ces dispositions ne sont en rien budgétaires.

II

Les actes administratifs faits par les Chambres —, les lois-décrets, suivant une expression de M. Laferrière —, doivent être considérés comme subordonnés à la législation existante, par le seul fait qu'ils sont des actes administratifs. Il n'y a, ni légalité, ni liberté véritables, là où les assemblées populaires se reconnaissent le droit de déroger par des mesures particulières — mesures d'ostracisme ou mesures de privilège — aux lois générales. Or nous vivons, constitutionnellement, sous un régime de légalité et de liberté.

Aussi bien la participation des Chambres à l'exercice de la fonction administrative n'a-t-elle d'autre but, dans la pensée des Chambres elles-mêmes, que d'assurer aux intérêts privés et publics, à l'égard de certains actes administratifs particulièrement importants, la garantie préventive d'une discussion contradictoire, et d'un vote éclairé, sous les regards de la nation.

Mais, en fait, à l'exception du budget, les actes d'administration en forme de loi, préparés dans l'ombre des commissions sont le plus souvent votés sans discussion, au milieu de l'indifférence et de l'inattention générales.

III

Offrant aux particuliers une garantie illusoire, l'intervention du Parlement a pour effet de leur enlever une garantie réelle. L'autorité parlementaire n'est pas, en effet, au nombre des « corps administratifs » ou des « autorités administratives », dont le Conseil d'État peut annuler les actes, en vertu des lois des 7-14 octobre 1790 et du 24 mai 1872.

D'autre part, il est de principe que les dommages causés par les mesures législatives n'ouvrent aux particuliers aucun recours en indemnité. Les actes d'administration en forme de loi bénéficient, en un mot, de toutes les immunités attachées aux lois proprement dites.

· Les Chambres sont donc maîtresses de prendre chaque décision arbitrairement et d'après leur seule volonté, en s'inspirant des circonstances de fait, et sans tenir compte des règles de droit qu'elles ont elles-mêmes inscrites dans la législation existante. Elles peuvent prononcer une déclaration d'utilité publique, sans enquête préalable, — ou en faveur d'un travail privé; elles peuvent modifier une circonscription territoriale sans faire procéder à l'instruction prescrite par la loi du 5 avril 1884; elles peuvent insérer dans un texte approuvant un contrat des dispositions contraires aux principes essentiels du droit civil ou du droit administratif, elles peuvent briser une convention antérieurement contresignée par leur vote.

« Dans l'hypothèse d'un État qui transforme ses contrats en lois, a dit M. Léon Say, ceux qui contractent avec lui s'engagent, et l'État qui contracte avec eux ne s'engage pas. Les contractants se mettent simplement à la disposition de la nation et la nation fait d'eux ce qu'elle veut (1) ».

En résumé, lorsque le Parlement administre, il est libre d'administrer selon les pratiques en honneur sous les gouvernements despotiques : de la confusion des fonctions de légiférer et d'administrer, résulte nécessairement l'arbitraire.

Contre les illégalités commises par les Chambres, soit par un acte positif, soit par un silence prolongé équivalant à une décision de rejet (2), il n'est de recours que devant

(1) Léon Say, *L'impôt sur la rente*, Revue polit. et parlementaire, 1895, 2ᵉ année, t. IV, n° du 5 juin, p. 402.
(2) Par exemple, en laissant dormir dans les cartons d'une commission

les Chambres elles mêmes, saisies par une pétition ou une proposition de loi.

IV

Les particuliers ne sont privés de tout recours devant la juridiction administrative que si l'illégalité est contenue dans le *texte même* de l'acte d'administration en forme de loi. Sans doute, le Parlement peut décider que telle disposition d'une loi générale ne s'applique pas à telle personne déterminée dans une espèce donnée : mais il doit inscrire cette « abolition », cette « dispense », comme on disait sous l'Ancien Régime, dans la loi même.

Si le Parlement se contente d'approuver un acte d'administration illégal, son approbation, ne changeant rien à la nature intime ou à la forme extrinsèque de cet acte, ne saurait le soustraire au contrôle de légalité exercé par les tribunaux administratifs. « Les actes de tutelle émanés du Parlement, dit M. Laferrière, sont sans influence sur le contentieux des contrats qu'ils valident (1) ». Cette règle est aujourd'hui admise par la jurisprudence concordante et constante de la Cour de cassation et du Conseil d'État. C'est par une application de la même idée que le Conseil d'État a récemment émis l'avis qu'un cahier des charges, annexé à une loi déclarative d'utilité publique ne saurait déroger aux règles générales de la comptabilité publique : une telle dérogation pourrait être au contraire opérée par une disposition expresse de la loi ou d'un règlement d'administration publique (Avis du 26 mai 1903)(2).

le dossier d'un emprunt départemental, d'une congrégation, d'un chemin de fer d'intérêt local, etc...

(1) Laferrière, *op. cit.*, tome II, p. 18-19.
(2) *Revue d'administration*, 1903, III, p. 171.

Lorsque le Parlement supprime dans le budget le crédit nécessaire au fonctionnement d'un service institué par la loi, ce refus de crédit équivaut à un refus d'exécuter la loi, contre lequel aucun recours de nature contentieuse ne peut être directement formé. Mais le Gouvernement et la juridiction administrative, qui n'ont pas le droit d'annuler la mesure prise par les Chambres, ont le devoir constitutionnel de ne pas s'y associer : aussi longtemps qu'une loi n'est pas régulièrement abrogée, ils doivent en assurer l'application. Le Parlement, dans le budget de 1877, fit disparaître le crédit affecté aux sous-préfectures de Saint-Denis et Sceaux, établies par la loi du 28 pluviôse an VIII et l'arrêté des consuls du 17 ventôse an VIII : le Gouvernement n'hésita pas à maintenir les sous-préfectures, jusqu'à leur suppression régulière, qui fut effectuée par la loi du 2 avril 1880. Les dépenses furent payées à l'aide de crédits supplémentaires, alloués par l'autorité parlementaires, consciente de l'illégalité de son premier vote.

Sans doute, à la suite d'un refus de crédit, le gouvernement est le plus souvent obligé matériellement de restreindre ou de supprimer le service atteint, et, si le juge condamne l'État à payer ce qu'il doit en vertu de la loi, la condamnation ne peut être exécutée. Mais c'est déjà une garantie précieuse pour le droit individuel que le Gouvernement ait le devoir de ne pas obtempérer à la volonté illégale du Parlement, et que le juge ne puisse se dispenser de condamner l'État. Devant la résistance du Gouvernement et de la juridiction administrative, le Parlement se sent, en quelque sorte, moralement tenu de s'incliner.

N'ignorant pas l'influence d'une décision contentieuse sur l'autorité parlementaire, le juge administratif, lors-

qu'il est saisi d'un recours formé par les victimes d'un
acte législatif illégal, s'efforce, tout en évitant de porter directement atteinte à l'acte législatif lui-même, de déterminer
l'étendue des obligations de l'État, selon le droit et l'équité.
Deux espèces jurisprudentielles sont intéressantes à rappeler à ce propos.

En 1865, la Société générale algérienne s'était engagée
à fournir à l'État une somme de cent millions, rembour-
sable en cinquante annuités. La Société, comme il était convenu, emprunta la somme au moyen d'obligations amortis-
sables, ayant pour gage les annuités de l'État. En 1877, la
Société algérienne ayant été mise en liquidation, la Compagnie algérienne lui fut substituée pour assurer le service
des obligations émises. L'État, pour terminer le plus rapidement possible une opération financière malheureuse,
manifesta l'intention de verser à la Compagnie, par anticipation, les annuités restantes, c'est-à-dire de rembourser,
sans se préoccuper des délais stipulés conventionnellement,
un emprunt amortissable. Le Conseil d'État, consulté par
le Gouvernement émit un avis négatif. Mais quelques années après, le Trésor public fatigué de payer des annuités
d'un taux réellement excessif, se fit autoriser par la *loi* de
finances à opérer le remboursement anticipé depuis si
longtemps projeté. La Compagnie algérienne, remboursée
en bloc par l'État, se vit naturellement contrainte de rembourser en bloc ses obligataires : poursuivie par eux en
dommages-intérêts, elle se tourna vers l'État. Le ministre
repoussa toutes ses demandes. La Compagnie déféra les décisions ministérielles au Conseil d'État statuant au contentieux. Celui-ci ne pouvait ni annuler la décision prise par
le législateur, ni accorder une indemnité à raison du préjudice causé par elle : une loi, dit l'arrêt du Conseil d'État,

« ne peut pas être discutée par la voie contentieuse (1). »
Mais le Conseil d'État considérant que l'indication de la
somme inscrite dans la loi du 26 décembre 1892 était simplement *énonciative*, comme le ministre l'avait reconnu
lui-même, annula les décisions ministérielles de rejet, et
renvoya les parties devant le ministre des Finances pour
être statué sur la liquidation, en prenant soin d'indiquer
la quotité exacte de la somme due par l'État. Et le Parlement, s'inclinant devant l'arrêt de la justice administrative,
vota les voies et moyens (2).

En vertu d'un arrangement intervenu entre l'évêque de
Saint-Jean-de-Maurienne et le gouvernement français, au
moment de l'annexion de la Savoie, la fabrique cathédrale
avait remis à l'État une cartelle, c'est-à-dire un titre de rente
sarde, sous la promesse d'une allocation budgétaire annuelle.
L'allocation ayant été supprimée au bout de quelques années par les Chambres, le Conseil d'État (3), sur le recours
de la fabrique cathédrale de Saint-Jean-de-Maurienne, reconnut à la charge de l'État l'obligation de payer, à défaut
d'une allocation spéciale, le revenu même de la cartelle, et
renvoya les parties devant le ministre des Cultes pour la
liquidation. Cette fois encore, le Parlement s'inclina devant
la chose jugée, en allouant au Gouvernement les crédits
nécessaires (4).

Ainsi les particuliers ne sont pas absolument désarmés
contre l'État lorsque les obligations de l'État à leur égard ont
leur source directe, soit dans une loi qui n'a pas été abrogée

(1) Arrêt du 7 décembre 1894 (S. 96. 3. 89).
(2) Loi fin., 28 décembre 1895 (art. 50).
(3) Arrêt du 8 août 1896, Lebon, p. 663.
(4) *J. off.* 1899, Déb. parl., Ch. des dép., séance du 22 décembre 1899,
p. 2327 et suiv.

soit dans un contrat qui n'a été ni résilié par les parties, ni
brisé par le législateur. Ajoutons que s'il y a doute sur le
point de savoir si l'acte législatif illégal laisse ou non survivre la loi ou le contrat, c'est à la juridiction administrative elle-même qu'il appartient de le trancher : l'interprétation des actes d'administration en forme de loi relève
en effet du Conseil d'État (1).

Mais ces *tempéraments* jurisprudentiels ne portent en
aucune manière atteinte au principe.

V

Parmi les attributions administratives actuellement exercées par l'autorité parlementaire, certaines pourraient sans
inconvénient faire retour à l'autorité administrative : les
lois du 12 juillet 1898 et du 7 avril 1902, en transférant au
Gouvernement le droit d'accorder aux départements et aux
communes, par décret en Conseil d'État, des autorisations
financières, pour lesquelles une loi était jusqu'alors nécessaire, doivent être considérées à ce point de vue comme
l'indication d'une heureuse tendance.

Dans les cas où le Parlement estime indispensable son
intervention dans le domaine administratif, il pourrait,
par un louable souci des droits et des intérêts individuels,
chercher des combinaisons juridiques nouvelles afin de
soumettre ses actes au contrôle de légalité exercé par les
tribunaux administratifs. Ce serait sans doute une dérogation au principe de la séparation des pouvoirs, entendu
à la manière classique : mais elle aurait pour effet d'assurer la subordination des actes d'administration en forme de

(1) Laferrière, *op. cit.*, t. II, p. 21 et 22.

loi aux lois proprement dites, c'est-à-dire de réaliser sous
l'un de ses aspects la séparation des fonctions, beaucoup
plus essentielle, au point de vue du droit, que la séparation
des pouvoirs.

La faculté de recourir devant la juridiction administrative ne serait accordée aux particuliers qu'à l'égard des
actes d'administration en forme de loi, *stricto sensu :* en
l'absence d'un tribunal constitutionnel, et peut-être surtout, il faut bien le dire, en l'absence d'une Constitution,
il ne saurait être question chez nous d'attribuer à l'autorité juridictionnelle le pouvoir d'annuler toute mesure
législative particulière dérogeant à une loi générale, ou
portant atteinte aux droits individuels (1).

M. Duguit considère comme des *non-lois* les actes du
Parlement dérogeant d'une manière spéciale et individuelle à une règle générale de droit; et il cite à titre
d'exemples l' « *acte* du 22 juin 1886, dit *loi* relative aux
membres des familles ayant régné sur la France », contraire au principe de l'égalité de tous les Français devant
la loi, et la décision parlementaire du 22 juillet 1893
prorogeant la durée d'une législature, au delà du délai
normal prévu par la loi du 30 novembre 1875.

Au point de vue du droit pur, la théorie de M. Duguit
ne soulève aucune critique. Mais, au point de vue positif,
ce serait une révolution dans notre régime constitutionnel
que d'attribuer à un tribunal le droit d'annuler toutes les
non-lois. Ce serait au contraire une simple et utile réforme
dans notre régime administratif que d'assimiler, au point
de vue des recours contentieux, les actes d'administration

(1) Larnaude, *Étude sur les garanties judiciaires qui existent dans certains pays au profit des particuliers contre les actes du pouvoir législatif,*
Bullet. de la Société de législation comparée, mars 1902, p. 220-221.

en forme de lois aux actes d'administration ordinaires.

A fortiori, il conviendrait d'étendre cette assimilation aux décisions d'ordre administratif émanant de chacune des Chambres, isolément considérée, de leur Président, de leur bureau, des commissions parlementaires formées dans leur sein: Ces décisions échappent aujourd'hui, comme les décisions du Parlement lui-même, et pour la même raison, à tout recours contentieux : ni les Chambres, ni leurs divers organes, ne sont compris parmi les corps administratifs ou les autorités administratives, visés par les lois de 1790 et 1872.

La Cour de cassation s'est retranchée derrière le principe de la séparation des pouvoirs pour refuser d'apprécier la légalité d'une mesure disciplinaire prise contre un député en vertu du règlement de la Chambre (1). D'autre part, le Conseil d'État estime que les mesures de police et les décisions disciplinaires de l'autorité parlementaire ne sont pas de nature à lui être déférées par la voie contentieuse (2).

Tant il est vrai que la séparation des pouvoirs n'a d'autre effet que l'arbitraire, lorsqu'elle ne correspond pas rigoureusement à la séparation des fonctions d'administrer, de légiférer et de juger !

(1) Cass. req. rejet, 30 janvier 1882, S. 83. 1. 111.

(2) Cf. arrêt du Conseil d'État, 3 février 1899, Héritiers de Joly. Dans cet arrêt le Conseil d'État a déclaré la juridiction administrative compétente pour statuer sur une réclamation formée à l'occasion de travaux exécutés pour la Chambre des députés. Evitant de mettre en cause la Chambre des députés, dont les questeurs et la commission de comptabilité avaient refusé de payer la somme demandée par les requérants, le Conseil d'État a motivé uniquement sa décision sur le fait que les travaux en question étaient travaux publics, au sens de la loi du 28 pluviôse an VIII et que par conséquent les contestations s'élevant à leur sujet rentraient dans la compétence des conseils de préfecture. Dans cette affaire, le Conseil d'État, avec une ingéniosité remarquable, a tourné la difficulté résultant du caractère parlementaire de la mesure attaquée. Mais il ne l'a pas résolue, et dans l'état actuel de notre droit positif, ne pouvait pas la résoudre.

CHAPITRE DOUZIÈME

LA JURIDICTION ADMINISTRATIVE DES CHAMBRES : LE CONTENTIEUX DES ÉLECTIONS LÉGISLATIVES.

L'élection des membres d'une assemblée délibérante est une opération administrative, soumise à des règles légales de fond ou de forme.

Si ces règles ne sont pas rigoureusement observées, quel recours est ouvert aux intéressés contre les élections irrégulières. En principe, un recours contentieux, porté devant la juridiction administrative. Les élections des conseils généraux, des conseils d'arrondissement, des conseils municipaux ressortissent, soit au Conseil d'État, soit au conseil de préfecture, sauf appel au Conseil d'État.

Seules, les élections législatives ne peuvent être contestées devant aucun tribunal, ou, en d'autres termes, échappent à tout recours contentieux.

Chacune des Chambres est juge et seule juge de l'éligibilité de ses membres et de la régularité de leur élection. Il en est ainsi disposé par l'article 10 de la loi constitutionnelle du 16 juillet 1875, conformément à une tradition presque ininterrompue, qui remonte aux États généraux de l'Ancien Régime, ces premières assemblées représentatives de la nation.

(1) V. Eug. Pierre, *Traité de droit politique, électoral et parlementaire* Paris, 2ᵉ édit., 1902, p. 404 et suiv.

Les Chambres émettent un vote sur la validité de *toutes* les élections, même de celles qui n'ont été l'objet d'aucune réclamation : selon l'expression consacrée, elles vérifient les pouvoirs de leurs membres.

Pour les élections non contestées, la vérification n'est qu'une simple formalité : un enregistrement plutôt qu'une vérification proprement dite.

Mais à l'égard des élections contestées, la vérification présente un caractère tout différent : statuer sur une élection contestée, c'est examiner sa conformité avec les prescriptions de la loi, c'est en un mot, juger.

Il y a un *contentieux* des élections législatives, comme il y a un *contentieux* des élections départementales, ou municipales : seulement il est porté devant les assemblées politiques au lieu d'être porté devant la juridiction administrative. Le vote d'une Chambre sur une élection contestée, c'est, si l'on nous permet l'expression, un *jugement en la forme parlementaire.*

Comment se justifie rationnellement la juridiction attribuée aux Chambres en matière électorale? Par la nécessité d'assurer la pleine indépendance du « pouvoir » législatif à l'égard du « pouvoir » exécutif et du « pouvoir » judiciaire. Les assemblées ont toujours revendiqué, comme une arme défensive contre le Gouvernement, le droit de vérifier les élections de leurs membres. Au cours de notre histoire, elles n'ont été privées de cette prérogative que sous le Consulat et l'Empire, c'est-à-dire sous le régime de la prépotence ou de l'omnipotence du pouvoir exécutif.

Certes, il serait peu démocratique de remettre à la juridiction administrative ou à la juridiction ordinaire, qui n'ont pas de contact direct avec le suffrage universel, une part d'influence sur la composition des assemblées législatives.

La validité d'une élection dépend souvent de circonstances de fait, que la loi indique, mais ne précise pas. Convient-il d'attribuer l'appréciation souveraine et arbitraire de ces circonstances de fait à l'autorité judiciaire? N'y aurait-il pas à craindre de sa part une certaine complaisance à l'égard de l'autorité exécutive?

Mais, d'autre part, le système de la vérification des pouvoirs n'est pas sans présenter de graves inconvénients. Personne ne conteste que les organes législatifs ne soient, par définition, impropres à l'exercice d'une mission juridictionnelle.

Les règles du contentieux électoral, en théorie, sont sensiblement les mêmes pour les élections législatives et pour les élections des autres assemblées délibérantes. Mais, en pratique, sur beaucoup de points, la juridiction électorale du Sénat ou de la Chambre des députés diffère de la juridiction électorale du Conseil d'État ou des conseils de préfecture.

Les Chambres, statuant en matière de vérification des pouvoirs, s'attribuent une souveraineté absolue et sans réserve.

Elles refusent de subordonner leur décision à l'issue d'une instance pendante devant les tribunaux. C'est ainsi qu'en 1885 le Sénat a marqué sa volonté formelle de statuer sans attendre le jugement du Conseil d'État sur les protestations formées contre l'élection de délégués municipaux.

Elles ne se considèrent pas comme tenues de renvoyer à la justice ordinaire la solution des questions d'état.

Enfin, elles estiment n'être pas rigoureusement liées, comme pourrait l'être un tribunal véritable, par le texte des lois électorales.

« La Chambre des députés n'est ni un jury, ni un tribunal, s'écriait en 1879 M. Clémenceau, dans un discours sur l'élection contestée de Blanqui, nous sommes la Chambre des députés, c'est-à-dire un *corps politique*, statuant sur une élection, c'est-à-dire *un acte politique*. La Chambre, en matière d'éligibilité, ... jouit d'un *pouvoir souverain*, d'un *pouvoir discrétionnaire* (1) ». Et l'orateur demandait, par application de cette théorie, la validation de Blanqui, légalement inéligible. La même théorie pourrait en somme justifier la validation d'une femme ou d'un mineur, si elle n'était elle-même injustifiable.

La Chambre des députés et le Sénat, considérés séparément, sont subordonnés à la volonté du Parlement. C'est dire que les Chambres, statuant en matière de vérification des pouvoirs, ne peuvent invoquer une prétendue souveraineté, un prétendu *droit de dispense* pour soustraire à l'application de la loi électorale tel ou tel individu. La Chambre, lorsqu'elle doit prononcer sur une élection contestée, n'est pas un corps politique statuant sur un acte politique, mais un tribunal statuant sur la légalité d'une opération administrative : elle n'a pas à juger l'élu, mais l'élection. Même si le représentant du peuple, dont le mandat est attaqué, a réuni l'immense majorité ou l'unanimité des suffrages de sa circonscription, l'élection, si elle est illégale, doit être annulée, la nation est souveraine, mais non chaque circonscription électorale.

Telle est la saine théorie : malheureusement la pratique n'y est pas entièrement conforme (2).

---

(1) *J. off.*, 1879, n° du mercredi 4 juin, Débats parl., Ch. des députés, séance du 3 juin.

(2) En fait des inéligibles ont été parfois validés. V. E. Pierre, *op. cit.*

La *procédure* de la vérification des pouvoirs n'offre pas aux intéressés les garanties d'une procédure contentieuse. Elle est déterminée par chacune des Chambres dans son *règlement* : par le règlement, la Chambre contracte l'obligation d'obéir à elle-même (1), mais c'est une obligation dépourvue de toute sanction. Les dossiers d'élection sont répartis entre les bureaux, par ordre alphabétique, et soumis d'abord à l'examen d'une sous-commission tirée au sort, au sein de chaque bureau : le hasard constitue le seul gage de l'impartialité de l'instruction. L'audition des intéressés, c'est-à-dire des réclamants ou de l'élu présumé n'est pas obligatoire. Il n'y a pas de délai légal pour envoyer les protestations écrites, et les pièces justificatives à la sous-commission. La communication du rapport de la sous-commission aux parties est facultative. L'audition des tiers est subordonnée à l'autorisation discrétionnaire du bureau. Les rapporteurs sont choisis par leur bureau ou leur sous-commission, et non désignés par le sort.

Devant le Sénat et la Chambre, la discussion s'engage en présence du candidat proclamé : mais les candidats non proclamés, n'ayant pas entrée dans les assemblées ne sauraient se faire entendre.

Cette procédure imparfaite aboutit à un vote parlementaire, sans motifs, et contre lequel aucun recours n'est ouvert.

Tous les griefs contre le système de la vérification des pouvoirs peuvent se résumer en un seul : c'est qu'une assemblée politique fait difficilement un bon tribunal.

En Angleterre, la Chambre des communes a renoncé en

(1) La formule a été employée par le Président Dupin, à la séance de la Chambre des députés du 2 juin 1849.

partie à son droit de vérifier les pouvoirs de ses membres
en faveur de l'autorité judiciaire. Les protestations contre
les élections sont portées devant un tribunal composé de
deux juges, désignés chaque année par une section de la
Haute-Cour de justice : le désaccord des deux juges entraîne
la validation. La Chambre des communes a gardé toutefois le droit de prononcer sur l'éligibilité du candidat proclamé. Quant aux élections dont la régularité n'est pas
contestée, elles sont de plein droit valables.

Le système anglais, dans son pays d'origine, donne des
résultats satisfaisants.

Mais il paraît difficile, sinon impossible, de l'importer en France. En admettant que nous possédions une juridiction assez haute pour lui remettre le contentieux des
élections législatives, ses décisions n'échapperaient pas
plus à la suspicion des hommes de parti que les votes
mêmes des Chambres. Le Tribunal des conflits, dit un
auteur, semble naturellement désigné pour la vérification
des pouvoirs (1) : mais ne serait-ce pas compromettre son
autorité morale que de lui remettre l'examen de questions
touchant de près à la politique? On oublie d'ailleurs,
qu'aux yeux de certains, le Tribunal des conflits n'est que
le Gouvernement suprême juge.

D'autre part, les assemblées législatives se sont toujours
montrées particulièrement jalouses de conserver une pleine
indépendance à l'égard du pouvoir judiciaire. Il n'est pas
à prévoir qu'elles abdiquent en sa faveur une prérogative
traditionnelle, et d'ailleurs rationnellement justifiable.

Mais chaque Chambre pourrait constituer dans son sein
une *commission du contentieux électoral*, à laquelle serait

(1) Saint-Girons, *Essai sur la séparation des pouvoirs*, Paris, 1881,
p. 554.

délégué le droit de statuer sur les élections contestées. Une liste de commissaires serait dressée par la Chambre, selon le principe de la représentation proportionnelle, et pour chaque élection contestée, un comité de jugement serait formé par les récusations des deux partis advenus s'exerçant sur ladite liste. Ce *tribunal parlementaire* examinerait le litige électoral suivant une procédure se rapprochant autant que possible de la procédure administrative, et prononcerait par un arrêt motivé sur la validité de l'élection attaquée.

   La fonction de juger le contentieux des élections législatives, serait ainsi exercée par un organe juridictionnel, créé au sein du pouvoir législatif, de même que la fonction de juger le contentieux administratif en général, est exercée par une juridiction spéciale, née au sein de l'Administration.

DEUXIÈME PARTIE

L'ARBITRAIRE DU JUGE ADMINISTRATIF

Dans la première partie de cette étude, et notamment dans les chapitres consacrés à l'examen des sanctions juridictionnelles en matière administrative, nous avons eu à plusieurs reprises l'occasion de constater que l'évolution du système français avait eu pour point de départ l'*arbitraire absolu*, c'est-à-dire *l'indépendance de l'Administration à l'égard de toute légalité, de toute justice :* le droit administratif à ses débuts nous est apparu comme l'arbitraire systématisé, et la juridiction administrative comme un moyen purement empirique de parer à l'absence d'une vraie justice.

Mais nous avons aussi montré par les développements donnés à l'histoire des recours contentieux, combien il serait inexact de préjuger la valeur actuelle du système français exclusivement par ses origines.

Si nous avons considéré le recours en annulation contre les actes administratifs ou le recours en indemnité contre les personnes morales administratives comme présentant tous les caractères d'une véritable action en justice, c'est que nous avons admis —, par une anticipation dont les progrès mêmes de ces recours constituaient une suffisante justification —, que la juridiction administrative était une véritable juridiction et, pour ainsi dire, un second pouvoir

judiciaire, et que le droit spécial élaboré par cette juridiction était un droit véritable.

Il convient maintenant de donner une démonstration
plus complète de cette double et concordante assertion :
car il est évident que si la juridiction administrative n'est
pas une vraie juridiction, le droit administratif extra-
légal n'est pas un vrai droit. Tant vaut le juge, tant vaut
la jurisprudence, et comment pourrait-il y avoir une jurisprudence, là où il n'y a pas de juge ? S'il était statué sur
les litiges administratifs par de simples administrateurs
déguisés en juges, les rapports de l'administration et des
administrés seraient régis non par une jurisprudence proprement dite, mais par la tradition des bureaux.

Une jurisprudence, au sens exact du mot, et d'ailleurs
au sens étymologique, ne doit pas être soupçonnée de sacrifier le droit au fait, la légalité à l'opportunité, la bonne
justice, soucieuse des intérêts précis, à la bonne administration, uniquement préoccupée de l'exécution rapide des
services publics.

La raison d'être fondamentale de la séparation de l'administration et de la juridiction administrative réside dans
l'antagonisme irréductible de la fonction exécutive et de la
fonction juridictionnelle, dans l'incompatibilité absolue
des devoirs du juge et des devoirs de l'administrateur.

Un devoir de l'administrateur est d'agir vite, d'aller
directement au but par le chemin le plus facile : s'il
rencontre des obstacles, sa première pensée est de les briser. Cet état d'esprit professionnel est-il celui qui convient
à l'exercice de la mission juridictionnelle ?

Un autre devoir de l'administrateur est d'agir économi-
quement, d'épargner les deniers des contribuables : qui
ne voit le danger de lui confier le pouvoir discrétionnaire

de déclarer si l'État a des dettes, et quelle en est la quotité ?

En un mot, la séparation de la fonction juridictionnelle et de la fonction administrative a pour but et pour effet de donner au contentieux administratif un juge pour lequel la réclamation des personnes lésées apparaît comme un *procès* à trancher selon les principes du droit, et non comme *un incident de l'exécution des services publics* à solutionner le plus vite possible au mieux des intérêts unilatéraux de l'État.

Pour tout homme d'action, la légalité est une gêne, parce qu'elle est une limitation ; or l'administrateur est un homme d'action : comment se soumettrait-il avec une entière bonne grâce à la légalité ?

———————

CHAPITRE PREMIER

LE JUGE ADMINISTRATIF EST-IL UN VRAI JUGE?

Rien n'égale le désespoir d'un plaideur, quand il se voit obligé d'aller devant le Conseil d'État, s'écriait un jour Dupin, à la Chambre des députés (1).

A l'époque où ces paroles étaient prononcées, la juridiction administrative en général, et le conseil d'État en particulier traversaient une crise d'impopularité.

Après les réformes profondes qu'elle a subies depuis la Restauration et la Monarchie de Juillet, la juridiction administrative a-t-elle cessé d'apparaître aux yeux du public comme une justice partiale?

Certes, on peut affirmer que la défiance des justiciables à l'égard des tribunaux administratifs s'est considérablement atténuée.

Mais on peut affirmer avec une égale certitude qu'elle n'a pas entièrement disparu.

La partialité du juge administratif se trouve affirmée comme un fait patent et démontré, sous les plumes les mieux informées.

« Nul ne doit se faire justice à lui-même, nul ne doit être juge dans sa propre cause, écrivait en 1905 M. H. Joly, de l'Académie des sciences morales et politiques; après

(1) Macarel, *Des trib. admin.*, 1828, p. 462.

avoir consacré cette vérité par la suppression de bien des
privilèges, pourquoi laissons-nous encore subsister des tribunaux administratifs, et un tribunal dit des Conflits, où
l'administration est toujours sûre d'avoir le dernier mot
contre les plaintes qui la concernent? (1) ».

Ainsi on conteste non seulement l'impartialité des tribunaux administratifs proprement dits, mais encore celle de
l'autorité juridictionnelle investie de la haute mission de
délimiter la compétence respective des tribunaux judiciaires et de la juridiction administrative.

« Les limites, presque idéales, en tout cas si difficiles à
tracer entre ce qu'on appelle le droit administratif et le
droit commun, l'État a tenu à en rester maître par cette
réunion d'arbitres dont il compose la majorité à sa guise :
le tribunal des conflits, qui n'a du tribunal que le nom,
et que sous l'ancienne monarchie, on eût flétri du nom
de « commission extraordinaire(2) ». D'où l'on peut conclure que non seulement les juges administratifs sont de
mauvais juges à l'égard du contentieux administratif, mais
encore qu'ils peuvent s'emparer, par la voie du conflit,
« des matières judiciaires d'ordre commun ».

Nous trouvons des formules analogues, dans l'ouvrage
de M. Faguet sur le Libéralisme : « En cas de débat entre
le Gouvernement et vous, vous êtes jugés par votre partie
adverse... Que si un tribunal veut protéger le droit du
citoyen, il y a appel et appel suspensif. A qui? A l'État
lui-même. *Partout le Gouvernement suprême juge* ».

Dans ses Principes dominants du contentieux administratif, M. Jacquelin a défendu la même thèse, en appuyant

(1) H. Joly, *Revue des Deux Mondes*, 1905, t. 29, p. 144.
(2) D'Avenel, *La réforme administrative*, II, *Le ministère de la Justice*, Rev. des Deux-Mondes, 1889, t. 93, p. 594.

ses affirmations, — très nettes et très vigoureuses, — d'une démonstration à la fois historique et rationnelle, qui sans nous avoir convaincu, nous a profondément ébranlé.

Nous estimons cependant que cette démonstration n'est pas absolument décisive, que la justice administrative, telle qu'elle est, *et surtout telle qu'elle devient*, est un rouage nécessaire à la liberté, et que, suivant les expressions de M. Dareste, conseiller à la Cour de cassation, « toute autre combinaison aboutit à l'arbitraire administratif » (1).

Le préjugé fortement enraciné contre la justice administrative doit être combattu : l'arrière-pensée que le juge civil est le seul juge digne de ce nom empêche le législateur de tirer du système français de la séparation des fonctions tout le parti désirable : il n'ose, ni rejeter définitivement l'idée, séduisante par sa simplicité et son apparent libéralisme, de transférer le contentieux administratif aux tribunaux judiciaires, ni consacrer définitivement le principe d'une juridiction spéciale, en améliorant les organes contentieux, qui existent à l'heure actuelle, et en assurant ainsi pour longtemps leur stabilité.

Pour être un vrai juge; le juge administratif doit satisfaire à quatre conditions, nécessaires et suffisantes.

1° Il doit posséder un pouvoir propre de décision : les décisions contentieuses ne sauraient être modifiées ou annulées par mesure gouvernementale.

2° Il doit être à l'abri d'une révocation discrétionnaire : le juge administratif ne saurait avoir la situation précaire d'un préfet ou d'un sous-préfet.

3° Il doit être uniquement investi de la mission juridic-

(1) Dareste, *La justice administrative en France*, 2ᵉ édit.

tionnelle, ou du moins n'exercer aucune fonction incompatible par nature avec l'exercice de cette mission : le
juge administratif ne saurait être un administrateur
actif.

4° Il doit être compétent à raison de la nature juridique
des litiges, et non à raison de la qualité de l'une des parties : juge spécial, le juge administratif ne saurait être un
juge d'exception.

Cette quadruple condition est-elle aujourd'hui remplie,
et dans quelle mesure :

1° L'administration active a peut-être encore « ses »
juges, mais elle est, en tout cas, privée du droit de se juger
elle-même, sous les seules réserves indiquées dans une
autre partie de cet ouvrage.

L'attribution au Conseil d'État d'un pouvoir souverain de
décision en matière contentieuse était nécessaire pour donner à la juridiction administrative la figure d'une justice
indépendante.

En fait, avant 1872, la juridiction administrative était
maîtresse de ses décisions et le chef de l'État ne se refusait
pour ainsi dire jamais à contresigner les arrêts préparés par
son Conseil.

Mais le principe de la justice retenue constituait une
menace, qui ne s'exécutait pas sans doute, mais était toujours suspendue sur la tête du juge administratif : suivant
une remarque pleine d'esprit, le Conseil d'État jugeait sous
l'épée de Damoclès.

La dépendance légale du juge administratif à l'égard
du Gouvernement était d'autant plus grave qu'elle entraînait la dépendance pratique à l'égard de l'autorité exécutive des tribunaux judiciaires eux-mêmes. Car le Conseil
d'État, simple porte-parole du souverain, statuait sur les

conflits d'attributions entre la justice ordinaire et la justice administrative.

La liberté du juge, garantie et sanction des autres libertés, n'existait pas, ou du moins n'avait pas la stabilité et la certitude d'un principe légalement reconnu et organisé.

La loi du 24 mai 1872, si l'on nous permet cette expression, a fait d'une pierre deux coups : elle a libéré de la tutelle directe ou indirecte de l'autorité gouvernementale toute la justice, judiciaire et administrative.

Si le Gouvernement peut avoir action sur la composition d'un tribunal, il n'a plus le droit, ni les moyens, d'en restreindre la compétence, ou d'en modifier les décisions. Il a perdu, en un mot —, près d'un siècle après la Révolution —, le *droit d'évocation*.

2° Les juges administratifs ont-ils comme les magistrats de l'ordre judiciaire un « état » légal, les protégeant contre une révocation arbitraire? L'indépendance de leurs décisions est-elle assurée par l'indépendance de leur situation?

Le législateur de 1872 n'a entièrement soustrait à la mainmise gouvernementale que la juridiction des conflits, dont il a confié l'exercice à un haut tribunal composé de trois conseillers d'État et de trois conseillers à la Cour de cassation, désignés par leurs collègues, de deux membres titulaires ou suppléants, nommés par les précédents, et du ministre de la justice, comme président. Sans la présidence du ministre de la justice, qui d'ailleurs, en fait, laisse toujours sa place à un vice-président pris dans le sein du tribunal, la juridiction des conflits serait « une institution irréprochable (1) ». Le mode électif de leur recrutement

(1) Artur, *Sépar. des pouv. et des fonct.*, p. 264.

met les juges des conflits à l'abri de toute influence gouvernementale. Mais, ni par son but, ni par sa composition, le tribunal des conflits n'est un tribunal administratif(1).

Les juges administratifs proprement dits, à l'exception des conseillers à la Cour des comptes, qui jouissent du bénéfice légal de l'*inamovibilité* et des membres *élus* des Conseils de l'instruction publique, restent soumis au régime de l'arbitraire.

Là est certainement le point faible de la juridiction administrative.

Les conseillers d'État peuvent être révoqués, comme ils sont nommés, par décret en conseil des ministres, pris sur la proposition du ministre de la Justice.

Les conseillers de préfecture peuvent être révoqués, comme ils sont nommés, par un décret simple pris sur la proposition du *ministre de l'Intérieur.*

En fait, sous un régime libéral, le Gouvernement ne saurait user de son droit de révocation de manière à compromettre l'indépendance et la dignité du juge administratif.

Mais l'inamovibilité *de fait*, dont bénéficient les juges administratifs, n'est-elle pas simplement un argument de plus en faveur de leur inamovibilité *de droit?*

« Dès que les fonctionnaires chargés de rendre la justice administrative, dit M. Berthélemy, s'en tiennent strictement à ce rôle, il n'y a plus aucune raison de leur refuser les garanties d'indépendance qui sont accordées aux tribunaux judiciaires ».

On sait d'ailleurs que l'indépendance des magistrats à l'égard du Gouvernement n'est pas absolue : celle des juges

<hr/>

(1) *Contrà*, Jacquelin, *op. cit.*, p. 67-68.

administratifs, ne lui est pas en fait sensiblement inférieure (1).

Aussi bien les corps judiciaires ne sauraient-ils perdre
entièrement le contact avec la nation souveraine. Si l'on
rejette l'élection des juges, il faut bien laisser aux ministres politiquement responsables devant les Chambres une
certaine action sur la composition des tribunaux. Les pouvoirs de l'État doivent être animés d'un esprit commun.

3° Il n'y a plus entre l'administration et la juridiction
administrative, communauté absolue de personnel.

Mais il y a encore confusion partielle et pénétration réciproque.

D'une part, on trouve dans les tribunaux administratifs
des représentants de l'administration *active :* le préfet préside le conseil de préfecture; il y a dans les conseils universitaires des membres nommés, ou des membres de droit,
qui exercent dans le service public de l'enseignement, non
la fonction professorale, mais la fonction *administrative*,
(recteurs, inspecteurs d'académie, etc...), etc...

D'autre part, les corps juridictionnels participent à l'administration délibérante : le Conseil d'État est à la fois tribunal et corps consultatif; il en est de même des conseils
de préfecture et des Conseils universitaires.

Il est certain qu'il y a, comme nous l'avons dit, incompatibilité naturelle entre la qualité d'administrateur actif et
la qualité de juge administratif. Le législateur l'a nettement compris, et tout le progrès de la juridiction administrative suprême, le Conseil d'État, a consisté à éliminer

_____

(1) Morizot-Thibault, *L'action du pouvoir sur les magistrats;* Faguet,
Le libéralisme. Chap. sur la liberté judiciaire. « Le magistrat est absolument indépendant, quand il ne veut pas avancer », dit M. Faguet, dans
une formule spirituelle. V. aussi Artur, *op. cit.*, p. 210.

progressivement des diverses formations contentieuses du
Conseil (sections du contentieux, assemblée générale du
contentieux) les personnes appartenant à l'administration
active. Dans le Conseil d'État-tribunal, il n'y a que des juges. Le ministre de la Justice, qui est le président du Conseil d'État, est légalement privé du droit de présider la section du contentieux ou l'assemblée générale du contentieux. Pour faire des conseils de préfecture de
vrais tribunaux, il suffirait d'en exclure le préfet (1).
La présidence du préfet dans le conseil de préfecture,
comme la présidence du ministre de la Justice dans le tribunal des conflits, sont de simples survivances : en fait,
elles sont devenues fictives. Il est temps de mettre le droit
d'accord avec le fait, puisqu'aussi bien le fait est ici en
avance sur le droit.

S'il est dans l'État un organe dont on puisse dire qu'il
a été en quelque sorte créé par la fonction dont il a mission
d'assurer l'exercice, c'est bien la juridiction administrative.
L'organisation *coutumière* de la justice administrative a toujours été supérieure à son organisation *légale* : en faisant
disparaître les dernières traces de la confusion de l'administration *active* et de la juridiction administrative, le législateur ne ferait que donner à une évolution naturelle imposée par la nature même des choses, la consécration légale.

Si le juge administratif n'est presque jamais un administrateur *actif*, il est toujours un administrateur *délibérant*,
ou plus exactement un administrateur *consultatif*. M. Jacquelin regarde avec raison la confusion de la juridiction

(1) Sur la juridiction universitaire, voir l Exposé des motifs du projet
de loi de M. Bienvenu Martin tendant à créer une *section du contentieux*
au sein du Conseil supérieur de l'instruction publique, *J. off.*, annexes,
1906.

administrative et de l'administration délibérante ou consultative comme le trait le plus saillant du système fra n-
çais(1), mais il estime qu'elle a pour résultat d'introduire
l'Administration dans l'exercice de la fonction juridictionnelle, de faire pénétrer l'esprit de l'Administration active
au sein des Conseils statuant au contentieux.

Nous estimons au contraire qu'elle a pour effet d'introduire la justice dans l'administration, ou, en termes plus
clairs, l'esprit de la juridiction administrative au sein de
l'Administration active.

La participation du Conseil d'État ou des Conseils de
préfecture à la péparation des actes administratifs, décrets du Chef de l'État, ou arrêtés préfectoraux, a toujours
été profitable au droit.

Associer la juridiction administrative et l'administration
consultative, dit fort bien M. Hauriou, ce n'était pas seulement donner aux juges administratifs la compétence née
de la pratique des affaires, c'était aussi faire bénéficier
l'Administration de *l'état d'esprit contentieux* (2).

Un exemple : dès 1868, le Conseil d'État prit l'habitude
d'insérer dans les projets de décrets portant déclaration
d'utilité publique des travaux pour l'alimentation des villes
en eau potable une disposition par laquelle les villes s'en-
gageaient à indemniser les usagers des cours d'eau taris
par la captation des sources. Les villes auraient-elles songé
spontanément à prendre un tel engagement, si conforme
au sentiment d'équité qui doit inspirer les juges, mais si
contraire au sentiment d'économie qui inspire généralement, et doit inspirer l'administration active?

(1) Jacquelin, *op. cit.*, p 206.
(2) V. note de Sirey, 1898. 3. 19, col. 2.

4° Si le juge administratif possède, eomme le juge judiciaire, et au même degré que lui, l'indépendance de décision, l'indépendance de situation, et l'indépendance d'esprit, triple élément de l'indépendance du juge, quel que
soit le juge, on peut se demander ce qu'il reste dans notre
organisation positive de la vieille règle de l'indépendance
de l'administration active à l'égard de toute autorité juridictionnelle extérieure à elle?

La Cour de cassation, dit M. Jacquelin, apparaît comme
la régulatrice de l'interprétation de la loi, comme la garantie de l'unité de la jurisprudence, et par conséquent de
l'unité du pouvoir judiciaire tout entier; c'est d'elle que
relèvent tous les tribunaux judiciaires, et quant à elle,
elle ne relève que d'elle-même; n'est-ce pas là le signe
infaillible de l'existence du pouvoir qu'elle représente(1).

Mais on peut dire du Conseil d'État : c'est de lui que
relèvent —, par l'appel ou la cassation —, tous les tribunaux administratifs, et, quant à lui, il ne relève que de
lui-même. Si c'est là le signe infaillible de l'existence d'un
« pouvoir », nous devons conclure que la juridiction administrative constitue dans l'État un quatrième « pouvoir » encore inaperçu.

Comme l'a dit M. Appleton, dans une heureuse formule
« le principe fonctionnel de la séparation des pouvoirs,
méconnu dans notre organisation constitutionnelle, s'est
reconstitué peu à peu au sein même de l'autorité administrative » (2).

Étant admis que la juridiction administrative est comme

(1) Jacquelin, *op. cit.*, p. 20.
(2) Appleton, *La séparat. de l'admin. act. et de la juridict. admin. Revue générale de dr. et de législation en France et à l'étranger*, 1898, t. 22,
p. 143. V. aussi p. 206 et suiv., 302 et suiv.

un second pouvoir judiciaire, et que par conséquent, s'il
est encore interdit au pouvoir judiciaire proprement dit de
connaître de la légalité des actes administratifs, on ne saurait alléguer le principe aujourd'hui périmé de l'indépendance de l'administration à l'égard de toute autorité juridictionnelle, il convient de rechercher une justification
nouvelle de l'existence d'une juridiction particulière, investie de la mission de statuer sur les litiges relevant du contentieux administratif.

Cette justification se dégage de l'évolution même de la
compétence des tribunaux administratifs.

Cette évolution a trouvé trois phases, dont il est difficile
d'indiquer le point de départ, mais impossible de nier
l'existence.

Dans la première, tout acte de l'administration, par le
seul motif qu'il émane de l'administration, échappe à la
compétence judiciaire. L'administration, à aucun degré,
sous aucun prétexte, ne veut donner prise sur elle au « pouvoir judiciaire ». En un mot, tout acte de l'*organe* administratif, qu'elle que soit sa *nature* juridique, bénéficie
d'une immunité totale à l'égard de la justice et de la légalité : c'est l'interprétation, historiquement et littéralement
exacte, des lois des 16-24 août 1790 et 16 fructidor an III
interdisant aux « juges » de connaître des « actes d'administration », des « opérations des corps administratifs ».

Dans une seconde phase, l'Administration, perdant le
souvenir des empiètements de l'autorité judiciaire sous
l'Ancien régime, *abandonne* progressivement aux tribunaux ordinaires la connaissance de ceux d'entre les actes
de l'organe administratif, qui ne constituent pas l'exercice
de la fonction administrative proprement dite, c'est-à-dire
de la fonction de police. Plus exactement, la juridiction

administrative naissante, se considérant comme partie intégrante de l'administration, et comme ayant, par conséquent, le droit de faire en son nom des concessions au droit individuel, restreint l'application de la règle de l'indépendance de l'administration à l'égard de la justice aux seuls actes de *nature* administrative, c'est-à-dire aux actes de *commandement* ou de puissance publique. Le juge administratif n'est pas encore un vrai juge, et la question qui se pose à l'égard de chaque acte administratif n'est pas une question de compétence entre deux catégories de tribunaux, ne se distinguant que par la science technique de leurs membres : c'est encore une question d'indépendance entre le « pouvoir exécutif » et le « pouvoir judiciaire ». Mais l'Administration comprend, avec le progrès des idées libérales, l'impossibilité de maintenir dans son intégrité la conception traditionnelle de la séparation des pouvoirs, et accepte de soumettre au régime de la légalité sanctionnée tous les actes de nature contractuelle, pour sauver le principe de son autonomie absolue dans le domaine de la puissance publique.

La juridiction administrative, séparée de l'Administration active, en fait, puis en droit, devait insensiblement, et peut-être inconsciemment modifier son point de vue dans l'appréciation des questions de compétence. Ou plutôt, elle devait commencer à les examiner *d'un point de vue propre*, désormais distinct du point de vue de l'Administration active.

Le juge administratif ne peut plus aujourd'hui se considérer comme un administrateur, ou comme le *porte-parole* de l'administration active. L'Administration active sent très bien que le juge administratif n'est plus *en elle-même*, et qu'il est porté à se dresser *contre elle*. La théorie des actes de Gouvernement, celle des actes discrétionnaires, sont un effort de l'Administration pour échapper au contrôle de la justice administrative, et pour ainsi dire, un essai de restauration de la conception révolutionnaire de la séparation de l'autorité administrative, et de l'autorité judiciaire, à l'égard de cette *nouvelle* autorité judiciaire : la juridiction administrative. Le juge administratif, d'abord timide à l'égard de l'Administration, multipliait les fins de non-recevoir aux recours formés devant lui, afin de ne pas se compromettre, en empiétant sur le domaine de l'action administrative. Cette timidité primitive s'est atténuée et a disparu : nous en avons donné la preuve dans la partie de ce travail consacré au développement des sanctions juridictionnelles en matière administrative. D'où un antagonisme naissant entre l'administration active et la juridiction administrative, qui aboutirait à une crise, et entraînerait peut-être l'administration active à demander la *suppression* de la juridiction administrative, si la *pénétration réciproque* de celle-ci et de celle-là n'était une assurance contre une telle éventualité, et ne constituait ainsi —, indirectement —, la plus précieuse des garanties pour le droit individuel.

L'autorité administrative n'accepterait d'aucun tribunal judiciaire un contrôle de légalité aussi étendu et aussi pénétrant que le contrôle exercé sur elle par le Conseil d'État. Or, n'oublions pas que l'Administration, par la nature des choses, échappe à toute exécution, que *sa force d'inertie est matériellement invincible*, et que pour lui faire exécuter les arrêts d'une autorité juridictionnelle, il est d'excellente tactique de déguiser le juge en administrateur...(1).

(1) A ne lire que les textes, nous serions autorisés à croire que le contrôle de la légalité des actes administratifs est pleinement assuré en Belgi-

D'autre part, les relations entre la juridiction administrative et la juridiction ordinaire deviennent, si l'on peut ainsi parler, plus amicales. C'est qu'à la lutte animée entre le Gouvernement et la justice a succédé la lutte courtoise de deux ordres de tribunaux, ayant le respect mutuel de leur science juridique et de leur impartialité. L'époque n'est plus où le litige, échappant à la compétence judiciaire, était privé de juge véritable, où, en un mot, un acte soustrait à la justice ordinaire était soustrait par là même au régime de la légalité.

Le juge administratif se sentant de moins en moins suspect aux yeux des justiciables, et le juge ordinaire perdant de son côté la défiance de la justice administrative, celle-ci devait naturellement montrer plus de hardiesse à revendiquer sa compétence, et celui-là moins de jalousie à la lui disputer.

Nous avons eu l'occasion d'indiquer dans un précédent chapitre que la jurisprudence paraissait abandonner comme base de la compétence respective de la juridiction administrative et de la justice ordinaire la distinction bilatérale des

que : l'autorité judiciaire n'est-elle pas en effet maîtresse de sa propre compétence à l'égard de l'Administration? Et n'a-t-elle pas le devoir comme elle en a le moyen, de défendre contre les abus du pouvoir la loi et le droits individuels?

Mais, en fait, elle craint de faire sentir à l'Administration la supériorité dont elle est investie; bien loin d'être trop individualiste, elle est à l'excès étatiste; elle reste en deçà des limites les plus légitimes de la compétence judiciaire, au lieu d'empiéter, comme il serait théoriquement permis de le craindre, sur le domaine légalement réservé à l'autorité administrative. Et c'est un auteur belge qui demande la création d'un Conseil d'État, dans son pays, pour enlever à l'arbitraire gouvernemental tout le terrain qui lui a été abandonné par la justice ordinaire, seule apte cependant d'après les adversaires de la juridiction administrative à sauvegarder la légalité, et les droits de l'individu (V. Errera, *L'interdépendance des pouvoirs en Belgique;* Revue de droit public et de la science politi que, mai-juin, 1901. V. p. 475-478).

actes de puissance et des actes de gestion, en se prononçant
pour l'extension de la compétence *naturelle* de la juridiction administrative aux actes faits pour l'exécution des services publics, ou d'une manière plus générale à tous les
actes unilatéraux ou contractuels non *assimilables à des
rapports de droit privé* (1). En un mot, il convient de rechercher la base de la compétence administrative, non plus dans
la règle de l'indépendance de la puissance publique *stricto
sensu* à l'égard de l'autorité judiciaire, mais dans la *spécia_
lité* juridique des rapports entre l'État et les particuliers.

Étant donné que les juges administratifs, comme les
juges civils, sont tenus d'observer la plus rigoureuse impartialité, que s'ils ont pour devoir à l'égard de l'Administration de ne pas empiéter sur le domaine de l'opportunité,
ils ont pour devoir à l'égard des particuliers d'imposer à
l'Administration le respect du droit et de la légalité, on ne
trouve et on ne doit trouver entre le juge administratif et
le juge judiciaire aucune autre différence que celle de la
compétence technique.

La séparation de la justice administrative et de la justice
judiciaire, contestable sur le terrain de la séparation des
pouvoirs, est inattaquable sur le terrain de la *spécialisation*
des fonctions.

Or, à ce point de vue, nous n'avons pas à regretter que
la juridiction administrative soit sortie de l'Administration
au lieu d'être sortie du pouvoir judiciaire, car c'est précisément de son origine administrative qu'elle tient ses vertus particulières et son organisation originale.

On ne pourrait rattacher les tribunaux administratifs au
pouvoir judiciaire sans détruire la pénétration réciproque

(1) V. Première part., sect. II, chap. V, p. 324-325.

de la juridiction administrative et de l'Administration, grâce à laquelle le *contrôle juridictionnel* des actes administratifs est à la fois plus rigoureux et plus facilement accepté dans la France centralisée que dans aucune autre nation.

CHAPITRE DEUXIÈME

LE POUVOIR PRÉTORIEN DE LA JURISPRUDENCE ADMINISTRATIVE.

« On a dit avec raison, faisait observer le vice-président du Conseil d'État dans un discours prononcé aux obsèques de M. E. Laferrière, que la jurisprudence contentieuse du Conseil d'État était *une des sources de la législation...* Elle évite toute déclaration de principe. Elle ne s'attache qu'à rendre des décisions d'espèce, et encore les formule-t-elle dans les termes les plus brefs. Mais, lorsque les décisions sont assez anciennes, assez nombreuses, et assez concordantes pour permettre d'*affirmer une vérité juridique*, elle n'hésite pas à la consacrer d'une manière définitive (1) ».

« La jurisprudence s'est émancipée, disait en 1904 le premier président de la Cour de cassation, et empruntant au préteur romain des procédés qui lui étaient familiers, elle a complété, et parfois même *modifié* le Code civil (2)... ».

Ainsi, les représentants autorisés de la plus haute juridiction dans l'ordre judiciaire, et de la plus haute juridiction dans l'ordre administratif s'accordent à reconnaître et à louer le pouvoir créateur de la jurisprudence.

Quel en est le fondement légal et rationnel?

La fécondité juridique de la jurisprudence administra-

(1) Disc. de M. G. Coulon, J. *La Loi*, n° 7-8 juillet 1901.
(2) Le centenaire du Code civil. Imprim. nation., MDCCCCIV.

tive, plus grande que celle de la jurisprudence judiciaire, ne s'explique-t-elle pas par des causes particulières?

La jurisprudence administrative est-elle animée à l'égard du droit individuel du même esprit de libéralisme et d'équité que la jurisprudence judiciaire?

Le droit administratif jurisprudentiel a-t-il atteint un degré de clarté et de précision suffisant pour en permettre la codification? Et cette codification est-elle désirable?

En d'autres termes, quelle est la nature et l'étendue de l'arbitraire du juge administratif? Et convient-il de substituer, dans l'intérêt du droit individuel, la fixité de règles légales à la mobilité progressive de la jurisprudence?

I

« Dans les matières civiles, le juge, à défaut de loi précise, est *un ministre d'équité...* ». Cette formule du projet de Code Napoléon ne se retrouve pas dans le texte définitif du Code civil. Mais, en des termes différents, la même idée est exprimée dans l'article 4 : « Le juge qui refusera de juger sous prétexte du silence, de l'obscurité ou de l'insuffisance de la loi, pourra être poursuivi pour déni de justice ». Et l'article 185 du Code pénal prévoit des sanctions pénales contre « tout juge » ou « tout administrateur » qui aura, sous quelque prétexte que ce soit « dénié de rendre la justice ».

Lorsque la loi a statué d'une manière claire et précise, le juge l'applique : c'est alors, pour ainsi parler, la loi même qui juge. Mais il est rare que le sens d'une loi se dégage de lui-même : si théoriquement, la mission du juge est de faire l'application automatique des règles législatives aux espèces particulières, pratiquement elle comporte le droit d'interpréter la loi, et d'en adapter les dispositions rigides à une réalité mouvante. Le pouvoir créateur de la jurisprudence a été un fait, bien avant d'être un système.

« Le droit, c'est la loi écrite, a dit M. Liard(1). Les articles du Code sont autant de théorèmes dont il s'agit de démontrer la liaison et de tirer les conséquences. Le juriste pur est un géomètre : l'éducation purement juridique est purement dialectique. La grande affaire du magistrat et de l'avocat est de débrouiller le lacis des affaires et d'en rattacher les éléments à telle ou telle des règles posées par les lois ».

Telle est en effet la méthode interprétative de droit commun : c'est la méthode déductive, dont le juge, soit administratif, soit judiciaire, ne saurait se départir qu'avec la plus grande prudence, et pour ainsi dire *par nécessité.*

Mais le juge, qui possède légalement le droit de statuer en équité, lorsque les textes sont muets ou obscurs, a-t-il le droit de réformer la loi, pour la mettre en accord avec l'évolution sociale, avec l'évolution de fait des rapports entre particuliers ou entre les citoyens et l'État. A la différence du Gouvernement, le juge, dans les interstices des lois, a un pouvoir autonome d'élaboration : devons-nous lui reconnaître, outre la faculté de créer un droit extra-légal, celle de simplifier, refondre, adapter et pour tout dire déformer la volonté du législateur, telle qu'elle se dégage de la littéralité des textes, et de l'examen des travaux préparatoires?

Théoriquement, on peut bien nier la légitimité d'un tel pouvoir. Mais comment nier son existence ?

(1) Liard, *L'enseignement sup. en France en 1789 à 1893*, t. II, 1894, p. 397.

Le pouvoir réformateur ou déformateur de la jurisprudence a cependant d'autre justification que son existence
même. On a trouvé pour le défendre d'excellentes raisons,
dont la principale est que l'application de textes anciens,
lorsque les circonstances de fait pour lesquelles ils avaient
été rédigés ont disparu ou se sont profondément modifiées,
apparaît matériellement et rationnellement comme une
véritable impossibilité. Lorsque la société étouffe dans sa
« carapace légale », il faut bien qu'elle la brise (1).

En 1905, les employés des chemins de fer italiens,
ayant des griefs à faire valoir usèrent contre les compagnies
et l'État d'un moyen d'action original : ils appliquèrent
littéralement et rigoureusement les règlements, tous les
règlements, dans toutes leurs parties. Il en résulta immédiatement une perturbation générale du service et même
sur certains points un arrêt des trains. De même notre
société ne serait-elle pas profondément troublée, si le Gouvernement et les juges se mettaient à appliquer dans leur
sens primitif toutes les lois, dans toutes leurs parties?

En résumé le pouvoir de création ou de rénovation juridique, qui appartient au juge, naît de ce double fait :
1° que la loi positive a laissé hors de son emprise une
grande partie du domaine juridique; 2° que la loi doit être
interprétée dans ses rapports avec la société, et que l'évolution sociale a par conséquent un retentissement nécessaire sur l'interprétation des textes.

En deux mots, il y a arbitraire du juge, arbitraire non
seulement inévitable, mais désirable, toutes les fois qu'il n'est
pas de loi à appliquer, ou qu'il n'est pas de loi applicable (2).

(1) Haurion, *op. cit.*, p. 18, note.
(2) Cs. Gény, *Méthode d'interprétation et sources, en droit privé positif,*
Essai critique, Préface de M. Saleilles, Paris, 1899.

« ... dans notre opinion, a dit le jurisconsulte Blondeau,
un gouvernement bien organisé ne doit reconnaître pour
éléments du droit, que les lois proprement dites (1) ». La
formule serait acceptable dans un État *parfaitement*
organisé, c'est-à-dire où l'organe législatif ferait des lois
absolument claires, absolument précises, absolument com-
plètes, où la « géométrie » légale contiendrait dans ses
théorèmes la solution de *tous* les cas particuliers, où le
législateur enfin, par un travail de retouche incessamment
renouvelé assurerait la mise au point des textes sur les faits
..... Mais, comme l'organe législatif ne remplit pas dans
l'intégrité de sa définition théorique la fonction législative,
et que cette fonction doit être cependant remplie, le juge
intervient comme une sorte de législateur suppléant : la
légitimité de cette suppléance dérive de l'imperfection
même de l'organe législatif. Il serait contraire à la méthode
scientifique de nier cette imperfection, ou plus exactement
d'en faire abstraction dans la solution des problèmes constitutionnels, dont elle est —, qu'on le veuille ou non —,
un élément essentiel. La séparation des fonctions ne doit
pas exclure une certaine *inter-suppléance* des organes.

II

Les deux causes essentielles de la fécondité juridique
de la jurisprudence se sont manifestées avec une force
particulière dans le domaine administratif.

Le droit civil ou privé est un droit codifié. C'est dire
qu'il constitue, non une collection hétérogène de textes

---

(1) Blondeau, *Chrestomathie*, 1843, Introd., t. XLV, note 1.

votés à des dates diverses, dans un esprit différent, mais
un édifice cohérent, dont toutes les parties se déterminent
les unes les autres. Cependant, malgré la codification, le
juge civil a élaboré un grand nombre de théories juridiques nouvelles, dont le premier président de la Cour
de cassation donnait avec un légitime orgueil l'ample
énumération, au Centenaire du Code civil, et il a su d'autre part, « adapter libéralement, heureusement les textes
aux exigences de la vie moderne », sans rechercher rigoureusement « quelle a été, il y a cent ans, la pensée des
auteurs du Code... » C'est le juge civil qui a jeté les premières bases de la législation des assurances sur la vie,
de la législation du travail,... etc. La loi du 12 janvier
1895 sur l'insaisissabilité des salaires ouvriers, la loi du
8 avril 1898 sur les accidents du travail, la loi de 1905
sur les assurances n'ont fait que « légaliser », en les ache-
vant, certaines évolutions de jurisprudence.

Le juge, lui, administratif n'a pas eu seulement comme le
juge ordinaire à compléter le droit légal et à en assurer l'application bienfaisante par une interprétation évolutive : il
a dû créer, sur la base fragile de textes épars, le plus souvent obscurs et parfois contradictoires, un droit nouveau (1).
Sans doute, dans les arrêts de la justice administrative, on
trouve des « visas », mais les textes visés constituent plutôt
le « passeport » que la source réelle de la règle juridique
appliquée.

Le juge administratif est parti de cette idée historiquement exacte que le droit civil n'était pas applicable aux
rapports juridiques de nature administrative. Ces rapports
échappaient donc à peu près à toute réglementation légale.

(1) Cs. du rôle législatif attribué à la jurisprudence en matière administrative, J. *Le Droit*, 12 mars 1863.

Si le Conseil d'État s'en était tenu à ce principe que « le juge ne peut jamais statuer qu'en vertu d'une disposition formelle de la loi » (1), nous n'aurions pu écrire ce chapitre sur l'arbitraire du juge administratif, mais aurions dû ajouter plusieurs chapitres à la partie de ce travail consacrée à l'arbitraire de l'Administration. Sur ce que M. Gény appelle « le terrain du droit à découvrir » (2), le juge administratif a rempli toute sa mission.

Le droit administratif, depuis la publication du Traité de Laferrière a cessé d'apparaître comme une collection arbitraire d'exceptions au droit privé; les matières administratives relevant de la juridiction contentieuse se définissent par leur nature intrinsèque, et ne sont pas seulement « des matières de droit civil, envisagées au point de vue de l'intérêt général, et non plus de l'intérêt individuel ». En un mot, le droit administratif est un droit spécial (3), non un droit d'exception, et si l'on veut maintenir qu'il est un droit de faveur, il faut constater que la faveur du juge administratif s'est toujours exercée au profit de l'individu.

La seconde cause de la fécondité de la jurisprudence administrative a été la discordance croissante entre no institutions administratives et nos institutions politiques. Le suffrage universel supporte difficilement l'arbitraire, le régime du privilège ou de l'ostracisme. C'est pour donner satisfaction à l'opinion publique, aux progrès des idées

---

(1) *Répert.*, Fuzier-Herman, v° *Cassation en mat. civ.*, n° 3120.

(2) Gény, *op. cit.*, n° 156, p. 459.

(3) « Ceux qui font du droit privé, dit M. Planiol, ont besoin de certaines notions du droit public, lequel domine tout le reste. *Jus privatum sub tutela juris publici habet*, disait Bacon. La réciproque n'est pas vraie, les études du droit public, peuvent se passer presque entièrement de la connaissance du droit privé ».

libérales, que le Conseil d'État, sous le Second Empire, a élargi la recevabilité du recours pour excès de pouvoir. L'avènement définitif de la démocratie a donné à l'évolution de la jurisprudence une impulsion nouvelle, dont nous commençons à ressentir les heureux effets. Après certaines transformations profondes de l'organisme politique et social, il est des textes, des institutions et des jurisprudences, qui prennent l'aspect de survivances, dont l'élimination plus ou moins rapide, plus ou moins complète est seulement une question de temps. C'est un premier pas vers la liberté que de ne plus interpréter un texte du Second Empire, dans l'esprit du césarisme. Les survivances juridiques sont comme ces falaises depuis longtemps battues par les vagues : elles finissent toujours par s'écrouler.

Ainsi, la juridiction administrative, comme les tribunaux judiciaires, et en vertu des mêmes textes et des mêmes principes, possède à l'égard de la loi un pouvoir de suppléance, et un pouvoir d'adaptation —, et elle exerce ce double pouvoir avec une activité dans une large mesure expliquée par les lacunes de la loi administrative, et la rapidité de l'évolution politique.

La fécondité de la jurisprudence administrative ne tient-elle pas, en outre, à des causes plus spéciales ?

« Le juge administratif supplée à la légalité, dit M. Hauriou, en ce sens que, souvent, il peut dans une certaine mesure, faire *abandon* des droits de l'Administration, d'autant mieux qu'il appartient lui-même à l'Administration (1) ».

« La juridiction administrative, dit le même auteur, est assez juridiction pour constater la règle juridique désira-

(1) Hauriou, *op. cit.*, p. 17, note 1.

ble, et assez administration pour en faire la concession; c'est la concession administrative organisée à jet continu (1) ».

Nous avons reconnu que la pénétration mutuelle de la juridiction administrative et de l'administration active avait fourni un terrain favorable à l'éclosion et au développement des recours contentieux.

Mais nous avons aussi observé que la séparation des organes juridicionels et des organes actifs de l'Administration n'avait en rien diminué la vitalité du droit administratif français. Au contraire, nous avons vu la juridiction administrative invoquer pour étendre son contrôle de légalité sur les actes administratifs les textes mêmes votés pour assurer l'indépendance des administrateurs à l'égard de toute autorité juridictionnelle. Plus la juridiction administrative est devenue juridiction, moins elle est restée administration, et plus les progrès du droit administratif se sont accentués. S'il était vrai que la juridiction contentieuse soit aujourd'hui « la concession à jet continu » nous, pourrions dire que cet abandon lui est d'autant plus facile qu'elle abandonnerait « la chose d'autrui ». Le juge administratif, n'étant plus un administrateur, ne saurait faire valablement abandon « des droits » de l'administration, et accorder des « faveurs » aux particuliers. A la première, comme aux seconds, il doit dispenser le droit, tout le droit, mais rien que le droit. L'arbitraire du juge ne saurait se mouvoir que dans le domaine des principes juridiques. Sinon, l'administrateur ne pourrait-il à juste titre accuser le juge de compromettre son indépendance légitime sur le terrain de l'action administrative? En consacrant la res-

(1) *Id.*, *op. cit.*, p. 795, note 1. Cf. Laferrière, *op. cit.*, t. 1, p. 11, et Esmein, *Élém. de dr. comm..* 2ᵉ éd., p. 336.

ponsabilité de la puissance publique, le juge administratif a-t-il fait une « concession » au droit individuel? En aucune manière : *il a simplement posé un principe de droit,*

On a présenté plus exactement comme une cause particulière de l'activité jurisprudentielle en matière administrative la prépondérance du Conseil d'État sur les organes inférieurs de la juridiction contentieuse.

Le Conseil d'État possède sur les tribunaux de l'ordre inférieur une autorité plus considérable que la Cour de cassation. Le Conseil d'État est à la fois juge de droit commun, juge d'appel et juge de cassation. C'est dire que la jurisprudence administrative est beaucoup plus *centralisée* que la jurisprudence judiciaire : la jurisprudence administrative, c'est la jurisprudence du Conseil d'État. La complexité des attributions de la Cour suprême administrative fait d'elle un laboratoire plus actif d'idées juridiques. D'autre part, sa prééminence au sein de la juridiction administrative assure à ses arrêts une action décisive sur l'évolution du droit administratif. Le Conseil d'État, juge de cassation, a récemment montré son intention de faire respecter par la Cour des comptes sa volonté souveraine, dans l'ordre du droit : la Cour des comptes, après un arrêt de cassation du Conseil d'État, ne saurait reprendre dans la même affaire la solution juridique contenue dans la décision infirmée (1).

L'unité de la jurisprudence administrative est donc plus complète, plus facilement et rapidement établie, que l'unité de la jurisprudence judiciaire. Or, sur une matière donnée, on ne peut dire qu'il existe « une jurisprudence », aussi longtemps qu'on peut lire dans les recueils d'arrêts

(1) C. E. 8 juillet 1904. Conclus. de M. Romieu, *Rev. d'adm.*, 8 juillet 1904, t. III, p. 303 et suiv.

une masse chaotique de décisions contradictoires et varia·
bles.

L'action dominante de la Cour suprême administrative
sur la création du droit nouveau est bienfaisante à un autre
point de vue : dans l'ordre administratif, comme dans l'ordre judiciaire, c'est le tribunal le plus élevé, qui réunit les
garanties les plus sérieuses de valeur scientifique et d'impartialité (1).

                              IV

Il serait d'un vif intérêt de faire l'étude parallèle des
tendances de la jurisprudence administrative et de la
jurisprudence judiciaire dans les matières touchant aux
rapports de l'État avec les particuliers. Mais cette comparaison, qui demanderait à être poussée jusque dans le
détail, excède le cadre de ce travail.

Il nous suffira de constater que la jurisprudence administrative ne le cède pas en libéralisme à la jurisprudence
des tribunaux judiciaires : les adversaires même du système français s'accordent à reconnaître que le Conseil
d'État, étant donné le point de départ de ce système, s'est
toujours efforcé de limiter l'arbitraire gouvernemental
et administratif, et que si le principe de notre organisation juridictionnelle en matière administrative est mauvais, il en a du moins tiré le meilleur parti possible.

Nous rappellerons seulement ici la conclusion de nos
chapitres sur la *Valeur présente, et l'avenir du recours
pour excès de pouvoir*, et sur l'*Irresponsabilité de la puissance publique et de ses agents*.

(1) V. Hauriou, S. 1904. 3. 1, note sous C. E. 24 juillet 1903 et
. août 1903.

Dans beaucoup d'autres matières, la juridiction administrative a montré qu'elle avait du droit individuel un souci
très vif; en matière de contraventions de voirie, en matière
d'alignement, en matière de règlements de police, où la
compétence judiciaire et la compétence administrative
s'exercent parallèlement, ou dans un domaine similaire,
c'est le juge administratif qui adopte les solutions les plus
profitables aux particuliers, les plus rigoureuses à l'égard
de l'Administration.

Le principe de la séparation des pouvoirs qui a empêché
si longtemps de reconnaître à l'autorité judiciaire l'interprétation souveraine de la loi ne peut être invoqué contre
la juridiction administrative précisément chargée de le
défendre : aucun sentiment de méfiance à l'égard d'elle-
même ne saurait donc l'empêcher de faire respecter la loi
par les autorités soumises à son contrôle (1).

Par un de ces paradoxes, qui rendent si difficile la com-
préhension du système français aux étrangers, comme
aux auteurs épris de pure logique, et comme on l'a dit, de
métaphysique constitutionnelle, c'est parce qu'il est encore
dans l'Administration, que le juge administratif ose être
plus sévère pour l'Administration.

(1) V. Romieu, *Conclus. dans l'affaire de la Cour des comptes, loc. cit.*

V

« Dans le Gouvernement républicain
il est de la nature de la Constitution
que les juges suivent la lettre de la
loi ».
MONTESQUIEU, *Esprit des lois*,
livre VI, chap. III.

Si les jugements « étaient une opinion particulière du juge, on vivrait
dans la société sans savoir précisément
les engagements que l'on y contracte ».
Id., livre XI, chap. VI.

En faisant la synthèse des arrêts du Conseil d'État, on
parvient à dégager les règles d'équité et les préceptes de
droit qui sont comme le « Code secret du juge administratif », suivant une expression récemment employée (1-2).

Est-il désirable et possible de substituer aux « voies
détournés et souterraines de la jurisprudence » une « législation à ciel ouvert », de transformer ce Code secret du juge
en un Code public, dans lequel les justiciables appren-
draient l'étendue exacte de leurs droits à l'égard de l'État
et rechercheraient des armes pour les défendre ? Nul n'est
censé ignorer la loi : mais il est certes permis aux citoyens
d'ignorer la jurisprudence.

Avant 1806, le droit administratif n'existait pas (3) : on
peut dire qu'il est né et s'est développé avec le comité du

(1) Boivin-Champeaux, Discours à la Conférence du stage des avocats
au Conseil d'État et à la Cour de cassation, *Gazette des Tribunaux*,
2 décembre 1904.

(2) La loi du 22 juillet 1889 n'a fait que donner la consécration légale
aux règles de procédure imposées aux conseils de préfecture par la jurisprudence prétorienne du Conseil d'État.

(3) V. Hauriou, *De la formation du droit administratif français, depuis
l'an VIII*, Berger-Levrault, 1895.

contentieux : en créant au sein du Conseil d'État un organe chargé spécialement d'instruire les affaires contentieuses et d'en préparer le rapport à l'Assemblée générale, en instituant une procédure contentieuse distincte de la procédure suivie en matière administrative, les décrets des 11 juin et 22 juillet 1806 donnèrent le premier essor à la jurisprudence du Conseil d'État.

La commission du contentieux, pouvait écrire M. de Cormenin en 1818, a retiré du « gouffre de l'arbitraire » la justice administrative (1). Mais la jurisprudence contentieuse du Conseil d'État resta inconnue des administrés jusqu'à la publication des ouvrages célèbres des Macarel (2), des De Gerando, etc... Macarel avait lu toutes les décisions du Conseil, statuant au contentieux, et dépouillé 4.000 dossiers : il en avait extrait des règles générales qu'il publia dans ses *Éléments de jurisprudence*. Ainsi succéda à la période d'élaboration secrète du droit administratif la période de divulgation : l'Administration prit alors conscience du droit, parce que les administrés prirent conscience de leurs droits... En même temps que la jurisprudence, la législation se développait et donnait une plus vaste matière aux recours contentieux.

Aujourd'hui, le droit administratif, suivant un mot de M. Hauriou a presque atteint son « point de perfection ». Ce n'est plus un droit en formation (3).

(1) De Cormenin, *Du Conseil d'État envisagé comme Conseil et comme Juridiction*, Paris, 1818.

(2) Macarel avait créé à lui seul une petite école des sciences politiques. On sait que l'idée d'une école des sciences politiques, conçue pour la première fois par Destutt de Tracy, dans son traité d'idéologie, a été pleinement réalisée de nos jours par l'initiative privée.

(3) V. Berthélemy, *Traité élém. de dr. adm.*, 5ᵉ édit., 1905. Préface, *in fine*.

L'heure paraît donc venue d'en assurer la véritable divulgation, celle qui résulte de la publication au *Journal officiel* d'un texte régulièrement discuté et voté par les Chambres et s'adresse, non à un public éclairé d'étudiants et de spécialistes, comme la divulgation doctrinale, mais à l'ensemble des citoyens. Est-il un seul citoyen qui n'ait occasion, ne serait-ce que comme contribuable, d'entrer en rapport et quelquefois en conflit avec l'autorité administrative ?

La codification du droit administratif serait, certes une tâche difficile.

Nous avons dit qu'en confrontant le droit administratif et les lois administratives, il était facile de voir que celui-là dépassait singulièrement celles-ci. La « légification » du droit administratif jurisprudentiel, s'il nous est permis d'employer ce barbarisme, serait la préface nécessaire d'une codification.

Quant aux éléments *légaux* du droit administratif, leur classification méthodique serait d'après quelques auteurs à peu près impossible.

« ... Nos lois administratives, dit Laferrière, sont des Lois d'organisation et d'action, qui se préoccupent plus d'assurer la marche des services publics que de prévoir et résoudre des difficultés juridiques (1) ».

Mais Laferrière a prouvé, par son œuvre même, qu'on pouvait apporter de l'ordre et de la clarté dans le chaos de la réglementation administrative. La jurisprudence du Conseil d'État a fait le départ des principes permanents du droit, et des dispositions contingentes, a su « établir une hiérarchie entre les textes, remédier à leur

(1) Laferrière, *op. cit.*, Introduction, p. 12.

silence, à leur obscurité, à leur insuffisance, en s'inspirant des principes généraux du droit et de l'équité. En élevant le droit administratif à la dignité de science juridique, n'a-t-elle pas préparé par là même les éléments d'un Code administratif?

La multiplicité des textes est considérable, et le Code administratif aurait plus de 2281 articles. De l'avis des auteurs qui connaissent le mieux l'ensemble de nos lois administratives, la multiplicité des textes n'est pas cependant une objection dirimante à la codification (1). Codifier n'est pas seulement classer, c'est aussi abréger, simplifier, émonder. Le travail préparatoire à la codification mettrait en lumière, non seulement les lacunes, mais encore les répétitions et les contradictions des lois administratives : un des grands avantages de la codification serait précisément de les faire disparaître.

La codification, dans une certaine mesure, ralentirait l'évolution spontanée du droit administratif. Elle fixerait le droit. Mais la fixité du droit n'est-elle pas une garantie essentielle due aux justiciables, surtout dans les questions de compétence?

D'ailleurs, il est certain que la codification amènerait un élargissement immédiat et pour ainsi dire un rajeunissement du droit administratif (2) : le Parlement ne consentirait pas aujourd'hui à sanctionner, par exemple, la théorie vétuste de l'infaillibilité absolue de la puissance publique, qui survit encore, quoique fortement ébranlée, dans la jurisprudence. Si, en 1804, disait le ministre de la Justice au centenaire du Code civil, il fallait résumer le droit, en 1904

(1) Ducrocq, *Traité de droit administratif*, 7ᵉ édit., Préface.
(2) Le Conseil d'État applique encore aujourd'hui des édits, déclarations ou arrêts du Conseil du roi, sous l'Ancien régime.

il faut l'élargir. Nous pourrions dire du droit administratif qu'il faut, à la fois le résumer et l'élargir...

Enfin le Code administratif ne serait, pas plus que le Code civil ou que le Code de commerce, un monument définitif du droit: c'est l'œuvre propre du législateur que de reviser perpétuellement les lois qu'il a faites. Dans la mesure où le Parlement faillit à sa tâche, on sait que la jurisprudence n'hésite pas à assurer l'adaptation des textes à l'évolution des rapports sociaux.

La codification, a dit le vieux jurisconsulte Ortolan « assied et met hors de discussion les droits de chacun; elle en assure l'observation en en vulgarisant la connaissance; *elle tue l'arbitraire* ». Cette formule résume parfaitement ce double avantage de la codification : la fixité et la publicité des droits.

La fixité et la publicité des droits réciproques des citoyens et de l'Administration n'est pas moins nécessaire que la fixité et la publicité des droits des particuliers les uns à l'égard des autres : elle est même plus nécessaire, car le citoyen, sans l'appui de la loi et de la justice n'est à peu près rien devant l'Administration.

CONCLUSION

> « Tout peuple qui obtient une loi
> fondamentale et un gouvernement re-
> présentatif ne gagne rien à ce change-
> ment, s'il conserve les lois secondaires
> établies à l'époque de son asservissement
> politique ».
>
> BÉRENGER, *De la Justice criminelle*
> p. 1.

Dans son ouvrage sur le Règlement administratif, M. Félix Moreau, d'une manière incidente, s'élève avec vigueur contre le « prétendu principe » de la séparation des pouvoirs, qui n'est à ses yeux qu' « une notion obscure », « encombre fâcheusement notre droit public, embrouille beaucoup de questions, fausse un grand nombre de solutions (1) ».

Mais le principe obscur et abstrait de la séparation des pouvoirs ne peut-il s'analyser en une notion très claire et très concrète : celle de la séparation des fonctions de légiférer, d'administrer et de juger?

Ces trois fonctions sont rationnellement irréductibles l'une à l'autre. Au moins faut-il reconnaître, et tout le monde

---

(1) F. Moreau, *Le règlement administratif*, Etude théorique et pratique de droit public français, Paris, 1902. Dans le même sens, G. Jèze, *Les principes généraux du droit administratif*, et Cahen, *La Loi et le Règlement*. Première partie : L'Etat, les organes, les fonctions. Cf. D'Eichthal, *Souveraineté du peuple et gouvernement*, Paris, 1895, et Duguit, *La séparation des pouvoirs et l'Assemblée nationale* de 1789, Rev. d'écon. polit. 1893.

c. — 29

reconnaît qu'en fait, il n'est pas de légalité stricte, ni par conséquent de liberté vraie, là où elles sont confondues.

Que la fonction d'administrer concoure à l'exécution de la loi, comme la fonction de juger, nous l'admettons. Mais est-ce une raison suffisante pour confondre sous la dénomination de « pouvoir exécutif » deux fonctions que l'on avoue profondément différentes, et deux organes que l'on souhaite nettement séparés ? On crée un lien idéal entre « l'administration », et « la juridiction », mais on s'empresse de déclarer qu'il ne doit subsister entre elles aucun lien matériel : car on ne veut de la justice *retenue* sous aucune forme, ni en matière privée, ni en matière administrative. Le pouvoir exécutif, au sens où M. Ducrocq entend le mot, peut bien constituer une tête de chapitre dans un traité de droit public : mais à quelle réalité constitutionnelle correspond-il aujourd'hui ?

La séparation des fonctions de légiférer, d'administrer, et de juger est nécessaire pour assurer le règne du droit : car elle est le seul moyen d'assurer *la subordination des actes particuliers aux règles générales.* Si le règne du droit commence à se dessiner dans l'ordre international, c'est parce que les traités forment une sorte de *législation* supérieure à celle des États particuliers, et que les linéaments d'une *juridiction*, compétente pour les appliquer aux litiges entre nations, se constituent lentement.

Mais la séparation des *fonctions* n'est qu'une expression constitutionnelle, lorsqu'elle n'est pas effectivement assurée par la séparation des *organes :* la séparation des organes est la garantie, la sanction indispensable de la séparation des fonctions(1).

(1) Cs. J. Cauvière, *Le régime du bon plaisir.*

L'élude juridique de l'arbitraire administratif démontre pleinement l'exactitude de ces formules. Nous avons constaté en effet qu'il y avait arbitraire :

1° Toutes les fois que l'organe administratif exerçait la fonction législative ou la fonction juridictionnelle;

2° Toutes les fois que la fonction administrative ou la fonction juridictionnelle étaient exercées par l'organe législatif.

L'arbitraire, c'est la confusion des organes et des fonctions : la séparation des organes et des fonctions est donc une méthode de droit et de liberté.

Mais de ce qu'un organe ne doit remplir qu'une seule fonction pour la bien remplir, il ne faut pas conclure *a priori* que chaque fonction ne puisse être convenablement exercée que si elle est *tout entière* confiée à un seul organe, ou pour employer la terminologie consacrée, à un seul « pouvoir », conçu comme un et indivisible. L'unité absolue de l'organe juridictionnel ou de l'organe légiférant ne s'impose pas plus à nos yeux que la centralisation absolue de la fonction d'administrer.

Pour que le droit et la liberté règnent, il faut, *mais il suffit*, que les rapports entre l'Administration et les administrés soient régis |par des *règles* effectivement *sanctionnées*. C'est la question de principe.

Mais comment assurer le meilleur exercice de la fonction de déterminer les règles ou d'appliquer les sanctions? C'est une question de pratique.

Or, l'expérience démontre à notre sens que la répartition des trois fonctions de l'État entre trois organes ou pouvoirs uns et indivisibles n'est pas la meilleure solution de ce problème pratique, dont elle méconnaît un double élément.

a) « S'il faut dans l'État, dit M. Hauriou, un certain nombre de pouvoirs politiquement indépendants, et ayant vis-à-vis les uns des autres des garanties d'indépendance, on doit se rendre compte que ces garanties d'indépendance n'existent que si chacun des pouvoirs politiques cumule à un certain degré *les diverses activités fonctionnelles* (1) ». C'est ainsi que nous avons justifié l'attribution aux Chambres du droit de juger le contentieux des élections législatives. Si le « pouvoir » judiciaire avait le droit de *tout juger :* le contentieux des élections législatives, l'inconstitutionnalité des lois, la légalité des actes de l'Administration, les actions en responsabilité contre la Puissance publique et ses agents, que deviendrait l'équilibre des trois pouvoirs? Les autres pouvoirs ne seraient-ils pas en tutelle? En attribuant à l'organe judiciaire la *totalité* de la fonction juridictionnelle, on le rendrait maître des autres organes, et par là on l'exposerait à empiéter sur le domaine législatif et sur le domaine administratif. La séparation des pouvoirs, entendue au sens politique, porte atteinte dans un petit nombre de cas à la séparation des fonctions, mais elle a pour effet d'assurer la *permanence* de la séparation des fonctions, *dans ce qu'elle a d'essentiel.*

Le principe de la séparation des pouvoirs a l'apparence d'être obscur, parce qu'il est moins un principe dogmatique qu'une règle d'opportunisme politique : en refusant à l'autorité judiciaire la connaissance des actes administratifs, la Constituante s'est placée au point de vue organique, non au point de vue purement fonctionnel, et on ne peut comprendre la conception française de la séparation des pouvoirs qu'en se plaçant pour l'interpréter à ce point de vue *organique.*

(1) Hauriou, *Précis*, 3ᵉ édit., 1903, p. 794.

b) D'autre part, en voulant confier les trois grandes fonctions de l'État à trois organes, uns et indivisibles, on méconnaît la complexité pratique de ces fonctions, qui n'apparaît pas dans les définitions purement logiques et verbales, mais se révèle à une analyse plus profonde. Ce n'est pas du tout la même chose que de légiférer pour la métropole et pour les colonies : c'est toujours légiférer, mais il n'y a pas à faire la *même législation*. D'où la nécessité de la décentralisation législative, en matière coloniale. Ce n'est pas du tout la même chose que de juger les litiges privés et les litiges où la Puissance publique est en jeu : c'est toujours juger, mais ce n'est pas exercer la *même juridiction*. Ce n'est pas du tout la même chose que d'administrer les intérêts nationaux, les intérêts locaux, ou les intérêts spéciaux : c'est toujours administrer, mais ce n'est pas exercer *la même administration*. D'où la nécessité de la décentralisation juridictionnelle et administrative, comme de la décentralisation législative (1).

Non seulement, les fonctions de l'État, considérées en elles-mêmes sont complexes, mais encore les limites rationnelles qui les séparent sont incertaines. Il y a entre les fonctions de l'État des terrains contestés. Statuer sur le contentieux administratif, pour les uns, c'est juger, pour les autres administrer. Faire des règlements, pour les uns, c'est administrer, pour les autres légiférer. Combien d'autres fonctions *mixtes* pourraient être citées : la police judiciaire appartient-elle plus à la police qu'à la justice ou à la

_____

(1) Le préjugé unitaire domine toute l'organisation étatique. « Le principe *détestable*, puisqu'il repose sur une idée fausse, de l'*unité* de la justice civile et de la justice pénale domine l'organisation judiciaire française ». Garraud, *Traité théorique et pratique de droit pénal*, 1898, t. I, Introd., n° 22.

justice qu'à la police ? L'application des pénalités disciplinaires est-elle un acte hiérarchique ou un acte juridictionnel ? L'internement des filles publiques, l'expulsion des
étrangers, le placement d'office des aliénés sont-ils ou doivent-ils être des actes de police ou des actes de justice ?
Distinctions subtiles, mais nécessaires : ce n'est pas la
théorie qui les demande, c'est la pratique de tous les jours
qui les impose.

Eh bien ! Toutes les fois qu'une fonction de l'État est
complexe, il convient de ne pas la confier à un organe unitaire ; toutes les fois qu'il existe entre deux fonctions de
l'État des attributions mixtes, il convient de ne pas les
attribuer à des organes simples. C'est une erreur égale, à
notre sens, que de remettre la législation coloniale au Parlement métropolitain ou à l'autorité gouvernementale ; c'est
une erreur égale que de confier le contentieux administratif
à l'Administration active ou à la justice judiciaire..... *A des
fonctions complexes, il faut des organes complexes, à des
fonctions mixtes, il faut des organes mixtes.*

Et peu importe que ces organes soient constitués au sein
de l'un ou de l'autre des pouvoirs de l'État, pourvu qu'ils
répondent, *en fait*, à leur but fonctionnel.

La notion de séparation des organes et des fonctions ne
coïncide pas entièrement avec la notion de séparation des
pouvoirs : mais elles ne s'excluent en aucune manière ; nous
croyons au contraire qu'elles doivent se compléter. *En principe*, toute la fonction de juger doit être confiée au pouvoir
judiciaire, qui est l'organe juridictionnel ordinaire, de droit
commun : c'est l'évidence même. Mais si la fonction de juger
doit s'exercer dans un domaine spécial (droit commercial,
droit criminel, droit administratif), pourquoi lui refuser un
organe spécial, et si ce domaine spécial relève de l'Adminis-

tration autant que de la justice, pourquoi ne pas créer cet
organe spécial, au sein du pouvoir exécutif ?

Ainsi la séparation des organes nous apparaît, en quelque sorte, comme le *succédané* de la séparation des pouvoirs : l'une et l'autre ayant pour but d'assurer d'une
manière complète et permanente la séparation des fonctions, c'est-à-dire la subordination des actes particuliers
aux règles générales par le moyen d'un juge indépendant.

Autant il y a de catégories différentes de règles (règles
constitutionnelles et règles législatives, règles de droit
privé et règles de droit administratif), autant il peut y
avoir de catégories différentes de juridiction pour les appliquer : *le seul point essentiel est qu'elles soient de vraies
juridictions.*

Cette conception du régime de la légalité sanctionnée
se dégage d'elle-même de l'évolution historique du droit
public et administratif en France. Certes, il est toujours
difficile de déterminer le principe rationnel, la raison secrète d'une évolution historique. Car souvent, de même
que les mathématiciens peuvent tracer plusieurs courbes
passant par certains points donnés, de même les juristes
peuvent édifier plusieurs systèmes expliquant un même
état de fait : c'est la pensée qui vient naturellement à l'esprit de ceux qui lisent l'ouvrage de M. Jacquelin sur les
Principes dominants du contentieux administratif après le
Traité de Laferrière.

Nous croyons cependant avoir présenté la conception de
l'État la plus conforme à l'évolution du système administratif et politique français. M. Jèze constate « le faible rôle
qu'ont joué les principes (1) », dans cette évolution. Nous

---

(1) G. Jèze, *Les principes généraux du dr. adm. franc.*

voyons là une erreur certaine : ces principes existent, puisque le législateur, leur rendant ainsi un tacite et discret hommage, a essayé, soit de les tourner, afin de ne pas les violer directement, soit de les déformer, afin de se donner l'apparence de les appliquer. Il en est un peu de la séparation des organes et des fonctions, comme de la souveraineté nationale : elle n'est pas entièrement et absolument réalisée, mais elle se réalise, elle n'est pas faite, mais elle se fait. Ce n'est pas nier un principe que d'en constater la *relativité*.

La séparation des organes et des fonctions n'est pas une maxime constitutionnelle d'une valeur absolue, dont l'application soit partout et toujours désirable et possible, mais simplement —, et n'est-ce pas un peu le cas de tous les « principes » —, une « direction » suivant laquelle l'expérience et la raison nous commandent d'entreprendre la réforme de l'organisme politique : les principes comme les textes ont un sens évolutif. Mais, sous la diversité de ses applications et de ses modalités, la séparation des fonctions nous apparaît comme un sûr instrument de liberté (1).

Et nous espérons avoir démontré qu'il n'y avait pas lieu par conséquent d'importer en France la conception belge ou la conception anglaise de la séparation des pouvoirs.

A la méthode du droit comparé, nous avons systématiquement préféré la méthode historique.

Le danger de la première méthode est de nous porter à introduire dans le système français des rouages particuliers, empruntés à des organismes étrangers et qui ne pourraient

_____

(1) C'est la loi de l'esprit humain, a dit M. Boutmy, de changer périodiquement les points d'appui de ses constructions spéculatives. Toute philosophie, en tant que plan est éphémère. *Elle ne dure qu'aussi longtemps qu'elle sert, et la période où elle est de service est limitée* ».

s'adapter à notre organisme administratif sans le déformer. Aussi bien, pour avoir l'image exacte de la liberté à l'étranger, ce n'est pas les textes seuls qu'il faut connaître : c'est le fait, toujours si profondément différent de droit, dans l'ordre politique et constitutionnel. Et c'est peut-être dans les pays où l'on multiplie autour d'elle « les fortifications constitutionnelles » que la liberté est particulièrement instable et menacée.

La méthode historique, qui dégage des faits le sens de l'évolution politique, et propose, s'il est désirable, de la hâter et de la porter à son point d'achèvement, nous a paru de beaucoup préférable. Et nous n'aurions pas rempli le but de ce travail s'il ne résultait des développements donnés à l'étude des recours contentieux la preuve que le système français n'a pas épuisé toute sa vertu progressive et que s'il possède dès aujourd'hui une valeur égale à celle des systèmes étrangers, il a une *valeur d'avenir*, à notre sens, infiniment supérieure.

« Si j'ai tant peiné pour faire voter la loi du 1ᵉʳ juillet 1901, écrivait Waldeck-Rousseau, c'était *pour tout ramener aux tribunaux et pour que le Gouvernement mît toujours entre les congréganistes et lui au moins trois magistrats* ». C'est la formule même du libéralisme. Mettre entre tout citoyen et le Gouvernement un texte de loi et un tribunal c'est toute la liberté et c'est toute la démocratie.

En énumérant les cas où il n'y a entre l'État ni loi, ni juge, et ceux où il y a des lois sans juge pour les appliquer, ou des juges sans texte à appliquer, nous avons voulu à la fois faire un précis théorique et pratique des pouvoirs discrétionnaires de l'Administration, et dresser par là même, si le mot n'est pas trop ambitieux, une sorte de *plan de campagne contre l'arbitraire*.

TABLE DES MATIÈRES

CONCLUSION GÉNÉRALE.

Vu : *Le Président,*
H. BERTHÉLEMY.

Vu : *Le Doyen,*
GLASSON.

Vu et permis d'imprimer :

Le Vice-Recteur de l'Académie de Paris,
C. LIARD.

Bar-le-Duc. — Imprimerie E. JOLIBOIS, Boulevard de la Banque, 55.

CPSIA information can be obtained
at www.ICGtesting.com
Printed in the USA
LVHW091836091219
639936LV00012B/356/P